www.lenos.ch

Nicolas Bouvier

Die Erfahrung der Welt

Aus dem Französischen
von Trude Fein und Regula Renschler

Herausgegeben von Roger Perret
Mit einem Nachwort von Gérald Froidevaux

Lenos Verlag

Titel der französischen Originalausgabe:
L'Usage du monde

Die Originalausgabe erschien 1963 in der Librairie Droz, Genf, und 1964 bei René Juillard, Paris, die deutsche Erstausgabe 1980.

LP 238

Siebente Auflage 2025

Satz und Gestaltung: Lenos Verlag, Basel
Umschlagfoto: Nicolas Bouvier
(Zwischen Isfahan und Jasd/Persien, Juli 1954)
Printed in Germany

ISBN 978 3 85787 838 1

Inhalt

Vorwort

I shall be gone and live
or stay and die.
Shakespeare

Ich hatte Genf vor drei Tagen verlassen und fuhr in gemächlichem Tempo. In Zagreb fand ich einen postlagernden Brief von Thierry vor:

„Travnik, Bosnien, den 4. Juli
Heute früh strahlende Sonne, sehr heiss. Ich bin in die Berge zeichnen gegangen. Margeriten, grüne Kornfelder, stiller Laubwald. Auf dem Rückweg begegne ich einem Bauern auf einem Pony. Er steigt ab und rollt mir eine Zigarette, die wir am Wegrand kauernd rauchen. Mit meinen paar Brocken Serbisch kriege ich heraus, dass er Brote nach Hause bringt, dass er tausend Dinar ausgegeben hat, um ein Mädchen mit dicken Armen und grossen Brüsten zu besuchen, dass er fünf Kinder und drei Kühe besitzt, dass man sich vor dem Blitzschlag hüten muss, der voriges Jahr sieben Leute getötet hat.

Später bin ich auf den Markt gegangen. Heute findet er statt. Säcke aus einem ganzen Ziegenfell, Sensen, die einem Lust machen, ganze Roggenfelder abzumähen, Fuchsfelle, Paprika, Pfeifchen, Stoffschuhe, Käse, Schmuckstücke aus Blech, Korbwaren aus grünen Binsen, die von schnurrbärtigen Männern rasch fertiggeflochten werden, das alles beherrscht von einem Publikum aus Einbeinigen, Einarmigen, Triefäugigen, Zittrigen und Lahmen auf ihren Krücken.

Abends habe ich ein Glas unter den Akazien getrunken, um den Zigeunern zuzuhören, die sich selbst übertrafen, und auf dem Rückweg einen grossen Klumpen ölige, rosa Mandelmasse gekauft. Das ist der Orient!"

Ich sah mir die Karte an. Darauf ein kleines Städtchen, von Bergen umgeben, im Herzen von Bosnien. Von dort wollte er nach Belgrad hinunter, wo er auf Einladung der „Vereinigung serbischer Maler" seine Zeichnungen ausstellen sollte. Und ich sollte mich dort in den letzten Julitagen mit dem Gepäck und dem alten Fiat einfinden, den wir aufgemöbelt hatten, um die Reise fortzusetzen: Türkei, Iran, Indien, vielleicht noch weiter. Wir hatten zwei freie Jahre vor uns und Geld für vier Monate. Unser Programm war vage, aber bei solchen Unternehmungen ist es das Wichtigste, dass man überhaupt einmal losfährt.

Diese Lust, alles stehen- und liegenzulassen, kommt einem im Alter von zehn bis dreizehn Jahren, wenn man bäuchlings auf dem Teppich liegt und sich still den Atlas anschaut. Denkt bloss an Gegenden wie das Banat, das Kaspische Meer, Kaschmir! Die Melodien, die dort erklingen, die Blicke, denen man begegnet, die Gedanken, die einen erwarten ... Wenn die Sehnsucht den ersten Angriffen der nüchternen Vernunft standhält, sucht man nach Gründen für sie. Und findet keine stichhaltigen. Tatsache ist, dass man nicht weiss, wie man diesen Drang nennen soll. Etwas in uns wächst und löst sich aus der Vertäuung, bis man eines schönen Tages, seiner selbst nicht sehr sicher, endgültig aufbricht.

Eine Reise braucht keine Beweggründe. Sie beweist sehr rasch, dass sie sich selbst genug ist. Man glaubt, dass man eine Reise machen wird, doch bald stellt sich heraus, dass die Reise einen macht – oder kaputtmacht.

Hinten auf dem Kuvert stand noch: „Meine Ziehharmonika, meine Ziehharmonika, meine Ziehharmonika!"

Ein guter Anfang. Auch für mich. Ich sass in einem Café am Stadtrand von Zagreb, nicht gehetzt, ein Glas gespritzten Weisswein vor mir. Ich sah zu, wie der Abend herabsank, wie eine Fabrik sich leerte, wie ein Begräbnis vorbeizog – blosse Füsse, schwarze Kopftücher, Messingkreuze. Zwei Häher zankten sich im Laub einer Linde. Staubbedeckt, eine angebissene Paprika in der Rechten, lauschte ich, wie tief in mir der Tag fröhlich einstürzte wie eine Felswand. Ich streckte mich, zog literweise Luft ein. Ich dachte an die sprichwörtlichen neun Leben der Katze und hatte das deutliche Gefühl, in das zweite einzutreten.

Ein Duft von Melonen

Belgrad

Es schlug gerade Mitternacht, als ich vor dem *Café Majestic* hielt. Auf der Strasse war es noch warm, es herrschte eine freundliche Stille. Durch die Spitzenvorhänge beobachtete ich Thierry drinnen im Café. Er hatte einen Kürbis in natürlicher Grösse aufs Tischtuch gezeichnet, den er jetzt, um die Zeit totzuschlagen, mit winzigen Kernen füllte. Der Friseur von Travnik hatte ihn offenbar nicht oft zu Gesicht bekommen. Mit seinen Haarbüschelchen auf den Ohren und seinen blauen Äuglein sah er wie ein mutwilliger, erschöpfter junger Haifisch aus.

Ich schaute lange durchs Fenster, bevor ich mich an seinen Tisch setzte. Wir stiessen an. Ich war glücklich, dass unser alter Plan endlich Gestalt annahm, er, dass er Gesellschaft bekam. Es war ihm schwergefallen, sich loszureissen. Er hatte, ohne jedes Vortraining, zu lange Fussmärsche unternommen, und die Müdigkeit machte ihn missmutig. Während er, mit wunden Füssen und Schweissperlen auf der Stirn, Weiten durchwanderte, wo Bauern lebten, die er nicht verstand, hatte er alles in Frage gestellt. Die ganze Unternehmung schien ihm absurd. Ein romantischer Blödsinn. In Slowenien hatte ein deutschsprechender Gastwirt angesichts seiner abgezehrten Miene und seines übergewichtigen Rucksacks freundlich gesagt: „Ich bin nicht verrückt, Meister, ich bleibe zu Hause!" Das machte die Sache nicht besser.

Dann hatte er einen Monat lang in Bosnien gezeichnet, und das brachte ihn wieder auf die Beine. Als er mit seinen Zeichnungen unterm Arm in Belgrad anlangte, hatten ihn die Kollegen von der ULUS (Vereinigung der serbischen

Maler) wie einen Bruder aufgenommen und ihm irgendwo in der Vorstadt ein leeres Atelier aufgestöbert, wo wir beide wohnen konnten.

Wir setzten uns in den Wagen. Das Atelier lag tatsächlich sehr weit draussen. Erst musste man über die Save-Brücke fahren und dann den Radspuren folgen, die dem Ufer entlangliefen, bis zu einem von Disteln überwucherten Terrain, auf dem ein paar verfallene Pavillons standen. Thierry hiess mich vor dem grössten halten. In tiefer Stille bugsierten wir das Gepäck eine finstere Treppe hinauf. Ein Geruch nach Terpentin und Staub schnürte einem die Kehle zu. Die Hitze war erdrückend. Ein mächtiges Schnarchen drang durch die halboffenen Türen und hallte im Treppenhaus wider. Thierry hatte sich als methodischer Clochard mitten in einem riesigen, kahlen Raum auf einem Stück sauber gefegten Fussboden eingerichtet, in sicherer Entfernung von den zerbrochenen Fensterscheiben. Eine rostige Sprungfedermatratze, sein Zeichenmaterial, die Petroleumlampe und auf einem Ahornblatt eine Wassermelone und ein Stück Ziegenkäse. Die Wäsche von heute trocknete an einer ausgespannten Schnur. Es war frugal, aber so natürlich, dass ich das Gefühl hatte, er erwarte mich hier schon seit vielen Jahren.

Ich breitete meinen Schlafsack auf dem Fussboden aus und legte mich in den Kleidern nieder. Schierling und Hundspetersilie wucherten so hoch, dass ihre weissen Dolden zum offenen Fenster hereinschauten. Die Sterne am Sommerhimmel leuchteten sehr hell.

Es gibt keine Tätigkeit, die einen mehr in Anspruch nimmt als das Nichtstun in einer neuen, unbekannten Welt.

Die Vorstadt zwischen dem hohen Bogen der Save-Brücke und dem Zusammenfluss von Donau und Save gleisste unter der Glut des Hochsommers. Sie verdankte ihren Namen *Saimischt* (Messe) den Überresten einer landwirtschaftlichen Ausstellung, die dann von den Nazis in ein Konzentrationslager umgewandelt wurden. Juden, Widerstandskämpfer und Zigeuner waren hier vier Jahre lang zu Hunderten gestorben. Als der Friede kam, hatte die Stadtverwaltung die grausigen Baracken, Überreste des Wahnsinns, recht und schlecht neu verputzt, um sie den Künstlern zur Verfügung zu stellen, die Stipendien vom Staat erhalten hatten.

Die unsrige – schlecht schliessende Türen, zerbrochene Fenster, widerspenstige Wasserspülung – enthielt fünf Ateliers, abgestuft vom äussersten Mangel bis zu einer luxuriösen Boheme. Die beiden bedürftigsten Hausgenossen, die vom ersten Stock, trafen sich jeden Morgen mit dem Rasierpinsel in der Hand bei der Wasserleitung auf dem Treppenvorplatz, gleichzeitig mit dem Portier, einem Kriegsverletzten, dessen Mütze an der Schädelplatte festgeschraubt war. Man musste ihm die Haut am Kinn straffen, während seine einzige Hand vorsichtig die Rasierklinge darüber führte. Er war ein kränklicher Mensch, äusserst misstrauisch, der nichts anderes zu tun hatte, als eine Tochter, die gerade alt genug für Fehltritte war, zu beaufsichtigen und in den sogenannten Toiletten Taschentücher, Feuerzeuge, Füllfedern und ähnliche Schätze einzusammeln, die ein zerstreuter Benützer vergessen haben mochte, denn es waren türkische Latrinen, in denen man die Taschen leeren muss, ehe man niederhockt. Der Literaturkritiker Milovan, der Keramiker Anastase und Vlada, ein bäuerlicher Maler, bewohnten die Ateliers im Parterre. Stets bereit zu helfen, uns als Dolmetscher zu dienen, eine Schreibmaschine, eine Spiegelscherbe, eine Handvoll grobes Salz zu leihen oder, falls sie ein Aquarell oder einen Artikel verkauft hatten, das ganze

Haus zu einem lärmenden Festmahl einzuladen mit Weisswein, Paprika, Käse, gefolgt von einer gemeinsamen Siesta auf dem sonnenbeschienenen nackten Bretterboden. Gott weiss, dass sie kärglich lebten, doch die dunklen Jahre der Besetzung und des Bürgerkrieges hatten sie gelehrt, wie kostbar der Friede ist, und in Ermangelung von Komfort besass Saimischt seine ureigene Gemütlichkeit. Es war eine Wildnis von Feldmohn, Kornblumen, blühendem Unkraut, die zum Sturm auf die verkommenen Gebäude anrückte und die Zufallsbuden und Schuppen, die ringsum aufgeschossen waren, in ihrem grünen Schweigen erstickte. Im Pavillon neben uns hauste ein Bildhauer. Nachts schlief er, das Kinn vom Bartwuchs geschwärzt, seine Hämmer wie Revolver im Gürtel, auf einem Strohsack zu Füssen des Standbilds, das er gerade vollendete: ein Partisane mit nacktem Oberkörper, die Faust um die Maschinenpistole geballt. Er war der Reichste der ganzen Gesellschaft, denn die Lage war für ihn günstig; mit Aufträgen für Grabdenkmäler, Sterne aus rotem Granit, Standbilder von Partisanen, die gegen einen Sturm von zweihundert Stundenkilometern ankämpften, war er für mindestens vier Jahre eingedeckt. Das war ganz folgerichtig: Sobald sie nicht mehr Sache von Geheimausschüssen sind, fassen die Revolutionen festen Fuss, versteinern und werden rasch zur Sache von Bildhauern. In einem Land wie Serbien, das sich ständig in Kampf und Auflehnung befand, steht ihnen bereits ein grosser heroischer Fundus zur Verfügung – sich aufbäumende Pferde, gezückte Säbel, *Komitadschis* –, aus dem zu schöpfen genügt. Diesmal war es allerdings schwieriger. Die Befreier hatten den Stil gewechselt: Sie sassen nicht mehr hoch zu Ross, sondern standen mit kurzgeschorenem Haar und sorgenvollen, mürrischen Gesichtern auf ihren eigenen Füssen, und nur das Löffelchen Rosenkonfitüre, das der Bildhauer den Besuchern nach serbischer Sitte anbot, erinnerte an eine sanftere, weniger martialische Welt.

Am anderen Ende des verwilderten Terrains diente ein Eisschrank, der neben einem Schnapsausschank stand, als Briefkasten und Versammlungsort für alle, die hier mit ihren Hühnern und Kochtöpfen zwischen Himmel und Gestrüpp lebten. Von dort holte man sich schwere Blöcke von erdigem, grobkörnigem Eis und eine Art Eiscreme aus Ziegenmilch, deren säuerlicher Geschmack einem bis zum Abend im Mund blieb. Die Kneipe hatte nur zwei Tische, an denen die Lumpensammler des Bezirks – rotäugige, flinkblickende Alte, die schon so lange miteinander im Mist wühlten, dass sie einander glichen wie Frettchen vom selben Wurf – in den heissesten Stunden ihr Schläfchen abhielten oder ihre Beute sortierten.

Hinter dem Eisschrank erstreckte sich der Bereich eines ukrainischen Trödlers, der inmitten seiner Schätze in einem sehr sauberen Verschlag hauste: ein gewichtiger Mann mit einer Mütze mit Ohrenklappen, der einen Haufen abgetragene Schuhe und einen Haufen ausgebrannte oder zerbrochene Glühbirnen besass und sein Geschäft im grossen Massstab führte. Ein Hügel aus lecken Blechkannen und geplatzten Luftschläuchen vervollständigte sein Warenlager. Das Erstaunliche war die grosse Zahl von Kunden, die mit ihren „Einkäufen" unterm Arm sein Lager verliessen. Unterhalb einer gewissen Stufe von Armut gibt es nichts, womit man nicht handelt. In Saimischt konnte ein einzelner Schuh, auch wenn er durchlöchert war, ein gutes Geschäft bedeuten, und der Hügel des Ukrainers wurde oft von blossen Füssen erklommen und mit funkelnden Blicken abgesucht.

Längs der Strasse nach Zemun, gegen Osten zu, ragten aus einem Meer von Disteln die Fundamente der Satellitenstadt Novi-Beograd empor. Die Regierung hatte sie gegen das Gutachten der Geologen auf einem schlecht drainierten Terrain zu errichten begonnen. Doch auch die erhabenste Behörde vermag nichts gegen einen zu weichen Boden, und anstatt sich von der Erde zu erheben, beharrte Novi-Beograd darauf, in ihr zu versinken. Vor zwei Jahren hatte man den Bau aufgegeben, und nun reckten sich seine blinden Fenster und verbogenen Stahlträger, auf denen die Käuzchen hockten, zwischen uns und dem freien Land. Novi-Beograd markierte eine Grenze.

Um fünf Uhr früh durchbohrte die Augustsonne unsere Augenlider, und wir gingen auf der anderen Seite der Saimischt-Brücke in der Save baden. Unter den Sohlen weicher Sand, ein paar Kühe zwischen den Erlen, ein kleines Mädchen mit Kopftuch, das die jungen Gänse weidete, und in einem Granattrichter ein schlafender Bettler, der sich mit Zeitungen zudeckte. Etwas später kamen die Schiffer von den Flusskähnen und die Leute aus dem Bezirk, um ihre Wäsche zu waschen. So wuschen wir unsere Hemden, im erdigen Wasser hockend, in guter Gesellschaft, und längs dem ganzen Ufer, der schlafenden Stadt gegenüber, hörte man nichts als Bürsten und Auswringen und leise gesummte Lieder, während grosse Schaumbänke mit der Strömung langsam nach Bulgarien hinuntertrieben.

Im Sommer ist Belgrad eine „Morgenstadt". Um sechs Uhr früh fegt der städtische Spritzwagen den Pferdemist der Marktfahrer mit ihren Gemüsekarren zusammen, und die Holzläden der Geschäfte fliegen klappernd auf; um sieben sind alle Schenken bumsvoll. Die Ausstellung wurde um acht geöffnet. Jeden zweiten Tag hatte ich dort Dienst, während Thierry widerstrebende Käufer in ihren Wohnungen aufstöberte oder in der Stadt zeichnete. Zwanzig Dinar Eintritt für Leute, die so viel Geld besassen. Die Kasse enthielt nur eine Handvoll Münzen und, vom letzten Aussteller hier vergessen, ein Exemplar *Variétés V* von Valéry: Der manierierte Stil nahm in dieser Umgebung eine exotische Tönung an, die das Lesen noch vergnüglicher machte. Unter dem Pult verborgen, harrten eine Flasche Wein und eine halbe Melone auf die Freunde von ULUS, die gegen Abend vorbeikamen, um uns zu einem Bad in der Save zu animieren oder eine kritische Notiz zu übersetzen, die in einer Abendzeitung erschienen war: „Monsieur Verrrnettt ... hat unsere Landschaft richtig gesehen, und seine Skizzen sind amüsant ... Aber er ist zu sarkastisch, und es fehlt ihm noch – noch ... Wie heisst das gleich?" ruft der Übersetzer, mit den Fingern schnalzend. „Wart, ich hab's: Es fehlt ihm noch an Ernst!"

Tatsache ist, dass der Ernst die Lieblingsware der Volksdemokratien darstellt. Die Journalisten von der kommunistischen Presse, die frühmorgens die Ausstellung besuchten, um einen Artikel darüber zu schreiben, troffen davon. Es waren junge Offizielle in knarrenden Schuhen, die grösstenteils aus der titoistischen Widerstandsbewegung stammten. Ihre neue Wichtigkeit erfüllte sie mit durchaus berechtigtem Stolz, wenn sie auch noch ein bisschen schroff und unsicher auftraten. Sie wanderten mit gerunzelter Stirn von einer Zeichnung zur anderen, gestrenge, aber ratlose Richter, denn woher soll man wissen, ob die Ironie rückschrittlich oder fortschrittlich ist?

Zwischen elf und zwölf Uhr mittags lockte das Plakat an der Tür – eine gelbe Sonne auf blauem Grund – sämtliche Schulkinder der Terazie-Strasse an, die aus der Schule stürmten. Eine Patisserie-Ausstellung hätte keinen grösseren Erfolg haben können. Kleine Mädchen mit zahnlückigem Lachen hüpften auf einem Bein an den in Augenhöhe hängenden Bildern entlang, staubige Zigeunerkinder, die mit einer Grimasse bezahlten, jagten einander unter schrillem Geschrei von einem Saal zum anderen und liessen auf dem blankgewichsten Parkett den Abdruck ihrer winzigen nackten Füsse zurück.

Die tote Stunde, zwischen fünf und sechs, brachte uns einige unerwartete Besucher aus den noblen Vierteln. Sanfte Gestrige, deren geläufiges Französisch und bescheiden zurückhaltende Mienen ihren bourgeoisen Ursprung verrieten und die unser Mitleid erregten: alte Herren mit zitternden Schnurrbärten, mit mächtigen Einkaufstaschen beladen, und alte Damen in Tennisschuhen, braungebrannt wie Bauersfrauen, die ihren Stuhl bis zur Kasse schoben, uns ihre verwelkte Hand reichten und vorsichtig sondierten, ob sie ein Echo auf ihre wehmütigen Grübeleien fänden. Viele, die nach der Amnestie vom Oktober 1951 in ihre Heimat zurückgekehrt waren, bewohnten jetzt den kleinsten Raum ihrer einstigen Wohnung und verdienten sich ihr Brot in den sonderbarsten Berufen. Ein alter, musikliebender Advokat schrieb die Orchesterstimmen für eine Jazzband heraus, eine ehemalige Salonmuse radelte bei Tagesanbruch in ferngelegene Mietskasernen, um Harmonielehre oder Englisch zu unterrichten. Sie warfen nur einen zerstreuten Blick auf die Wände, aber sie waren zu einsam, um gleich wieder zu gehen, und zu stolz, um es zu sagen; so stürzten sie sich, um bis zum Schliessen durchzuhalten, in aufreibende Monologe über das Grab von König Alexander oder die aufgelösten mazedonischen Klöster, die wir, die doch *Verständnis* dafür hätten, unbedingt besichtigen müssten. Und so blieben sie sitzen, zudringlich, ermattet, vertraulich, voll guter Ratschläge. Aber sie waren nicht mehr mit dem Herzen dabei. Zum Tapfersein kann man sich zwingen, aber nicht zum Schwung. Wenn der Abend kam, zog praktisch die ganze Strasse durch unsere Ausstellung.

Die Belgrader hatten zu wenig Zerstreuungen, um auch nur eine einzige auszulassen. Das Leben war so kärglich, dass jeder nach allem ausgehungert war, und diese Begierde führte zu mancher Entdeckung. Theologen besuchten Motorradkurse, Bauern, die tagsüber ihre Einkäufe in der *Ulitza Marschala Tita* besorgt hatten, kamen und entdeckten hier die Aquarellmalerei. Sie stellten einen Sack Kunstdünger, ein neues Halfter, eine Hippe mit sorgsam eingeölter Schneide neben die Tür, beäugten mit scharfem Blick die Eintrittskarten und zogen das Geld dafür aus ihrem Gürtel oder ihrer Kappe. Dann wechselten sie, die Hände auf dem Rücken, mit grossen Schritten von einem Bild zum anderen und betrachteten es ausführlich, um auch etwas für ihre Dinar zu haben. Ihrem Auge, das an die unscharfen Abbildungen der Zeitungen von Mostar oder Cetinje gewöhnt war, fiel es schwer, die lineare Zeichnung mit einem Blick zu erfassen. Von einer bekannten Einzelheit – Truthahn, Minarett, Fahrrad – ausgehend, entwirrten sie allmählich das Bild, begannen plötzlich zu lachen oder mit sich selber zu reden und legten den Kopf zur Seite, um vielleicht ihren Bahnhof, ihren Hügel, ihren Bach zu erkennen. Vor dem Bild eines verschlampten Individuums warfen sie einen Blick auf ihren eigenen Hosenschlitz. Mir gefiel ihre Art, die Dinge auf sich selber zu beziehen, sie langsam, geduldig zu prüfen und die Arbeit, die darin steckte, abzuwägen. Gewöhnlich blieben sie bis zuletzt, ganz ungeniert in ihren weiten Hosen und ihrem ländlichen Geruch, und kamen dann höflich zur Kasse, um dem Künstler die Hand zu drücken oder ihm eine Zigarette zu drehen, die sie in einem einzigen Zug mit der Zunge zuklebten. Um sieben kam Prvan, der Manager der ULUS, und erkundigte sich nach dem Stand der Dinge. Nein, die staatlichen Einkäufer, die seine hauptsächlichste Kundschaft bildeten, hatten noch keine Entscheidung getroffen. „Aber morgen werden wir sie an den Ohren herziehen", sagte er und nahm uns zu seiner Mutter mit, um Spinatkuchen zu essen.

Mangels Kunden schossen Freunde wie Pilze aus dem Erdboden hervor. Unerschöpflich ist der Schatz an persönlicher Grossherzigkeit in Serbien, und trotz allem, woran es noch mangelt, ist es dort warm. Frankreich mag das Gehirn von Europa sein, wie die liebenswürdigen Serben uns gern versicherten, aber das Herz ist der Balkan; man wird nie genug davon bekommen.

Wir wurden in düstere Küchen, in enge Salons von freundlicher Hässlichkeit eingeladen, wo man sich mit Riesenportionen von Aubergines, Melonen, die unter dem Taschenmesser zischend aufplatzten, und auf Spiesschen gebratenen Fleischstücken den Bauch vollschlug. Junge Mädchen und uralte Frauen mit wackligen Knien – denn mindestens drei Generationen teilten sich jeweils in eine dieser engen Wohnungen – hatten bereits voller Aufregung den Tisch gedeckt. Vorstellungen, Verbeugungen, Begrüssungsphrasen in einem charmanten, veralteten Französisch, Konversation mit diesen bejahrten, literaturbeflissenen Bourgeois, die ihre Zeit damit hinbrachten, Balzac und Zola wiederzulesen, und für die *J'accuse* der letzte literarische Skandal von Paris war. Die Bäderkur in Spa, die *Exposition coloniale* – wenn sie auf dem Grund ihrer Erinnerungen angelangt waren, wurde es einen Moment ganz still, und dann holte unser Freund, der Maler, hinter einem Wust von Porzellangeschirr ein Buch über Vlaminck oder Matisse hervor, das wir uns ansahen, während die Familie ehrfürchtiges Schweigen bewahrte, als hätte ein respektabler Gottesdienst begonnen, an dem sie nicht teilhatte. Diese Feierlichkeit rührte mich. Im Lauf meiner Studienjahre hatte ich redlich „Kultur" betrieben, ein bisschen intellektuelle Gärtnerei im Blumentopf, ein paar Analysen und Glossen geschrieben. Ich hatte etliche Meisterwerke durchgeackert, ohne zu erfassen, welcher Stellenwert ihnen als Modell zur Austreibung böser Geister zukam, weil bei uns der Stoff des Lebens dank Gewohnheit und Übereinkommen so gut zugeschnitten, verteilt und genäht ist, dass der Erfindungsgeist sich aus reinem Platzmangel auf dekorative Funktionen beschränkt und nur noch daran denkt, „gefällig" zu sein, das heisst: irgendwie. Hier ging es anders zu; der Mangel am Lebensnotwendigen stimuliert in gewissen Grenzen den Drang nach dem Wesentlichen. Das Leben, das karg und armselig war, hatte ein gewaltiges Bedürfnis nach *Gestaltung,* nach Formen, und die Künstler, zu denen ich auch die Bauern zähle, die eine Flöte zu halten oder ihren Karren mit leuchtend buntem Rankenwerk zu bemalen verstanden, wurden verehrt wie heilige Fürsprecher oder Wundertäter.

Thierry hatte noch nichts verkauft. Ich hatte nichts geschrieben. Wie bescheiden wir auch lebten, unsere Dinar schmolzen rasch dahin. Ich suchte die Zeitungen auf, um Aufträge zu ergattern, und konnte, dank der Hilfe unserer Nachbarn in Saimischt, ein paar Kleinigkeiten unterbringen. Die Redaktionen zahlten nicht viel, doch man wurde herzlich aufgenommen. Ich fühlte mich da sofort wohl, denn in fast jeder stand an einem allgemein zugänglichen Platz ein offener Flügel für „dringende Fälle" (als ob hier das Bedürfnis nach Musik so gebieterisch wäre wie ein natürliches Bedürfnis!), und es gab eine Kantine, wo man sich im belebenden Duft von türkischem Kaffee frei unterhalten konnte. Es gab keine Vorzensur, und die widersprüchlichsten Meinungen durften veröffentlicht werden – die Sanktionen folgten auf dem Fuss. Darum nahm der Chefredaktor vorsichtshalber alles, was etwas brenzlig roch, aus dem Satz, und der halbe Text wurde nicht verwendet. Um einen guten Eindruck auf uns zu machen, übertrieben die Verantwortlichen manchmal unbewusst die Freiheit, die ihnen belassen blieb. „Bei Ihnen in der Schweiz haben die Frauen kein Stimmrecht. Schreiben Sie uns etwas darüber. Ihre persönliche Meinung. Nehmen Sie kein Blatt vor den Mund." Ich hatte über diesen Punkt keine ausgeprägte Meinung, schrieb aber, dass es so richtig sei – vielleicht weil ich mir nach ein paar Wochen in Jugoslawien wünschte, dass die Frauen sich etwas weniger in die Politik einmischten und dafür etwas mehr zu gefallen trachteten. Ich holte sogar La Fontaine zu Hilfe „de la grâce, plus belle encore que la beauté". Die Damen – es handelte sich um eine Frauenzeitschrift – fühlten sich zwar geschmeichelt, denn wenn auch nicht alle schön waren, waren sie doch alle voll liebenswürdiger Grazie, aber das war nicht die Literatur, die sie brauchten.

„Wir haben herzlich gelacht", sagte mir die Chefredaktorin ein wenig verlegen, „aber für unsere Linie ist es noch ein bisschen, wie soll ich sagen, zu frivol. Wir könnten Unannehmlichkeiten bekommen."

Ich schlug vor, ein Märchen zu schreiben.

„Das ist eine Idee! Ein Märchen – aber ohne Königssohn."

„Der Teufel darf vorkommen?"

„Wenn Sie unbedingt wollen ... Aber keine Heiligen! Ich bin auf meine Stellung angewiesen!"

Und sie schüttelte ihren schwarzen Lockenkopf und brach in ein freundschaftliches Gelächter aus.

Belgrad ist von einem bäuerlichen Zauber erfüllt. Dabei hat es nichts von einem Dorf, aber ein ländlicher Geist durchweht die Stadt und verleiht ihr etwas Märchenhaftes. Man kann sich gut vorstellen, dass hier der Teufel in der

Gestalt eines protzigen Rosshändlers oder schäbig gekleideten Schankwirts unablässig bemüht ist, Komplotte zu schmieden und Fallen zu stellen, die immer wieder an der unglaublichen Arglosigkeit der Jugoslawen scheitern. Ich streifte den ganzen Nachmittag lang am Ufer der Save herum und versuchte vergeblich, mir eine Geschichte zu diesem Thema auszudenken. Da es eilte, verbrachte ich den Abend damit, eine kleine Fabel zu tippen, in welcher der Teufel nicht mehr vorkam, und wir machten uns sofort auf, um sie der Redaktorin zu bringen, die im sechsten Stock einer abbröckelnden Mietskaserne wohnte. Obwohl es spät war, forderte sie uns noch zum Eintreten auf. Ich erinnere mich nicht mehr an unser Gespräch, aber zu meiner Verblüffung trug sie Pantöffelchen mit hohen Absätzen und einen prächtigen roten Schlafrock. In Belgrad sticht das ins Auge. Ich war ihr dankbar, dass sie sich so hübsch herausgeputzt hatte, denn es scheint mir eine der schlimmsten Seiten der Armut zu sein, dass sie die Frauen hässlich macht: Einheitsschuhe, die so plump wie Prothesen sind, rissige Hände, Blümchenstoffe in trüben, ineinanderlaufenden Farben. In dieser Umgebung bedeutete der Schlafrock einen Sieg. Er erwärmte unser Herz wie ein Banner. Ich hatte Lust, sie zu beglückwünschen, auf den hübschen Firlefanz anzustossen. Ich wagte aber nicht, so deutlich zu werden, und wir verliessen sie unter einem Schwall von Danksagungen, die sie ein wenig zu erstaunen schienen.

Viertausend Dinar. Wir mussten noch zehnmal soviel verdienen, bevor wir die Stadt verlassen konnten, aber es waren wenigstens ein paar Tage für den Aufenthalt gewonnen, den wir in Mazedonien planten. Um zu arbeiten und um aus Belgrad wegzukommen, das uns über den Kopf zu wachsen begann.

Das Pflaster am Save-Kai, kleine Fabriken. Ein Bauer, das Gesicht ans Schaufenster eines Kaufladens gedrückt, kann sich vom Anblick einer blitzblanken neuen Säge nicht losreissen. Die weissen Hochhäuser der oberen Stadt mit dem Roten Stern der Partei, Zwiebeltürme. Der schwere Ölgeruch der abendlichen Strassenbahnen, gestossen voll mit Arbeitern mit leerem Blick. Aus einer Schenke flattern die Fetzen eines Liedes: ... *sbogom Mila dodsche vreme* (Leb wohl, mein Lieb, die Zeit entflieht). Unbemerkt, durch den Gebrauch, den wir von der staubigen Stadt machten, ging uns Belgrad in Fleisch und Blut über.

Manchen Städten lässt die Weltgeschichte keine Zeit, ihr Äusseres zu pflegen. Als der grosse befestigte Flecken zur jugoslawischen Hauptstadt befördert wurde, baute man schleunigst ganze Strassenzüge und Stadtviertel dazu, alles in dem offiziellen Amtsstil, der schon nicht mehr modern ist und anscheinend nie antik sein wird: Hauptpostamt, Parlament, akazienbepflanzte Avenuen und Nobelviertel, wo die Villen der ersten Abgeordneten aus dem mit Schmiergeldern gedüngten Boden hervorschossen. Alles war zu schnell gegangen, als dass Belgrad schon für die vielen Details hätte sorgen können, auf denen die Verfeinerung des städtischen Lebens beruht. Die Strassen schienen eher besetzt als bewohnt; was in der Stadt geschah an Ereignissen, an Gerede, an Begegnungen war noch roh und ungesittet. Keinerlei verborgene, schattige Winkelchen, wie jede echte Stadt sie der Liebe oder der Meditation darbietet.

Mit der bürgerlichen Kundschaft war auch die gepflegte Ware verschwunden. In den Schaufenstern sah man Fabrikate ohne Schliff: Schuhe, die wie Holzklötze durcheinandergeworfen lagen, Stücke schwärzlicher Seife, Nägel per Kilo, Toilettenpuder, wie Kunstdünger verpackt. Manchmal, wenn ein Diplomat, der die Ausstellung besuchte, uns zum Essen einlud, fanden wir endlich die urbane Patina, die der Stadt so sehr mangelte. Dann spülten wir gegen sieben Uhr den Staub des Tages in der Save ab, verschrammten uns beim Rasieren vor dem Spiegel auf dem Treppenvorplatz vor lauter Hast das Gesicht und machten uns in unseren ungebügelten Anzügen fröhlich auf, den eleganten Strassen zu, den verchromten Wasserhähnen, dem fliessenden heissen Wasser und der feinen Seife, wovon wir – unter dem Vorwand, verschwinden zu müssen – profitierten, um einen mitgebrachten Vorrat an Socken und Taschentüchern zu waschen. Wenn derjenige, der die Arbeit übernommen hatte, schliesslich mit Schweissperlen auf der Stirn wiederkehrte, fragte die Dame des Hauses fürsorglich: „Ist Ihnen nicht gut? Ja, diese serbische Küche! Niemand entgeht ihr, auch wir nicht. Kürzlich ..."

„Sogar ich!" fiel der Diplomat ein und hob die Hände.

Wir hörten nur halb auf die Konversation, die sich um die schlechten Strassen, die Unfähigkeit der Behörden, kurz um Mängel und Fehler drehte, die uns in keiner Weise störten, und widmeten unsere ganze Aufmerksamkeit dem blumigen Cognac, dem weissen Damasttischtuch, dem Parfum der Gastgeberin.

Dem Reisenden fällt es leichter, objektiv zu urteilen, weil er gesellschaftlich nicht festgelegt ist. Diese Ausflüge von unserer Vorstadt aus ermöglichten uns zum erstenmal, einen unvoreingenommenen Blick auf ein Milieu zu werfen, das man aus einer gewissen Distanz betrachten musste, um seine Umrisse zu erkennen: seine Sprache, seine Lächerlichkeiten und seinen Humor, seine Freundlichkeit und – sobald man sich gebührend ausgewiesen hatte – seine Unbefangenheit, die überall ein seltenes Gewächs ist. Auch seine Müdigkeit, den Mangel an Neugier, wie ihn ein Leben zeitigt, das von den früheren, wissbegierigeren und erfindungsreicheren

Generationen bereits bis in die letzten Winkel eingerichtet ist. Eine Welt von gutem Geschmack, oft auch von gutem Willen, die aber im wesentlichen nur auf Konsum eingestellt ist; in der sicherlich die Tugenden des Gemüts gepflegt werden – aber so wie das Familiensilber, das man nur bei grossen Anlässen hervorholt.

Bei der Rückkehr fanden wir unsere Bude noch glühend heiss von der Sonne des Tages. Sobald wir die Tür aufstiessen, hatten wir wieder festen Boden unter den Füssen. Stille, Geräumigkeit, wenige Gegenstände, an denen wir aber mit Liebe hingen. Die magische Kraft einer Reise liegt darin, dass sie das Leben reinigt, bevor man es einrichtet und ausschmückt.

Unser Nachbar, Anastase, Franzose serbischer Herkunft, hatte das Dasein in Montparnasse zu mühsam gefunden und beschlossen, heimzukehren. Er kam mit einer sanften Pariser Ehefrau, von der jeder im Haus heimlich gehofft hatte, sie würde leicht zu kriegen sein, was aber nicht der Fall war. Anastase sprach kaum Serbisch. Es fiel ihm schwer, sich an Saimischt und seine Sitten zu gewöhnen. Ein kräftiger Pariser Akzent und ein schüchternes Herumwitzeln halfen ihm Selbstsicherheit vorzutäuschen. Aus Angst, für einen Bourgeois gehalten zu werden, legte er seine gestreiften Apachen-Leibchen nicht ab, und seine Frau hatte sich aus einem groben dunklen Stoff ein kuttenartiges Gewand genäht, dessen strenge Einfachheit hier grosses Erstaunen erregte. Die Arme hatte nicht viel Gelegenheit gehabt, es zu tragen. Nach einer Woche war sie von der Fiebermücke *papadatschi* gestochen worden, und jetzt lag sie auf ihrem Bett, schwand vor unseren Augen dahin und weinte zum Steinerweichen, von schroffen, aber hilfreichen Nachbarinnen umringt.

Kurz, Anastase hatte nichts als Verdruss. Sogar die Frauen brachten ihn gänzlich in Verwirrung. In der festen Überzeugung, dass man ihm als Franzosen eine gewisse Nachsicht entgegenbringe, hatte er sich in der Dusche wacker über die Tochter des Portiers hergemacht, und sie hatte ihn halb totgeschlagen. „Ich bin gerade noch davongekommen!" murmelte er verdriesslich.

Milovan, der Kritiker, machte sich über ihn lustig. „Ihr Ungestüm wird Sie noch ins Unglück bringen, Anastase. Das arme Mädchen! Ein Franzose, ein Franzose – sie muss wunder was erwartet haben, galante Worte, ein bisschen Poussieren, eine kleine Belagerung – und Sie fallen über sie her wie jeder andere!"

Während der ersten Wochen fühlte Anastase den Boden unter seinen Füssen schwinden. Alles war hier ganz anders. Sogar die Politik! Anfangs hatte er, um seine gute Gesinnung unter Beweis zu stellen, wütende Attacken gegen den Vatikan geritten. Ohne dass irgend jemand darauf einging. Was hatte er gegen den Vatikan? Man verlangte nichts dergleichen von ihm, und das Thema interessierte keinen Menschen in Saimischt. In der linksextremen Presse von Belgrad gab es Journalisten, die für derartige Ausfälle bezahlt wurden; warum gratis ihre Arbeit tun? Seine Gesprächspartner sahen ihn mit einer Verwunderung an, die seinen Schwung lähmte, und forderten ihn freundlich auf, sich zu beruhigen und ein Glas zu trinken. Ratlosigkeit, Einsamkeit – das sind Dinge, die die Serben auf den ersten Blick erkennen, und sofort sind sie da, um einen mit einer Flasche, ein paar überreifen kleinen Birnen und ihrer freundlichen Gegenwart zu trösten.

Anastase profitierte wie wir alle von dieser wunderbaren Wesensart. Milovan, Vlada, der naive Maler, die Leute von der ULUS hielten ihm brüderlich den Kopf über Wasser.

Sobald er begriff, in welch wohltätigen Stromkreis er geraten war, reagierte er mit überschwenglicher Dankbarkeit. Jetzt wollte er unbedingt den Kaffee verteilen, den er aus Frankreich mitgebracht hatte. Man sah ihn, ein Tablett mit dampfenden Tassen in der Hand, durch die Gänge wandeln. Um geliebt zu werden. Endlich hatte er es getroffen! Kaffee war Mangelware, Anastase bereitete ihn vorzüglich zu. Man liebte ihn! So einfach war die Geschichte.

Freitagabendgottesdienst in der kleinen orthodoxen Kirche, die sich hinter der Post versteckt. Ein paar Sonnenblumen an einem morschen Holzzaun, und an der Wand der Sakristei mit Stroh ausgestopfte Hasenbälge. Drinnen sang hinter einem Wandschirm ein Dutzend alte Weiblein in staubigen Sandalen die Liturgie. Zwei Kerzen in einem sandgefüllten Kübel beleuchteten matt den Altar. Alles war sanft und altmodisch. Die Dunkelheit, das Geraune der schwachen Stimmen verliehen der Zeremonie eine fast schmerzhafte Unwirklichkeit; ich hatte das Gefühl, dass ein nicht sehr sorgfältiger Regisseur sie soeben inszeniert hatte. Die Kirche schien hier im Sterben zu liegen. Sie hatte sich nicht anzupassen vermocht, sie hatte bloss gelitten. Die Rolle, die sie bei der Errichtung des Königreichs Serbien gespielt, die Hilfe, die sie den Widerstandskämpfern geleistet hatte, schützten sie vor aktiver Verfolgung, doch wenn die Partei auch nichts unternahm, um ihr den Gnadenstoss zu geben, tat sie noch weniger, um ihr zu helfen, und jeder wusste, dass es der Karriere nicht förderlich war, wenn man eifrig den Gottesdienst besuchte.

Bei den Toten wenigstens konnte sie sich behaupten, ohne fürchten zu müssen, dass sie ihnen schadete. Auf den mit dem Roten Stern geschmückten Partisanengräbern legten die Familien Kreuze aus violetten Glasperlen nieder oder zündeten sonntags die winzigen Kerzen an, deren Flamme sich duckt, ohne zu erlöschen. Die Rivalität der Embleme setzte sich stillschweigend bis hierher fort. Dasjenige der Partei machte sich überall breit: mindestens an den Bretterzäunen, an den Türen der Kaufläden, auf den Pfefferkuchen, manchmal sogar in abgelegenen bosnischen Dörfern, wo die Sektion der nächsten Bezirksstadt just gegenüber der Moschee plötzlich einen „Triumphbogen des Genossen" errichtete, eine plumpe Attrappe aus Holzpappe, deren frischgestrichener Glanz von heute auf morgen in räudigen Verfall überging. Nach einer Woche banden die Bauern ihre Karren an den Pfosten fest und schnitten diskret ein paar Pappstücke heraus, um die Löcher in ihren Fensterscheiben zuzudecken; der Lack sprang in der Sonnenglut ab, und das ganze schwerfällige Totem hing herunter wie ein gepfropfter Ast, der nicht angewachsen ist.

Es ist wirklich sonderbar, dass die Revolutionen, die doch das Volk zu kennen behaupten, so wenig von seiner Klugheit halten und bei ihrer Propaganda zu Schlagworten und Symbolen greifen, deren Konformismus noch einfältiger ist als jener, den zu bekämpfen sie vorgeben. Die französische Revolution, die von den herausragendsten Vertretern der *Encyclopédie* vorbereitet worden war, sank rasch zu einer albernen Parodie der römischen Republik herab, zu *pluviôse, decadi* und der Göttin der Vernunft.[1] Ebenso jäh erscheint der Abgrund zwischen dem warmherzigen, durchdachten Sozialismus von Milovan und der „Parteimaschine": Lautsprecher, Patronengürtel, Mercedes-Wagen voll wüster Gestalten, die über das schlaglöchrige Strassenpflaster rasen – ein ganzer Apparat, der schon heute merkwürdig altmodisch wirkt, so willkürlich wie die schwerfälligen Bühnenmaschinen, die im Schlussakt die toten Götter und die gemalten Wolken aus dem Schnürboden herablassen.

In Saimischt sprach niemand von der Vergangenheit. Man ging sicher nicht falsch, wenn man annahm, dass sie überall schwer gewesen war. Wie Pferde, die den Siegeskranz errungen, aber ein kurzes Gedächtnis haben, schöpfte das kleine Völkchen der Vorstadt aus dieser Vergessenheit den Mut zu einem neuen Leben.

In Belgrad gingen die hochgestellten Leute stillschweigend über die Vergangenheit hinweg, als wäre sie ein zweifelhafter Alter, dessen Prozess zu viele Menschen miteinbezogen hatte. Dabei gibt es eine glorreiche serbische Geschichte, kroatische und montenegrinische Chroniken, mazedonische Heldenlieder von machiavellistischen Fürstbischöfen, Philologen, die zu Verschwörern wurden, Komitadschis mit Schiessprügeln voller Kerben: grossartige Heldengestalten, aber mit Vorsicht zu geniessen, sozusagen noch nicht zum Konsum geeignet – wie Fleisch, das man lange kochen muss, bis es seinen bitteren Geschmack verliert –, denn meistens hatten sie die kurzen Atempausen, die ihnen der türkische oder österreichische Erzfeind liess, dazu benützt, um mörderisch übereinander herzufallen.

Inzwischen, bis zur Wiederentdeckung dieses noch „amtlich versiegelten" Erbes, liess man die offizielle Geschichte mit der Invasion der Nazis beginnen. Die zwanzigtausend, die beim Bombardement von Belgrad den Tod fanden, die Widerstandsbewegung, der Aufstieg Titos, der Bürgerkrieg, die Revolution, der Zwist mit der Komintern und die Ausarbeitung einer eigenen nationalen Doktrin, dies alles hatte sich in weniger als acht Jahren ereignet. Aus diesen kurzen, gewalttätigen Szenenfolgen bezog man sämtliche Vorbilder, Losungsworte und Mythen, die für das Nationalbewusstsein notwendig waren. Der kurzen Epoche mangelte es wahrlich nicht an echten Helden und Märtyrern; es gab genug, um alle Strassen im Land umzutaufen, aber nichts gleicht einem Partisanen so sehr wie ein anderer Partisan, und die ewigen Berufungen auf die Widerstandsbewegung hingen einem allmählich zum Hals heraus, um so mehr als die Serben nicht bis zum Jahr 1941 gewartet hatten, um all die Eigenschaften zu besitzen, die uns so sehr für sie einnahmen.

Wenn uns diese verstümmelte oder unterschlagene Vergangenheit fehlte, brauchten wir nur unser „Taschenbuch der französisch-serbischen Konversation" aufzuschlagen, um pfeilgerade in eine versunkene Welt zurückversetzt zu werden.

Ich benütze gern die Gelegenheit, um gegen diese Leitfäden zum Nutzen der Touristen loszuziehen. Im Lauf unserer Reise habe ich mehrere gleichermassen unbrauchbare besessen, aber keiner konnte sich mit dem *Manuel de conversation franco-serbe* von Prof. Magnasco, Genua 1907, messen. Nichts als schwindelerregende Anachronismen, läppische Dialoge, Phantasien eines Verfassers, der vom rauschenden Hotelleben träumt, aber nie aus seiner Küche herausgekommen ist. Da ging es nur um Schaftstiefel, lächerliche Trinkgelder, Gehröcke und überflüssige Redewendungen. Als ich das erste Mal darauf zurückgriff – bei einem Barbier auf dem Save-Kai, mitten unter kurzgeschorenen Schädeln und Arbeitern im blauen Monteuranzug –, stiess ich auf den folgenden Wortwechsel: „*Imam, li vam navoštiti brk?* – Soll ich Ihnen die Schnurrbartspitzen wichsen?" Worauf man zu antworten hatte: „*Za volju Bozyu nemojte puštam tu modu kikošima!* – Gott bewahre! Die Mode überlasse ich den Gecken."

Das war schon etwas, aber zur Erforschung der Vergangenheit boten die wunderbaren antiken Statuen des Belgrader Museums noch ganz andere Möglichkeiten. Allerdings musste man sich das Vergnügen damit erkaufen, dass man zuerst einen Saal durchschritt, der den Werken des alten Bildhauers Mestrovitsch geweiht war. Alles heroisch in Sujet und Pose: Seelenqualen, Hoffnungen, Ausbrüche, Muskeln à la Michelangelo, noch kräftiger geworden durch eine Diät von gefüllten Krautrollen und fettem Schweinefleisch, krampfhaft angespannt bis zu den Schläfen, als gelte es den kleinen Kern hinauszuquetschen, der diese Athleten am Denken hinderte.

Doch dann kam die Überraschung. Man stand vor einer Reihe von Porträtbüsten aus der Epoche Kaiser Hadrians: Konsuln und Präfekten von Mösien oder Illyrien, von geradezu grossartiger Präsenz. Niemals zuvor hatte ich die klassische Skulptur, die so oft rhetorisch und kalt erscheint, so entfesselt gesehen. Im Bestreben, die Statuen den Vorbildern so ähnlich wie möglich und so lebendig wie möglich zu gestalten, hatten die pedantische Präzision der Römer, ihre Schärfe, ihr Zynismus wahre Wunder gewirkt. Im honigfarbenen Nachmittagslicht sah man ein Dutzend fuchsschlaue alte Magistraten einander schweigend mustern. Eigensinnige Stirnen, sarkastische Krähenfüsse, Geniesserlippen, die mit phantastischer Schamlosigkeit Krankheit, Schläue oder Habsucht verrieten, als hätte die Versetzung in diese ferne Bergprovinz sie auf immer von der lästigen Pflicht der Verstellung befreit. Dabei waren es trotz der Narben und Schmisse, die sie sich an der Donaugrenze zugezogen hatten, im Grunde heitere Gesichter. Man merkte, sie hatten sich mit den Umwegen und Winkelzügen eines Lebens abgefunden, an das sie sich gierig geklammert haben mussten, und die in Südserbien aufgefundenen Mithra-Altäre zeigen, dass sie nichts versäumten, um die übernatürlichen Mächte auf ihre Seite zu bringen.

Dann wieder die sonnenglühende Strasse, der Melonenduft, der grosse Gemüsemarkt, wo die Pferde die Vornamen von Kindern tragen, und das ganze Durcheinander von Häusern, die sich zwischen zwei Flüssen ausgebreitet haben; dieses uralte Militärlager, das heute Belgrad heisst.

Abends ging ich meiner eigenen Wege, um mir die Augenblicke der Einsamkeit zu verschaffen, die wir alle so nötig haben. Ein Heft unterm Arm, überquerte ich den Fluss und ging die finstere, menschenleere Nemandschina-Avenue hinauf, bis zum *Mostar,* einer friedlichen Schenke, wie ein Hochseeschiff beleuchtet, wo die bosnischen Landsleute sich zu versammeln pflegten, um ihrer wunderbaren Ziehharmonikamusik zu lauschen. Kaum dass ich sass, brachte mir der Wirt ein Näpfchen violette Tinte und eine rostige Schreibfeder. Von Zeit zu Zeit guckte er mir über die Schulter, ob ich mit der Arbeit vorankäme. Dass man eine Seite in einem Zuge mit Schriftzeichen bedecken konnte, schien ihm ans Wunderbare zu grenzen. Mir auch. Seit das Leben so unterhaltsam geworden war, fiel es mir furchtbar schwer, mich zu konzentrieren. Ich machte mir ein paar Notizen, zählte auf mein Gedächtnis und sah mich um.

Hier gab es ausladende moslemische Bäuerinnen, die zwischen ihren Zwiebelkörben auf den Bänken schnarchten, Lastwagenfahrer mit pockennarbigen Gesichtern, Offiziere, die kerzengerade vor ihrem Glas sassen und mit einem Zahnstocher spielten oder diensteifrig aufsprangen, um mir Feuer zu geben und eine Konversation vom Zaun zu brechen. Und Nacht für Nacht am Tisch neben der Tür vier junge Huren, die Kürbiskerne kauten und zuhörten, wie der Harmonikaspieler aus seinem brandneuen Instrument liebliche Arpeggien hervorlockte. Sie hatten schöne, glatte, braungebrannte Knie, ein bisschen erdig, nachdem sie ihr Gewerbe auf einer nahen Böschung ausgeübt hatten, und starke Backenknochen, unter denen das Blut klopfte wie eine Trommel. Manchmal schliefen sie unversehens ein, und der Schlaf liess sie unglaublich jung erscheinen. Ich betrachtete die sanft atmenden Flanken, über die sich ein violettes oder apfelgrünes Baumwollfähnchen spannte, und fand sie auf ihre rohe Art schön und verlockend, bis zum Moment, da sie niesten und sich auf widerliche Art räusperten, bevor sie in das Sägemehl spuckten.

Auf dem Rückweg versuchte manchmal die Schildwache auf der Brücke, sich mit mir anzulegen. Dabei kannte der Kerl uns gut, aber unsere Sorglosigkeit erbitterte ihn, und er übte die einzige Rache, die in seiner Macht lag: den Passanten einen Augenblick ihrer Zeit zu rauben. Er wiegte schwerfällig den Kopf hin und her, während er, einen starken Raki- und Knoblauchgeruch ausströmend, imaginäre Passierscheine zu sehen verlangte. Mein ausländischer Pass liess mich mühelos durchschlüpfen und weitergehen, aber das vergrösserte nur seine Wut, und Vlada, der die Brücke viel später und häufig sehr beschwipst passierte, bekam es zu spüren. Er hüpfte gerade wie ein Schulbub von einer Schwelle zur anderen und dachte an das wundervolle Bild, das er malen könnte, wenn er nicht Vlada wäre, wenn er nicht hier aufgewachsen wäre, wenn – da holte ihn die Stimme der Wache brutal in die Realität zurück. Sie redeten sich immer mehr in Wut, und manchmal drang das Echo ihres Streits stossweise bis in unser Atelier.

„Fünfhundert Dinar Busse!“ bellte der Soldat, worauf Vlada ihn unverzüglich zum Teufel schickte. Aber weil die Welt so hart war, wollte ihm das der Wachsoldat nicht durchlassen. „Fünftausend!“ hörte man ihn brüllen. Auf diese Zahl folgte ein bedrücktes Stillschweigen, dann die schleppenden Schritte Vladas, der, plötzlich nüchtern geworden, durch das hohe Gras seinem Heim zustrebte und im Vorbeigehen an unsere Tür kratzte. Er verfluchte seinen

Jähzorn. Bei seinem monatlichen Einkommen konnte er die Busse nie im Leben bezahlen. Morgen musste man also den Posten aufsuchen, sich entschuldigen, ihm um den Bart gehen, die Geschichte mit bäuerlicher Schlauheit und einer Flasche Zwetschgenschnaps wieder in Ordnung bringen.

Wir trösteten ihn, so gut wir konnten, aber an solchen Abenden wurde uns die Stadt zuviel. Wir hätten die jämmerlichen Buden unserer Siedlung, den stinkenden Atem der Milizsoldaten, die erbärmliche Armut der einen, die misstrauische Schwerfälligkeit der anderen, mit einer Handbewegung wegfegen mögen. Wir hatten plötzlich ein Bedürfnis nach fröhlichen Gesichtern, sauberen Fingernägeln, urbanen Sitten und feiner Wäsche. Thierry malte mit einer Schablone zwei Kronen auf die blechernen Viertelliterkrüge, aus denen wir einander zutranken. Das war die einzige Form von Meuterei, die wir uns leisteten. Wir waren ja Könige.

Batschka

Die Ausstellung war geschlossen. Jetzt hatten wir genug Geld, um an eine Fahrt in den Norden des Landes zu denken. Freund Mileta, ein junger Maler von der ULUS, stellte sich als Dolmetscher zur Verfügung und drängte: wenn wir Tonbandaufnahmen von Zigeunermusik machen wollten, müssten wir sie in dieser Gegend suchen.

Heutzutage gibt es in Jugoslawien etwa hunderttausend Zigeuner. Weniger als früher. Viele sind im Krieg zugrunde gegangen, niedergemetzelt oder deportiert von den Deutschen. Viele andere sind mit ihren Kleppern, Bären und Kochkesseln in die Elendsviertel von Nisch oder Subotika gezogen und sesshafte Bürger geworden. Es gibt jedoch noch einige wenige verborgene Zigeunerdörfer, ganz hinten in den Provinzen an der ungarischen Grenze. Dörfer aus

Lehm und Stroh, die wie durch Zauberei auftauchen und wieder verschwinden. Eines schönen Tages werden die Bewohner ihrer überdrüssig, ziehen einfach fort und lassen sich in einem noch verlasseneren Winkel nieder. Wo – das kann einem in Belgrad kein Mensch sagen.

An einem schönen Augustabend verriet uns der Wirt einer an der Landstrasse Belgrad–Budapest gelegenen Schenke, den Mileta gehörig ins Kreuzverhör genommen hatte, den Namen einer solchen Geistersiedlung: Bogojewo in der Batschka, südlich der ungarischen Grenze, etwa hundert Kilometer von der Gartenlaube entfernt, in der wir beim Weisswein sassen. Worauf wir unsere Gläser leerten und uns nach Bogojewo, Batschka, aufmachten. Der Sommer neigte sich langsam dem Herbst zu, und die letzten Störche kreisten über den Wiesen.

Die Strassen der Batschka gehören den Wieseln, den Gänsemädchen, den staubbedeckten Karren, im ganzen Balkan gibt es keine schlechteren. Um so besser für die Batschka, die im Schutz ihrer tiefen Wagenfurchen so gut wie nichts vom Krieg sah, um so besser für uns, denn wir hatten es nicht eilig, diese Landschaft zu verlassen. Dort beginnt schon die Puszta mit ihren Pferden, die weite, grüne Ebene, aus der nur hie und da ein einsamer Nussbaum oder der Pfosten eines Ziehbrunnens aufragt. Hier spricht man Ungarisch. Die Frauen sind schön und tragen sonntags noch die alte, reiche, überladene Tracht, die Männer sind klein, geschwätzig, hilfsbereit; sie rauchen dünne Deckelpfeifen und tragen zum Kirchgang Schuhe mit Silberschnallen. Über allem liegt eine eigenartige, traurige Stimmung. Ein Nachmittag genügt, um einen zu bezaubern.

Es war dunkel, als wir in Bogojewo ankamen. Das stattliche Dorf lag stumm um die frisch gekalkte, plumpe Kirche geschart. Nirgends Licht, ausser im Wirtshaus, aus dem die gedämpften Geräusche einer letzten Billard-Partie drangen. In der Schankstube drei Bauern in städtischen schwarzen Anzügen, stillschweigend kombinierten sie rasche, geschickte Stösse, ihre vergrösserten Schatten tanzten auf der weissen Wand. Über der Theke hing Seite an Seite mit dem Kruzifix ein altes Bild von Lenin mit bauschiger Künstlerkrawatte. Ein einziger Tisch war besetzt: Ein einsamer Hirt in seinem Schafspelz tunkte Brot in die Suppe. Das Ganze bot ein merkwürdiges Bild, doch von Zigeunern keine Spur. Wir hatten uns einfach im Dorf geirrt. Es gibt zwei benachbarte Bogojewo: Bauern-Bogojewo und Zigeuner-Bogojewo. Auf der einen Seite Ramuz, auf der anderen Strawinski, zwei Seiten, die sich übrigens nicht sonderlich gut zu vertragen schienen. Die drei Billardspieler, die wir an der Tür ausfragten, wiesen mit einer vagen Handbewegung auf eine Schleife der Donau, die einen Gewehrschuss von hier entfernt im Mondschein erglänzte. Unser Irrtum verstimmte sie. Also rasch das einzige Zimmer im Gasthaus gemietet, und schon fuhren wir weiter.

Auf der anderen Seite des Flusses lag Zigeuner-Bogojewo bereits im Schlaf, doch ein paar Schritte von der Brücke entfernt entdeckten wir in einer von wilden Schlingpflanzen überrankten Hütte ein paar seiner Einwohner, die die Nacht mit Trinken und Singen verbrachten. Aus der von einer Petroleumlampe erleuchteten Küche erklang eine Musik von ausgekochter Lustigkeit. Wir stiessen einander gegenseitig vom Fenster weg, um hineinzugucken: Nahe der Lampe nahm ein Fischer Aale aus, während ein dickes Bauernmädchen sich barfuss in den Armen eines Soldaten im Tanz drehte. Hinter dem Tisch mit halbgeleerten Weinkrügen darauf sassen in einer Reihe fünf etwa vierzigjährige Zigeuner; fünf verlauste, zerlumpte, pfiffige, vornehme Zigeuner kratzten auf ihren zusammengeflickten Fiedeln und sangen dazu. Breite Backenknochen, glattes, schwarzes, lang in den Nacken fallendes Haar. Asiatische Gesichter, die den Einfluss sämtlicher europäischer Landstrassen verrieten, das Kreuz-As oder das Fersengeld in den mottenzerfressenen spitzen Hüten verborgen. Es gelingt sehr selten, Zigeuner in ihrem Bau aufzustöbern, doch diesmal durften wir uns nicht beklagen; dies war wirklich ihre Höhle.

Als wir uns in der Tür zeigten, brach die Musik jäh ab. Sie legten die Instrumente aus der Hand und starrten uns verblüfft und argwöhnisch an. Wir waren Neuankömmlinge in diesen Landen, wo niemand ankommt; es war an uns, uns auszuweisen. Wir setzten uns zu ihnen an den Tisch und liessen frischen Wein, Räucherfisch, Zigaretten kommen. Als der Soldat mit dem Mädchen verschwand, wurden sie zutraulicher. Jetzt waren wir Landstreicher unter uns, und sie machten sich daran, die Teller zu leeren, wobei sie sich nicht wenig zierten. Zwischen den einzelnen Runden redeten wir: Französisch mit Mileta, der Serbisch mit dem Wirt sprach, der es für die Zigeuner ins Ungarische übersetzte, und wieder zurück. Die Stimmung wurde herzlich. Ich schaltete das Tonbandgerät ein, und die Musik ging wieder los.

Im allgemeinen spielen die Zigeuner die Volkstänze des Landes, in dem sie sich gerade aufhalten: *czardas* in Ungarn, *oros* in Mazedonien, *kolo* in Serbien. Sie borgen sich die Musik aus, wie so viele andere Dinge, und sie ist wohl das einzige, was sie ehrlich zurückgeben. Selbstverständlich gibt es auch echte Zigeunermusik, aber damit gehen sie sehr zurückhaltend um, und man hört sie nur selten. Doch an jenem Abend in ihrem Schlupfwinkel spielten sie auf ihren zusammengebastelten Geigen ihre ureigene Musik. Alte Bänkellieder, die ihre städtischen Vettern längst vergessen haben. Ungehobelte, stürmische, lärmende Lieder, die auf romani von den Wechselfällen des täglichen Lebens erzählen: kleine Diebstähle, kleine Glücksfälle, winterlicher Mond und leerer Bauch:

Jido helku peru rošu
Fure racca – šiku košu
Jido helku peru kreč
Fure racca denkučec
Jano ule! Jano ule!
Supileču pupi šore ...

Der Jude mit dem roten Schopf
stiehlt den grossen bunten Hahn.
Der Jude mit den Schläfenlocken
stiehlt die Ente aus dem Stall.
Hast die Beine ihr gerupft,
deine Mutter wird sie essen,
zart wie rote Rosenblätter,
Holla, Janos, holla!

Wir lauschten. Wie Janos mit seinem gerupften Federvieh verschwand und die Zigeuner seine Flucht mit der Ausgelassenheit von Kindern auf ihren Saiten skandierten, trat eine alte Welt aus dem Schatten hervor. Nächtlich und bäurisch. Rot und blau. Voll von schmackhaften, scharfsinnigen Tieren. Eine Welt aus Kleefeldern, Schnee und verstreuten Hütten, wo der Rabbi im Kaftan, der Zigeuner in seinen Lumpen und der Pope mit seinem gespaltenen Bärtchen einander beim Samowar ihre Geschichten erzählten. Eine Welt mit rasch wechselnder Beleuchtung, die vom Übermut der Landstreicher flugs zu herzzerreissend tremolierenden Bogenstrichen überging.

Tote lume ziši mie, simiou fate de demkonšie ...

Alle hatten mir gesagt, musst des Nachbarn Tochter freien ...

Ist die junge Frau mit einem anderen durchgegangen? War sie weniger jungfräulich, als man's versprochen? Auf die Geschichte kam es nicht an; es verlangte sie plötzlich, traurig zu sein, und jedes Thema war ihnen recht. Noch ein paar Zigaretten, dann würden sie ihre Saiten schluchzen lassen, nur damit es ihnen die Seele im Leibe umdrehte.

Ein sehr flüchtiges Schmachten. Im nächsten Augenblick legten die beiden Feurigsten – die wir, den Erfordernissen der Tonbandaufnahme entsprechend, vorsichtig hinter ihre Gefährten verbannen mussten – ein Höllentempo vor. Eine Rückkehr zum ausgelassenen Genre stand zu befürchten und erfolgte tatsächlich, als wir uns verabschiedeten, ohne Rücksicht auf den Fischer, den Eigentümer der Hütte, der sich in einem Winkel gähnend die Augen rieb.

Es war spät, als die Glocken, die zur Hauptmesse riefen, uns mit Sturmgeläute weckten. Die Tauben pickten im Hof Körner auf, die Sonne stand schon hoch. Milchkaffee in grossen weissen goldgeränderten Tassen auf dem Platz vor der Schenke, während wir zusahen, wie die Frauen in die von Fahnen umwehte Kirche gingen. Sie trugen leichte, ausgeschnittene Schuhe, weisse Zwirnstrümpfe, weite, buntbestickte Röcke, die sich wie Blütenblätter über eine Unzahl von Spitzenunterröcken bauschten, geschnürte Mieder und auf dem Scheitel ein Käppchen, von dem eine Flut bunter Bänder herabwallte. Schön, schlank, wie aus einem Guss.

„Sie schnüren sich so stark", flüsterte uns der Wirt zu, „dass jeden Sonntag zwei oder drei vor der Wandlung in Ohnmacht fallen." Er senkte respektvoll die Stimme. Eine bäuerliche Kultur muss wirklich in ihrer Blüte stehen, damit man in so geheimnisvollem Ton von den Frauen spricht. Mit seinen sonnenbraunen Mädchen, seiner frischgestärkten Wäsche, seinen Pferden auf der Weide und der Nachbarschaft der Zigeuner, die dem Teig als Hefe dienten, hatte Bauern-Bogojewo allen Anlass, zufrieden zu sein.

Gegen Mittag waren wir wieder in der Hütte an der Brücke, wo zwei der gestrigen Virtuosen uns erwarteten, um uns ins Lager zu führen. Sie sassen frisch und munter am Tisch, in Gesellschaft eines alten ungarischen Bauern, dem sie ein Pferd zu verkaufen suchten. Wir spielten ihnen die Tonbandaufnahmen vor. Sie waren ausgezeichnet gelungen: anfänglich schüchterne Stimmen, die bald in voller Lautstärke in ein bäurisches Gebrüll von unwiderstehlicher Heiterkeit ausarteten. Sie hörten mit strahlendem Lächeln und selig geschlossenen Augen zu. Sogar der Alte am unteren Ende des Tischs begann aufzublühen. Das Tonbandgerät und unsere Gesellschaft liessen ihn die vertraute Musik ganz neu entdecken. Als es zu Ende war, erhob er sich und präsentierte sich der Gesellschaft mit grosser Unbefangenheit: Auch er wollte etwas zum besten geben, ungarische Lieder. Er nahm die Herausforderung an, er geruhte mitzutun. Wir hätten kein Tonband mehr? Egal. Es war ihm nur ums Singen. Er öffnete seinen Kragenknopf, legte die Hände auf seinen Hut auf dem Tisch und stimmte mit mächtiger Stimme eine Melodie an, deren Entwicklung absolut nicht vorauszusehen war, die aber, sobald man sie gehört hatte, gar nicht anders ablaufen konnte. Das erste Lied handelte von einem Soldaten, der aus dem Krieg heimkommt und sich einen Fladen backen lässt, „so weiss wie das Hemd dieses Mannes“. Das zweite lautete:

Es kräht der Hahn, der Morgen kommt,
ich will unbedingt in die Kirche hinein,
die Kerzen brennen schon lange.
Doch Mutter und Schwester sind nicht hier,
und man hat mir die Eheringe geraubt ...

Der Alte schnitt, ganz in sein Lied versunken, ein klägliches Gesicht, während die Zigeuner hämisch kicherten, als hätten sie etwas mit den gestohlenen Ringen zu tun.

Zigeuner-Bogojewo liegt unterhalb der Flussböschung, auf einer einsamen Wiese, durch die ein Bächlein fliesst.

Rings um das Dorf weideten kleine Pferde, zwischen Weidenbäumen und Sonnenblumen angepflockt. Zwei Reihen von Strohhütten bildeten eine breite, staubige Strasse, wo ein Wurf schwarzer Ferkel sich in der Sonne herumbalgte. Man hatte geschlachtet. Vor jeder Haustür dampfte ein Knäuel von bläulichen Eingeweiden in einem Tontopf. Das Dorf lag still da, doch mitten auf der Strasse waren drei Stühle für uns aufgestellt, rund um einen wackeligen Tisch, auf dem ein rotes Kopftuch lag wie ein Viereck aus Blut. Wir stellten das Aufnahmegerät auf, und als wir wieder aufblickten, begegneten wir hundert prachtvollen Augenpaaren. Der ganze Stamm hatte sich lautlos um uns versammelt. Braune Gesichter, splitternackte Kinder, alte Weiber mit der Pfeife im Mund, mit blauen Glasperlen behängte Mädchen in schmutzigen golddurchwirkten Lumpen.

Als sie die Stimmen ihrer Männer und Brüder und die Geige des „Präsidenten" erkannten, erhob sich ein lautes und verwundertes Stimmengewirr und dann ein paar stolze Jauchzer, die aber die Backpfeifen der alten Weiber prompt zum Schweigen brachten. Bogojewo hatte seine Musik noch nie einer Maschine entströmen gehört. Die Künstler des Dorfs genossen, aufs zärtlichste umringt, die Stunde ihres Ruhms. Dann mussten sie natürlich alle fotografiert werden. Vor allem die Mädchen. Jede wollte allein auf einem Bild sein. Sie stiessen und zwickten einander. Ein rascher Kampf entbrannte – Nägel, Verwünschungen, Ohrfeigen, aufgeplatzte Lippen –, bis alles in einem Wirbel von Fröhlichkeit und Blut endete.

Der „Präsident" und ein junger Adjutant mit einem Fuchsgesicht begleiteten uns bis zur Brücke zurück. Eine Dahlie hinterm Ohr, schritten sie langsam dahin, ganz in die Erinnerung an ihr überraschendes Konzert versunken. Sie baten uns auf serbisch, wiederzukommen.

In Bauern-Bogojewo schien hinter den blauen Fensterläden alles zu tafeln oder zu schlafen. Niemand auf dem Dorfplatz, bis auf einen hohen roten Staubwirbel, der kerzengerade aufgerichtet ganz allein tanzte und schliesslich an der Front der Kirche zerbrach. Dann machten wir uns mit einem Tempo von fünfzehn Stundenkilometern auf den Weg zur Fähre von Batschka-Palanka. Die Landschaft ruhte schweigend im schweren, nach Früchten duftenden Spätsommerlicht.

Einmal werde ich hierher zurückkommen – wenn es sein muss, rittlings auf einem Besenstiel.

Batschka-Palanka

Hinter dem Landungsplatz der Fähre, am anderen Donauufer, wird das Land wieder hügelig. Auf einer starken Steigung zwischen zwei Maisfeldern stellte sich uns ein Mann in den Weg, der plötzlich zwischen den Pflanzen auftauchte: aschfahl, ein Metzgertyp, der kroatische Worte schrie. Wir bedeuteten ihm, einzusteigen. Er zwängte sich gewaltsam hinter den Rücksitz und deckte sich mit allem zu, was ihm in die Hand fiel – Säcke, Decken, Regenmäntel –, bis er nicht mehr zu sehen war. „Er möchte, dass wir ihn zur Polizei bringen“, erklärte Mileta. „Er hat ein Mädchen entjungfert, und da er verheiratet ist, ist ihm die Familie schon seit zwei Sonntagen auf den Fersen. Er ist ein Montenegriner, wie es hier viele gibt, denen die Regierung Land zugeteilt hat. Seit Sonnenaufgang ist er ununterbrochen gerannt.“

Unmittelbar vor dem Dorf begegneten wir tatsächlich einem Trüpplein von barschen, sonnengebräunten, schnurrbärtigen Männern, die mit dem Karabiner über der Schulter auf hohen Fahrrädern daherkamen und die Gegend mit scharfen Blicken absuchten. Höflicher Austausch von Begrüssungen, die unseren Schützling auf die Folter spannten.

Sobald wir zur Polizeistation kamen, stiess er Mileta grob zur Seite, sprang aus dem Wagen und flüchtete sich in den Hausflur. Jetzt, da er in Sicherheit war, begann ich die Montenegriner sympathisch zu finden, dieses zielstrebige Grüpplein von Onkeln und Vettern, die solidarisch das Land nach ihm durchkämmten, und auch die korrekte, etwas distanzierte Art, wie sie uns begrüsst hatten. Ich bekam grosse Lust, in den Süden hinunterzufahren.

Nach Saimischt zurückgekehrt, verbrachten wir die halbe Nacht über dem Studium der Landkarte. Südwestlich von Nisch führte eine von widerhakigen, sonnenwarmen Namen gesäumte Strasse nach Kosovo und Mazedonien hinunter. Dort würden wir hinfahren.

Noch einmal in Belgrad

Von der oberen Stadt zur Save hinunter führt die Strasse über einen Abhang, der mit Holzhäuschen, morschen Bretterzäunen, Ebereschen und Fliedersträuchern bedeckt ist. Ein freundlicher, ländlicher Winkel, bevölkert von angepflockten Ziegen, Truthühnern und Kindern in Kittelschürzen, die schweigsam „Himmel und Hölle" hüpfen oder mit schlecht haftender Kohle zittrige Bilder aufs Strassenpflaster kritzeln, so wissend und erfahren, als hätten Greise sie gezeichnet. Dort trieb ich mich oft bei Sonnenuntergang herum, gedankenlos und voller Freude, schubste einen abgenagten Maiskolben vor mir her und sog den Duft der Stadt ein, als sollte ich morgen sterben. Ich überliess mich ganz der Fähigkeit, mich zu verlieren, die den Fischgeborenen so oft zum Unheil wird. Am Fuss des Hügels reihte eine winzige Schenke ihre drei Tische am Flussufer auf. Dort gab es einen duftenden Zwetschgenschnaps, der leise im Glas zitterte, wenn die schweren Bauernkarren vorüberholperten. Die Save wälzte ihre braunen Fluten gleichmütig vor der Nase der Trinker vorbei, die hier der Nacht harrten. Am jenseitigen Ufer konnte man das staubige Gestrüpp und die Baracken von Saimischt erkennen, und wenn der Wind von Norden kam, vernahm ich manchmal sogar die Töne von Thierrys Harmonika, *Ça gaze* oder *L'Insoumise,* Melodien aus einer anderen Welt, deren leichtfertige Wehmut hier nicht recht passen wollte.

Dort ging ich auch an unserem letzten Abend hin. Auf dem Kai säuberten zwei Männer riesige Fässer, die nach Schwefel und Weinsatz stanken. Melonenduft ist natürlich nicht das einzige, was man in Belgrad atmet. Es gibt noch andere, ebenso aufdringliche Gerüche: nach Schweröl und schwarzer Seife, nach Kohl und Scheisse. Das war unvermeidlich, die Stadt war wie eine Wunde, die eitern und stinken muss, um zu heilen, aber ihr Blut war offenbar imstande, alles zu vernarben. Was sie jetzt schon zu geben vermochte wog schwerer, als was ihr noch mangelte. Wenn ich dort nicht viel geschrieben habe, lag es daran, dass ich meine ganze Zeit darauf verwandte, glücklich zu sein. Im übrigen obliegt uns kein Urteil über die verlorene Zeit.

Auf dem Weg nach Mazedonien

Die Strasse nach Mazedonien führt über Kragujevac in der Tschumadja, wo unser Freund Kosta, der Harmonikaspieler, uns bei seinen Eltern erwartete. Die Tschumadja ist das Schlaraffenland von Serbien, ein mit Mais und Raps bepflanztes Hügelmeer, Weizenfelder, Obstgärten, wo die sonnenwarmen Zwetschgen kreisförmig auf das dürre Gras fallen. Eine Provinz von reichen, eigensinnigen, verschwenderischen Bauern, die das Wort *sbogom* (ade) in Goldbuchstaben hinten auf ihrem Wagen anbringen und die den besten Sliwowitz im ganzen Land brennen. In den Dörfern ragen hohe Nussbäume empor, und die bukolische Atmosphäre ist so stark, dass sie auch die Bürgersöhne prägt, die in Kragujevac ins Bezirksgymnasium gehen. Kosta zum Beispiel zeigte eine gewisse Sturheit, ein eigensinniges Hals- oder Achselzucken, das bäuerliche Verlegenheit ausdrückte, und eine ebenso typisch ländliche Schweigsamkeit. Von seiner Familie wussten wir nicht viel; sein Vater war Arzt am Distriktsspital – ein Schwätzer, fügte er hinzu, ehe er wieder in seine gewohnte Stummheit verfiel; seine Mutter dick, fröhlich und fast blind.

In Kragujevac schien hingegen schon jeder zu wissen, wo wir erwartet wurden. Eine Schar von Buben, die sich auf unser Auto geschwungen hatte, dirigierte uns zur Haustür. Unter Willkommensrufen, gefalteten Händen, tiefblauen Blicken und einem leichten Sprühregen von Spucke wurden wir in eine geräumige, schäbige Wohnung gebeten. Plüsch, ein schwarzer Flügel, ein Porträt von Puschkin, ein reichgedeckter Tisch und, in der Sonne sitzend, eine vom Alter tiefgebeugte Grossmutter, die uns mit ihrem eisernen Griff die Hand zerquetschte. Im nächsten Augenblick nahte der Doktor im Sturmschritt: ein herzlicher Mensch, dieser Doktor, voll innerem Schwung, mit Vergissmeinnichtaugen und einem treuherzigen Schnurrbart. Er kannte Genf, sprach mit Stentorstimme Französisch und dankte uns für Jean-Jacques Rousseau, als ob wir ihn persönlich fabriziert hätten.

Bier, um den Appetit anzuregen, Salami, Käsekuchen mit saurem Rahm

Wir sassen noch keine Stunde bei Tisch, als Kosta schon sein Instrument umgehängt hatte und der Doktor eine Geige stimmte. Beim Buffet, wo sie die Teller aufstapelte, hatte das Dienstmädchen zu tanzen begonnen, zuerst ungeschickt, mit steifem Oberkörper, dann immer rascher und lebhafter. Kosta umkreiste langsam den Tisch, während seine viereckigen Finger über die Tasten flogen. Mit gesenktem Kopf horchte er auf seine Harmonika, wie man einer Quelle lauscht. Wenn er stehenblieb, markierte nur der linke Fuss den Takt, das ruhige Gesicht schien vom Rhythmus kaum berührt zu werden. Diese Zurückhaltung kennzeichnet den echten Tänzer. Uns, die wir nicht tanzen konnten, stieg die Musik ins Gesicht und löste sich dort in nutzlosen Grimassen auf. Der Doktor holte aus seiner Geige das letzte heraus: Der Bogen riss die Saiten gut zwei Zentimeter mit sich, während er seufzte, schwitzte und in der Musik aufging wie ein Pilz im Regen. Sogar die Grossmutter mit ihren völlig gelähmten Beinen legte einen abgewinkelten Arm in den Nacken und streckte den anderen von sich, wie es die Tänzer tun. Dazu wackelte sie im Takt mit dem Kopf und lachte mit ihrem zahnlosen Mund.

Panierte Schnitzel, Fleischpasteten, Weisswein

Der *kolo* ist der Reigentanz, nach dessen Klängen sich ganz Jugoslawien, von Mazedonien bis zur ungarischen Grenze, im Kreise dreht. Jede Provinz hat ihren eigenen Stil. Es gibt hundert Themen und Variationen, und es genügt, die Autostrasse zu verlassen, um sie allenthalben tanzen zu sehen. Ein trauriger kleiner *kolo,* den man zwischen den Marktkörben voll Geflügel und Gemüse auf dem Bahnsteig improvisiert, weil der Sohn zum Militär einrückt. Ein sonntäglicher *kolo* unter den Haselnusssträuchern, ausgiebig fotografiert von Titos Propaganda, die diese Volkskunst eifrig pflegt und beamtete „Spezialisten" in die tiefste Provinz schickt, um die witzigen Rhythmen der Bauern, die mit den luftigsten Synkopen, den frappantesten Dissonanzen vertraut sind, im Neunviertel- oder Siebenhalbetakt aufzuschreiben. Die Musiker profitieren natürlich von dieser Begeisterung für die Volksmusik, und ein gutes Harmonika- oder Flötenspiel stellt ein eigentliches Kapital dar.

Speck, Crêpes mit Konfitüre, doppelt destillierter Sliwowitz

Um vier Uhr sassen wir noch immer bei Tisch. Der Doktor, der die Geige weggelegt hatte, sang aus vollem Hals und schenkte schwungvoll ein. Er gehörte zu jenen Menschen von überlauter Herzlichkeit, die sich an ihrem eigenen Lärm betäuben und die man schliesslich leicht über den Tisch ziehen kann. Die Mutter, die tatsächlich fast nichts mehr sah, betastete mit den Fingerspitzen unsere Gesichter, um sich zu vergewissern, dass wir auch wirklich da waren, und bog sich vor Lachen. Man hätte meinen können, sie wäre hier zu Gast. In den Pausen hörte ich im Badezimmer, am Ende des Flurs, Wasser in die Badewanne tropfen, in der die Weinflaschen und die Melonen kühl gehalten wurden. Als ich einmal hinausging, um zu pissen, machte ich rasch einen Überschlag: mindestens ein Wochensalär.

Die Serben sind nicht nur unglaublich freigebig und grossmütig, sie haben sich auch noch den antiken Sinn für die Bedeutung des Festmahls bewahrt: eine Lustbarkeit und zugleich ein Ritual, eine Beschwörung. Wenn das Leben hell und leicht erscheint: ein Festmahl. Lastet es zu schwer? Noch ein Festmahl. Weit davon entfernt, „den alten Adam auszuziehen", wie es uns die Bibel nahelegt, stärkt man ihn mit gewaltigem Zutrunk, umgibt ihn mit warmer Herzlichkeit, betäubt ihn mit herrlicher Musik.

Nach dem Käse und dem Kuchen glaubten wir am Ende unserer Mühen angelangt zu sein, doch schon liess der Doktor, der in der Abenddämmerung immer röter glühte, riesige Scheiben Melone auf unsere Teller gleiten.

„Das ist ja bloss Wasser!" schrie er, um uns Mut zu machen.

Wir wagten nicht abzulehnen, das hätte ihm Unglück bringen können. Wie durch einen Nebel hörte ich noch die

Mutter murmeln: „*Slobodno … Slobodno!* Greift tüchtig zu!“ Dann schlief ich aufrecht auf meinem Sessel sitzend ein.

Um sechs fuhren wir nach Nisch weiter, wo wir noch vor Dunkelheit eintreffen wollten. Es wurde kühl. Wir verliessen Serbien wie zwei Taglöhner nach Saisonschluss, das frischverdiente Geld in der Tasche, die Herzen von ganz neuen Freundschaften erfüllt.

Geld genug, um neun Wochen davon zu leben. Es ist nur ein kleiner Betrag, aber eine lange Zeit. Wir versagen uns jeden Luxus ausser dem kostbarsten: Musse. Auf der Lehne des Führersitzes balancierend, einen Fuss auf dem Lenkrad – so fahren wir mit gedrosseltem Motor und geöffnetem Dach im Zwanzigkilometertempo gemächlich durch Landschaften, die den Vorteil haben, sich nicht abrupt zu ändern, oder durch Vollmondnächte mit immer neuen Wundern: Leuchtkäfer, Strassenwärter in buntgestickten Lederpantoffeln, bescheidene Dorfbälle unter drei Pappelbäumen, ruhige Flüsse, wo der Fährmann schläft und die Stille so tief ist, dass der Klang unserer eigenen Hupe uns zusammenfahren lässt.

Dann graut der Tag, und die Zeit will nicht vergehen. Wir haben zuviel geraucht, wir sind hungrig, wir fahren an fest verschlossenen Lebensmittelläden vorbei und kauen, ohne zu schlucken, auf einer Brotrinde herum, die wir in der Werkzeugkiste gefunden haben. Um acht wird das Licht mörderisch, und man muss aufpassen, wenn man durch die Weiler fährt – wegen der Alten mit der Polizeimütze auf dem Kopf, die gern just vor unserem Kühler mit einem ungeschickten grossen Sprung die Strasse zu überqueren versuchen. Gegen Mittag glühen die Bremsen, die Schädel, der Motor. So öde die Landschaft auch sein mag, man findet überall ein paar Weiden, unter denen man, die Hände im Nacken verschränkt, schlafen kann.

Oder ein Wirtshaus. Eine Gaststube mit gewölbten Wänden und zerrissenen Vorhängen, kühl wie ein Keller, wo es intensiv nach Zwiebeln riecht und die Fliegen summen. Hier findet der Tag seine Mitte. Die Ellbogen auf den Tisch gestützt, macht man Inventar, erzählt sich die Ereignisse des Vormittags, als hätte sie jeder auf seine Art erlebt. Die Stimmung des Tages, vorher auf viele Hektar Land verteilt, verdichtet sich im ersten Schluck Wein, in den Kritzeleien auf dem Papiertischtuch, in den Worten, die man spricht. Das Gefühl sondert seinen eigenen Speichel ab, der den Appetit begleitet, wodurch bewiesen ist, wie eng die körperliche und die geistige Nahrung beim Reisenden miteinander verbunden sind. Reisepläne und gebratenes Hammelfleisch, türkischer Kaffee und Erinnerungen.

Der Tag endet schweigsam. Man hat sich schon beim Mittagessen satt geredet. Vom Singen des Motors und der vorbeiziehenden Landschaft getragen, durchdringt uns der Fluss der Reise, und der Kopf wird klar. Gedanken, die nichts darin zu suchen hatten, verflüchtigen sich; dafür richten sich andere ein und rücken sich zurecht wie die Steine auf dem Grund des Wildbachs. Man braucht nichts zu tun, das besorgt die Strasse. Man wünscht sich nur, dass sie ewig so hilfreich weiterginge, nicht nur bis ans andere Ende von Indien, sondern immer weiter, bis zum Tode.

Bei meiner Rückkehr haben mir viele Leute, die noch nie gereist sind, versichert, dass sie mit ein bisschen Phantasie und Konzentration ebensogut reisen könnten, ohne den Hintern vom Stuhl zu heben. Ich will es gern glauben. Die können es eben. Ich nicht. Ich bin zu sehr auf das angewiesen, was die Ortsveränderung mit sich bringt. Zum Glück dehnt sich die Welt für Schwache wie mich aus und unterstützt sie. Und wenn diese Welt, wie an manchen Abenden in Mazedonien, aus dem Vollmond zur Linken und den silbrigen

Fluten der Morawa zur Rechten besteht, mit der Aussicht, dort vorn, jenseits des Horizonts, ein Dorf aufzustöbern, wo wir die nächsten drei Wochen leben werden, dann, ja dann ist es mir ganz recht, dass ich ihrer nicht entbehren kann.

Prilep, Mazedonien

In Prilep gab es bloss zwei Hotels. Das *Jadran* für die Leute von der Partei und das *Macedonia* für die wenig wahrscheinlichen Durchreisenden, wo wir den ersten Abend damit verbrachten, um den Preis unseres Zimmers zu feilschen. Wenn ich es nicht gerade eilig habe, schätze ich dieses Verfahren. Letzten Endes ist es weniger habgierig als das System der festen Preise und hält die Einbildungskraft lebendig. Es geht ja eigentlich vor allem um Erklärungen; Forderungen von beiden Seiten, die es nüchtern einander gegenüberzustellen gilt, um zu einer Lösung zu gelangen, an der dann keiner etwas auszusetzen haben wird. Das war um so leichter, als das *Macedonia* fast leer stand. Immerhin war es Samstagabend, und der Hotelier hatte sich angestrengt: Das Gartenrestaurant war mit bunten Glühbirnen dekoriert, und unter den herbstlich fallenden Blättern produzierte sich ein Zauberkünstler im Smoking vor einer Handvoll zerstreuter, müder Bauern. Der Abendwind riss ihm seinen Wortschwall von den Lippen, und die Tauben, die seinem Zylinderhut entflatterten, entlockten dem Publikum kein Lächeln – als wären diese mageren Wunder ihren eigenen Sorgen nicht angemessen. Wir warteten auf das Ende der Vorstellung, um unser Gepäck hinaufzuschaffen. Zwei Eisenbetten, eine geblümte Tapete, ein Tischchen, eine blaue Emailwaschschüssel, und durch das offene Fenster drang der Felsgeruch der Berge, die ihr Rückgrat vor dem schwarzen Himmel aufreckten. Hier den Herbst abwarten. Gut.

In dieser von Handwerkern wimmelnden Stadt müsste es doch ein Leichtes sein, einen Gepäckträger für unseren Wagen anfertigen zu lassen. Irrtum. Zuerst einmal muss man sich dem Schlosser verständlich machen, der kein Serbisch versteht. Mittels einer Zeichnung. Aber ich habe meinen Bleistift vergessen, der Schlosser besitzt keinen, und die Neugierigen, die sich bereits zahlreich um den Wagen versammelt haben, tasten ihre Taschen ab – auch nicht. Bleistifte trägt man nicht so leichtfertig mit sich herum. Während ein Zuschauer sich ins nächste Wirtshaus begibt, um einen für mich auszuleihen, wächst die Menge immer noch an und kommentiert: Er will eine Zeichnung machen … Er ist dreiundzwanzig … Die einen berühren mit schüchternem Finger die Windschutzscheibe, andere kichern ohne jeden Grund. Ich mache mich daran, eine möglichst genaue Skizze anzufertigen. Das schwarze Gesicht des Schlossers leuchtet auf, verdüstert sich aber alsbald wieder, weil ihm einfällt, dass er keine Lötlampe besitzt. Er zeichnet eine auf mein Papier, kreuzt sie durch und sieht mich an. Ein Murmeln der Enttäuschung durchläuft die Versammlung, dann drängt sich ein Alter in die vorderste Reihe: Er kennt einen Burschen, der gestern mit seinem Kastenwagen aus Deutschland zurückgekommen ist und eine Lötlampe besitzt. Ich mache mich also auf den Weg zu dem Genossen, der am anderen Ende der Stadt wohnt. Der Alte dient mir als Führer. Er ist vollkommen kahl, hat irre Augen und eine Hakennase, und er läuft in seinem zusammengeflickten schwarzen Anzug barfuss herum. Wie ein abgesetzter Priester, der ins Elend geraten ist. Er spricht ganz gut Amerikanisch und behauptet, Matt Jordan zu heissen. Hat dreissig Jahre in Kalifornien gelebt. Charlie Chaplin war sein Schulkamerad. Während er neben mir herhinkt, zeigt er, um seinen Reden Nachdruck zu verleihen, alte amerikanische

Ansichtskarten, die im Lauf der Zeit durch seinen Schweiss brüchig geworden sind. Trotzdem habe ich den Eindruck, dass alles erlogen ist, und als ich merke, dass uns in fünfzehn Meter Entfernung eine Schar von spöttelnden Gassenjungen folgt, beginne ich zu fürchten, dass seine guten Dienste die Verhandlungen zum Scheitern bringen werden. Glücklicherweise spricht aber der Lötlampenmann ein verständliches Deutsch, und wir brauchen keinen Dolmetscher. Er war Kriegsgefangener, hat sich in Bayern verheiratet und ist jetzt mit Weib und Kind heimgekehrt. Seine Ankunft hat er gestern allzu ausgiebig gefeiert und hält sich unter unablässigem Ächzen und Stöhnen die Schläfen. Nicht dass er übermässig viel getrunken hätte, sagt er, „aber es hat gemischt". Seine Lötlampe ist funkelnagelneu, er geht damit so ehrfürchtig um wie mit einem Heiligenbild, aber er will sie mir leihen, wenn ich ihm Benzingutscheine für seinen Wagen verschaffe. Abgemacht. Zurück zum Schlosser, der gleichfalls einverstanden scheint. Die Volksmenge, die nicht kleiner geworden ist, stösst aufmunternde Rufe aus, es freut sie, dass die Sache vorwärtsgeht. Doch als wir über den Preis zu reden beginnen, kommt die Enttäuschung. Der Mann verlangt fünftausend Dinar, eine Unsumme, die in keinerlei Verhältnis zum Arbeitsaufwand steht. Das weiss er auch, aber Eisen ist hier Mangelware, und von dem, was er bekommt, wird der Staat mindestens die Hälfte einkassieren. Er kehrt betrübt in seine Werkstatt zurück, und das Publikum verläuft sich. Ich habe den ganzen Vormittag verloren. Er auch, aber wie könnte man es ihm verargen? Was soll man tun, wenn es an allem fehlt? Die Genügsamkeit steigert das Lebensgefühl, versteht sich, aber dieser ewige Mangel lähmt es. Für uns gilt das nicht. Wir können ohne Gepäckträger auskommen. Wir könnten natürlich auch auf den Wagen und unsere sämtlichen Pläne verzichten und Säulenheilige werden – doch damit wären die Schwierigkeiten des Schlossers einer Lösung um keinen Schritt nähergebracht.

Prilep ist eine kleine mazedonische Stadt im Westen des Wardar-Tals, von bräunlichen Bergen umgeben. Die Naturstrasse, die es von Veles her kommend durchquert, hört vierzig Kilometer weiter südlich, vor einer von Schlingpflanzen überwucherten Zollschranke, jäh auf; das ist der griechische Grenzposten Monastir, der seit dem Krieg gesperrt ist. Westlich führen ein paar miserable Wege zur albanischen Grenze, die ziemlich unsicher und hermetisch verriegelt ist.

Von sorgfältig bebauten Feldern umgeben, breitet Prilep sich aus mit seinen kühlen Pflastersteinen, zwei grellweissen Minaretten und seinen Fassaden mit ausgebauchten, von Grünspan zerfressenen Eisenbalkonen und langen Holzveranden, wo jeden August der beste Tabak der Welt zum Trocknen aufgehängt wird. Zwischen den weissen und goldenen Töpfen der Apotheke und dem Tabakladen auf dem Stadtplatz, vor dem Warenhaus „Freiheit", döst ein Milizsoldat, Gewehr bei Fuss, vor sich hin. Die beiden konkurrierenden Hotels liegen einander gegenüber, mitten im Krach der Lautsprecher des *Jadran,* die dreimal täglich die „Hymne der Partisanen" und die Nachrichten hinausschmettern, ohne die schlafenden Bauern in ihren Karren aufzuwecken.

Der Fremde, der sein Haupt eine Nacht lang auf den Kissen des *Macedonia* zur Ruhe bettet, trägt ausser den obligaten Flöhen das Bild eines unbekümmerten Ortes davon, voll von streunenden Eseln und dem Duft nach welkem Tabak und überreifen Melonen. Falls er länger bleibt, wird er merken, dass alles viel komplizierter ist, weil die mazedonische Geschichte sich seit tausend Jahren darin gefällt, die

Völker und die Gemüter durcheinanderzubringen. Viele Generationen lang haben die Osmanen, um ihre Herrschaft zu behaupten, die von Steuern erdrückten Dorfschaften gegeneinander aufgehetzt. Als das türkische Reich zerfiel, waren die „Grossmächte" rasch bei der Hand, es abzulösen; dieses verbrannte Land, wo man seine Zwistigkeiten durch Stellvertreter austragen konnte, war sehr bequem. Man bewaffnete einfach die Terroristen oder die Kontraterroristen, die Klerikalen oder die Anarchisten, und wenn die Mazedonier nicht mehr schnaufen konnten, war das eben ihr Pech.

In Prilep gibt es seit Suleimans Zeiten Türken, die streng für sich leben, sich an ihre Moschee oder an ihre Felder klammern und von nichts anderem als von Smyrna und Istanbul träumen; Bulgaren, die im Krieg gewaltsam in die Wehrmacht eingezogen wurden und keine Gelegenheit mehr zum Träumen haben; albanische Flüchtlinge; Griechen aus der Markos-Armee mit einem ganz unsicheren Status, die in der Schenke auf die tägliche milde Gabe warten; Parteibonzen, die unter den Fliegenfängern des *Hotel Jadran* ihre Sitzungen abhalten, ohne die Gläschen zu zählen; und die harten, schweigsamen mazedonischen Bauern, die den Buckel beugen und nicht zu Unrecht denken, dass sie von jeher die Kosten für alles tragen. Um das Bild dieses Miniatur-Babels zu vervollständigen, erwähnen wir noch die Kaserne am Eingang der Stadt, wo die neu eingerückten Rekruten aus dem Norden kein Wort von dem hiesigen Dialekt verstehen und heimlich bei den Fotos ihrer Bräute oder ländlichen Verwandten Trost suchen.

Wer eine Viertelstunde weiterwandert, findet auf einem sonnigen Berghang die Spuren einer alten Stadt. Sie hiess Markowgrad. Als die Quelle, die sie mit Wasser versorgte, versiegte, verliessen die Bewohner den Ort und erbauten

Prilep. Dort gibt es ein Baptisterium und ein paar Klöster aus dem 14. und 15. Jahrhundert, fast alle fest verriegelt oder in billige Wohnungen umgewandelt, wo die Wäsche vor den Fenstern trocknet. Doch darüber will einem niemand in Prilep Aufschluss geben; diese Zeiten sind vorbei.

Der alte Matt Jordan ist uns ständig auf den Fersen. Er lauert uns im Dunkel der Toreingänge auf, um uns den Weg abzuschneiden, oder nagelt uns im Kaffeehaus fest, um uns in seinem melancholischen Slang endlose Erinnerungen zu verzapfen, die nie nach Wahrheit klingen.

„One day, I will tell you my big secret ... Nobody knows – pssst!" Angeblich ein politisches Geheimnis, das ganz Jugoslawien erschüttern wird; und er zupft uns am Ärmel, mit dem flehenden Blick der Phantasten, die sich an ihren Schwindeleien nur freuen können, wenn sie sie einem anderen aufbinden. Ich weiss von unserem Hotelier, dass die Gendarmen ihm so gründlich den Kopf geschoren haben; er hat gerade eine Woche im Gemeindegefängnis abgesessen, weil er Verwünschungen gegen die Regierung ausgestossen hatte. In vieler Hinsicht kann man seine Verbitterung verstehen, aber sie gilt nicht so sehr dem Regime wie dem Leben an sich. Mit seinem Zuckerhutschädel, seinem fahlen Teint, seinen eingesunkenen Augen strahlt er buchstäblich von Pech; man fragt sich, ob er nicht in der Stadt etwas wie eine magische Funktion zu erfüllen hat, indem er jede Art Missgeschick auf sich zieht. Dabei hat er den ganzen Tag nichts anderes zu tun, als seine alten Knochen an der Sonne zu wärmen. Er besitzt sogar einen kleinen Garten und ein Haus, das er uns schliesslich durch sein unablässiges, hartnäckiges Flehen zu besuchen zwingt.

Ein tristes Landhaus, von Akazien umringt, das nach Armut riecht. Er erwartet uns vor der Haustür, um uns die

Hand zu drücken und sie noch einmal zu drücken, sobald wir die Schwelle überschritten haben, wie es die hiesige Sitte verlangt. Kaum dass wir sitzen, bereue ich schon, dass wir gekommen sind. Die Läden sind fest geschlossen, das Zimmer, in dem eine Petroleumlampe brennt, geht auf eine finstere Küche, aus der man Schmatzen und Flüstern hört. Nachbarn, die aus dem Garten kommen, verschwinden dort drinnen und kehren sogleich mit vollen Backen kauend zurück, vorbei an Matt, der sich an Bücklingen nicht genug tun kann. Es entzückt ihn, im Mittelpunkt dieses gedämpften Hin und Her zu stehen; es ist nämlich der Leichenschmaus seines Vaters, der seit zwei Tagen unvermindert andauert. Als er meint, dass wir von der Parade hinreichend erbaut sind, klatscht er in die Hände, und zwei blasse Jungen drücken sich aus einem dunklen Winkel hervor und küssen uns die Hand. Seine Söhne. Er knufft sie ein bisschen in die Rippen, damit sie ein paar englische Worte von sich geben. Sie haben sichtlich Angst vor dem Alten. Sie schauen ihm nie ins Gesicht. Der kleinere entkommt schliesslich unter dem Vorwand, dass er den Tisch decken muss, doch der grössere, dem kein rettender Gedanke gekommen ist, bleibt uns ausgeliefert. Da sein Vater ihn trotz seiner dreizehn Jahre nicht in die Schule gehen lässt, verbringt er seine Zeit mit einer Handarbeit, die er uns unverzüglich zeigen muss. Es ist eine grosse serbische Fahne, auf der in Filzlettern zu lesen steht: *Love Thy King, Love Thy Country.* Eine mühselige, ungeschickte Wollstickerei umrahmt die Devise. Matt platzt schier vor Stolz und streichelt dem Jungen den Kopf, bis dieser, tief beschämt über diese Mädchenarbeit, mit der Fahne unterm Arm und den Tränen nahe davonläuft.

Dann geht es zu Tisch. Saurer Kohl, Brotsuppe, klumpige Kartoffeln, die kraft eines besonderen Fluchs in der Erde verfault sein müssen. Ich bringe kaum einen Bissen hinunter, der ganze Teller riecht nach Tod und Verwesung. Es muss aber dennoch sein. In der Küche hockt seit mindestens zwei Stunden ein halbes Dutzend grässliche alte Hexen mit schwarzen Kopftüchern über den zerrauften Haarsträhnen um den Tisch und verschlingt unter Scherzen und Lachen Bohnen mit Speck. Das sind die Klageweiber. Ich habe nicht erfasst, ob die Leiche noch im Haus liegt oder nicht, und empfinde durchaus kein Verlangen, darüber aufgeklärt zu werden. Matt füllt unsere Gläser mit einer farblosen Flüssigkeit, um mit uns anzustossen. „Homemade Whisky", erklärt er, sein ganzes Zahnfleisch entblössend. Es ist ein mörderischer Fusel, der einem die Gedärme im Leib umdreht, ohne jede Ausstrahlung, mit dem gleichen süsslichen Gestank, den die wissende Seele instinktiv mit Unglück verbindet. Ich wage kaum in Richtung der Küche zu schauen, aus Angst, eine der Alten auf ihrem Besen davonreiten zu sehen.

Jetzt, da wir seine Schwelle überschritten und von seinem Brot gegessen haben, sind wir mindestens eine Stunde in Matts Gewalt. Zeit genug, um uns gewisse „vertrauliche" Dokumente vorzulegen: Ansichtskarten aus dem Anfang des Jahrhunderts – grüne Tramwagen unter den ersten Wolkenkratzern, *Garden Party at Belle-Isle, Michigan,* Damen in Knopfstiefelchen unter Orangenbäumen. Dann kommen die Fotografien: ein junger Mann in Uniform vor einem üppigen Hintergrund. „Das bin ich in West Point."

Doch wenn man näher hinschaut, sind diese Tressen denen der Heilsarmee zum Verwechseln ähnlich. Da ist er wieder im Kreis von Männern mit spitzigen Hüten, beim Jahresbankett eines Zauberkünstlervereins. Das bleiche Gesicht in der zweiten Reihe, dessen eine Wange im Dunkel liegt, das ist Chaplin.

Seit er uns fest in der Hand zu halten glaubt, bemüht er sich nicht mehr um Glaubwürdigkeit. Die Geschichten folgen sich, eine toller als die andere: Die Polizei bespitzelt ihn Tag und Nacht, er ist ein Verschwörer, der wirkliche Tito ist längst tot. Hier übrigens seine Beweise: in einer alten Biscuitbüchse verborgen, Weihnachtskarten, auf denen zum Beispiel zu lesen steht: *Merry Xmas 1922 from Mr. & Mrs. Boshman.*

Ein unerwarteter Besucher unterbricht diese peinliche Sitzung. Ein methodistischer Pastor, der kommt, um seine Pflicht am Verstorbenen zu erfüllen. Ein Blick genügt ihm, um die Situation zu erfassen.

„Wie ich sehe, hat unser Freund wieder einmal seine Schrullen im Kopf", sagt er auf deutsch.

Der Pastor hat in Zürich studiert und scheint ziemlich vernünftig zu sein, aber das Alter, die Einsamkeit und die Ausübung seines geistlichen Amtes, das nur geduldet ist, haben einen ängstlichen Menschen aus ihm gemacht. Es gibt einige methodistische Familien in Prilep selbst und ein halbes Dutzend weitere im ganzen Kosovo verstreut. Wir erkundigen uns nach dieser Pfarrgemeinde, die ausgedehnter ist als eine Provinz, ohne mehr als eine matte Anspielung auf Sodom und Gomorrha herauszubekommen.

Ich frage mich, ob seine Konkurrenten bei der Einbringung der Seelenernte grösseren Erfolg haben als er: der Pope, der seine Predigten stets genauestens unter die Lupe nimmt und der Parteikasse seinen Tribut entrichtet; der Imam, der sich abends unter der Haustür eine Prise aus der Tabaksdose seiner Gläubigen genehmigt und dabei einen durch das lange Exil brüchig gewordenen Glauben aufpäppelt; und die Marxisten, die mit dem Gesangsverein, dem DDT und dem neuen Schwimmbad mühelos neue Mitglieder anwerben. Jeder bekämpft den Glauben des anderen, so gut es ihm mit den vorhandenen Mitteln möglich ist, aber in einem sind sich alle einig: *Bog* (auf serbokroatisch „Gott") hat die Stadt verlassen.

„Falls Sie Prilep kennenlernen wollen", fügt der Pastor hinzu, „haben wir da so ein Sprichwort: Jeder verdächtigt jeden, aber keiner weiss, wer von ihnen der Teufel ist."

Und die beiden Alten wollen sich vor Lachen ausschütten.

„Besuchen Sie den Popen nicht", sagt mir der Hotelier. „Der ist nicht intelligent."

Mich interessiert nicht seine Intelligenz, sondern sein Amt. Er verkörpert etwas Heiliges, und um das Heilige – wie um die Freiheit – sorgt man sich erst, wenn es bedroht erscheint. Im übrigen betreibt der Pope einen Handel mit Kerzen, deren zitternde Flamme sich leicht mit allem, was man wünscht, verbinden lässt, und er verwahrt die Schlüssel einer Holzkirche, die nur aus Halbdunkel und Stille besteht. Um aufzuschliessen, plagt er sich lange mit einem quietschenden Schloss von der Grösse eines Backofens herum, nimmt einem ein wenig Geld ab und lässt einen in Himmelblau, dunklem Gold und Silber allein. Wenn das Auge sich an die Finsternis gewöhnt hat, erkennt es über dem Altar einen hölzernen Hahn: Mit aufgeplustertem Gefieder und ausgebreiteten Schwingen öffnet er den Schnabel, um Petri Verrat zu verkünden. Etwas Heisses, Besiegtes: als ob die Sünde, die Kindheit und die Schwäche der Menschen ein Kapital bildeten, dessen Zinsen Gott mittels der Vergebung einkassiert.

Die türkische Moschee atmet grössere Gelassenheit in der Anbetung. Es ist ein gedrungenes Gebäude zwischen zwei Minaretten, auf denen die Störche nisten. Innen sind die Mauern weiss gekalkt, die Fliesen mit roten Teppichen bedeckt, die Wände mit aus Papier ausgeschnittenen Koranversen geschmückt.

Eine freundliche Frische, ein Mangel an Pathos, was jedoch Grösse nicht ausschliesst. Im Gegensatz zu unseren Kirchen erinnert nichts an Tragik und Mangel, alles weist auf eine unmittelbare Verwandtschaft zwischen Gott und dem Menschen hin; eine Quelle der Reinheit, woran sich die aufrichtig Gläubigen nie genug laben. Ein Verweilen an dieser Stätte, barfuss auf dem rauhen Wollteppich, ist erfrischend wie ein Flussbad.

Die Türken sind hier nicht zahlreich, aber gut organisiert. Durch Eyub, den Barbier, haben wir Eingang in ihre Gesellschaft gefunden. Er ist in unserem Alter und spricht ein paar Worte Deutsch. Wir haben uns angefreundet. Seit wir ihm sagten, dass wir Smyrna lieben, woher seine Familie stammt, kann er uns gar nicht genug zuliebe tun. So liegen wir also alle zwei Tage, den Mund voll Seifenschaum, in den aufgeplatzten Lederfauteuils, vor den schlechten Farbbildern von Istanbul, die den Spiegel umrahmen. Nach und nach wird man näher bekannt, und kürzlich haben Eyub und seine Freunde uns eingeladen, den Sonntag mit ihnen auf dem Land zu verbringen. Wein, Musik, Haselnüsse – wir würden im Wagen hinfahren –, es soll eine Gemse geben, die der Müller gewildert hat. Das alles erklärt er uns mit Gesten, denn für solche Herrlichkeiten reicht sein Deutsch nicht aus.

In aller Früh fanden wir uns am Stadtausgang mit einer Schar von Unbekannten zusammen, die uns aber alle kannten – so ist es, wenn man Ausländer ist. Heisere Salam, städtische blaue Anzüge, Krawatten mit mächtig grossen Tupfen, biedere Gesichter mit den Blutspuren des morgendlichen Rasiermessers und ein Bauernkarren voller Lebensmittel, zwischen die man eine Geige und eine Laute gestopft hatte. Etwas abseits hielt ein Junge zwei grün und violette Fahrräder bereit, die Eyub ausgeliehen hatte, um uns Ehre anzutun. Sobald die Gesellschaft versammelt war, liess jeder seine mitgebrachte Taube fliegen, wie es hier sonntags Brauch ist, und wir schlugen auf unseren buntscheckigen Fahrrädern die Strasse nach Gradsko ein, während ein Wagen mit den Festteilnehmern uns folgte.

Fahrräder sind hier eine Rarität. Ein Luxus, den sich nur die Reichen leisten können, und ein unerschöpfliches Gesprächsthema. Im Kaffeehaus hört man gesetzte Männer hitzig über die Marken, die Federung des Sattels oder die Härte des Kurbellagers diskutieren. Die Glücklichen, die eines besitzen, malen es in verschiedenen, sorgsam abgestimmten Farben an, verbringen viele Stunden damit, es blankzuputzen, stellen es nachts in ihr Schlafzimmer, neben das Bett, und träumen davon.

Nach einigen Kilometern fuhren wir durch die Öffnung einer Hecke, die gelb von Mirabellen war, und landeten auf einer von Pappeln gesäumten Wiese. Am hinteren Ende sass der Müller im Türkensitz vor seiner Mühle. Er hatte das Mühlwerk gereinigt und wartete auf die Gesellschaft, um den Mühlstein, der gut und gern dreihundert Kilo wiegt, wieder einzusetzen. Zu sechst hoben wir ihn auf und legten ihn in seine Höhlung, der Müller regulierte den Wasserzufluss und schüttete Korn auf, und der Mehlstaub begann die Balken weiss zu färben. Dann breitete er rings um einen Korb mit Zwiebeln und Tomaten Felle im Gras aus und füllte eine blaue Emailkaffeekanne mit Raki. Auf den Fersen sitzend, fingen wir zu schlemmen an, während Eyub die Laute zwischen die Beine klemmte und uns mit schrillem Schluchzen bedachte, so dass ihm vor Anstrengung die Halsadern anschwollen. Alles war gut. In den Pausen hörte man Seufzer aus dem Inneren der Mühle dringen; das war der Kessel, in dem die Gemse auf einem Bett von Auberginen schmorte und der von Zeit zu Zeit ein Dampfwölkchen zum Himmel emporsandte.

Das Geschrei, der Gesang, das gellende „Aman! Aman!“ unseres Barbiers, womit die Refrains der türkischen Lieder enden, waren bis nach Gradsko zu hören und lockten sämtliche Sonntagsjäger auf unsere Wiese. Die Muslime fügten sich in unseren Kreis ein, stopften sich gleich eine Paprika in den Mund und schossen zum Zeichen ihrer Freude ein paar Schrotladungen in die Luft. Die Mazedonier, die weniger herzlich aufgenommen wurden, richteten sich ein paar Meter weiter entfernt, mit der Büchse zwischen den Knien, auf einem Baumstumpf ein, fingen die Zigaretten, die der Müller ihnen zuwarf, im Flug auf und liessen – als schüchternen Annäherungsversuch – ein oder zwei einsame Salven los. Der Raki machte ununterbrochen die Runde. Man trank auf die Gesundheit der Türken, auf die unsrige, auf die Pferde, auf die Verdammnis der Griechen, Bulgaren, Albanier, Milizsoldaten, Militärs und anderer Gottloser. Die ganze Stinkwut, die sich zwischen den mazedonischen Bergen ansammelt, machte sich in schwindelerregenden Obszönitäten Luft.

Es war ein gelungener Sonntag. Der Müller, der sehr heiter wurde, füllte einige Patronen ein und machte aus nächster Nähe die Hälfte seiner Hühner nieder, worauf er sie schwankenden Schrittes in die Mühle trug, um sie zu rupfen, während die Gäste mit dem Lächeln von Auserwählten auf den Lippen einander die Gewehre reichten, die in sämtliche Richtungen losgingen.

Als die Gemse bis auf die Knochen verschlungen war, streckten wir uns alle im Klee aus und hielten eine Siesta, bei der man die Erde im Rücken spürt. Da sich um sechs Uhr noch keiner der Schläfer rührte, radelten wir nach Prilep zurück. Unsere Räder sprühten Funken. Die Beine waren wie gelähmt, aber der Kopf war klar und voller Arbeitslust. Es war ein Vergnügen gewesen zu sehen, wie die vollen Bäuche sich blähten, und nichts gibt einem solchen Schwung wie der Anblick des Glücks.

Die Türken taten gut daran, den Sonntag und das Landleben zu geniessen, denn in Prilep machten ihnen die Leute das Leben schwer. Die Mazedonier, die sich von Belgrad ausgenutzt fühlten, rächten sich am Islam, unter dem sie einstmals so sehr gelitten hatten. Offensichtlich zu Unrecht; die wenigen Türken der Stadt bildeten eine engverbundene, völlig harmlose Familie, deren Geist friedlicher war als der ihre. Zwischen ihrem Minarett und den rettenden Gärten bildeten sie eine ländliche Insel, die gegen Alpträume gefeit war. Die Symbole ihrer Kultur waren die Melone, der Turban, die Blume aus Silberpapier, der Bart, der Knüppel, die Ehrfurcht vor den Eltern, der Weissdorn, die Schalotte und der Furz; dazu eine grosse Vorliebe für ihre Obstgärten mit den vielen Zwetschgenbäumen, wo sich manchmal ein Bär, vom Duft der jungen Früchte berauscht, nächtlicherweise fürchterliche Bauchschmerzen anfrass.

Die Leute von Prilep zogen es jedoch vor, sich die Türken vom Leibe zu halten, auf ihre Dienste zu verzichten und sie diskret zu schikanieren, wie alle Völker, die zuviel erdulden mussten, sich verspätet, zur Unzeit und zu ihrem eigenen Schaden Genugtuung verschaffen.

Der mazedonische Dialekt enthält griechische, bulgarische, serbische und türkische Wörter, ohne die lokalen Ausdrücke mitzuzählen. Der Redefluss ist rascher als im Serbischen, der Gesprächspartner ungeduldiger; das heisst, dass die paar Sätze, die wir in Belgrad erlernt haben, uns hier nicht weit bringen. Wenn der Sargtischler Thierry nach der Zeit fragt, passiert immer das gleiche: Der eine bedeutet durch Zeichen, dass er es nicht sagen kann, und weist auf das Zifferblatt seiner Uhr, der andere, dass er es nicht lesen kann. Über das, was unmöglich ist, kann man sich wenigstens immer verständigen.

Während der Sarghändler seine Bretter hobelt, schwatzt er mit seinem Bruder, dem die Werkstatt nebenan gehört und der durch einen glücklichen Zufall ausgerechnet Schiessgewehre fabriziert. Der Tod kommt nicht vor in ihrem Gespräch, das von hellem Gelächter überquillt und mit jenen Worten gespickt ist, die man in den Pissoirs so oft an den Wänden geschrieben oder bildlich dargestellt sieht, dass man sie schliesslich kennt. Was die Särge betrifft, bestehen sie einfach aus einem Rutengeflecht, das mit Sperrholz oder auch nur mit Papier überzogen und ganz ausnehmend prächtig dekoriert ist – orange, schwarz und blau, darüber Gold und Kreuze, auf denen Kleeblätter aus Silber gemalt sind, ein prunkvoller Kitsch, den ein Kind mit einem Fusstritt zertrümmern könnte. Aber hier gibt es wenig Bäume – wozu sollte man das gute Holz in der Erde begraben?

Der Tischler arbeitet so viel für den Tod, dass er ihm schliesslich ähnlich geworden ist. Zur Stunde der Siesta schläft er lang ausgestreckt auf einem Brett, das auf zwei Ständern ruht, das Kinn emporgereckt, die beiden grossen Pratzen auf dem Bauch gefaltet. Man sieht ihn kaum atmen. Sogar die Fliegen lassen sich täuschen. Das Brett ist schmal, wenn er sich rührte, würde er hinunterfallen; wenn er fiele, würde er sterben.

An Feiertagen stellt er seine Ware auf der Strasse aus, wie der Blumenhändler oder der Zuckerbäcker. In allen Preislagen und für jedes Alter. Die Auslage ist ein bisschen makaber, aber an Farbenpracht wird sie von keiner anderen in der Stadt übertroffen. Manchmal bleibt eine schwarzgekleidete Bauersfrau davor stehen, feilscht energisch und geht dann, einen kleinen Sarg unterm Arm, mit festen Schritten davon. Das erstaunt niemanden, denn hier bieten Tod und Leben einander täglich die Stirn wie zwei zänkische Weiber, ohne dass jemand die bittere Auseinandersetzung zu mildern versuchte. Harte Länder, die die verlorene Zeit aufholen, kennen solche Rücksichten nicht. Wenn hier ein Gesicht nicht lächelt, kommt es daher, dass es schläft oder mit den Zähnen knirscht. Das Leben ist so hart, dass die kurzen Zeiten, die nicht der Mühsal oder den Sorgen geweiht sind, sofort mit Befriedigungen vollgestopft werden, wie ein Knallkörper, den man weithin hören soll. Man versäumt nichts, was einem beim Leben hilft; daher auch die Intensität der Musik, die eine der kraftvollsten im ganzen Land ist. Dazu gehören die unruhigen, angespannten Stimmen, die plötzlich sonnig aufjubeln, und der geradezu gebieterische Drang, der die Musiker zu ihren Instrumenten treibt. Kurz, es herrscht ständiger Alarm – ein Krieg, in dem man weder etwas vergeuden noch schlafen darf.

Ich hatte die ganze Nacht Zeit, mich solchen Gedanken hinzugeben. Die Flöhe „gingen auf mich", wie man sagt, sie frassen mich auf. Ich sah sie in der Stadt, wo immer ich hinkam. Der Händler bückte sich, um ein Stück Käse abzuschneiden – ein Floh enthüpfte seinem Hemd, wanderte über sein Kinn, ohne dass er eine Miene verzog, über den Adamsapfel und verschwand wieder unter dem Flanell. Wenn ich ihn einen Moment aus den Augen verlor, war nichts mehr zu machen; dann hatte ich ihn. Wenn ich abends meine Decke zurückschlug, flog mir ein rötlicher Staub ins Gesicht, gegen den weder DDT noch Wassergüsse etwas ausrichteten. Am anderen Ende des Zimmers schlief

Thierry, die Hände unterm Nacken, zehn Stunden lang, ohne je einen Biss abzukriegen.

Die Flöhe, der schwere Wein, den ich getrunken hatte, um mich ein bisschen abzustumpfen, oder das Glücksgefühl, auf Reisen zu sein, weckten mich vor Tagesanbruch. Das Zimmer war von Dunkelheit und dem Terpentingeruch der Pinsel erfüllt. Ich hörte Thierry aus seinem Schlafsack heraus laut träumen: „Nicht auf mein Bild scheissen! He, ihr Fliegen!" Er hatte mit einer Ruhe, um die ich ihn beneidete, wieder zu malen begonnen, während ich noch so tat, als würde ich schreiben, dabei in Panik geriet und vor meinen Notizen zitterte wie ein Gassenjunge vor dem Polizisten. Ich ging mit den Schuhen in der Hand die Treppe hinunter. Mit leerem Magen und hellwachem Geist stapfte ich durch die staubbedeckten Strassen, über die stossweise ein Steingeruch aus den Bergen hinwegfegte. Der Tag war noch nicht angebrochen, doch in den Tabakfeldern beugten sich bereits graue Gestalten tief über die Arbeit. Man hörte rings um die Stadt die Esel schreien und die Hähne krähen, die Tauben gurrten auf der Spitze der Minarette, und die Sonne berührte die höchsten Berggrate. Dann sah man die Stadt mit rührender Unschuld, gleichsam mit neuem Mut im Dunst des Septembermorgens schweben, und ich verzieh ihr von Herzen ihre Flöhe, ihre Apathie, ihre Falschheit und ihre verklemmten Ängste und wünschte ihr eine hellere Zukunft.

Auf dem Rückweg begegnete ich im Hof des Hotels der Magd, der es oblag, die Abortkübel zu leeren, einer derben, rotbackigen Person mit grossen, nackten Füssen, die mit sich selber redend die Scheisse schleppte und mich im Vorbeigehen kurz, aber freundlich grüsste. Einmal antwortete ich ihr aus Zerstreutheit auf deutsch. Sie blieb jäh stehen, stellte ihre überschwappenden Kübel hin und entblösste lächelnd ihre abgebrochenen Zähne. Mir wäre es lieber gewesen, sie hätte ihre Last in etwas grösserer Entfernung abgestellt, aber das Lächeln war sehr schön; es lag etwas Weibliches, Schalkhaftes darin, das man bei diesem dicken Weib nicht erwartet hätte. „So – du bist Deutsch?" fragte sie mit hochgezogenen Brauen.

„Nein."

Die Hände, die sie auf dem Bauch verschränkt hielt, hatten keine Nägel mehr, und ich sah, dass die Zehennägel hässlich zerquetscht waren.

„Ich bin Jüdin und Mazedonierin", sagte sie auf deutsch, „aber Deutschland kenn' ich gut. Drei Jahre ..." – sie hob drei Finger – „...während des Krieges, im Lager Ravensbrück ... sehr schlecht. Kameraden kaputt. Verstanden? ... Aber Deutschland kenn' ich doch gut", schloss sie mit einer gewissen Befriedigung.

Von da an begegneten wir uns nie, ohne dass sie mir zunickte oder bedeutsam zuzwinkerte; dass wir beide Deutschland gesehen hatten, wenn auch auf sehr verschiedene Weise, das wenigstens konnten wir teilen. Ich habe diese Frau nie vergessen können, auch nicht, wie sie sich ihre Erinnerungen zurechtlegte. Wenn ein gewisses Mass an Härte oder Elend überschritten wird, erwacht das Leben manchmal ganz neu und lässt alles verheilen. Die Zeit vergeht, die Deportation wird zu einer Art Reise und dank der geradezu erschreckenden Fähigkeit des Gemüts, Grauen in Mut zu verwandeln, sogar zu einer Reise, von der man gern erzählt. Alle Arten, die Welt zu sehen, sind gut, wenn man sie nur überlebt. Ein gewiss demütigendes Resultat für die einstigen Henker der armen Frau: Der Aufenthalt in Deutschland war heute ihr grösster Stolz, ein Abenteuer, um das sie all die Unglücksmenschen von Prilep, die sich damit begnügen mussten, zu Hause geplagt und gequält worden zu sein, beneideten.

Zu Mittag: eine Zwiebel, eine Paprika, Schwarzbrot und Ziegenkäse, ein Glas Weisswein und eine Tasse von dem bitteren, öligen türkischen Kaffee. Abends kommt es etwas teurer: auf Kohlenglut gebratene Hammelfleischspiesschen und der bescheidene Luxus eines Gläschens Sliwowitz unter den Ebereschen. Mitsamt den ausgezeichneten einheimischen Zigaretten und dem Briefporto kommt uns das Leben für beide auf täglich siebenhundert Dinar (ungefähr sieben Franken) zu stehen.

Um den Durst zu löschen, hält man sich am besten an die Wassermelonen, die man sachkundig aussucht, indem man mit dem Knöchel dagegen klopft. Vor dem Wasser muss man sich hüten. Übrigens halten die Leute von Prilep nicht viel von dem ihren, sie finden, dass es keinen guten Geschmack hat. Ich habe nichts davon gemerkt, aber wer kümmert sich in unseren Breiten schon um den Geschmack des Wassers? Hier ist das eine fixe Idee; man macht zehn Kilometer zu Fuss, um von einer angeblich besonders wohlschmeckenden Quelle zu trinken. Bosnien zum Beispiel mag man nicht besonders – aber ehrlicherweise muss man zugeben, dass sie dort unvergleichliches Wasser haben, erfrischend, kräftigend … Und es entsteht eine träumerische Stille, und die Zungen schnalzen.

Auch vor anderen Dingen muss man sich hüten: vor aufgeplatzten Früchten, die von Fliegen heimgesucht werden, gewissen Stückchen Fett, die man (auf die Gefahr hin, Ärgernis zu erregen) instinktiv auf seinem Teller zurücklässt, manchem Händedruck, nach dem man es vermeidet, sich die Augen zu reiben – von wegen Trachom. Warnungen, keine Vorschriften: eine seit langem verlorene Melodie des Körpers, die man allmählich wiederfindet und auf die man sich einstimmen muss. Man erinnert sich auch daran, dass die einheimische Kost ihre eigenen, natürlichen Gegengifte besitzt – Tee, Knoblauch, Joghurt, Zwiebeln –, und dass die Gesundheit im Grunde das Resultat eines dynamischen Gleichgewichts ist, das aus einer Folge von mehr oder weniger gut überstandenen Infektionen besteht. Wenn dieses Gleichgewicht nicht da ist, büsst man einen nicht ganz einwandfreien Rettich oder einen Schluck verschmutztes Wasser mit tagelangem Durchfall, wahren Zyklonen von Darmkrämpfen, so dass man mit schweissbedeckter Stirn in die Toiletten *à la turque* stürzt – wo man sich alsbald dauernd niederlässt, allen Faustschlägen gegen die Tür zum Trotz, so kurz sind die Ruhepausen, die einem die Dysenterie gönnt.

Wenn solche Anfälle mich geschwächt haben, wird mir die Stadt unerträglich. Es kommt ganz plötzlich: ein verhangener Himmel, ein wenig Regen genügen, um die Strassen in Morast, die Dämmerung in Russ zu verwandeln, und Prilep, das eben noch so schön war, löst sich auf wie schlechtes Papier. Alles, was die Stadt an Ungestaltem, Ekelhaftem, Falschem hat, tritt mit der Schärfe eines Albtraums hervor: die offenen Flankenwunden der Esel, die fiebrigen Augen und zusammengeflickten Jacken, die kariösen Gebisse und die schrillen, hinterhältigen Stimmen der Menschen, die von fünf Jahrhunderten feindlicher Besetzung und von ständigen Verschwörungen geprägt sind; bis zu den violett schimmernden Gedärmen im Metzgerladen, die um Hilfe zu flehen scheinen, als könne das Fleisch zweimal sterben.

Zuerst einmal, das ist logisch, reagiere ich mit Hass. Ich stelle mir vor, dass ich die Strassen mit starken Säuren und Ätzmitteln desinfiziere. Hierauf versuche ich, der Unordnung Ordnung entgegenzusetzen. Ich verschanze mich in meinem Zimmer, fege den Fussboden sauber, scheure mir die Haut wund, erledige lakonisch die überfällige Korrespondenz und setze mich an die Arbeit. Fort mit aller

Rhetorik, allem Flickwerk, allen Tricks! Ich führe ein richtiges, kleines Ritual auf, ohne recht zu ermessen, wie alt es ist; man tut, was man kann.

Wenn das Tief vorüber ist, sehe ich durchs Fenster im Licht der untergehenden Sonne die noch vom Regen dampfenden weissen Häuser, die Spitzen der Bergketten im frisch gewaschenen Himmel und das Heer der Tabakpflanzen, das die Stadt beruhigend mit seinen kräftigen Blättern umgibt. Ich finde mich in einer festgefügten Welt wieder, im Herzen einer grossen versilberten Ikone. Die Stadt ist wieder heil. Ich muss geträumt haben. Zehn Tage lang wird man sie lieben – bis zum nächsten Anfall. Das ist ihre Methode, uns zu impfen.

Die Reise gibt einem Gelegenheit, sich wachzurütteln, aber nicht – wie man gedacht hatte – die grosse Freiheit. Man muss sich eher mit Einschränkungen abfinden; aus seinem täglichen Rahmen herausgerissen, seiner Gewohnheiten beraubt wie einer umfangreichen Verpackung, erscheint der Reisende auf ein bescheideneres Mass reduziert und gleichzeitig der Neugier, der Intuition, der Liebe auf den ersten Blick zugänglicher.

So folgten wir eines Morgens, ohne zu wissen warum, Schritt für Schritt einem Fohlen, das der Bauer im Fluss gebadet hatte. Es war eine hochbeinige junge Stute, die Augen wie Rosskastanien in halbgeöffneten Schalen, mit einem makellosen Fell, unter dem die Muskeln mit unübertrefflicher Koketterie spielten. Das Weiblichste, was ich in Jugoslawien gesehen habe. Die Kaufleute in ihren Läden drehten sich nach ihr um. Wir folgten ihr schweigend, die Füsse im kühlen Staub, wie zwei alte Schürzenjäger, die mit Herzklopfen ihrer Erwählten nachsteigen. Wir hatten uns buchstäblich in sie verguckt. Denn das Auge braucht den

Anblick unberührter, frischer Dinge, wie man sie nur in der Natur findet: die schwellenden Tabaktriebe, die seidigen Ohren der Esel, die blanke Schale der jungen Schildkröten.

Hier erneuert sich die Natur mit solcher Macht, dass der Mensch dagegen alterslos erscheint. Die Gesichter werden hart und verändern sich sofort: sonnenverbrannte und vernarbte Gesichter, von Bart, Pocken, Übermüdung oder Sorgen entstellt. Die eindrücklichsten, die schönsten Züge, sogar die von Kindern, sehen aus, als wäre eine Armee von Stiefeln darauf herumgetrampelt. Nirgends sieht man, wie bei uns, diese vor lauter Gesundheit glatten, ausdruckslosen Gesichter, in denen das Leben noch keine Spuren hinterlassen hat. Nur die Alten besitzen Frische, eine Frische zweiten Grades, die sie dem Leben abgerungen haben.

In den kleinen Gärten rings um die Stadt begegnet man in aller Morgenfrühe Muslimen mit gepflegtem Bart, die mitten unter ihren Bohnen auf einer Decke sitzen, schweigend den Duft der Erde einatmen und die mit dem Talent für die Augenblicke der Andacht und des Glücks, das der Islam und das Landleben im Menschen unfehlbar entwickeln, das Erwachen des Lichtes geniessen. Wenn sie uns erblicken, rufen sie uns an, fordern uns zum Sitzen auf, ziehen ein Taschenmesser aus ihrer Hose und schneiden uns ein Stück Wassermelone ab, das von Ohr zu Ohr eine klebrige rosa Spur im Gesicht zurücklässt.

So schliessen wir mit dem Mullah der Moschee Bekanntschaft, der ein paar Worte Deutsch kann. Er dreht uns Zigaretten und stellt sich höflich vor, indem er auf das Minarett deutet. Und wir?

„Maler und Journalist."

„Ganz wie Sie wollen", erwidert der Mullah höflich auf deutsch, obwohl ihm beide Berufe nicht viel sagen dürften. Dann nimmt er seine Meditation wieder auf.

An einem anderen Morgen kauerte ich im Stadtpark, um die Moschee aufzunehmen, ein Auge zugekniffen, das andere auf dem Sucher, als etwas Rauhes, Warmes, das nach Stall roch, sich an meinen Kopf drängte. Ich dachte an einen Esel – es gibt hier viele, sehr zutrauliche, die einem die Nase in die Achselhöhle bohren – und fotografierte ruhig weiter. Es war aber ein alter Bauer, der sich auf Zehenspitzen herbeigeschlichen und seine Wange an mein Gesicht geschmiegt hatte, um ein paar andere alte Knaben zwischen siebzig und achtzig zu ergötzen. Er bog sich vor Lachen; sein Tag war gerettet.

Am gleichen Tag beobachtete ich aus dem Fenster des *Café Jadran* einen anderen Alten mit Pelzmütze, ein paar Passa-Tempo-Kerne[2] im Bart, der vergnügt auf ein kleines hölzernes Windrad blies. Geradewegs in den Himmel mit ihm, zum Lohn für sein junges Herz!

Diese alten Spassmacher sind das Unbeschwerteste in der Stadt. Je weisshaariger und brüchiger sie werden, desto treffender in ihren Urteilen und desto unbeschwerter werden sie, den Strichmännchen gleich, die Kinder auf die Mauern kritzeln. In unseren Breitengraden, wo das Verstandesmässige sich so stark auf Kosten des Gefühlsmässigen entwickelt hat, mangelt es an Strichmännchen; aber hier vergeht kein Tag, an dem man nicht so einem schalkhaften Alten voller Naivität und Lebensklugheit begegnet, einem Heuträger oder Pantoffelflicker – und bei ihrem Anblick packt mich immer die Lust, die Arme auszubreiten und in Tränen auszubrechen.

Der Ziehharmonikaspieler, der Samstag abend im Garten des *Hotel Macedonia* zum Tanz aufspielt, macht seine Sache recht gut, aber der Faltenbalg ist geplatzt und bläst ihm kalte Luft ins Gesicht, so dass er praktisch mit geschlossenen

Augen spielen muss. Thierry hat ihm sein Instrument geborgt, ein Hundertzwanziger Bass, mit dem man Tote erwecken könnte, und der wackere Musikant hat so viel darauf gespielt und so viel getrunken, dass wir uns zu mehreren zusammentun mussten, um ihm unter gewaltigem Gelächter die Harmonika zu entreissen, ehe er mit ihr umfiele.

Hier wie in Serbien ist die Musik eine Leidenschaft. Sie ist auch ein Sesam-öffne-dich für den Fremden; wer sie liebt, wird Freunde finden. Falls er Tonbandaufnahmen macht, bemüht sich die ganze Stadt, die Polizei inbegriffen, ihm Musiker zuzuschanzen.

Ein paar Tage vor unserer Abreise kam der Gesangslehrer in aller Früh unter unser Fenster gelaufen und schrie zu uns herauf, es sei ihm gelungen, den besten Dudelsackspieler des Landes in seinem Klassenzimmer einzusperren. Wir folgten ihm sogleich, wenn auch etwas verlegen, denn so viel hätten wir gar nicht verlangt. Der Fang schien sich allerdings zu lohnen: Unter der schwarzen Tafel döste mit dem Dudelsack zwischen den Knien ein einäugiger, kahlköpfiger Alter, dessen Auge vor Schlauheit funkelte. Er hiess Lefteria, was bis auf einen Buchstaben das Wort für „Freiheit" ist, und zog seit dreissig Jahren in Mazedonien herum, um bei Hochzeiten und Taufen aufzuspielen. Er schien gekränkt zu sein, weil er sich vom Schullehrer hatte fangen lassen. Wir mussten ihn ins *Jadran* einladen und ihm vier Runden spendieren, bis wir ihn zu einer Vorführung bewegen konnten. Unterdessen hatte sich ein ganzer Hofstaat versammelt, um ihm zu lauschen: der Sargtischler, der Postmeister, der Parteisekretär, alles junge Männer um dreissig herum, die ihm grossen Respekt zollten.

Die Sonne stand hoch, die Hitze war gewaltig. Der Dudelsackspieler stank nach Wollfett und schlecht gegerbtem Leder; er zog Myriaden Fliegen an, die summende Heiligenscheine um die schweissbedeckten Schädel bildeten. Der Dudelsack bestand aus einem vollständigen Schafsfell, das oben durch ein Mundstück und unten durch eine fünflöchrige Flöte abgeschlossen war, auf der die Finger den aus dem Balg gepressten, säuerlich riechenden Luftstrom modulierten. Der Alte spielte zuerst ein Hochzeitslied; die Braut, die die Schwelle ihres neuen Heims betritt, klagt ihrem Gatten:

Du hast mich von Vater und Bruder getrennt,
Du hast mich von meiner Mutter getrennt.
Ach, warum musst' ich dich lieben!

In der Regel haben die mazedonischen Melodien etwas Gelehrtes, kunstvoll Verziertes an sich, das an Kirchenmusik erinnert. Auch in den muntersten klingt noch eine Spur christliche Schwermut mit. Wir stellen uns vor, dass zur Zeit, als hier alles eine einzige struppige Wildnis war, die byzantinischen Klosterbrüder ihre Gesänge mit den gleichen durchdringenden, rauhen, schweren Stimmen gesungen haben. Doch der Dudelsack bildet eine Ausnahme. Seine Handhabung dürfte sich seit der Zeit der Atriden nicht sehr geändert haben. So ein Dudelsack ist etwas Uraltes, er ist dazu bestimmt, undenkliche Dinge auszudrücken: den Schrei des Falken, das Rauschen des Regens, die panische Angst eines verfolgten Mädchens. Und es handelt sich ja wirklich um den grossen Pan, denn aus seinem Reich stammt das Herz des Bläsers, der Balg mit seinem Haar und seinem Leder sowie das hörnerne Mundstück. Der Alte modulierte rascher und rascher. Wir waren hingerissen. Als er den letzten Tanz anging, ein eindrucksvolles Hämmern aus der Tiefe der Zeiten, war der Raum schwarz von Menschen, und sämtliche Hintern, sämtliche Zehen im Kaffeehaus waren in rhythmischer Bewegung.

Seit jenem Tag lässt der Techniker von Radio Prilep, der die Programme nach seinem Belieben zusammenstellt, täglich ein bisschen französische Musik aus dem Lautsprecher auf dem Stadtplatz erklingen, um uns eine Freude zu machen. Wenn die Sonne die siedendheisse Strasse verlässt und die Stadt einen aus gequälten Augen ansieht, schwebt das Quartett von Ravel zitternd über die Bauernwagen und die Dächer empor, und wir geniessen diese Viertelstunde heimatlicher Klänge, die uns von einem waschechten Marxisten so liebenswürdig dargeboten wird.

In Prilep gab es viele, die aktiv für oder gegen etwas gekämpft hatten. Die glücklichsten erhoben sich, die Hand auf ein doktrinäres Buch gelegt, in Bronze gegossen auf den staubigen Plätzen und Strassen der Stadt oder sassen in der mazedonischen Provinzregierung in Skopje. Die anderen: Milizbonzen, deren Namen man nur zu flüstern wagte, und eine Menge Landeskinder, die sich tapfer in die Widerstandsbewegung gestürzt hatten und jetzt manchmal etwas verdutzt schienen, dass sie eine Revolution vollbracht hatten.

Dabei war es nicht das erste Mal. Prilep ist von jeher eine aufständische Stadt gewesen, die ihre Staatsstreiche im kommunalen oder provinziellen Massstab vollführte. Mindestens seit dem 10. Jahrhundert pflegten die Leute dort um nichts und wieder nichts in den Widerstand zu gehen und verschanzten sich ehrenvoll auf einem Berg, von denen manche nach ihnen benannt sind. Die Unzufriedenen hatten stets Zuflucht in der Illegalität gesucht. Das ist jetzt vorbei. Seit der Maquis an die Macht gekommen ist, kann nicht mehr die Rede davon sein, in den Maquis zu gehen. Das gehörte zur Vergangenheit, und die Kommunisten der Stadt befassten sich nicht mit der Vergangenheit.

Was sie mehr interessierte, war die Jugend und die aktive Propaganda, die sie betrieben. Der Gesangsverein – das war die Partei. Der Fussballklub, die sonntäglichen Wettspiele, die mit finster blickenden Sportbegeisterten vollgestopften Autobusse – das war ebenfalls die Partei. Ebenso das neue Schwimmbad, das ihr in diesem ausgedörrten, verbrannten Land Punkte eingetragen hatte. Von sechs Uhr an drängten sich dort die Jugendlichen. Zuerst freute man sich über ihr gesundes Aussehen, Muskeln bis zu den Wangen hinauf, doch mit der Zeit entdeckte man bei vielen die gleichen brutalen Züge, als wären sie bereits Polizisten. Dann murmelte man: „Staatsapparat", und diese abgedroschene Formel beruhigte uns eine Weile – bis es uns in den Sinn kam, dass sie für eine Jugend, die bisher weder Apparate noch einen Staat besessen hatte, eigentlich sehr verlockend sein musste.

Am letzten Tag vor unserer Abfahrt nach Griechenland sind wir bei Eyub, dem türkischen Barbier, eingeladen. Er will uns sein Radio vorführen. Ein prachtvoller Apparat, den er nach einigen Jahren Sparen aus Saloniki hat kommen lassen und der in Ermangelung von massivem Gold über und über mit Spiegeln bedeckt ist! Ohne Schwierigkeiten findet er für uns den Sender der Suisse Romande. Wir sind erst sechs Wochen von zu Hause fort, aber der steife, belehrende Ton des Sprechers lässt uns auffahren. Diese heimischen Stimmen, die so sehr nach Schulbank klingen! Ich traue mich kaum den Mund aufzutun, um mich nicht am Ende selber so reden zu hören. Wie lang muss man wohl auf der Landstrasse herumstreunen, auf welche Gaunereien muss man sich einlassen, um diesen Predigerton zu verlieren?

Eyub ist hochbeglückt über unser Interesse. Er kann stolz sein, sein Radio hat ihn nicht im Stich gelassen. Übrigens funktioniert bei ihm alles aufs beste: der Kaffee ist kochend heiss, das Eselchen im Hof wohlgestriegelt, und er versichert uns, dass seine Frau vollkommen ist, was wir ihm aufs Wort glauben, da sie sich als gute Muslimin nicht vor uns zeigen will.

„Und der Vater?"

„Er sitzt und raucht", antwortet Eyub auf deutsch und ergänzt damit das idyllische Bild, das wir uns von der Familie machen.

Zurück ins Hotel. Der Halbmond liegt auf dem Rücken. Eyub begleitet uns, und von Zeit zu Zeit kommt aus seinem wohlondulierten Haar ein leicht widerlicher Brillantineduft. Genau in dem Augenblick, als wir den Stadtpark erreichen, wo das städtische Freiluftkino einen Western vorführt, gibt es im Elektrizitätswerk Kurzschluss, die Stadt erlischt wie eine Kerze, die Filmleinwand ebenfalls, und im Publikum erhebt sich ein enttäuschtes Stimmengewirr.

„Elektrizität Prilep – extra – prima!" seufzt Eyub.

Wir freilich haben gut lachen. Unsere Koffer sind gepackt, und morgen fahren wir weiter.

Der Weg nach Anatolien

An der griechisch-jugoslawischen Grenze

Wenn man von Jugoslawien nach Griechenland kommt, begleitet einen die Farbe des Balkans, das Blau, doch es verändert sich; aus einem etwas stumpfen Nachtblau wird es zu einem Meerblau von grosser Fröhlichkeit, das die Nerven anregt wie Koffein. Und das ist gut so, denn das Tempo der Gespräche und Auseinandersetzungen hat sich gewaltig beschleunigt. Wir hatten uns angewöhnt, alles langsam zu erklären, es lieber zweimal als einmal zu sagen und so lange bei einem Wort zu verweilen, bis es erfasst wurde. Von der Grenze an ist das überflüssig; der Gesprächspartner unterbricht dich mitten im Satz mit einer ungeduldigen Bewegung. Er hat kapiert – und während wir noch weiterreden, ist er schon mitten in der ungestümen Pantomime, die seine Antwort darstellt.

Manchmal verstehen die Griechen auch mehr, als einem lieb ist; weil ich am Grenzposten meinem Ton etwas mehr Autorität zu verleihen suchte, als es meiner Art entspricht, wurde ich augenblicklich mit der besonderen Nachsicht behandelt, die man den Schüchternen erweist.

In den ersten zwei Tagen raubt einem diese Geschwindigkeit den Atem. Man ist laufend um mindestens eine Antwort oder Bewegung im Rückstand, aber dann passt man sich an, und das Vergnügen beginnt.

Alexandropolis

Nach dem Glutofen der Strasse Saloniki–Alexandropolis ist es eine wahre Wonne, sich auf dem kleinen Kai mit dem Kopfsteinpflaster an einen weissgedeckten Tisch zu setzen. Einen Augenblick lang funkeln die gebratenen Fische auf unserem Teller wie Goldbarren, dann versinkt die Sonne im veilchenblauen Meer und nimmt alle Farben mit.

Ich denke an die jämmerlichen Klagen, die in den primitiven Kulturen allabendlich den Tod des Lichts begleiten, und sie erscheinen mir auf einmal so begründet, dass ich mich darauf gefasst mache, die ganze Stadt hinter unserem Rücken in Schluchzen ausbrechen zu hören.

Aber nein. Nichts. Sie müssen sich daran gewöhnt haben.

Konstantinopel

Noch am Morgen, an dem wir ankamen, hatten wir das Auto mit der Fähre auf die asiatische Seite hinübergebracht und streiften auf der Suche nach einem ansprechenden Quartier durch die Gässchen des Stadtviertels Moda, als eine leise, aber gebieterische Stimme uns auf französisch anrief. Wir drehten uns um. Es war eine dicke Frau mit schneeweissem Haar, die auf ihrem eleganten Trauerkleid eine schwere Amethystbrosche trug. Von ihrer Vortreppe aus musterte sie gedankenverloren unser Gepäck, als ob es sie an etwas erinnerte, und fragte uns, was wir suchten. Wir erklärten ihr die Situation.

„Ich habe letzte Woche Saisonschluss gemacht, aber ich behalte das Personal und habe Reisende gern. Sie können hier wohnen." Und sie wies mit ihrer Zigarettenspitze auf die Inschrift *Hotel Moda-Palas,* die in kleinen goldenen Buchstaben über dem Eingang angebracht war.

Wir schleppten unser Gepäck schweigend durch ein düsteres Esszimmer im viktorianischen Stil. Auf dem Buffet schlief eine senffarbene Katze zwischen blitzenden neusilbernen Teekannen. Das Zimmer, das auf einen verwelkten Garten hinausging, roch muffig und leicht nach Bodenwichse, was dem Raum etwas Vornehmes verlieh. Bis auf ein Stubenmädchen, den Oberkellner und Madame Wanda, die

Besitzerin, war das Hotel leer und wirkte mit seinen geschlossenen Läden abweisend, fast wie eine Grabstätte. Wir ertappten uns schon dabei, dass wir mit gedämpfter Stimme sprachen, aber da die Fahrt nun einmal durch das *Moda-Palas* ging, blieb uns nichts übrig, als uns zu fügen. Die eine Seite des Hotels ging auf das Marmara-Meer und die Prinzen-Insel hinaus, wohin man einstmals die unbequemen Thronprätendenten verbannte. Mit der anderen Seite lehnte es sich an einen Hügel, von wo man, unter dem malvenfarbigen Himmel ausgebreitet, die europäische Küste, den Turm von Pera und die Häuser der alten Stadt mit ihren blühenden Glyzinien und ihren verfallenen Fassaden in der Farbe von verwittertem Holz sah.

„Was wollen Sie denn hier verkaufen?" fragte die alte Dame, als sie das Tonbandgerät und die Staffelei sah.

„Bilder, Zeitungsartikel – vielleicht einen Vortrag ..."

„Haben Sie Glück im Leben?"

„Bis jetzt ja."

„Hier können Sie gar nicht genug davon haben, glauben Sie mir. Das sagt Ihnen Madame Wanda." In ihrer Stimme lag etwas wie Mitleid.

Eine Woche lang durchforschten wir die Stadt. Thierry suchte ein Lokal, um seine Zeichnungen auszustellen. Ich klapperte die Zeitungsredaktionen, das Radio, die kulturellen Organisationen ab, um irgend etwas unterzubringen. Ich probierte es sogar im französischen Lycée von Üsküdar, in der Hoffnung, schlechte Schüler und Nachhilfestunden zu finden. Vergebens. Den ganzen Tag trabten wir in sengend heissen Flanellanzügen, die unserer Meinung nach für unseren Erfolg unerlässlich waren, unter der mitleidlosen Sonne herum. Abends waren wir völlig erledigt. Der einzige Trost, den wir heimbrachten, waren bestenfalls ein paar weitere Muster der türkischen Orthographieblüten, die unser Auge, zwischen zwei erfolglosen Besuchen, auf der Speisekarte eines Restaurants oder im Schaufenster eines Friseurs im Flug erhaschte: *Fileminyon – Agno alobergine – Kudefer & Misenpli.*

Ein Schlager, der damals in der Stadt Furore machte, klang uns wie das Grabgeläute unserer bescheidenen Bestrebungen. Der Titel des Chansons war *Kübik Nikel Mobilialar* – ein ganzes Programm! Tatsächlich scherten sich die wakkeren Bourgeois von Istanbul weder um moderne Malerei noch um ausländische Reportagen. Nein, sie wollten was zum täglichen Gebrauch. Wie gesagt, vernickelte Möbel, üppige rothaarige Sängerinnen und endlose Partien Tricktrack mit viel Gerede unter den Platanen. Ein bisschen Poesie, üppiges Essen, amerikanische Autos und eine Zukunft, wie man sie aus dem Kaffeesatz liest.

Was die Kunst betraf, waren sie überzeugt, schon mehr als ihr Teil geleistet zu haben; sie brauchten nur einen Blick auf ihre wunderbaren Moscheen zu werfen: die Blaue Moschee, die tabakfarbene Suleiman-Moschee, die Moschee von Ortaköy in Weiss und Gold – oder in den Vitrinen des „Alten Serail" das prachtvolle Porzellan, die Gaben einstiger Kaiser von China, zu besichtigen, um zu ermessen, welche Hochachtung man auf der anderen Seite der Welt einst ihrem Land erwiesen hatte. Jetzt fanden sie es an der Zeit, praktisch zu sein, und übten sich fröhlich in dieser Kunst. Das war zweifellos ihr gutes Recht, aber unsere Angelegenheiten litten gewaltig unter dieser Einstellung. Das Leben war hier teuer, und wir hatten nach zehn Tagen noch keinen *kuruş* verdient.

Wir waren jetzt also auf die gerösteten Maiskolben der Strassenhändler oder auf zweifelhafte Kneipen angewiesen.

An solchen bestand auf der asiatischen Seite kein Mangel, und man hatte reichlich Gelegenheit, sich die schlimmsten Darminfektionen zuzuziehen. Der Kopf beginnt zu brennen, ein schmutziges Gelb steigt von der Leber bis in die Augen, und dann kommt das Fieber und nicht endenwollendes Erbrechen. Man hat gerade noch die Kraft, die morgigen Verabredungen abzusagen und ins Bett zu fallen, wo man eine Woche damit verbringen wird, die Blumen auf der Tapete zu zählen und in der Erinnerung nachzuforschen, wo man sich die Vergiftung geholt hat … In einem gewissen Sinn war es mir lieber, hier krank zu sein; wenn wir erst einmal über die Strassen von Anatolien fuhren, würde das mindestens einen Monat lang nicht möglich sein.

An den Tagen, an denen er nicht zeichnete, lief Thierry weiterhin tapfer in der Stadt herum wie ein überdrehtes mechanisches Spielzeug. Ich sah ihn jeden Morgen aufbrechen: am Leib das noch feuchte, selbstgewaschene Hemd, unter dem Arm die Mappe mit den Zeichnungen, die sich allmählich mit den Spuren gleichgültiger Finger bedeckten und ihm nachgerade verhasst waren, weil er sie schon so oft unter demütigenden Umständen vorgezeigt hatte. Abends kehrte er ganz ausser sich heim und berichtete mir, während er sich in der Waschschüssel stehend mit Wasser abgoss, seine Erlebnisse. Die Besitzerin einer Kunstgalerie, auf die er grosse Hoffnungen gesetzt und die er nur unter grösster Mühe aufgestöbert hatte, erklärte ihm freundlich, wie und warum ein Maler in Istanbul zwangsläufig verhungern musste. Geschäftsleute, die sich für Sammler ausgaben, reichten ihm ein paar Münzen, ohne seine Arbeit auch nur anzusehen, doch wenn Thierry ihnen gedemütigt eine Zeichnung als Gegengabe anbot, wurden sie aufmerksam, setzten ihre Brillen auf, verglichen eingehend und wählten mit viel Fachkenntnis die beste und die teuerste. Die Besuche bei Schweizer Geschäftsleuten, deren Adresse er sich verschafft hatte, waren kaum erfolgreicher. Man liess ihn wie einen Hausierer in der Küche warten, wo die Köchin, eine weissrussische oder ukrainische Emigrantin, mit ihm Tee trank und ihm Räubergeschichten erzählte, während sie seine Skizzen mit grossen Augen betrachtete. Immerhin ging damit ein wenig Zeit vorbei, und er ruhte sich etwas aus. Die Dame des Hauses liess sich nicht blicken – ein Landsmann, der hier, fünftausend Kilometer von Bern entfernt, mit seinen Bildern hausiert, da weiss man nie! Schliesslich liess sie ihm ein wenig Kleingeld überreichen, das wir noch am gleichen Abend in Begleitung von frechen Briefchen, im Stil von Corneille geschrieben, mit denen diese braven Hausfrauen sicher nichts anzufangen wussten, zurückzuschicken pflegten.

Eine, die sich über unsere Enttäuschungen nicht wunderte, war die Zimmerfrau im *Hotel Moda,* eine zierliche, verbitterte Person, Polin wie ihre Chefin, die auf ihrem grauen Haar ein gestärktes Häubchen trug, wie man es noch in den Hotelpalästen von Montreux findet, und ihre ganze Arbeit mit der Zigarette im Mund besorgte. Wenn sie uns morgens den Tee gebracht hatte, setzte sie sich auf das Bettende und liess sich ausführlich die Missgeschicke des vergangenen Tages erzählen. Im Zimmer war es noch dämmrig, man hörte die Schiffe im Bosporus tuten. Sie hörte mit gesenktem Blick zu, während sie ihre Zigarettenasche in der Untertasse abstreifte und zu jeder betrüblichen Einzelheit heftig nickte. Die Schwierigkeiten, die man ihr da schilderte, machten ihr richtig Freude, wie wenn man ein Lied wiederhört, das man oft selber gesungen hat. Ich weiss nicht, mit welch widrigen Erlebnissen sie sich selbst herumgeschlagen hatte, jedenfalls erschienen ihr die unseren ganz natürlich und gar nicht so schlimm. Von Zeit zu Zeit hob sie beide Hände auf, als wollte sie sagen: „So ist es eben!“ Das war ihre Art, uns Mut zu machen.

Sie verbrachte ihre Tage damit, in Gesellschaft des Kellners Osman endlos die Teekannen, Teebecher und Samoware im Esszimmer auf Hochglanz zu bringen. Abends bedienten sie alle beide Madame Wanda, die allein speiste, wortlos. Wenn das Geschirr gewaschen war, spielten sie zu dritt eine Partie Whist, die bis tief in die Nacht hinein dauerte. Wie spät wir auch heimkommen mochten, wir fanden sie unweigerlich gerade aufgerichtet unter der gelbseidenen Hängelampe sitzen. Sie waren ganz in ihre Karten vertieft und blickten nur auf, um mit dem Finger auf den Teller Honigkuchen zu zeigen, den sie auf dem Buffet für uns bereitgestellt hatten.

Ich war wieder gesund, aber um unsere Angelegenheiten stand es nicht gut. Eine lange, mit Fotos illustrierte Reportage über Lappland, die ich in kirschgrossen Grossbuchstaben kalligraphieren musste, weil der Übersetzer schwache Augen hatte, brachte mir nur fünfzehn Groschen ein. Genug für zwei Mahlzeiten. Madame Wanda hatte recht: Die Nuss Istanbul war schwer zu knacken.

Und der Herbst war da. Bei Westwind hörte man die Büchsen der Jäger knallen. Die weiten braunen Brachfelder längs der Strasse nach Edirne waren wie mit bunten Kieseln mit farbenprächtigen Taxis, umgeben von Jagdflinten, Jagdtaschen und ganzen Bündeln von erlegten Schnepfen, besät. Türkisschimmernde Schwertfischschwärme zogen auf ihrer Reise nach dem Süden still durch die Meerenge. Die reichen Leute von Istanbul fuhren in ihren mit Süssigkeiten vollgepackten Cadillacs auf ihre Besitzungen in Bursa und Izmir. Auf der asiatischen Seite kicherten die Stare zärtlich im Ebereschenlaub. In den engen Gässchen von Moda sassen die Lastträger und Chauffeure in den mit Acetylen beleuchteten Kneipen vor ihrer sauren Milch und entzifferten langsam, Buchstabe für Buchstabe, die Zeitung; das ganze Quartier hallte von ihrem beschwörenden, grenzenlos traurig klingenden Gemurmel wider. Der überreife, goldene Herbst, der sich der Stadt bemächtigt hatte, griff uns ans Herz. Das Nomadendasein macht einen empfänglich für die Jahreszeiten. Man hängt von ihnen ab, man wird selbst zur Jahreszeit, und wenn sie sich wandelt, ist es, als müsste man sich von einem Ort losreissen, wo man gelernt hat zu leben.

Als ich abends von der Zeitung kam, blieb ich vor dem Haydarpaşa-Bahnhof stehen und schaute mir die Züge an, die auf den Geleisen schliefen. An den Waggons hingen Tafeln: Bagdad, Beirut, Konya-Anadolu. Hier war es Herbst, in Bagdad Sommer und in Anatolien vielleicht Winter. Wir beschlossen, noch in dieser Nacht abzureisen.

Im *Moda-Palas* war das Personal ausnahmsweise schon schlafen gegangen. Wir packten still unsere Koffer. Bei Madame Wanda brannte noch Licht. Wir steckten den Kopf durch die halboffene Tür, um ihr Adieu und Danke zu sagen. Madame Wanda sah uns nicht sofort. Sie sass unbeweglich in ihrem Himmelbett, neben sich ein brennendes Nachtlicht, vor sich ein aufgeschlagenes Buch – von Mérimée, ich erinnere mich –, dessen Seiten sie nicht umblätterte. Wir hatten sie nie ganz wach und gegenwärtig gesehen; es war, als würde sie ständig durch Stimmen aus einer anderen Welt abgelenkt. Wir kannten sie kaum. Wir riefen sie leise an, um sie nicht zu erschrecken. Sie erblickte uns, sah unsere Reisekleidung und sagte: „Gott segne Euch, meine Täubchen ... Die Heilige Jungfrau beschütze Euch, meine Lämmchen ...“ Dann begann sie Polnisch zu sprechen und redete lange, pausenlos, in Tönen von so trostloser Zärtlichkeit, dass wir einen Augenblick brauchten, um uns klarzumachen, dass sie uns nicht mehr ansah, dass sie gar nicht mehr zu uns sprach, sondern zu einem der uralten, geliebten, verlorenen Schatten, welche die alten Menschen ins Exil begleiten und die sich auf dem Grunde ihres Lebens im Kreise drehen. Wir schlossen leise die Tür.

Um zwei Uhr nachts fuhren wir von Istanbul ab. Ohne Regen konnten wir noch vor Einbruch der folgenden Nacht Ankara erreichen.

Auf der Strasse nach Ankara. Oktober

Nordwestlich von Ankara führt die Piste über grosse, völlig nackte Hochebenen. Um bebautes Land zu sehen, muss man den Blick senken: Die Felder liegen an den Abhängen von Schluchten, die von den Wildbächen ausgehöhlt und erweitert wurden. Ganz unten in den grünenden Trichtern sieht man Weiden und Reben schimmern, ein wenig Vieh – Büffel und Schafe – bewegt sich zwischen Düngerhaufen, ein paar Häuser umringen eine hölzerne Moschee, und Rauch steigt kerzengerade bis zum Niveau der Hochebene, wo der Wind ihn packt und davonträgt. Hier und da ist ein frisch abgezogenes Bärenfell zum Trocknen an eine Scheunentür genagelt.

Man muss nach vielen Stunden am Lenkrad in einem dieser wohlgeschützten arkadischen Gefilde Siesta gehalten haben, um den Sinn des Wortes „bukolisch“ zu begreifen. Wir liegen auf dem Rücken im bienendurchsummten Gras und schauen zum Himmel. Ausser der phantastischen Geschwindigkeit der Wolken dort oben erinnert nichts mehr an den wilden Herbststurm, der uns den ganzen Vormittag in den Ohren gedröhnt hat.

Die Dörfer in diesen Mulden sind wohlhabend, die Kulturen wohlgepflegt. Aber wir würden es nie übers Herz bringen, hier auch nur eine Nuss zu stibitzen, und man hat uns kein einziges Mal eine angeboten; sie müssen auf dem Baum gezählt sein. Das ist nur natürlich. Diese fruchtbaren Inseln, diese Miniatur-Landwirtschaft, zeitigen sparsame, wenn nicht gar geizige Bauern. Das scheint hier übrigens von jeher so gewesen zu sein; bei den hethitischen Ausgrabungen von Hattuscha-Boğazköy, ganz in der Nähe, hat man mehr als dreitausendjährige Tafeln gefunden, geradezu rührend minuziöse Inventare, in denen keine einzige Hopfenpflanze und kein einziges neugeborenes Ferkel ausgelassen sind.

Auf der Strasse nach Sungurlu

Bloss ein leichter Unterschied in der Beschaffenheit des Bodens und die Spuren der Lastwagen unterscheiden die Naturstrasse von der braunen Erde, die sie, so weit das Auge reicht, umgibt. Die Füsse in warmen Stiefeln, eine Hand auf dem Lenkrad, den Blick von der Weite der Erde erfüllt, nehmen wir diese grenzenlose Landschaft in Angriff und denken dabei: Die Welt hat den Massstab geändert. Hier beginnt wahrhaftig Asien!

Manchmal erkennt man am Abhang eines Hügels den helleren Fleck einer Viehherde oder die Dunstwolke eines Vogelschwarms zwischen der Strasse und dem grünlichen Himmel. Die meiste Zeit sieht man überhaupt nichts, aber man hört – man sollte ein Klangbild von Anatolien herstellen können –, man hört ein unerklärliches, langgezogenes Wimmern, das auf einer sehr hohen Note beginnt, sich um eine Quart senkt, mühsam wieder höher klimmt und hartnäckig verweilt. Ein stechender Ton, gut geeignet, diese lederfarbenen Weiten zu durchdringen, aber so todtraurig, dass es einem trotz des tröstlichen Brummens des Motors eiskalt über den Rücken läuft. Wir reissen die Augen auf, wir zwicken uns – nichts zu sehen! Schliesslich bemerken wir einen schwarzen Punkt, und die sonderbare Musik wird unerträglich laut. Viel später überholen wir ein Ochsengespann mit seinem Fuhrmann, der mit der Mütze über den Augen schläft. Er hockt auf einem schweren Karren mit speichenlosen Rädern, deren Achsen bei jeder Umdrehung klemmen und ein quietschendes Geräusch hervorbringen. Wir lassen ihn hinter uns, aber wir wissen, dass diese verfluchten Töne einer Seele in Höllenqualen uns bei unserem Tempo bis in die Nacht hinein verfolgen werden. Was die Lastwagen anbelangt, bekommt man es mindestens eine Stunde, bevor sie aufkreuzen, mit ihren Scheinwerfern zu tun. Man verliert sie, erblickt sie wieder, vergisst sie schliesslich. Urplötzlich sind sie dicht vor unserer Nase, und wir beleuchten ein paar Sekunden lang die riesigen, rosa oder apfelgrün gestrichenen, mit bunten Blumen bemalten Vehikel, die wie ungeheuerliche Buketts über den nackten Erdboden schlingern.

Dann zerbrechen wir uns den Kopf über zwei niedliche goldene Lämpchen, die aufflammen, erlöschen, uns wieder zuzwinkern und vor uns zurückzuweichen scheinen. Wir denken, aufgrund ihres Abstands, an ein kleines Personenauto – doch als wir sie erreichen, ist es ein Käuzchen, das auf einem Brückenpfeiler am Rand der Piste geschlafen hat und nun mit einem Schrei im Fahrtwind unseres Wagens schwer aufflattert.

Genau die gleichen Karren mit den massiven speichenlosen Rädern hat man angeblich in babylonischen Grabstätten gefunden. Sie dürften also seit viertausend Jahren mit ihren quietschenden Achsen die Stille Anatoliens stören. Das ist gewiss nicht übel – aber auf der Piste, die Boğazköy mit Sungurlu verbindet, sind wir auf etwas noch Altertümlicheres gestossen. Es war am späten Nachmittag, bei heiterem Himmel, wir fuhren über eine vollkommen leere Ebene.

Die Luft war so durchsichtig, dass man auf dreissig Kilometer einen einsam aufragenden Baum erkennen konnte. Und plötzlich – tock – tacktack – tock ... Ein Hagelschauer von leichten, scharfen Stössen, die immer voller klangen, je weiter wir fuhren. Ein bisschen wie das Prasseln eines Reisigfeuers oder das Krachen von weissglühendem Metall. Thierry wurde blass und hielt den Wagen an. Ich hatte das gleiche befürchtet: Wir mussten Öl verloren haben, und die Zahnräder im Getriebe waren heissgelaufen und „frassen" sich an. Zum Glück irrten wir uns. Der Lärm war nicht verstummt, er nahm sogar zu, ganz nahe, zu unserer Linken. Wir sahen nach: Hinter der Böschung, die eine Seite der Piste säumt, war die Ebene schwarz von Schildkröten, die sich ihren herbstlichen Liebesspielen hingaben und dabei mit ihren Rückenpanzern aneinanderstiessen. Die Männchen gebrauchten den ihren als Sturmbock, um ihre Gefährtin gegen einen Stein oder einen trockenen Grasbüschel zu drängen. Sie waren etwas kleiner als die Weibchen. Im Augenblick der Paarung richteten sie sich vollkommen auf, um sie zu erreichen, streckten den Hals vor, öffneten ein hochrotes Maul und stiessen einen schrillen Schrei aus. Als wir weiterfuhren, sahen wir die Schildkröten aus allen Richtungen langsam zu diesem Rendezvous hasten. Der Abend senkte sich herab. Man hörte sein eigenes Wort nicht mehr.

Sungurlu

Um sechs Uhr, der Tag ist noch nicht angebrochen, sitzen die Bauern schon in der Schenke vor einem Glas Tee, das auf einer blauen Emailuntertasse steht. Dumpfes Stimmengewirr und Schritte im Morast. Massige Hofhunde mit undeutlichen Umrissen schnüffeln von einem Tisch zum anderen. Als es langsam heller wird, beginnen zuerst die Stacheln ihrer Halsbänder und die kupfernen Tabletts selbständig zu funkeln, während der Erdboden, die Lumpen und die Gesichter noch dunkel bleiben. Über den Platz bewegen sich braune Mützen, dunkelgelbe Hemden und die bunteren Fetzen einiger Zigeuner. Die Pferde tragen ein Kummet aus einem entrindeten Ast, der hinter ihren Ohren einen grossen Reifen bildet; ihre Gespanne und ein paar hohe Lastwagen, deren Farben abgeblättert sind, stehen rings um das Kaffeehaus. Zwei alte Männer mit wolligen Spitzbärtchen haben ihren Tisch verlassen und tapsen lachend durch die Dämmerung, um eine Ratte, die am Haus entlanghuscht, zu erschlagen. In der Schankstube sieht man auf einem Plakat einen mexikanischen Bauern mit dem Sombrero auf dem Kopf, darunter die Inschrift: *Mit dem türkischen Radio die Welt entdecken!* Tatsächlich gibt es hier einen Radioapparat, den die Gäste seit zwanzig Minuten drangsalieren, ohne Ankara zu bekommen.

Und plötzlich erglänzen Lehm und Schlamm in tausend Funken, und die Herbstsonne erhebt sich über den sechs Horizonten, die uns noch vom Meer trennen. Die Wege rings um die Stadt sind alle mit Weidenblättern bedeckt; sie riechen gut, die Pferdegespanne zerquetschen sie lautlos. Die grossen Weiten, die erregenden Gerüche, das Gefühl, noch die besten Jahre vor sich zu haben, erhöhen die Lebensfreude, wie die Liebe es tut.

Merzifon. Nach 12 Stunden am Lenkrad

Um neun Uhr abends ist in Merzifon nur noch ein Restaurant offen: der Klub der Militärflieger. Gleich neben der Stadt liegt ein Militärstützpunkt. Weisse Tischtücher, Lorbeerbäumchen in Töpfen, rotbefrackte Kellner. Es gibt eine Art, hinterrücks, aber elegant zu verschwinden, wenn man in so eine Falle geraten ist. Wir kennen sie gut, aber heute abend gönnen wir uns ein wenig Luxus. Wir sind seit fünf Uhr früh unterwegs und werden noch die Nacht durchfahren müssen, um dem Schnee zuvorzukommen. Gut gegessen und jeder einen grossen Schoppen süssen Wein geleert, der zur Hälfte mit erdigen Eisstückchen gefüllt ist, während wir zusehen, wie ein Dutzend Piloten zum Klang eines verstimmten Klaviers miteinander tanzt. Da sie ungefähr gleich gross sind, halten sie die Mütze, die sie hindert, sich sehr eng aneinander zu schmiegen, in der Hand. Ich will gern glauben, dass es hier wenig Unterhaltung und noch weniger Tänzerinnen gibt, aber ihre Bewegungen scheinen mir doch allzu schmachtend. Einige entdecken, dass wir eine Ziehharmonika und eine Gitarre im Wagen haben, und bitten uns höflich, ihnen etwas vorzuspielen. Walzer und Javas: Die Militärs wiegen sich, zärtlich umschlungen, in den Hüften.

13.–20. Stunde am Lenkrad

Gegen Mitternacht fahren wir satt und ausgeruht weiter. Durch das offene Dach schaut der sternenübersäte Himmel herein. Wir passieren ruhig plaudernd zwei braune Bergpässe, dann bekomme ich auf eine Frage keine Antwort mehr und überzeuge mich mit einem Blick, dass Thierry eingeschlafen ist. Ich fahre bis zum Morgengrauen langsam weiter, ohne Scheinwerfer, um die Batterie zu schonen. Auf dem letzten Pass, der uns von der Küste trennt, ist die Naturstrasse glitschig und die Steigung zu stark für den Motor. Gerade bevor dieser den Geist aufgibt, rüttle ich Thierry wach, der noch halb im Schlaf abspringt und schiebt. Bei der nächsten ebenen Stelle warte ich, bis er mich einholt. Fast unten angekommen, zwingt uns eine letzte scharfe Steigung, das Manöver zu wiederholen, und Thierry bleibt weit zurück. Ich halte an und stolpere, vor Müdigkeit torkelnd, über die Strasse, um unter den Weiden am Wegrand, deren Zweige mir die Ohren streicheln, endlos zu pissen. Oben hatten wir Schnee, aber hier ist es noch Herbst. Die Morgendämmerung ist feucht und mild. Ein zitronengelber Schein säumt den Himmel über dem Schwarzen Meer, leichte Dunstschwaden treiben zwischen den tropfenden Zweigen. Ich liege im glitzernden Gras und bin glücklich, dass ich auf der Welt bin, dass – ja was eigentlich? Aber wenn man so müde ist, braucht man keine Gründe mehr, um optimistisch zu sein.

Eine Viertelstunde später tritt Thierry aus der Nacht hervor, erreicht mich und marschiert mit grossen Schritten an mir vorbei. Er schläft im Gehen.

Auf der Strasse nach Ordu. 20. Stunde am Lenkrad
Jetzt bin ich an der Reihe zu schlafen. Im Wagen schlafen, schlafen, sein Leben träumen. Der Traum ändert bei jedem Stoss Richtung und Farbe; er führt seine Geschichte schnell zu Ende, wenn eine tiefere Querrinne oder ein jäher Gangwechsel einen schüttelt oder wenn sich tiefe Stille herabsenkt, weil der Fahrer den Motor abschaltet, um ebenfalls auszuruhen. Man drückt den schmerzenden Kopf gegen die Fensterscheibe, sieht im Morgennebel eine Böschung, Baumgruppen, einen Flussübergang. Ein Hirtenmädchen in bunten Lederpantoffeln mit einer Haselgerte in der Hand treibt eine Schar Büffel vorbei, deren heisser, stark riechender Atem einen vollends aufweckt. Es ist schön, in einer solchen Wirklichkeit aufzuwachen.

Die kleine Hirtin nähert ihren Kopf vorsichtig, fluchtbereit dem Fenster. Sie ist zwölf oder dreizehn Jahre alt und trägt ein rotes Tuch um den Kopf und eine Silbermünze um den Hals. Die beiden unrasierten Kerle verblüffen sie masslos.

Etwas später

Wir sitzen an einem schwarzen Sandstrand und braten einen kleinen Fisch. Das rosige Fleisch wird allmählich rauchfarben. Wir sammeln vom Meerwasser gebleichte Wurzeln und winzige Bambussplitter, um das Feuer in Gang zu halten. Dann essen wir, unter dem milden Herbstregen am Feuer kauernd, und sehen zu, wie das Meer seine Wut an ein paar Barkassen auslässt. Am Himmel erhebt sich, sehr weit von hier, in der Gegend der Krim, ein riesiger Gewitterpilz.

Ordu-Pass

Auf unserer Karte misst die Entfernung zwischen den Dörfern Fatsa und Babali nur einen Zentimeter, und der Höhenunterschied beträgt höchstens fünfhundert Meter, aber kaum ging es bergauf, mussten wir abspringen und schieben. Die schmale, glitschige Piste stieg durch ein Dickicht von Haselnuss- und Ebereschensträuchern geradewegs bergan. Wurde es gar zu steil, drosselte der Fahrer den Motor, sprang gleichfalls ab und schob den Wagen mit der Schulter, während er durchs Fenster lenkte. Wenn der Motor trotz allem abstarb, mussten wir schleunigst die Handbremse anziehen oder einen Stein unter die Hinterräder legen, damit der schwerbeladene Wagen nicht nach rückwärts rutschte und ein Getrieberad bräche. Dann blieb uns nichts anderes übrig, als laut zu pfeifen und zu rufen, bis ein, zwei Bauern mit der Hacke auf der Schulter herbeikamen. Sobald sie begriffen, dass es ums Schieben ging, leuchteten ihre Gesichter auf; sie machten zwei Löcher in die Strasse, um ihre Füsse zu verkeilen, packten den Wagen und schleuderten uns buchstäblich den Hang hinauf. Geld wollten sie nicht annehmen, es ging ihnen ums Schieben. Eine kleine zusätzliche Rauferei, Handfläche gegen Handfläche als Kraftprobe, hätte ihnen noch mehr Freude gemacht. Die

Schieberei hatte sie in Schwung gebracht. Mir scheint alles, was man von der Kraft der Türken erzählt, stark untertrieben. Aber man findet nicht überall Bauern, und die schwerste Arbeit leisteten wir selber: sechs Stunden für zweiundzwanzig Kilometer.

Oben auf der Passhöhe, zwischen ein paar verkommenen Holzhäusern, tanzten etwa dreissig Dorfbewohner zu den Tönen einer etwas grellen Musik im Morast der Strasse. Sie hielten einander am Ellbogen oder am Ärmel ihrer alten schwarzen, mit Bindfaden zusammengeflickten Jacken fest und drehten sich langsam im Regen, der die mit dichtem Buschwerk bedeckten Hügel durchnässte. Ihre Füsse waren mit unförmigen Packen Jute oder Lumpen umwickelt. Hakennasen, eingefallene Wangen, Gesichter von Totschlägern. Die grosse Trommel und die Klarinette hatten es nicht eilig, machten aber keine Pause. Eine Spannung lag in der Luft. Niemand sagte ein Wort, aber es wäre mir viel lieber gewesen, sie hätten gesprochen; eine Auseinandersetzung, sogar eine zornige, dünkte mich plötzlich die allerfriedlichste Angelegenheit zu sein. Ich hatte das wenig angenehme Gefühl, als würde ein Gewehrlauf methodisch geladen. Falls es irgendwo in dem nebligen Dschungel ein rivalisierendes Dorf gab, würde es gut daran tun, nur auf einem Ohr zu schlafen.

Auch die Musik bestand einzig aus drohenden Dreschflegelschlägen. Als wir näher heranzukommen versuchten, um die Instrumente besser zu sehen, drängte uns eine feindselige Mauer von gespannten Schultern und Rücken weg. Niemand hatte unseren Gruss erwidert; man ignorierte uns gänzlich. Ich hatte das Tonbandgerät umgehängt, aber diesmal wagte ich nicht, es zu benützen. Nach einer Stunde fuhren wir wieder hinunter, in den Nebel hinein, der das Schwarze Meer bedeckte.

Hier ist es vielleicht an der Zeit, der Angst ein wenig Platz einzuräumen. Auf einer Reise gibt es Augenblicke, in denen sie einen packt, und das Stück Brot, das man gerade kaut, bleibt einem in der Kehle stecken. Wenn man übermüdet ist oder zu lange allein war, oder im Augenblick leichter Schwäche, die einem Anfall von Euphorie folgt, überfällt sie einen an der nächsten Wegbiegung wie eine kalte Dusche. Angst vor dem kommenden Monat, vor den Hunden, die nachts um die Dörfer streifen und alles bedrängen, was sich rührt; vor den Nomaden, die einem auf der Bergstrasse entgegenkommen und dabei Steine aufheben, oder sogar vor dem Pferd, das man bei der letzten Station gemietet hat und das vielleicht eine heimtückische Bestie ist.

Man wehrt sich nach Kräften dagegen, besonders wenn die Arbeit in Mitleidenschaft gezogen wird. Humor zum Beispiel ist ein ausgezeichnetes Gegenmittel, aber dazu muss man zu zweit sein. Manchmal genügt es sogar, tief durchzuatmen und zu schlucken. Wenn die Angst nicht weicht, verzichtet man eben darauf, *diese* Strasse oder *diese* Moschee zu betreten, *diese* Aufnahme zu machen.

Am nächsten Morgen macht man sich romantischerweise deswegen Vorwürfe, aber sehr zu unrecht. Dieses Gefühl eines Unbehagens beruht, wie man nachträglich erkennt, mindestens in der Hälfte der Fälle auf einer instinktiven Warnung vor einer ernsten Gefahr. Man sollte sich über solche Warnungen nicht lustig machen. Was man alles von Strassenräubern und Wölfen erzählt, ist sicherlich übertrieben; es gibt jedoch zwischen Anatolien und dem Chaiber-Pass mehrere Orte, wo waghalsige, aber strohdumme Grossmäuler unbedingt ihren Mut beweisen wollten – worauf man nie wieder von ihnen hörte. Dazu braucht es nicht einmal Strassenräuber. Es genügt ein elendes, abgelegenes Bergdorf, eine dieser gereizten Auseinandersetzungen um ein Brot oder ein Huhn, bei der man mangels anderer Verständigungsmöglichkeiten immer heftiger gestikuliert und immer unruhiger um sich schaut, bis sich plötzlich sechs Knüppel über einen Kopf erheben – und alles, was man von der Verbrüderung der Völker denken mag, wird sie nicht daran hindern, auf diesen Kopf herabzufallen.

Giresun

Am Ende der Strasse, von wo aus man das Meer sah, liessen grosse Korbflaschen mit bernsteinfarbigem Wein und mit Limonade ein gewittriges Licht durchsickern. Die Glyzinien, die sich entblätterten, dufteten stark. Aus unserem Fenster sahen wir krummbeinige Fischer, die kleinen Finger ineinandergehakt, schwatzend über den Platz hin und her gehen. Auf dem Pflaster schliefen kräftige Kater inmitten von Gräten und Fischresten. Ratten von der Farbe des Gemäuers flitzten den Rinnstein entlang. Es war eine ganze Welt für sich.

In diesen Küstenorten waren die Leute auf drei Dinge stolz: auf ihre Körperkräfte, auf ihre Haselnüsse und auf den Scharfsinn ihrer Polizei. Der Polizist, gewöhnlich ein junger, eigensinniger Dummkopf in einem zu engen Rock, erschien jeweils eine Viertelstunde nach unserem Eintreffen im Gasthaus, dann vor unserer Tür. Ausgestreckt auf unseren Betten oder damit beschäftigt, uns den Dreck der letzten Etappen abzuwaschen, kümmerten wir uns zuerst nicht um sein diskretes Kratzen, das sich bald, von der Enttäuschung geschwellt, in einen Hagel von Faustschlägen verwandelte. Schliesslich bekamen wir es satt und machten dem zudringlichen Kerl auf. Er zwinkerte uns mit ungeschickt verstellter Miene zu und anerbot sich, ohne viel auf Glaubwürdigkeit zu geben, aus heiterem Himmel, unsere Dollar zu Schwarzmarktpreisen zu wechseln. Wenn man nicht ein bisschen den *agent provocateur* spielt, bringt man es in diesen geschichtslosen Nestern zu nichts, und in Ankara wird niemand auf einen aufmerksam. „Auf dem Schwarzmarkt?" riefen wir natürlich empört. Worauf das Auge des Gesetzes, über diesen wichtigen Punkt beruhigt, in aller Unschuld erklärte: „Ich bin hier nämlich die Geheimpolizei!" Wir gratulierten ihm zu einer so ehrenvollen Position und komplimentierten ihn zur Tür hinaus.

Manchmal kam er abends schüchtern mit einem Kilo Äpfel und seinem Fotoalbum wieder. Unscharfe Bilder, vom hiesigen Drogisten abgezogen: ein Autobusausflug, die Hälfte eines Frachtschiffes, das Atatürk-Denkmal in Samsun, ein Schwager oder Onkel bei Regen vor seinem Kaufladen. Wir mussten ihn mit geschorenem Schädel unter zwanzig genau gleichen Polizeirekruten herausfinden. Wir irrten uns. Dummes, wohltuendes Gelächter. Er war in unserem Alter, wusste so gut wie nichts von der Welt. Um ein Haar hätte er uns sämtliche Geheimnisse der Stadt anvertraut. Von Polizei war überhaupt nicht mehr die Rede.

Trabzon

Hier verliess unsere Strasse die Küste, führte über den Zigana- und den Cop-Pass über zwei Bergketten und erreichte in Erzurum wieder die Höhe des anatolischen Hochplateaus.

Auf der Post, wo ich mich erkundigte, sagte man mir: „Bis Erzurum geht es gut, die Strasse ist trocken. Wie es dahinter aussieht, wissen wir nicht. Wir könnten in den Osten telegrafieren, aber Sie würden Zeit verlieren, bis die Antwort kommt, und es kostet Geld. Fragen Sie lieber im Gymnasium nach. Im Internat dort sind Buben aus ganz

Anatolien, die wissen sicher, wie das Wetter bei ihnen zu Hause ist."

Im Gymnasium, wo ich mein Anliegen vorbrachte, unterbrach der Französischlehrer seine Stunde und legte der Klasse die Frage langsam und deutlich auf französisch vor. Niemand rührte sich. Etwas verlegen wiederholte er sie auf türkisch, und alsbald kamen zerknitterte Briefe aus den Schürzentaschen hervor, und die kleinen Hände mit den schwarzgerandeten Nägeln flogen eine nach der anderen in die Luft. In Kars hatte es noch nicht geschneit, in Van und in Kagisman auch nicht, bloss ein bisschen in Karaköse, aber der Schnee war nicht liegengeblieben. Die allgemeine Ansicht ging dahin, dass wir noch vierzehn Tage lang ohne Schwierigkeiten durchkommen würden.

Auf dem Platz fand ich Thierry damit beschäftigt, den Motor instand zu stellen. Er arbeitete, ohne den Kopf zu heben, mitten unter einem guten Hundert Zuschauer. So ging es seit Istanbul überall, und wir hatten uns mit der Zeit daran gewöhnt. Es waren immer die gleichen Leute: Staunende, Ratgeber, Liebenswürdige, alte Männer in Pantoffeln, die in ihren Taschen wühlten und uns ein Taschenmesser oder ein Stückchen Sandpapier reichten, um uns behilflich zu sein. Wir mussten die Blattfedern schmieren, um Brüchen vorzubeugen, die Vergaserdüsen ausblasen, die Zündkerzen auskratzen, den Zündverteiler säubern und die Zündung, die durch das gestrige Stossen und Rütteln verschoben worden war, wieder einstellen. Seit die Strassen schlecht waren, unterzogen wir uns täglich dieser Arbeit, um ein bisschen mehr Kraft aus dem Auto herauszuholen und unsere Chancen zu erhöhen. Die beiden Pässe, die uns noch von Anatolien trennten, machten uns Sorge.

Zu Unrecht. Die Strasse durchläuft zuerst smaragdgrüne Täler, strohgedeckte Dörfer, paradiesische Olivenhaine und

Haselnusswälder, die sich hinter dem Ort ausbreiten. Dann folgt sie einem sanft ansteigenden Tal zwischen blauen, runden Bergen. Am Ende dieses Tals steigen die ersten Passkehren durch Wälder von riesigen Buchen, deren goldene Wipfel zwanzig Meter über unserem Kopf uns wie mit Fanfaren begrüssten. Das Unterholz war rot von wilden Erdbeeren, doch wir wagten nicht, mitten in der Steigung anzuhalten. Wir machten den ganzen Pass im ersten Gang, absprungbereit auf den Trittbrettern stehend. Wir waren über die Baumgrenze hinaus, als es Nacht wurde. In weiten, grasigen Schluchten unter uns sahen wir Herden rund um schwarze Zelte weiden und abgesattelte Kamele zwischen den Feuern von Nomadenlagern ruhen.

Gümüşhane. Am gleichen Abend

Hier oben im Gebirge war es Winter. Feste Steinhäuser mit sehr steilen Dächern wegen des vielen Schnees, Maultiere mit dampfenden Nüstern, braune Wollanzüge, Pelzmützen und das Piepsen der dösenden Rebhühner in ihren Käfigen über den mit Petroleum beleuchteten Kaufläden, die mit schweren, bunten, glänzenden Dingen angefüllt waren.

Kaum hatten wir angehalten, als ein Junge kam, um uns zum Schuldirektor zu führen, dem die Lehrer von Trabzon unsere Durchfahrt angekündigt hatten. Auf uns wartete ein dicker, herzlicher Mann, der im Pyjama[3] zwischen einem Korb Äpfel und einem rotglühenden Ofen sass. Er sprach kein Wort Deutsch, Englisch oder Französisch, wir kaum zwanzig Worte Türkisch, und wir waren zu müde, um zu Gebärden oder Zeichnungen Zuflucht zu nehmen. So assen wir also beiderseits Äpfel, während wir einander zulächelten. Dann zeigte er uns das Fell eines Bären, den er vorige Woche erlegt hatte, und ein Silberfuchsfell. Als wir es bewunderten, wollte er es uns schenken. Seine Hände reichten uns zitternd das Fell, während seine flehenden braunen Augen es zurückhielten. Wir lehnten sehr entschieden ab. Er zog sich an, führte uns ins Hotel, liess uns das beste Zimmer geben und zahlte die Rechnung im voraus, während wir in den Kleidern in traumlosen Schlaf versanken.

Am nächsten Morgen kam er mit einer zwerghaften Missgestalt wieder, einem Mann aus Istanbul, der hier seine todkranken Lungen pflegte und ihm als Dolmetscher diente. Er wollte uns unbedingt auf ein paar Tage in seine Schule einladen, und um uns hier zurückzuhalten, zählte er alle Vorteile seines Dorfes auf: die Luft sei gut, die Häuser warm geheizt, die Silberminen, die man seit der Zeit von Byzanz ausbeutete, die besten des Landes, seit dem Jahr 1921 sei kein einziger Fall von Diebstahl vor Gericht gekommen, und schliesslich gebe es hier den Honig mit den winzigen Wachsplättchen drin, der den Menschen kräftige. Das stimme alles, und ich versprach, es der Welt kundzutun, was hiermit geschehen ist. Wir aber wollten den Winter in Persien verbringen.

Cop-Pass

Ein kleines Auto zwischen zwei Läufern, die es von aussen lenken, das erregt immerhin Aufsehen.

Die Laster, die aus Erzurum kamen, hatten schon durch jene, die uns gestern überholten, von uns gehört. Sobald sie uns aus noch so grosser Entfernung erblickten, grüssten sie mit der Hupe.

Wenn wir uns kreuzten, hielten diese Ungeheuer manchmal mitten in der Abfahrt, auf fünfzig Meter, jäh an, was ihren Reifen nicht sehr gut tat, und die Fahrer stiegen ab, um uns zwei Äpfel, zwei Zigaretten oder eine Handvoll Haselnüsse anzubieten.

Gastfreundschaft, Ehrlichkeit, guter Wille, ein naiver Chauvinismus, auf den man immer bauen kann, das sind die Tugenden, die man hier findet; sie sind einfach und gut greifbar. Man zweifelt nicht, wie man es in Indien tut, ob man ihnen wirklich begegnet ist oder ob es wirklich Tugenden sind. Sie fallen ins Auge, und wenn man einmal zufällig nichts gemerkt hat, findet sich immer jemand, der sagt: „Sehen Sie, all das – diese Liebenswürdigkeit, diese Korrektheit usw. –, das sind unsere guten türkischen Eigenschaften."

Die Strasse über den Cop-Pass ist ausgezeichnet, weil die Armee sie sorgfältig instand hält, aber sie ist sehr steil und steigt auf dreitausend Meter an. Wir mussten die ganze Zeit schieben und laufen; als wir die Passhöhe erreichten, waren unsere Herzen am Zerspringen. Der Himmel war blau und der Ausblick von unvorstellbarer Pracht: Gewaltige Erdwogen fielen leichtgewellt gegen Süden ab, so weit das Auge reichte. Das helle Band der Strasse verlor sich wohl zwanzigmal und tauchte immer wieder auf. Ganz hinten am Horizont nahm ein Gewitter einen unbedeutenden Teil des Himmels ein. Eine Landschaft, die das gleiche so oft wiederholt, bis man absolut davon überzeugt ist.

Eine schwere Glocke an einem galgenförmigen Pfosten bezeichnet die Passhöhe. Man läutet sie, wenn es geschneit hat, noch heutzutage für die Reisenden, die vom Weg abgekommen sind. Als ich nähertrat, flog ein Adler auf, der sich auf den Pfosten gesetzt hatte, und streifte mit den Flügeln das Metall. Ein jäher Klang löste sich und breitete sich in nicht endenwollenden, immer weiteren Schwingungen über diese Herde von Bergen aus, die zum grössten Teil nicht einmal einen Namen haben.

Bayburt

„Hier", sagte Thierry, „sieht es aus, als weigerte sich das Land absolut, ein Dorf zu haben."

Es gab jedoch eines: ausgedehnt, lepragelb, kaum vom Erdboden zu unterscheiden. Schwarze Mützen, blosse Füsse, skorbutkranke Hunde, Trachom und, wie ein summender Fliegenschwarm aus einem Gebäude hervorquellend, Scharen von schwärzlichen kleinen Mädchen mit schwarzen Strümpfen, schwarzen Kittelschürzen, festgeflochtenen Zöpfen und grossen weissen Zelluloidkragen, die uns misstrauisch beäugten. Absurde, hässliche, aber sehr tröstliche Kragen, denn sie verkörperten die Schule. Und wie kläglich sie auch sein mochte – die kleinen Mädchen lernten doch ein bisschen rechnen und buchstabieren; und sie lernten, sich sauberzuhalten, sich nicht mit schmutzigen Händen die Augen zu reiben, regelmässig das Chinin zu nehmen, das die Lehrerin ihnen gab. Das waren bereits Waffen. Man spürte, dass Atatürk mit seiner Schulmeisterrute, seinem Wolfsgesicht und seiner schrecklichen schwarzen Tafel auch hier durchgekommen war. In der elenden Teekneipe, wo wir rasteten, sah man neben seinem kolorierten Bild einen Fliegenfänger an der Wand hängen, wie ein Schwert.

Es ist ganz natürlich, dass die Leute hier es nur mit Motoren, Wasserhähnen, Lautsprechern und Aborten haben. In der Türkei werden einem hauptsächlich diese Dinge gezeigt, und man muss sie mit anderen Augen betrachten lernen. Die wunderbare hölzerne Moschee, in der wir gerade das finden würden, was wir auf dieser Reise suchen, werden sie uns nicht zeigen; sie denken nicht einmal daran, weil man immer mehr von dem hält, woran es einem mangelt. Ihnen mangelt es an Technik, während wir gern aus der Sackgasse herauskommen möchten, in die uns ein Übermass an Technik geführt hat – diese Übersättigung mit Information, diese oberflächliche Kultur „zweiten Grades“. Wir hoffen auf ihre Rezepte, um wieder aufzuleben, sie auf die unseren, um leben zu können. Man begegnet einander unterwegs, ohne sich immer richtig zu verstehen, und manchmal verliert der Reisende die Geduld; doch in dieser Ungeduld steckt viel Egoismus.

Erzurum

Eine erdfarbige Stadt mit schweren, niedrigen Kuppeln am Horizont und schönen, stark verwitterten osmanischen Festungen. Rundum braune Erde. Sie wimmelt von Soldaten in erdfarbenen Uniformen, und die Papiere der Fremden werden zehnmal täglich kontrolliert. Einzig ein paar alte lavendelblaue Fiaker und die gelblichen Federbüsche der Pappeln bringen Farbe in das Bild.

Am späten Nachmittag gingen wir ins Distriktgymnasium, um uns ein „Bar-Spiel“ anzusehen. Das ist ein kriegerischer Tanz turko-mongolischen Ursprungs, den jeder anatolische Distrikt auf seine eigene Art aufführt. Die Teilnehmer tragen eine Weste mit Husarenverschnürungen, einen breiten roten Gürtel und eine mit schwarzen Litzen besetzte weisse Hose; sie parodieren einen Kampf, während sie sich langsam im Kreise drehen und einander mit dem Säbel bedrohen. In den östlichen Provinzen, wo der Tanz sehr verbreitet ist, besitzen die meisten Jungen ihr eigenes Kostüm, und das Spiel kann auf der Stelle improvisiert werden.

Fünf Minuten nach unserem Eintreffen begannen die Mannschaften unter den Bäumen im Schulhof zu tanzen. Es war kalt, die Nacht sank herab. Der Tanz war schön durch die Kraft, die in jeder Bewegung gefangen lag, doch die Musik war noch schöner. Bloss zwei Instrumente: die *zurna,* die orientalische Klarinette, um die heroischen Gefühle anzustacheln, und hauptsächlich das *dahur,* eine riesenhafte Pauke, die man auf der Seite schlägt, genau die gleiche Pauke, die schon die Parther zur Eröffnung des Kampfes benutzten und die China von den Hiong-nu geschenkt worden war. Es ist ein Instrument, das sich gut für die Steppe eignet; sein gewichtiger Ton ist tiefer als die Sirene eines Schleppdampfers, wie der langsame Herzschlag, mit dem das Herz schliesslich eins wird, oder der samtene Flug der grossen Nachtvögel, der so leise ist, dass er an der Grenze des Schweigens liegt.

Als der Tanz zu Ende war, sahen wir noch zu, wie die Kleinen aus den unteren Klassen fröhlich herumhüpften. Die Lehrer umringten uns schweigend, die Hände auf dem Rücken. Ab und zu stiessen sie einen rauhen Schrei aus, um einer Rauferei ein Ende zu machen. Die Alten sahen mit ihrem geschorenen Schädel und ihrem ergrauenden Barthaar wie Polizisten im Ruhestand aus, die jüngeren machten einen abgespannten Eindruck. Der Französischlehrer zog sich von Zeit zu Zeit etwas zurück, um einen Satz zu bilden und ihn sich vorzusagen, bevor er ihn an uns richtete. Er stotterte ein wenig und hatte Mühe, uns zu verstehen. Für ihn war diese Begegnung schlimmer als ein Examen – ungefähr so, als sollten wir mit unserem Schullatein mit zwei Reisenden aus der alexandrinischen Epoche Konversation machen. Doch hier in dieser Einsamkeit machte ihm das bisschen Französisch, das er fast ohne Bücher gelernt hatte, grosse Ehre.

Aus dieser Klasse der schlecht bezahlten, schlecht angezogenen Lehrer kamen die neuen Ideen, die Initiativen, der Realismus – alles, was nach der Überschwenglichkeit einer nationalen Revolution so bitter notwendig war. Sie bearbeiteten diesen knorrigen, störrischen, aber im Grunde lernhungrigen anatolischen Bauernstand, der die Kraft des

Landes darstellt, mit der Hartnäckigkeit von Handwerkern. Noch tiefer im Land drinnen, in noch verloreneren Winkeln, kämpften ihre noch schlechter gestellten Kollegen, darunter auch junge Frauen, um die Landleute ihrem Dreck, ihrem grausamen Aberglauben, ihrem Elend zu entreissen, während sie selbst unter dem vielen Schnee oder der Tuberkulose litten. Anatolien war gerade erst bei der Zivilisation der Dorfschullehrer, bei der Primarschule und der Fibel angelangt. Diese Etappe lässt sich nicht überspringen, und Hingabe und Aufopferung waren bitter notwendig, damit überhaupt alles beginnen konnte. In der ganzen Türkei gab es wohl keinen undankbareren und keinen nützlicheren Beruf.

Aus dem Esssaal drang der penetrante Geruch nach säuerlicher Suppe. In dem dunklen Schulhof hörte man noch Rufe und das Klatschen der Holzpantinen auf dem aufgeweichten Erdboden. Man sah Reiter ohne Pferd vorbeigaloppieren, mit hölzernen Säbeln in der Hand und abgeschabten schwarzen Wollmützen auf den geschorenen kleinen Köpfen. Es ist immer bestürzend, Kinderstimmen in einer fremden Sprache zu hören. Man hat den vielleicht gar nicht so falschen Eindruck, dass sie die Worte willkürlich erfinden. Aber vermutlich waren es bloss die gleichen schrillen Rufe, von denen alle Schulhöfe der Welt widerhallen: „Gib mir meinen Ball zurück!", und wenn man handgreiflich wird: „Nicht an den Kleidern reissen!"

In Istanbul redet man nicht von diesen ruhmlosen Lehrern. Man wüsste sogar überhaupt nichts von ihnen, wenn sie nicht hin und wieder in einer literarischen Zeitschrift ein paar Texte herber anatolischer Folklore von unerhörter Würze veröffentlichten. Neben einigen Militärs und ein paar „Jungtürken" aus Ankara sind sie die letzten Verfechter des strengen kemalistischen Geistes. Man zollt diesen Spartianern nicht allzuviel Dank für das, was sie sind: die Vertreter einer Epoche erbarmungslosen Drills, die von der heutigen Türkei offiziell aufs höchste gepriesen wird, während man heimlich wünscht, dass sie nie wiederkehren möge. Seit Atatürks Tod hat sich die Einführung der rücksichtslosen, aber notwendigen Neuerungen, die er in Gang gesetzt hatte, sehr verlangsamt. Viele Beamte, aus denen die Angst wahre Tugendbolde gemacht hatte, sind inzwischen wieder auf den Geschmack der „Gefälligkeiten" und des Bakschisch gekommen. Auf dem Land hetzt die Geistlichkeit, die ihren Einfluss zurückgewonnen hat, die Gläubigen manchmal dazu auf, die Denkmäler des „Vaters der Türken" zu besudeln oder zu zerstören, führt sie zu widerlichem medizinischem Aberglauben zurück (der übrigens dem Koran gänzlich fremd ist) und wiegelt sie gegen den Lehrer, diesen Feind Gottes, und vor allem gegen die Lehrerin, diese Hure, die ihr Gesicht entblösst, auf. Es sind freilich nicht alle Mullahs so, aber auf einige brave Seelenhirten kommt jeweils ein ganzer Haufen von habgierigen, tyrannischen Ignoranten, die davon träumen, alles, was mit der neuen Türkei zu tun hat, auszurotten und grausam Rache zu nehmen. Sie haben einigen Grund dazu. Der Heilige Krieg, den sie gegen den schwer bedrängten Atatürk ausriefen, missglückte, und während der grimmigen Vergeltungsmassnahmen hörte man in vielen anatolischen Moscheen und Medressen Schädel und Rückgrat unter dem Knüttel zerbrechen. Doch jetzt erholen sie sich allmählich, und viele Bauern folgen ihnen wieder; es ist etwas Tröstliches um die alten Gewohnheiten, auch wenn sie einen unterdrücken. Lieber ein altvertrautes Unglück als unbekannte Neuerungen und die Anstrengung, die man machen müsste, um sie zu verstehen, wenn man nach des Tages Mühen erschöpft heimkehrt.

Und diesen Unteroffizieren der Schule, wenn man so sagen darf, diesen schlechtgenährten, von der Armut und Einsamkeit ihres beengten Lebens bedrückten Lehrern obliegt es, sich dem Rückschritt in den Weg zu stellen und die Aufklärung zu verbreiten, von der oft niemand etwas wissen will. Als ich sie in dem schlammigen Schulhof herumstampfen sah, musste ich daran denken, was einer ihrer Kollegen am Schwarzen Meer auf meine Frage, was ihm beim Unterricht am meisten fehle, verzweifelt geantwortet hatte: „Zwei Dutzend Voltaire!"

Den ganzen Abend lang hatten wir mit zwei hilfreichen Lastwagenfahrern an unserer Zündung herumrepariert, die nicht mehr funktionierte. Um Mitternacht war es geschafft, und der Wagen zog wie ein Traktor. Jetzt trennte uns nur noch ein Pass von Persien und siebenhundert Kilometer von der nächsten Post, wo Briefe auf uns warteten. Die Nacht war kalt und klar, die Strasse, wie man uns versicherte, trocken, und wir hatten fast kein türkisches Geld mehr; so beschlossen wir, zur Militärpolizei zu gehen, um unsere Eskorte anzufordern[4] und sofort abzureisen. Wir vertraten uns die Füsse in einem eisigen Kasernenhof, während wir warteten, bis der Begleitoffizier, der Dolmetscher und der Jeepfahrer, die uns bis Hassankale geleiten sollten, die Uniform über ihr Pyjama angezogen hatten.

Die Piste war schlecht. Thierry fuhr mit dem Offizier als Passagier im schnellsten Tempo voraus; ich sass mit dem Dolmetscher im Jeep, der nur mühsam folgte. Der Wind fuhr uns eisig ins Gesicht, und die Stösse waren so heftig, dass man mit zusammengebissenen Zähnen sprechen musste, um sich nicht die Zunge abzubeissen. Im übrigen war der Dolmetscher, ein bleicher junger Mann in einer zu grossen Uniform, keineswegs gesprächig. Er war böse auf uns, weil er unseretwegen hatte aufstehen müssen, und stellte sich schlafend, um meinen Fragen zu entgehen. Bei Kilometer fünf sagte er immerhin: „Französisch habe ich am Gymnasium von Üsküdar gelernt. In Zivil bin ich Kürschner, augenblicklich bankrott, die griechischen Wucherer haben mich hereingelegt, aber solang ich in Uniform bin, können sie mir nicht viel tun ... Den Griechen werden wir übrigens die Fresse einhauen", fügte er abschliessend hinzu und schloss wieder die Augen. Bei Kilometer fünfundzwanzig waren mir die Ohren halb abgefroren, aber ich hörte noch: „... im Bett mögen wir gern sehr dicke Frauen. Ist Ihnen das nicht aufgefallen? Etwas zum Festhalten haben, sehr fett, mit weisser Haut – das ist unser türkischer Geschmack. Ich jedenfalls ..." Den Rest verwehte der Wind.

Bei der Einfahrt in Hassankale fragte ich, ob Erzurum nicht früher einmal eine der kurdischen Hauptstädte gewesen sei. Er brach in ein hässliches Lachen aus, das einen Witz anzukündigen schien, aber was er sagte, war dies: „Die werden lange nicht wiederkommen! Denen haben wir die Fresse eingehauen, denen haben wir wahrhaftig die Fresse eingehauen ..."[5] Er fuhr fort, vor sich hinzumurmeln, und schlug dazu mit der Faust in die Handfläche. Da sah ich erst, dass er riesige Hände hatte, die Schultern eines Bären, Handgelenke wie Holzklötze. Und ich hatte ihn für ein schmächtiges Bürschlein gehalten! Es lag an der grossen Uniform – ein Riese hätte sie nicht ausgefüllt.

Er begann wieder: „Nach der Arbeit mache ich jeden Tag griechisch-römischen Ringkampf – in der Strasse, wo ich wohne, haben wir eine gute Mannschaft, und sonntags, bei den Wettspielen, schwindeln wir ein bisschen. Das muss man gesehen haben: das Verdrehen, das Würgen – es gibt jedesmal Verletzte. Und Sie? Können Sie ringen?"

In Hassankale verliess der Offizier das Auto, wünschte uns gute Fahrt und stieg in den Jeep ein, der sofort umkehrte. Ich drückte dem Dolmetscher mit aller Vorsicht die Hand. Wir fuhren bis zum Morgen, ohne einem einzigen Laster zu begegnen.

Östlich von Erzurum ist die Piste sehr einsam. Die Dörfer liegen weit voneinander entfernt. Aus diesem oder jenem Grund kommt es vor, dass man anhält und den Rest der Nacht draussen verbringt. Warm eingepackt in eine dicke Filzjacke, die Pelzmütze über die Ohren gezogen, lauscht man dem Wasser, das auf dem Gaskocher, im Schutz des Rades, zu brodeln beginnt. An den Abhang gelehnt, erblickt man die Sterne, die undeutlichen Umrisse unserer Erde, die sich gegen den Kaukasus hin bewegt, die phosphoreszierenden Augen eines Fuchses. Die Zeit vergeht über vielen Tassen siedend heissem Tee, seltenen Bemerkungen, Zigaretten, und dann graut der Morgen, breitet sich aus, Wachteln und Rebhühner mischen sich ein – und man beeilt sich, diesen einmaligen Augenblick wie einen leblosen Gegenstand tief ins Gedächtnis zu versenken, um ihn später wieder einmal hervorzuholen. Man streckt sich, macht ein paar federleichte Schritte, und das Wort „Glück“ erscheint für das, was einem zustösst, ziemlich dürftig.

Letztlich besteht das eigentliche Gerüst des Daseins weder aus der Familie noch der Karriere, noch aus dem, was andere Leute von einem denken oder sagen werden, sondern aus einigen Augenblicken dieser Art, in denen man durchwallt wird von einem Gefühl, das noch gelassener ist als die Liebe. Das Leben teilt sie uns so sparsam zu, wie es der Schwäche unseres Herzens angemessen ist.

Der Löwe und die Sonne

Die iranische Grenze

Wir waren seit einer Stunde unterwegs, und es war tiefe Nacht, als wir mitten in einer mit Weiden besprenkelten Talmulde auf etwas wie einen rosa verputzten, leicht verblassten Empire-Pavillon stiessen. Im Lichtbündel unserer Scheinwerfer sahen wir eine Gestalt unter die Tür treten, gähnen und wieder verschwinden. Ein Licht wurde angezündet. Der iranische Grenzposten.

Über der Acetylenlampe erhob sich das dunkle Gesicht des Offiziers, in dem die Augen unter den schweren Lidern funkelten. Er trug unter seiner offenen Uniformjacke ein Flanellhemd mit getupften Streifen, wie bei uns zu Hause die Bauern, und betrachtete lächelnd den Wagen.

„Es tut mir leid, Freunde", sagte er auf französisch, „bis Maku braucht ihr einen Begleitsoldaten, das ist Vorschrift. Es ist nicht weit. Ich werde euch einen ganz kleinen mitgeben."

Woher gedachte er ihn zu nehmen? Der Posten war ganz still und schien menschenleer zu sein. Er liess uns im Dunkeln stehen, während er mit der Lampe verschwand, und kam alsbald mit einem mongoloiden Zwerg zurück; dieser trug Wickelgamaschen, und auf seinem Gesicht lag ein sanftes Lächeln.

„Da habt ihr ihn!" sagte der Offizier und schob ihn uns zu, als hätte er ihn aus seinem Pantoffel gezogen.

Wir setzten den Knirps auf die Motorhaube. Ich fuhr auf einer schmalen, weichen Piste sehr langsam weiter. Thierry sass auf dem Sitz neben mir und drehte Zigaretten für den Soldaten, der mit halbgeschlossenen Augen ein kleines Liedchen summte und stossweise einen starken Schafsgeruch ausströmte. Zu unserer Linken richteten die Hänge des Ararat in der Dunkelheit eine über fünftausend Meter hohe Mauer auf. Wir näherten uns dem Engpass, und die Luft wurde wärmer. Leichte Wolken flogen über einen schier durchsichtigen Mond. Die Räder rollten mit einem Geräusch, das wie ein endloser tiefer Atemzug klang, über den Sand, und die Erinnerungen an das harte Anatolien schmolzen wie Zucker im Tee.

Maku

Die Herberge von Maku war mit bärtigen Schläfern besetzt, unter denen wir den Wirt entdeckten, der mit der Stirn auf seinem Gebetsteppich lag. Er unterbrach sein Gebet, um für uns einen Tisch abzuräumen, auf dem wir uns schlafen legten. Am nächsten Morgen brauchten wir nur herunterzurutschen, um daran zu frühstücken. Die anderen Gäste waren verschwunden. Zwei grosse farbige Bilder an der Wand: Das eine zeigte den Schah, das andere – Christus in Tiberias. Das Wetter war schön. Durch die offene Tür sah man das Dorf, das sich hufeisenförmig an beiden Seiten des Engpasses aufbaut, der Persien vom anatolischen Hochplateau trennt. Lehmhäuser mit sanft gerundeten, verwitterten Firsten, hellblau gestrichene Türen, kleine quadratische Weinberge und Pappelreihen, leichter als Rauch. Statt des türkischen Brots gab es einen papierdünnen Fladen und statt Kaffee Buttermilch. Keine Möglichkeit mehr, ein Plakat oder einen militärischen Wegweiser zu entziffern: Hier herrschte die persische Schrift, die nach rückwärts läuft. Die Zeit übrigens auch. Im Lauf einer Nacht waren wir aus dem zwanzigsten nachchristlichen Jahrhundert ins vierzehnte der Hedschra hinübergewechselt, in eine andere Welt.

Nachdem wir den Vormittag auf der Polizei verloren hatten, um unsere „Fahrbewilligung“ zu erlangen[6] – die niemand uns zu verweigern gedachte –, liessen wir unseren Begleitsoldaten, das Gewehr zwischen den Knien, schlafend auf einer Bank zurück. Seine zusammengeflickte Uniformjacke hatte auf der linken Schulter eine Stickerei von märchenhafter Feinheit: einen kleinen grünen Löwen vor einer Sonne aus Goldfäden.

Täbris, Aserbaidschan

Der Schatten der Wolken
ist des Bettlers Palast.
Hafis

Das Nomadendasein ist etwas Sonderbares. Man macht fünfzehnhundert Kilometer in zwei Wochen und rast wie der Wind durch ganz Anatolien. Dann kommt man eines Abends, wenn schon alles dunkel ist, in eine Stadt, wo schmale Säulenbalkone und ein paar frierende Truthühner einem zuwinken. Man trinkt mit zwei Soldaten, einem Schullehrer, einem staatenlosen Arzt, der Deutsch spricht. Man gähnt, streckt sich, schläft ein. In der Nacht beginnt der Schnee zu fallen. Er bedeckt alle Dächer, erstickt die Stimmen, blockiert die Strassen, und man bleibt sechs Monate in Täbris, Aserbaidschan.

Um ostwärts weiterzufahren, hätten wir einen Jeep gebraucht, aber um zu bleiben, brauchten wir eine Bewilligung, weil Täbris Militärbereich ist. Und für die Bewilligung brauchte man Protektion. Paulus, der Doktor, den wir gestern kennengelernt hatten, empfahl uns einem Oberst, den er von einem Tumor befreit hatte. Es war ein stramm gegürteter Soldat mit schütterem Haar und einem Habichtprofil, dem zwei allzu stark gerötete Bäckchen einen zweideutigen Ausdruck verliehen. Er hatte in Preussen studiert und fragte uns in einem argwöhnischen, barschen Deutsch lange und umständlich aus. Am Nachmittag erhielten wir seine Antwort. Sein Ton hatte sich geändert. Er blickte uns schier zärtlich an. „Ich habe mit dem General gesprochen, Sie können hierbleiben, solange Sie wollen." Und dann bis zu den Haaren errötend, mit unsicherer Stimme: „Ich habe zwei Stunden in der Moschee verbracht und gebetet, dass wir Freunde werden – sehr, sehr gute Freunde ..."

Vermutlich gar zu gut für unseren Geschmack. Eine Woche später wurde er versetzt, und wir haben ihn nie wiedergesehen. Wie einst ein Dichter schrieb: „Die Pläne der Mäuse und der Menschen glücken nicht immer."

„Hast du bemerkt", sagte Thierry, als wir wieder draussen waren, „dass sie alle diese kupferroten Wangen haben?"

Was mich mehr verblüffte, war die naive Aufrichtigkeit seines Gebets. Was für ein lieber Gott, von dem man einfach alles erbitten durfte! Doch der Oberst hatte Wort gehalten, und unsere Aufenthaltserlaubnis wurde ausgestellt. Am nächsten Tag mieteten wir zwei weisse, niedrige Zimmerchen in einem kleinen Hof im armenischen Viertel. Wir waren in Täbris, und zwar für lange.

Erster Abend in der Küche unserer Vermieterin: eine Witwe, Krankenschwester im Missionsspital, die ein wenig Englisch konnte, ihre alte Mutter und zwei Buben mit Augen wie Dohlen, bis hinter die Ohren sauber gewaschen, die beim Schein der Petroleumlampe ihre Schulaufgaben machten. Gesalzene Gurken, eingemachte grüne Nüsse, Fladen und Weisswein mit Rauchgeschmack. Die Nachbarn kamen vorbei und nahmen einen Augenblick in der Küche Platz, um diese christlichen Fremden, die es aus einer milderen Welt hierher verschlagen hatte, kennenzulernen und neugierig zu betrachten. Kleine Händler mit gedämpften Stimmen und ängstlichen, aufgedunsenen Gesichtern, die sich in ihren dunklen Strickjacken duckten und alle unsere Fragen nach der Stadt mit dem gönnerhaften Lächeln von Menschen beantworten, die im Leiden geübt sind.

Unsere Gasse bildete die Grenze des armenischen Viertels. An seinem „schlechten Ende" gab es einige türkische Familien und einen kleinen Hof, durch dessen verschlossene Tür hie und da der verräterische Geruch von Opium entwich. „Bad people", sagte unsere Witwe mit züchtig gesenktem Blick. Zweifellos hätte sie auch den alten M. in diese Kategorie eingereiht. Das war ein türkischer Arbab oder Dorfbesitzer, von dem die Armenier uns so viel Schlechtes erzählten, dass wir ihn aus purer Neugier besuchen gingen; ausserdem wollten wir ihn fragen, ob wir unseren Wagen in dem Schuppen einstellen dürften, den er ganz in unserer Nähe besass. Er gestattete es sofort und empfing uns überhaupt sehr höflich, offenbar höchst belustigt über dieses Vorgehen des „Feindes". Dann liess er seine Kalesche anspannen und forderte uns auf, mit ihm nach Sophian zu fahren, einem Weiler an der Landstrasse in die Türkei, der zur Hälfte ihm gehörte. Wir fuhren im Trab durch die Färbervorstadt; auf den flachen Dächern trockneten gewaltig grosse Wollsträhnen in den prächtigsten Farben, die vor dem blassen Himmel leise schaukelten. Dann drang die Strasse in ein Meer von aufgewühlten roten Erdmassen ein, von niedrigen Mauern und entlaubten Bäumen durchbrochen, auf denen die Krähen nisteten. Das Land strömte noch den bitteren Geruch von zertrampelten Blättern aus, und die Pferde jagten ganze Wolken von kleinen schwarzen Grillen auf, die über die Radfurchen purzelten, zirpten und zu Tausenden starben. Der vorgestrige Schnee war fast ganz geschmolzen.

„Also ist nichts mit dem Winter?"

„Das war nur ein Gestöber", antwortete der Alte freundlich. „Der Winter wird in einem Monat kommen – immer noch früh genug."

Er kutschierte in flottem Tempo, während er uns in einem fast tadellosen Französisch unermüdlich ausfragte. Wie viele Raucher vernachlässigte er sein Äusseres, und ohne seine überlegenen Manieren hätte man ihn für einen Kutscher gehalten. Er setzte mir gutmütig auseinander, dass unter den Arbabs seiner Generation das Opium eher eine Gewohnheit als ein Laster sei. Er rauche nie mehr als seine drei Pfeifen täglich und könne mit Leichtigkeit darauf verzichten. Seine Bauern pflanzten ein wenig Mohn für ihn[7], genau wie sie ihm seinen Wein, sein Öl und seine Wolle lieferten. Dann stellte er uns zahllose naive Fragen über Frankreich, ehe er gestand, dass er fünf Jahre lang dort gelebt hatte. Diese Zurückhaltung gefiel mir sehr; der alte Fuchs kannte sich bestimmt in allem weit besser aus, als er zu zeigen geruhte. Jedenfalls kannte er seine Stadt und erzählte uns ausführlich von ihr. Als er ein Junge war, war es noch die grösste Stadt von Persien. Jeden Freitag – dem mohammedanischen Sonntag – wurden auf dem grossen Marktplatz Wolfskämpfe veranstaltet, zu denen die Bauern von weit her zusammenströmten. Der Weisswein floss in Strömen, und kein Mullah fand etwas daran auszusetzen. Der Basar war berühmt, nicht nur wegen seiner Teppiche, von denen manche den Preis von fünfzehntausend Toman – etwa fünftausend Goldfranken – pro Quadratmeter erzielten, sondern auch weil man dort die besten Jagdfalken des Mittleren Ostens fand: Vögel aus Tatarien, die das Kaspische Meer in ununterbrochenem Flug überquert hatten und sich im Nordosten der Provinz erschöpft zu Boden fallen liessen. Damals war Täbris reicher und dichter bevölkert als heute, und seine Händler machten auf den Messen von

Leipzig und Nischnij Nowgorod gute Geschäfte. Durch die bolschewistische Revolution und die Sperrung der russischen Grenze versank die Stadt in eine tödliche Lethargie. Die kaufmännische Bourgeoisie wanderte nach Beirut oder Istanbul aus, und der kühne Wagemut des Basars ging verloren. Von 1941 bis 1945 war die Provinz von den Russen besetzt, und jeder, der noch etwas zu verlieren hatte, schnürte schleunigst sein Bündel und machte, dass er davonkam. Die Besetzung war von drakonischer Strenge, aber diszipliniert. Die Bettler wurden auf den Strassen zusammengelesen und gezwungen, für ein Stück Brot zu arbeiten. Als die Sowjets sich aus der Stadt zurückzogen, liessen sie einige asphaltierte Strassen, eine hochmoderne Spinnerei und eine von Sympathisanten wimmelnde Universität zurück. In den Buchläden türmten sich billige Ausgaben von Marx, Lenin und Ehrenburg, die zu diesem Zweck in den aseri-türkischen Dialekt übersetzt worden waren. Hauptsächlich aber liessen sie eine reichlich improvisierte „Demokratische Republik Aserbaidschan" zurück, deren unfähige Regierung prompt dem Wodka und der Anarchie verfiel. Anfang 1947 eroberten die iranischen Truppen die Stadt zurück, ohne einen Schuss abzugeben.

„Sie haben zur Feier der Eroberung eine Briefmarke herausgegeben – und dann haben sie das Land ausgeplündert", fügte der Alte bitter hinzu. „Ich habe dabei viele Schafe verloren."

Rückkehr in die Stadt durch die Schahnas-Strasse, eine breite, melancholische Avenue zwischen Lehmmauern, welche die dahinterliegenden Häuser völlig verbergen. Am Himmel, der noch hell war, leuchtete eine dünne Mondsichel. Es war kalt, die Luft roch nach Schnee. Die Händler, die Holz, Kohle, Eingeweide, gekochte Rüben feilhielten, hockten vor ihren Buden und unterhielten sich quer über die Strasse. Geschorene Schädel, hohe Backenknochen, schüttere Bärtchen, Woll- oder Pelzmützen.

„Sehen Sie – die Stadt ist weder türkisch noch russisch noch persisch. Natürlich hat sie von all dem ein wenig, aber im Grunde ihres Wesens ist sie zentralasiatisch. Unser türkischer Dialekt, der für einen Mann aus Istanbul schwer verständlich ist, wird praktisch bis nach Chinesisch-Turkestan gesprochen. Gegen Westen ist Täbris die letzte zentralasiatische Befestigung, und wenn die alten Edelsteinhändler vom Basar von Samarkand erzählen, wo sie früher ihre Steine einzukaufen pflegten, dann spitzen alle die Ohren ..." Und er fuhr fort: „Zentralasien – das ist etwas, wovon eure Historiker nach dem Sturz von Byzanz nichts mehr verstanden haben."

Wir gingen noch zu ihm hinauf, um den letzten Tee des Tages zu trinken. Durch die Fenster mit den blauen Rahmen sah ich lange auf die Stadt hinab, die ausgebreitet vor uns lag: ein riesiger Teller aus ockergelber Erde, in der Höhe des Basars durch die schwarze Schleife des Adschi-tschai[8]-Flusses entzweigeschnitten. Die sanften Ausbauchungen einiger Kuppeln ragten aus einem Meer von lehmigen Dächern auf. In der östlichen Vorstadt sah man die Bauern ihre Kamele und Esel vor sich hertreiben, und in den dunklen Höfen parkierten Lastwagen in sämtlichen Eiscreme-Farben.

Die alten arabischen Geographiebücher rühmen das Klima der Stadt als – neben dem von Kabul– eines der besten der Welt. Die Stadt war so schön, dass die Mongolen sie vor lauter Bewunderung nicht zu zerstören wagten, und Ghassan-Chan, ein Nachkomme von Dschingis-Chan, begründete dort einen der glänzendsten Höfe Asiens. Heute ist von der ganzen Pracht nichts mehr übrig als die riesige Zitadelle, die unter der allwinterlichen Schneelast langsam einstürzt, das Labyrinth des Basars und eine im ganzen Islam hochberühmte Moschee, deren blaue Emailtür noch sanft leuchtet.

Es war fast Nacht, der Himmel hatte sich bedeckt. Als ich zum Fenster gehen wollte, um zu sehen, ob schon Regen drohte, hielt mich der alte M., der die Kunst eines friedlichen Lebens sehr weit entwickelt hatte, sanft am Ärmel zurück. „Wenn es regnet, kommt die Katze nach Hause."

Täbris ernährte, soweit es dies tat, etwa 260'000 Einwohner, darunter die Armenier, etwa dreissig Ausländer und zwei französische Mönche vom Orden des Heiligen Lazarus. Wozu lebten die hier, wo es praktisch weder Franzosen noch bekehrte Muslime gab? Und wie? Man wusste es nicht mehr so recht, aber sie waren da, und keine Einsamkeit war bitterer als die ihre. Ich besuchte sie, weil ich dachte, ich könnte mir vielleicht ein paar Bücher ausborgen; seit Belgrad hatte ich keine Seite Französisch mehr zu sehen bekommen. Die Mission lag versteckt hinter dem französischen Konsulat. Gegen Mittag fand ich dort die beiden Patres, wie sie, die Hände auf dem Rücken, in einem Streifen Sonnenschein hin und her spazierten. Wir schlossen rasch Bekanntschaft. Der Superior, ein riesenhafter, vollblütiger, langsamer Elsässer mit einem grossen Bart, war gerade erst angekommen. Sein Stellvertreter, Pater Hervé, lebte schon fünf Jahre lang hier: ein schlacksiger Bretone in den Vierzigern, mit einem kleinen Kopf von der Form eines Pfifferlings, fiebrigen Augen und dem Akzent von Quimper. Er liess mich in ein unordentliches Zimmer eintreten: Jagdgewehre, Zigarettenstummel, ein Stoss Kriminalromane und Schularbeiten, in denen der Rotstift gewütet hatte. Auf einer geflickten Soutane lagen Grobschrotpatronen.

„Ich fröne sämtlichen Lastern", sagte er mit müdem Lächeln, „und das ist gut so."

Seine Hände zitterten, als er meine Zigarette anzündete. Zweifellos hatte er in Frankreich mit glänzendem Erfolg studiert, und jetzt verbrachte er, um Gottes oder des Mutterhauses willen, seine Nächte damit, die jämmerlichen Abhandlungen der hiesigen Universitätsstudenten zu korrigieren, die meistenteils – aber das war nicht ihre Schuld – nicht einmal das Thema begriffen, das ihnen gestellt wurde. Er machte sich über die Stadt keine Illusionen mehr.

„Der Islam, der echte Islam? Damit ist es hier zu Ende. Bloss noch Fanatismus, Hysterie und das Leid, das daraus entsteht. Hinter ihrem schwarzen Banner einherlaufen und laut schreien, ein paar Läden plündern oder sich am Todestag des Imam in heiliger Begeisterung selber verstümmeln – ja, dazu sind sie immer zu haben. Es ist nicht mehr viel Ethik in der Geschichte, von der Doktrin reden wir lieber gar nicht! Ich kannte hier einige wahre Muslime, sehr bemerkenswerte Menschen, aber sie sind alle gestorben oder fortgezogen. Und jetzt ... Wissen Sie, der Fanatismus ist die letzte Auflehnung des Armen", fuhr er fort, „die einzige, die man ihm nicht zu verweigern wagt. Sonntags lässt man ihn brüllen und die Woche hindurch Lasten schleppen, und es gibt hier Leute, die daraus ihren Nutzen ziehen. Wenn es weniger leere Bäuche gäbe, ginge so manches besser."

Der Superior schüttelte schweigend den Kopf.

„Unsere Arbeit hier ist ganz unnütz", sagte der Bretone noch. „Bei der letzten Weihnachtsmesse war ich fast allein in der Kirche – meine paar Pfarrkinder haben sich nicht zu kommen getraut. Das ist das Ende. Wozu sollten sie auch kommen? Arme Menschen!"

Armer Pater! Ich hätte ihm gerne eine Flasche Muskateller vor der Nase aufgemacht, ein Päckchen Gauloises auf den Tisch gelegt und ihn von seiner Provinz reden lassen, von Bernanos, vom Heiligen Thomas, egal was, nur reden,

reden, um sein Herz ein wenig von dem nicht verwendbaren Wissen, das ihn so bitter werden liess, zu entlasten.

„Wegen der Bücher gehen Sie zur Universitätsbibliothek“, fuhr er fort. „Die haben dort ein paar Posten alte Bücher aus Frankreich bekommen – alles, was man unter Jules Ferry weggeschmissen hat. Sie werden ausgezeichnete Sachen darunter finden. Die Detektivromane hier“, fügte er, etwas verlegen auf sein Bett weisend, hinzu, „kann ich Ihnen nicht leihen. Sie gehören dem Konsul, der sie immer wieder liest. Verstehen Sie, er hat nichts zu tun, und die Zeit wird ihm lang.“

Freitags pflegte Pater Hervé allein auf die Jagd zu gehen, um als guter Christ seinen Zorn an den Wölfen auszulassen. „Wenn Sie Lust haben, kommen Sie übermorgen mit. Ich werde es dem guten Mann sagen, der mich hinausfährt.“ Aber diese Einladung klang so gezwungen, dass ich ihr nie Folge leistete. Der Superior begleitete mich bis zur Tür. Er legte mir schüchtern die Hand auf die Schulter, als wollte er sich für die Bitterkeit seines Untergebenen entschuldigen. Er sprach kein Wort. Allem Anschein nach ein Langmütiger, ein Fels, mit einem Gemüt, das sich nicht so schnell erschüttern liess. Dem würden die Stadt und das Exil nichts anhaben.

Wir waren vollständig eingerichtet. Zwei Zimmer oder eher gewölbte Schläuche, mit Kalk geweisst, gingen auf einen Hof, wo ein Granatapfelstrauch und ein Büschel Tagetes gegen die ersten Fröste ankämpften. Die Wände waren mit Nischen für die Ikonen, den Samowar und die Petroleumlampen versehen. In dem winzigen Holzkämmerchen, das unsere Zimmer trennte, hausten mondfarbige Ratten. Wir hatten jeder einen Tisch, einen Stuhl und ein Wellblechöfchen. Die Miete war für sechs Monate vorausbezahlt; wir waren gewappnet. Thierry zog Leinen für seine Bilder auf. Ich hatte ein Ries Schreibpapier aus dem Basar heimgebracht und meine Schreibmaschine gesäubert. Niemals erscheint die Arbeit verlockender, als wenn man sich gerade daranmacht. Darum liessen wir sie liegen und zogen aus, um die Stadt zu entdecken.

Weit ausgedehnt, erdfarbig, verwahrlost – man merkte ihr noch all das vergangene Unglück an. Abgesehen von den wenigen Hauptstrassen, bestand sie aus einem Netzwerk von schmalen Gassen zwischen fahlen Lehmmauern, die jeweils sternförmig in einen runden Platz mündeten. Dort kamen abends die Alten zusammen, um im Schatten einer Platane zu rauchen und zu schwatzen. Durch die Hauptadern des Basars wanderte eine rauhe, abgestumpfte Menge: zusammengeflickte Mäntel, tiefsitzende Mützen, erdfarbige Soldaten und tief verhüllte Frauen in ihrem geblümten Tschador.[9] Lautlose Pferdekutschen, Esels-, Schafs- und Truthahnherden bewegten sich über die Plätze. Auf den Schwellen der Verkaufsbuden dampfte der Samowar. Milane trieben vor dem ewig grauen Himmel über die Dächer dahin. Die Pappeln warfen ihre letzten Blätter ab. Es war düster und unheimlich, aber faszinierend.

So ist die Situation der Stadt. Neunzig Kilometer nördlich: die russische Grenze. Einmal in der Woche fährt ein aus vier Waggons bestehender Zug von Täbris nach Dscholfa und weiter nach Eriwan, der Hauptstadt der Sowjetrepublik Armenien. Der Zug ist fast immer leer. Von den Ausläufern des Ararat bis zu den öden Küsten des Kaspischen Meers zieht sich die Grenze als ununterbrochene Stacheldrahtlinie, gesäumt von einem Streifen feinem Sand, der die Spuren allfälliger Flüchtlinge unverzüglich ans Licht bringt. Sie ist jedoch nicht hermetisch geschlossen. Die von den Sowjets zurückgelassenen Sympathisanten überschreiten sie diskret in beiden Richtungen. Bei ihnen gibt das imposante Alarmsystem keinen Laut von sich. Wie ein hiesiges Sprichwort es vortrefflich ausdrückt: „Der Säbel zerschneidet seine Scheide nicht." So sind die Russen über alles, was sich in der Stadt tut, bestens informiert, und Radio Baku nimmt sich manchmal die Freiheit, eine Sendung mit kaukasischer Musik zu unterbrechen, um das Resultat der Wahlen in Täbris zu verkünden – zwei Wochen vor der Abstimmung.

Dreihundert Kilometer westlich überragt die Eiskappe des Ararat ein Meer von blauen Bergen, die sich in mächtigen Wogen gegen Russland, die Türkei und Persien senken. Hier, im Herzen des einstigen Armenien, strandete Noah mit seiner Arche, der wir alle entstammen, im Wirbel tückischer Fluten. Seine Durchfahrt hat ihre Spuren hinterlassen: Das erste Dorf auf dem russischen Abhang der Berge heisst Nachitschewan, was auf altarmenisch „die Leute vom Schiff" bedeutet.

Weit unten im Süden, jenseits des Schilfgürtels des unendlich grossen Urmia-Sees, schliessen die Hochtäler und Bergrücken von Kurdistan den Horizont. Es ist eine prachtvolle, sehr wenig begangene Gegend, deren Zugänge alle von der iranischen Armee kontrolliert werden. Die Stämme von Viehzüchtern, die sie bevölkern, stehen in der Stadt in dem ebenso ungerechtfertigten wie unausrottbaren Ruf von Strassenräubern und Dieben. Der Hass der Leute von Täbris hält die Kurden nicht davon ab, von Zeit zu Zeit hier aufzutauchen, von Patronen starrend und mit gefrässigem Lächeln, um sich masslosen Schlemmereien mit Geflügel und Wodka hinzugeben.

Gegen Osten zu führt eine Naturstrasse in einer Höhe von mehr als dreitausend Meter über den Tschibli-Pass und weiter gegen Teheran. Jenseits von Mijane überquert man den Kisil-usun-Fluss, an dessen Ufern Israel im Exil weinend „Zions gedachte“. Hier ändern sich Umwelt und Sprache. Man vertauscht das harte türkische Land mit den vieltausendjährigen sonnigen Landschaften des persischen Hochplateaus. Ausser dieser Strasse, die oft durch den winterlichen Schnee und den Schlamm des Frühjahrs unpassierbar ist, und dem mandelgrünen Autobus, der manchmal vier Tage braucht, um Teheran zu erreichen, hat die Stadt Täbris keinerlei Verbindung mit der Aussenwelt.[10] In ihrer Wiege von Pappeln, fahler Erde und Wind lebt sie ganz für sich ein abgesondertes Leben.

Ein abgelegener Ort ohne Komfort lässt sich ertragen, zur Not auch einer ohne Sicherheit und ärztliche Hilfe; doch ohne Briefträger hätte ich es nicht lange ausgehalten. Jahrelang war der Weg zur Post, durch Schnee, Schlamm oder Sand, für uns ein ritueller Weg. Auf der Post von Täbris wurden die glücklich angelangten Briefe – gleichsam als die Frucht zahlloser Wunder – in einem vergitterten Schaukasten ausgestellt, dessen Schlüssel der Postmeister an seiner Uhrkette trug. Man kam also nie ohne einen Besuch bei dieser Persönlichkeit und die dazugehörigen Tassen Tee davon. Er war ein freundlicher, schäbig gekleideter und sehr umständlicher alter Herr, der die Zeit damit totschlug, dass er Französisch aus einer Fibel lernte. Sie war mit Vignetten verziert: *A-rrosoir, B-ôite, Ch-eval* und so weiter, und er zählte auf uns, um die Hausaufgaben zu korrigieren, zu denen ihm die spärlichen Posteingänge alle nur wünschbare Musse liessen. Dafür kümmerte er sich persönlich um unsere Briefe, und es ging wirklich keiner verloren. Was hingegen Ansichtskarten aus Europa betraf, besonders wenn sie Frauen oder Blumen darstellten, hatte er von vornherein jede Verantwortung abgelehnt. Die fanden anscheinend im Lauf ihrer Reise Liebhaber.

Wenn der Autobus von Teheran unterwegs nicht stekkengeblieben war und uns etwas mitgebracht hatte, beförderten wir dieses Manna feierlich in eine Kneipe im Basar, wo die Reisportionen unter den Käfigen mit von Pfeifenrauch und Teedunst halb betäubten Vögeln wie Schnee glänzten. Erst dort machten wir uns mit vollem Bauch und gewaschenen Händen daran, diese Botschaften aus einer anderen Welt sorgsam zu entziffern, ohne auch nur eine Silbe zu verlieren. Ich hätte diese Lesestunden noch angenehmer gefunden, wenn ich nicht immer als erster fertig gewesen wäre. Thierry bekam von seiner Freundin Flo ganze Bände, die ich, um meinen Hunger zu beschwichtigen, vergeblich von rückwärts zu entziffern suchte. Meine süssen Bande gehörten zur Kategorie der Nichtschreiberinnen, und meistens war ich derjenige, der bei der Rückkehr vom Postschalter ein freundschaftlich tröstendes Schulterklopfen erhielt.

Der Oktober war zur Hälfte vorbei, als man den *moharram* feierte, den „Karfreitag“ der schiitischen Muslime, an dem einst der Imam Hussein ermordet worden war.[11] Einen Tag lang hallt die Stadt von Geschrei und Schluchzen wider und kocht vor fanatischer Wut gegen die Mörder, die seit dreizehn Jahrhunderten tot sind. Wodka und Arrak fliessen in Strömen, die Volksmenge fühlt sich stark, die Köpfe sind bald verwirrt, und der Tag könnte leicht mit einem Aufstand oder der Plünderung von ein paar armenischen Kaufläden enden. Darum bewacht die Polizei die Strassen; die Kurden, die Sunniten sind, lassen sich nicht blicken, und die wenigen Christen der Stadt tun klug daran, zu Hause zu bleiben.

Wir strichen vorsichtig in der näheren Umgebung des armenischen Viertels herum, als der alte M. uns aus seinem

Wagen herbeirief und uns einsteigen hiess. Der Nachmittag ging seinem Ende zu. „Kommen Sie sich ansehen, wie wir in Persien die Toten inniger beklagen als die Lebenden", sagte er lachend.

Dabei war es gar nicht zum Lachen. Man hörte schon den Trauerzug, der unter herzzerreissenden Klagerufen die Pahlewi-Avenue herunterkam. Hinter den dreieckigen schwarzen Bannern zogen drei Gruppen von Büssern vorbei. Die ersten begnügten sich damit, sich laut schluchzend auf die Brust zu schlagen. Die Mitglieder der zweiten Gruppe geisselten sich mit einer Peitsche, die in fünf Eisenkettchen auslief, den Rücken blutig. Sie hauten tüchtig zu: die Haut platzte, die Wunden bluteten. Die letzten, in weisse Gewänder gehüllt, trugen schwere Dolchmesser, mit denen sie sich tiefe Schnittwunden in den geschorenen Schädeln zufügten. Die Masse begrüsste jede neue Verwundung mit begeistertem Geschrei. Die Verwandten und Freunde, die diese Fanatiker umringten, wachten darüber, dass sie sich nicht gar zu schwer verletzten, indem sie die Köpfe mit Holzstöcken beschirmten. Trotzdem pflegen alljährlich ein oder zwei Opferwütige mit gespaltenem Schädel zusammenzubrechen und diese schnöde Welt zu verlassen. Als der Umzug zu Ende war, versammelten sich die Erregtesten noch hinter dem Postamt und führten eine Art Reigen auf, zu dem das rhythmische Geheul der Zuschauer den Takt angab. Von Zeit zu Zeit hielt einer der Tänzer an, um sich mit einem gellenden Schrei das Messer in den Schädel zu stechen. Man konnte den Hieb nicht gut sehen, weil es schon fast dunkel war, doch auf zwanzig Meter Entfernung hörte man deutlich, wie die Klinge den Knochen kerbte. Gegen sieben hatte sich die Raserei dermassen gesteigert, dass man den Tänzern ihre Waffen entreissen musste, damit sie sich nicht auf der Stelle umbrachten.

In den Dörfern der Gegend steigt die Kindersterblichkeit nach dem Abstillen stark an, dann fordert der Durchfall seinen Zoll, darum weihen die Mütter, die bereits mehrere Söhne im zarten Alter verloren haben, den nächsten, den sie erwarten, Allah. Wenn der Junge das Alter von sechzehn Jahren erreicht, muss er entweder Mullah werden oder die schiitische Pilgerfahrt nach Kerbela[12] unternehmen oder aber seine Schuld dem Himmel gegenüber begleichen, indem er an der *moharram*-Prozession teilnimmt. Der alte M., der mehrere seiner Dorfbewohner im Zug erkannt hatte, versicherte uns, dass dies für die meisten Teilnehmer zutreffe.

An diesem Abend machte uns der Alte mit einem der wenigen Ausländer der Stadt bekannt: Mr. Roberts aus Texas, beratender Ingenieur beim *Point IV.*[13] Er war erst seit sechs Wochen hier und hatte sich schon tapfer ans Studium der aseri-türkischen Sprache gemacht, brachte ein paar Sätze heraus, irrte sich, lachte, und man lachte über ihn. Sein Auftrag bestand darin, Projekte für den Bau von Krankenstationen und Schulen in den umliegenden grösseren Dörfern zu entwerfen. Noch voller Optimismus, mit dem sympathischen amerikanischen Zug, der hier so exotisch wirkt, allem und jedem sofort zu trauen. Er glaubte an Schulen, aber wohl nicht an den Teufel, und sah schweigend, mit ein paar leisen, ungläubigen Pfiffen zu, wie die Prozession vorbeizog. Der Alte, der ihn fast mit Gewalt zum *moharram* geschleppt hatte, hörte den ganzen Nachmittag nicht auf, seine Reaktionen mit hämischem Blick zu beobachten.

Es gab wenige Ausländer in der Stadt. Ein Ausländer ist etwas Erstaunliches. Unsere armenischen Nachbarn beobachteten uns quer durch den Garten, über die niederen Mauern der Innenhöfe, von den Dachterrassen herab. Freundlich. Es kam vor, dass während unserer Abwesenheit ein geheimnisvoller Besen unsere Wohnung fegte oder dass unsichtbare Hände einen Teller bittere Suppe auf unseren Tisch stellten.

Vor hundert Jahren hatte es in dieser Provinz fast eine Million Armenier gegeben; heute waren kaum noch fünfzehntausend da, die in der Stadt verharrten. Sie blieben unter sich, lebten eng zusammen, versammelten sich jeden Abend in den düsteren Küchen von Armenistan, rund um die Petroleumlampe, um über die Angelegenheiten ihrer Gemeinschaft zu sprechen oder ihre Strategie im Basar sorgfältig festzulegen. Es war ein warmes kleines Völkchen, schwarz gekleidet, arbeitsam und diskret, voll andächtiger Verehrung für die eigene herrliche Vergangenheit und von grenzenloser Widerstandskraft gegen das Unglück. Manchmal hatte eine Familie „Erfolg“ und zog nach Teheran, um dort ihr Glück zu versuchen. Doch das war die Ausnahme, und die Hiesigen hatten ein schweres Leben; dank der Erfahrung, die alten Rassen eigen ist, verstanden sie, damit fertig zu werden und ihm seine Würze zu bewahren. Unter der Woche summten die Frauen, während sie, wohlgeschützt hinter ihren geschlossenen Türen, den Besen handhabten, wunderbare alte Klagen, die über die Dächer emporschwebten; sonntags in der Kirche sang man ganz natürlich vierstimmig. Seit sie einander kannten, und das war lange her, wusste man, dass die Arzruni-Sippe eher Bässe hervorbrachte und dass die Mangassarian Tenöre waren.

Es waren zum grössten Teil monophysitische Christen, deren geistliches Oberhaupt, der Katholikos von Etschmiadsin, im sowjetischen Armenien residierte[14], ein von der christlichen Welt abgeschnittener alter Mann, dessen Wahl hier das Thema endloser Diskussionen bildete. Zu Weihnachten liess er alljährlich seinen Brüdern im Iran über die

Wellen von Radio Baku dunkle, diplomatisch abgefasste Ermunterungen zukommen. Viele hatten noch Verwandte in der Sowjetunion, von denen sie so gut wie keine Nachricht erhielten, und obwohl sie sonst mit ihren Groschen sehr sparsam umgingen, kam es vor, dass sie ihnen ein Paket warme Kleider schickten. Manchmal erhielten sie zu ihrer Überraschung eine Gegengabe – schlecht verpackte Süssigkeiten – und ein paar vorsichtige Worte des Mitleids, denn die Propaganda war so geartet, dass man diesseits und jenseits der Grenze glaubte, drüben ginge es viel schlechter. Dabei sprachen unsere Nachbarn gern von ihrem Elend und waren stolz auf das, was sie alles erlitten hatten und noch erleiden würden. „Sie werden schon sehen – es ist noch nicht aus!" sagten sie mit der wehleidigen Eitelkeit der Völker, die von der Geschichte gar zu ungerecht behandelt worden sind, wie sie in der früheren jüdischen Diaspora besonders auffällig war. A propos Juden: Sieben von Tel Aviv enttäuschte israelische Familien hatten sich hier niedergelassen und im Basar einen Stand aufgemacht. Ganz Armenistan sprach mit boshaftem Lächeln davon. Ausnahmsweise waren sich die aserischen und armenischen Kaufleute einmal einig und rüsteten sich, um mit vereinten Kräften den Juden das Leben schwerzumachen.

Wir waren nicht oft allein. Am späten Morgen durchquerte manchmal eine massige graue Gestalt den Garten, und ein heftiges Klopfen erschütterte unsere Tür. Paulus, der Arzt, dem wir unsere Aufenthaltsbewilligung verdankten, schaute zwischen zwei Visiten zu uns herein. Er verstaute seine hundert Kilo rasch auf unserem stabilsten Stuhl und zog aus seiner Manteltasche einen in eine alte Zeitung gewickelten geräucherten Stör und eine Flasche Wodka, die er mit einem Druck seines Daumens entkorkte. Dann streifte er das Zimmer mit einem ironischen Blick und begann unverzüglich, während er schon kräftig kaute, von den neusten Lokalnachrichten zu berichten, wobei er fast immer mit den Worten anfing: „Jetzt hört mal zu – ich kann nur lachen!" Paulus war Balte und sprach mit hartem deutschem Akzent ein unerwartetes Französisch, das er nach Bedarf zu erfinden schien. Nachdem er den russischen Feldzug in der deutschen Wehrmacht mitgemacht hatte, war er aus seiner von den Russen überfallenen Heimat geflüchtet und praktizierte jetzt seit zwei Jahren hier. Er verstand sich vortrefflich auf sein Handwerk, erzielte viele Heilungen, verdiente dementsprechend, ass unglaubliche Mengen und trank noch mehr. Seine beweglichen, verschiedenfarbigen Augen erhellten ein grosses, bleiches Gesicht, das von List und Klugheit geprägt war. Obendrein besass er die Vitalität eines Wildschweins, eine gute Dosis Zynismus und ein furchterregendes Lachen, das aus seinem Bauch aufstieg, sein Gesicht freudig überschwemmte und die makabersten Geschichten unterbrach. Er war übrigens ein wunderbarer Erzähler. Die Stadt hatte er lange genug behandelt, um sie zu verstehen, und er erzählte die ganze rauhe Heldensage von Täbris, ohne sie im mindesten zu verfälschen. Er richtete nicht, er fügte nichts hinzu, aber in seinem Mund wurden die verdächtigen Todesfälle, die lächerlichen oder schmutzigen Manöver, von denen er Zeuge geworden war, alsbald zu Fabeln, Mythen oder Archetypen und erlangten jene Art von Glaubwürdigkeit, die beispielsweise zweitausend Jahre den miesesten Affären zu verleihen vermögen.[15]

Jetzt eben kam er aus dem Tschitsch-kelan-Viertel, wohin ihn die Polizei gerufen hatte. Man hatte die halbnackte Leiche eines alten Mullah in seinem Hof gefunden, neben seinem heimlichen Schatz, einem Sack voll Talern, um den er angeblich die ganze Nacht unter grauenhaft heiserem

Psalmodieren herumgetanzt war. Die Nachbarn waren von der Litanei entsetzt, hüteten sich aber einzugreifen. Als sie ihn hinfallen und dann röcheln hörten, liessen sie ihn seelenruhig krepieren, weil sie den Alten der Hexerei verdächtigten und ihm mindestens die Hälfte aller Fehlgeburten und Gebrechen im Viertel zur Last legten. Diese Geschichte erregte unsere Neugier, brachte uns aber kein Glück. Nachmittags machten wir uns auf, um Tschitschkelan zu erforschen. Es ist ein ländliches Viertel, am Fuss eines Hügels im Norden der Stadt gelegen: schmutzige Sackgassen, kümmerliche Mandelbäume, Lehmmauern und ein paar misstrauische Alte mit gestrickten Mützen , die ihre Ziegen in reifbedeckten Mulden weideten oder auf den von Tauben verdreckten Schwellen ihrer Verkaufsbuden dösten. Eine verfallene, kotübersäte Moschee, die den Vagabunden als Schlupfwinkel diente, überragte die Stadt in ihrer ganzen Ausdehnung. Am nächsten Tag kehrte Thierry, der wieder hingegangen war, um dort zu zeichnen, leichenblass, mit zerrissenen Kleidern und ganz zerschunden, nach Hause zurück. Beim Abstieg hatte ihn ein halbes Dutzend Strolche umringt, zu Boden geworfen und mit dem nackten Messer unseres ganzen Monatsgeldes beraubt. Wir hatten es gerade an diesem Morgen im Basar gewechselt.

Als wir Paulus von dem Missgeschick erzählten, bekam er einen seiner unwiderstehlichen Heiterkeitsanfälle, die uns einander sehr nahekommen liessen. Er selber war nur einmal ausgeraubt worden, auf der Strasse nach Urmia – von Gendarmen, die allzu sehr sich selbst überlassen waren. So ein bewaffneter Gendarm ist etwas sehr Gefährliches. Paulus konnte darüber „nur lachen“ und tat es auch. Als er uns verliess, liefen ihm noch immer die Tränen über die Backen, und sein Atem ging stossweise. Wir hörten seinen schweren Schritt hinter den Lehmmauern; von Zeit zu Zeit musste er stehenbleiben, um zu Atem zu kommen. Das war gerade vor dem grossen Schnee.

November

Klaffende Granatäpfel bluten
unter der dünnen Decke von reinem Schnee
das Blau der Moscheen unterm Schnee
rostige Lastwagen unterm Schnee
weisse Perlhühner weisser noch
längs der rostroten Mauer verirrte Stimmen
die sich unterm Schnee verlieren
und die ganze Stadt bis zur ungeheuren Zitadelle
schwebt in den gefleckten Himmel
Semestan, der Winter, ist da.

Auf dem Hochplateau von Aserbaidschan kommt er spät, aber gründlich. Eines Abends leuchten die Sterne an einem wunderbar klaren Himmel ganz nahe, und die Leute aus unserem Viertel holen ihren *korsi*[16] hervor. Nachts fällt das Thermometer auf dreissig Grad unter Null, und am nächsten Tag ist der Winter in der Stadt eingezogen. Schneidende Windstösse aus dem Norden wirbeln den Schnee durcheinander und bedecken die Felder mit Eis. Die Wölfe werden kühn, und die Arbeitslosen aus den Vorstädten schliessen sich zu Banden zusammen, um die Bauern auszurauben. Bärte und Schnurrbärte sind mit Reif bedeckt, die Samoware dampfen, die Hände bleiben in den Taschen. Man hat nur noch drei Worte im Kopf: Tee – Kohle – Wodka. Auf unser Hoftor haben armenische Buben mit Kreide ein grosses, gestiefeltes Weibsbild mit zahllosen Röcken übereinander gezeichnet, das unten am Bauch eine kleine Sonne trägt. All das ermangelt nicht der Poesie, solange man seinen Ofen zum Bersten füllen und den Holzhändler bezahlen kann.

Der unsrige kannte einen einzigen deutschen Ausdruck: „Guten Tag", was in seinem zahnlosen Mund zu *huda daa* wurde. Egal. Ein Fremdwort, wir waren Fremde, also mussten wir verstehen. Er war ein winziges altes Männchen mit tränenden Augen und offenen Frostbeulen an den Händen, der mit zittrigen Bewegungen seine Scheite begoss, damit sie schwerer würden: Feigenholz, Weidenholz, violett geädertes Holz vom Brustbeerbaum, lauter biblische Hölzer, die obendrein viel Wasser aufnahmen. Als ich ihn bei der Operation überraschte, lachte er ganz unbefangen und beobachtete mich über seinen Schnurrbart hinweg, ob ich ernstlich böse würde. Die armenischen Hausfrauen aus der Nachbarschaft warfen ihm zwar vor, dass sein Verhalten den lieben Gott kränke, und versuchten seine Ware zu schmähen, aber zum Schluss zogen sie immer damit ab. Holz war rar; ob nass oder trocken, man brauchte es eben.

Während Thierry an den Bildern arbeitete, die er in Teheran zu verkaufen gedachte, gab ich Französischstunden, um unser täglich Brot zu verdienen. Die Schüler kamen gegen Abend durch den Garten, bis zu den Hüften mit Schnee bedeckt. „Ach, Herr Lehrer, in dem Täbris ist ganz schwarz unser Leben ..."

„In Täbris ... *In* Täbris, Monsieur Sepahabadi. Es heisst: *in* Paris, *in* Wien, *in* Italien ..."

Es war der Apotheker. Er konnte genug Französisch, um über die Ereignisse der Stadt zu sprechen, mir fehlerlos die drei Stadien der Syphilis zu beschreiben, die er bedächtig im *Larousse médical* studiert hatte, und sich mit Genuss, wenn auch langsam, durch „Das Fell des Esels", den „Gestiefelten Kater" und all die anderen kristallklaren Märchen hindurchzulesen, die Logik und Poesie versöhnen und zwangsläufig auf das Glück zusteuern. Ich hatte bloss Mühe, ihm die

Natur der Feen klarzumachen, weil es hier nichts gibt, was diesen flüchtigen Erscheinungen in ihren hohen, spitzen Magierhüten, dieser reizenden, aber abstrakten Weiblichkeit entspricht. Die Zauberinnen der hiesigen Volkssagen waren ganz anders geartet: Es waren entweder die *pari,* die Dienerinnen des Bösen, die aus der Überlieferung des Mazdaismus stammen, oder die robusten weiblichen Geister der kurdischen Märchen, die den Wanderer vermittels ihrer Reize anlocken, um ihn dann, wenn sie ihn im Bett gründlich erschöpft haben, zu verschlingen.

Die Lektüre gefiel dem Apotheker. Am Ende eines Kapitels pflegte er seine Brille zu putzen und zu murmeln: „Ich liebe die Märchen von Perrault – das ist so sanft ...", worauf er, über sein Geständnis tief errötend, die Nase ins Buch steckte. Während Carabosse und Carabas Silbe für Silbe ihre Wunder und Geheimnisse auslieferten, senkte sich die Nacht auf die Stadt herab, und der Schnee verhüllte die dunklen Strassen mit seiner weissen Wolle. Meine Fenster bedeckten sich mit Eisblumen, und die ersten Strassenhunde begannen zu heulen. Ich putzte die Petroleumlampe. Wir hatten gut gearbeitet. Der Apotheker kroch in seinen Pelzmantel und überreichte mir fünf Toman, die wir alsbald in Wodka umsetzen würden. Auf der Schwelle seufzte er: „Ach, Monsieur le professeur, so ein schwerer, einsamer Winter ist hier – in dem Täbris!"

In Wodka oder in Kinobilletts. Das *Passage* war immer voll, weil es dort warm war. Ein sonderbares Lokal: hölzerne Stühle, eine niedrige Decke, ein rotglühender Ofen, der manchmal heller leuchtete als die Filmleinwand. Und ein wunderliches Publikum: halberfrorene Katzen, Bettler, die unter den matten Lämpchen der Toilette Dame spielten, kleine Kinder, die vor Schläfrigkeit weinten, und ein Gendarm, der für Ordnung zu sorgen hatte, wenn man zum

Schluss die Nationalhymne spielte und das Porträt des Herrschers, oft mit dem Kopf nach unten, auf der Leinwand erschien.

Täbris stand offenbar auf der Liste der Filmverleiher ganz unten, denn neben iranischen Filmen und den Western von *Point IV* bekam man hier fünfundzwanzigjährige Streifen als Erstaufführung zu sehen: *City Lights, The Kid,* Greta Garbo. Wir hatten keinen Anlass, uns zu beklagen, es waren grossartige Klassiker! Doch der Ruhm der Schauspieler erreichte die Stadt um eine Generation verspätet, wie das Licht ferner Gestirne. Längst verstorbene Stars lebten hier im geheimen weiter; die Burschen waren in Mae West verknallt, die Mädchen in Valentino. Manchmal dauerte das Stück zu lange; dann liess der Operateur, der fertig werden wollte, den Film rascher ablaufen, und die Geschichte endete in besorgniserregendem Tempo; die Liebkosungen glichen Ohrfeigen, Kaiserinnen im Hermelin rannten die Treppe hinunter. Das Publikum, das damit beschäftigt war, Zigaretten zu drehen oder Pistazienkerne zu kauen, hatte daran nicht das geringste auszusetzen.

Draussen raubte einem die durchdringende Kälte den Atem. Mit ihren niedrigen Mauern, ihren weissen Schatten und ihren Baumskeletten schien die Stadt, wie sie so geduckt unter dem Schnee und der Milchstrasse lag, verhext zu sein; um so mehr als ein wilder Gesang die winddurchtobten Gassen erfüllte. Die Polizei hatte die Lautsprecher auf dem Stadtplatz nicht abgeschaltet, und Radio Baku war auf Sendung. Man erkannte sofort die unvergleichliche Stimme: *Bülbül*, was Nachtigall bedeutet, der beste türkische Sänger des ganzen Mittleren Ostens. Früher hatte er hier gelebt, er war sogar eine Berühmtheit dieser Stadt. Dann hatten die Russen, die wussten, was sie taten, ihn mit einem fürstlichen Honorar zu sich gelockt. Seither nahmen viele iranische

Radiostationen die Sendungen aus Baku in ihr Programm auf, um ihn zu hören – und dann kam auch der Rest herüber. Seine Lieder waren tatsächlich wunderbar. In Täbris gibt es vier verschiedene Folklore-Traditionen, alle herzzerreissend schön, und niemand verzichtet hier auf Musik, aber nichts kommt den alten transkaukasischen Balladen an lyrischem Schwung und Grausamkeit gleich.

Wir gingen langsam die Schahnas-Avenue hinauf. Am Eingang Armenistans hatte sich wie jeden Abend eine Handvoll Bettler um ein Petroleumöfchen versammelt. Es waren klapprige alte Gespenster, von Kälte geschüttelt, von der Syphilis zerstört, spitzfindig, aber heiter. Sie brieten sich ein paar Rüben, die sie in den Feldern ausgegraben hatten, wärmten die Hände über der Flamme und sangen. Das iranische Volk ist das poetischste der Welt, und die Bettler von Täbris können die Verse von Hafis und Nisami, die von Liebe, von mystischem Wein, von Maiensonne in den Weidenbäumen singen, zu Hunderten auswendig. Je nach Laune pflegten sie sie zu rezitieren, laut hinauszubrüllen oder vor sich hinzusingen; wenn die Kälte gar zu sehr zwickte, murmelten sie bloss. Ein Rezitator löste den anderen ab; das ging so bis zum Tagesanbruch. Die Maiensonne war noch weit, und es galt, nicht einzuschlafen.

Neben diesen wohlorganisierten „Familien", die ihr Scherflein gemeinsam verwalteten, gab es Einzelgänger, deren Los noch weniger beneidenswert war. Als wir eines Abends ein Tschaichane[17] verliessen, bettelte uns ein kahlköpfiger, kranker Schatten an. Es schneite. Wir gaben ihm alles, was uns noch blieb – Geld für zwei, drei Tage –, und er verschwand ebenso unvermittelt, wie er aufgetaucht war. Unterdessen fiel der Schnee so dicht, dass wir über eine Stunde im Labyrinth des armenischen Viertels herumirrten, bis wir unsere Tür fanden. Während ich den Schlüssel aus der Tasche zog, sah ich den Alten, der sich in die Türöffnung duckte. Er war uns nachgegangen und dann vorausgelaufen, um uns noch einmal anzuzapfen. Da wir ihn ignorierten, sprang er rasch auf, schlang die Arme um meinen Hals und machte einen ungeschickten Sprung, um mich zu küssen. Wie in einem bösen Traum sah ich den mit schmelzendem Schnee bedeckten Schädel, die geschlossenen Augen, den dargebotenen Mund auf mich zukommen. In einer Art von Panik schüttelte ich das klappernde Knochenbündel ab, sprang ins Haus und schlug die Tür zu. Thierry lachte Tränen: „Du hättest euch sehen sollen – es war, als tanztet ihr Tango!" Der Alte wäre sehr erstaunt gewesen, wenn man ihm die Natur seines Antrags zum Vorwurf gemacht hätte. Wenn das Elend einen gewissen Punkt übersteigt, verflüchtigen sich diese subtilen Unterscheidungen, und er war so weit, dass er nur noch sein Gerippe zu vermarkten hatte. Er versuchte es – hartnäckig. Wir hatten noch kaum den Schnee von unseren Kleidern abgeschüttelt, als wir ihn wiederkommen und an die Fensterläden klopfen hörten, mit schwachen, eintönigen, enttäuschten Schlägen, als wäre ihm die ganze Welt noch etwas schuldig. In diesem Punkt hatte er allerdings nicht unrecht. Trotzdem mussten wir hinausgehen, ihn bei den Schultern packen und in die Nacht zurückstossen, aus der er so unklug hervorgetreten war.

Der Mossadegh-Prozess, der in Teheran gerade begonnen hatte, liess auch hier einige Krawalle befürchten. Es kam nicht dazu, weil der Gouverneur der Stadt am gleichen Morgen gezeigt hatte, welche Trümpfe er in der Hand hielt: fünf automatische Maschinengewehre, ein paar Mörser und zwanzig Lastwagen voll Soldaten, die zu diesem Anlass neue Schuhe bekommen hatten.

Der Gouverneur war ein schlauer, grausamer alter Spassvogel, der sogar von den Gegnern der Regierung, die er repräsentierte, ganz merkwürdig geachtet wurde. Man verzieh ihm viel, weil jeder wusste, dass er keine politischen Überzeugungen besass und sein Amt mit einer listigen Klugheit, die ihm viele Bewunderer eintrug, einzig zur Vermehrung seines persönlichen Vermögens ausübte. Täbris ist von jeher eine aufständische Stadt gewesen, aber man hat dort etwas für *fair play* übrig und zieht den Hut vor einem wohlgeführten Coup. Diese überraschende Truppenparade zum Beispiel, die den Aufstand im Keim erstickt hatte, war ganz im Stil des alten Herrn, den die Stadt vertraulich beim Vornamen nannte. Ein Despot, gewiss, dessen Verschwinden man mit Erleichterung begrüssen würde – man lauerte nur auf einen allfälligen Fauxpas –, doch inzwischen imponierte er, wohlinformiert, aalglatt, mitleidlos, tüchtig, wie er war. Die Stadt, die sich auf Despoten verstand, billigte ihm Talent zu.

Dennoch durchkreuzte diese morgendliche Parade mancherlei Pläne. Die grosse Mehrheit der Bewohner von Täbris, die Mossadegh günstig gesinnt blieben, verfolgten seinen Prozess mit Bitterkeit, von Lachanfällen unterbrochen, wenn die schlagfertigen Antworten des Angeklagten die Anklage zermalmten. Mohammed Mossadegh war in Wirklichkeit viel populärer, als die westliche Presse glauben machen wollte. Meine Schüler sprachen zärtlich von ihm. Die Bettler und Lastträger, die vor dem Tschaichane herumlungerten, brachen seinetwegen in hysterisches Palaver oder lautes Schluchzen aus. Manchmal sah man sogar am Eingang zum Basar den Kadaver eines nächtlicherweise zum Opfer dargebrachten Schafs im Schmutz der Strasse dampfen. Für den Mann von der Strasse blieb Mossadegh der iranische Fuchs, der, listiger als der englische Fuchs, das Erdöl dem Westen entrissen und sein Land vor dem Haager Gerichtshof gewandt verteidigt hatte. Sein Verwandlungstalent, sein Mut, seine Vaterlandsliebe, seine geniale Doppelzüngigkeit hatten ihn zum Nationalhelden gemacht; daran änderten auch die zahlreichen Dörfer nichts, die er sich in seiner Geldgier aneignete. Die Tatsache, dass nach seiner Machtergreifung die Erdölproduktion von Abadan mangels Technikern rapide zurückgegangen war und dass der Boykott des persischen Erdöls die Finanzen des Landes in Gefahr brachte, kümmerte die kleinen Leute, deren Lage sich so oder so nur langsam hätte bessern können, sehr wenig. Wenn man auch nicht produzierte, hatte man doch wenigstens die Raffinerien, deren Ausserbetriebsetzung dem Kleinhandel auf unerwartete Weise Nutzen brachte: Gewisse leichte Installationen wurden nächtlicherweise von geheimnisvollen Gestalten abmontiert, und in den Basaren von Chusistan bekam man Wasserhähne, Lenkräder, Kabel, Bolzen, Rohre billig zu kaufen.

Dezember

Der Himmel war niedrig. Am Mittag zündete man schon die Lampen an. Der fade Geruch des Petroleums und das Klirren der Schneeschaufeln hüllten die Tage ein. Manchmal drangen aus einem benachbarten Hof Gesang und Flötenspiel einer armenischen Hochzeit durch die fallenden Flocken zu uns. Der kochendheisse Tee, den wir den ganzen Tag tranken, hielt uns die Eingeweide warm und den Kopf klar. Je tiefer die Stadt im dichten Winter versank, desto wohler fühlten wir uns hier. Dieser Gedanke schien die Witwe Schuschanik, unsere Vermieterin, die uns oft einen Besuch abstattete, zu beunruhigen. Dass man von so weit her und aus freien Stücken nach Täbris kam, schien ihr absurd. Am Anfang hatte sie gedacht, man habe uns sicher aus unserer Heimat verjagt, sonst würden wir uns nicht so auf den Landstrassen herumtreiben. Sie sass in einem Winkel meines Zimmers, dick aufgeplustert in ihrer schwarzen Schürze, und betrachtete mit grämlicher Missbilligung das Feldbett, den nackten Fussboden, das Fenster, das wir mit alten Zeitungen dicht gemacht hatten, und die Staffelei beziehungsweise die Schreibmaschine.

„Was tun Sie eigentlich hier?"

„Ich habe doch meine Schüler."

„Aber vormittags?"

„Sie sehen ja – ich mache mir Notizen, ich schreibe."

„Schreiben tue ich auch – Armenisch, Persisch, Englisch." Sie zählte an den Fingern ab. „Das ist kein Beruf."

Wir verliessen bald dieses heikle Terrain und wandten uns den Neuigkeiten in der Nachbarschaft zu, über die sie sehr gut informiert war: Der Zeitungsausrufer war an seinem Bauch gestorben ... Der Sohn des Kaufmanns hatte ein grosses Porträt des Schahs vollendet, ganz aus alten Briefmarken geklebt; es hatte ihn fast zwei Jahre gekostet, und jetzt wollte er nach Teheran fahren, um es selbst zu überreichen ... Sat, der Gerber aus der Schahnas-Avenue, hatte letzthin abends beim Glücksspiel dreissigtausend Toman verloren, ohne mit der Wimper zu zucken ... Hier horchte ich auf: Das war viel Geld, und mit den Zahlen irrten sich die armenischen Gerüchte nie.

Die Stadt besass noch einige letzte Reiche, die ihr keinen Nutzen brachten, weil sie sich gut zu tarnen wussten. Zum grössten Teil waren es Grossgrundbesitzer wie der alte M., die ihr Vermögen hinter ihrem schäbigen Äusseren verbargen. Um ihren Reichtum nicht zu verraten, investierten sie nicht im eigenen Land, sondern legten die Überschüsse ihrer Einkommen auf ausländischen Banken an oder spielten hinter verschlossenen Türen um fabelhafte Einsätze. Der

Gerber Sat, der so wacker verloren hatte, besass mindestens hundert Dörfer zwischen Choy und Mijane. Ein mittleres Dorf bringt ungefähr zwanzigtausend Toman ein. Er konnte also auf ein Jahreseinkommen von zwei Millionen Toman zählen und spürte seinen Verlust kaum.

Was ging, während die Geschichte die Runde im Basar machte, in den Köpfen der Armen vor, welche die überragende Mehrheit der Stadt bilden und ihr eigentlich das Gesicht verleihen? Nicht viel. Sie wussten ja, dass Sat dreimal täglich seinen Magen füllte, dass er, sooft ihn die Lust ankam, mit einer oder auch zwei Frauen unter genug Decken schlief und in einem schwarzen Auto herumfuhr. Weiter reichte ihre Vorstellungskraft nicht. Der Luxus gehörte einer Welt an, von der weder die Bücher, die sie nicht lesen konnten, noch der Film, der aus einer fremden Mythologie stammt, ihnen Beispiel sein konnten. Das Haus eines Reichen betraten sie bestenfalls durch die Dienstbotenräume, die kaum besser eingerichtet waren als ihre eigenen elenden Löcher. Sie konnten sich unter dreissigtausend Toman ebensowenig vorstellen wie wir unter einer Milliarde Dollar. Der Neid der Besitzlosen ging also nicht über Haut und Bauch hinaus; satt und bekleidet, hätten sie keinen Neid mehr empfunden. Doch sie hatten nichts zu essen, gingen barfuss im Schnee, und es wurde immer kälter.

Wegen des unvorstellbaren Abstands, der sie von den Armen trennte, hatten die Reichen sogar ihren Platz in der volkstümlichen Phantasie eingebüsst. Sie waren so rar und so fern, dass sie nicht mehr zählten. Die Stadt blieb ihrer Not bis in ihre Träume hinein treu. Die Wahrsager, die überall sonst auf der Welt eine glückliche Liebe oder eine grosse Reise verheissen, prophezeien hier bescheidener – und dazu musste man schon ein ganz ausgezeichnetes Gedicht[18] ziehen – drei Schalen Schafspilaw und eine Nacht in einem weissbezogenen Bett.

In einer Stadt, die den Hunger kennt, vergisst der Bauch nie seine Rechte, und das Essen ist ein Fest. An den Glückstagen standen die Hausfrauen in unserem Viertel in aller Frühe auf, um zu rupfen, zu reiben, zu entbeinen, zu rühren, zu hacken, zu kneten, die Glut anzufachen, und die dünnen Rauchwölkchen, die aus den Höfen aufstiegen, verrieten den geschmorten Stör, das auf Holzkohle gebratene, mit Zitronensaft beträufelte Huhn oder den *kufte* – einen grossen Kloss Hackfleisch, mit Nüssen, Kräutern, Eigelb vermengt und in Safran gebraten.

Die türkische Küche ist die gehaltvollste der Welt, die iranische von subtiler Einfachheit, Armenistan unerreichbar mit seinem Süss-Sauren und seinem Eingemachten; was uns betraf, assen wir hauptsächlich Brot. Ganz wunderbares Brot. In der ersten Morgendämmerung durchdrangen die Düfte aus den Backöfen den Schnee und stiegen uns verlokkend in die Nase. Armenisches Brot in grossen, glutheissen Laiben, mit Sesam bestreut; Sandschak-Brot, das einem den Kopf verdreht; flaches, mit Brandmalen versehenes Lawasch-Brot. Ein Land muss wahrhaftig uralt sein, um seinen Luxus solchermassen in die alltäglichsten Dinge zu stecken; man nahm dreissig Generationen und mehrere Dynastien hinter diesem Brot wahr. Mit eben diesem Brot, mit Tee, Zwiebeln, Schafskäse, einer Handvoll persischer Zigaretten und den langen winterlichen Mussestunden lebten wir ein gutes Leben. Ein Leben zu dreihundert Toman im Monat.[19] Ich hatte jetzt genügend Schüler, um dafür aufzukommen. Zwei von ihnen, Metzgerssöhne, bereicherten manchmal sogar unsere Alltagskost mit ein paar Abfällen, die sie von der väterlichen Fleischbank hatten mitgehen lassen. Es waren rothaarige Zwillinge, schüchtern bis zur Panik, die nichts wussten und nichts lernten, uns aber sehr sympathisch waren, wenn sie eine bluttriefende Ziegenlunge oder ein paar noch mit schwarzen Haaren besäte Büffelabfälle aus ihrer Schulmappe zogen. Jeden Samstagabend gingen wir ins Restaurant *Dschahan Noma,* das mit Kurden und finsteren, bemützten Schwelgern vollgestopft war, um ein Gericht aus Hammelfleisch zu verspeisen, von dem wir dann die ganze Woche lang sprachen. Thierry, der im Dämmerlicht malte und sich einbildete, seine Augen würden schlechter, sonderte sich von Zeit zu Zeit ab, um sich ein Kilo Karotten zu kochen. Abgesehen von dieser Schrulle war er nicht anspruchsvoller als ich. Als ich einmal die Ränder unseres eisernen Kochtopfs mit dem Messer reinigte, schlug er mir mit leuchtenden Augen vor, aus diesem Geschabsel „so eine Art grossen Klops" zu fabrizieren.

„Keine Briefe?"

„Die wärmen sich unterwegs", antwortete der Postbeamte und blies sich in die klammen Finger.

Seit zehn Tagen kam die Post nicht mehr durch. Hier war man wirklich auf dem Mond, aber wir fühlten uns wohl dabei. Meine Schüler liessen mir Zeit genug zum Arbeiten. Ich versuchte zu schreiben, es ging mühsam.

Der Aufbruch ist wie eine neue Geburt, und meine Welt war noch zu neuartig, um sich systematischer Überlegung zu fügen. Ich hatte keine Freiheit, keine Geschmeidigkeit – bloss Lust zum Schreiben und schlicht und einfach Panik. Ich zerriss wohl zwanzigmal eine Seite und fing wieder von vorne an, ohne dass es mir gelang, den kritischen Punkt zu überwinden. Durch hartnäckiges Dranbleiben glückte es mir manchmal für einen kurzen Augenblick auszudrücken, was ich dachte, ohne dass es steif wirkte. Dann war der kreative Moment vorbei, und ich starrte mit heissem Kopf durchs Fenster und sah zu, wie unser Truthahn Antoine, ein abgezehrtes Federvieh, das wir auf Weihnachten fettzumästen hofften, im verschneiten Garten herumspazierte.

Wenn die Arbeit gar nicht weiterging oder wenn der Geruch meines Hemdes mich selber zu stören begann, packte ich einen Ballen schmutzige Wäsche zusammen und nahm Kurs auf das *Iran,* ein Hammam, das zehn Minuten von uns entfernt war. Geführt wurde es von einer sauberen alten Hexe, die durch ihren Schleier Zigaretten mit goldenem Mundstück rauchte. Die Schaben, die in der Regel diese feuchten Orte bevölkern, waren schon im Herbst vor Kälte eingegangen, und auch dem anderen Ungeziefer hatte der Frost ein Ende gemacht. Dort floss das siedend heisse Wasser in Strömen, und man liess der Fröhlichkeit freien Lauf. Für einen Toman hatte man Anspruch auf eine Zelle mit zwei Wasserhähnen, einem Holzzuber und einer glattpolierten niedrigen Steinbank, auf der ich zunächst einmal meine Wäsche zu waschen begann, während ich dem Pfeifen und den Seufzern des Wohlbehagens lauschte, die zugleich mit dem Geräusch der Bürste aus den benachbarten Zellen drangen. Für einen zusätzlichen Toman nahm einen der Bademeister in die Kur. Er war ein schweigsamer Kerl und so spindeldürr, als hätten die Dampfwolken, zwischen denen er sein Leben verbrachte, sein Fleisch verschlungen. Zuerst legte er sein Opfer auf die steinerne Bank und seifte es von Kopf bis Fuss ein. Dann trieb er ihm den Staub aus den Poren, indem er die Haut mit Sandseife und einem Rosshaarhandschuh scheuerte und mit heissem Wasser übergoss. Schliesslich massierte er lange und ausführlich, zerrte am Kopf, liess die Rückenwirbel krachen, kniff die Sehnen und bearbeitete Gelenke, Rippen und Bizeps mit seinen Fäusten und seinen nackten Füssen. Er verstand sich auf sein Handwerk und liess keinen einzigen Muskel verkrampft. Es klappte immer. Ich spürte, wie sich unter den heissen Wassergüssen und seinen kundigen Händen die Nerven der Reihe nach entspannten, wie die Knoten sich lösten und tausend heimliche Schleusen, die durch die Kälte gesperrt waren, sich wieder auftaten. Dann blieb ich im Dunkeln ausgestreckt liegen, rauchte eine Zigarette und sah mich in meinem Kopf um, bis ungeduldige Fäuste, die auf die Tür einhämmerten, mich zwangen, meinen Platz zu räumen.

Gegen sechs Uhr verliess ich das Lokal – federleicht, reingewaschen bis ins Herz hinein und in der Kälte dampfend wie ein nasser Scheuerlappen. Ein reiner grüner Himmel spiegelte sich in den gefrorenen Pfützen. Die ganze Strasse entlang lagen die Kaufleute hinten in ihren Buden, die Stirn auf dem Fussboden, das Mützenschild im Nacken, mitten unter ihren Melassetöpfen, Rüben, Zuckerhüten, Linsensäcken und Fliegenfängern, und beteten mit lauter Stimme, dass der Himmel sie im Besitz all ihrer Schätze erhalten möge. Weihnachten rückte heran, und in Armenistan gingen bereits die Geflügelhändler von Tür zu Tür, den Rücken mit halberstarrten, blutigen Vögeln behängt, die noch schwach mit den Flügeln schlugen; es waren flockige Greise mit wächsernen Nasen, einer Art Bischofsmütze auf dem Kopf und langen Gewändern, die den Schnee durchfurchten wie die Geister des verzauberten Käfigs, in den wir bis zum Frühjahr gebannt waren. Glückverheissende Erscheinungen. Der Anfang eines Barockgedichts, das ich für meine Schüler aufgestöbert hatte, kam mir in den Sinn:

Adoncques Filles de l'air
De cent plumes couvertes
Qui de serf que j'étais
M'ont mis en liberté … [20]

An solchen Abenden arbeitete ich ohne Zwang, ich träumte mit den Händen im Schoss vor mich hin. Der Ofen bullerte. Der Truthahn Antoine schlummerte zu Füssen des Bettes, und seine Schlaftrunkenheit war spassig anzusehen. Draussen hing der Himmel über dunklen Häusern. Die Stadt war stiller als ein Grab. Man hörte nur von Zeit zu Zeit den Nachtwächter, die alte Grille, in der Ferne mit rauher Stimme vor sich hinsingen, um sich Mut zu machen.

Gegen Mitte Dezember vergiftete sich die Tochter eines Nachbarn aus Liebeskummer. Sie liebte einen Muslim, und alles war wirklich zu kompliziert. Sie schluckte Schire[21], und der junge Mann hängte sich an ihrer Seite auf. Capulets und Montagues. Langgezogene Klagerufe der Weiber über dem ganzen Viertel. An allen Türen waren die schwarzgrünen Zettel angeschlagen, die zur Totenfeier einluden. In der armenischen Kapelle ruhte das Mädchen mit gefalteten Händen in ihrem offenen Sarg. Sie trug ein fast neues Samtkleid und goldene Ringe in den Ohren. Im Hintergrund der Kirche bildeten die alten Frauen eine Gruppe von ausserordentlicher Würde und Vornehmheit: eine Phalanx von Parzen, in ihre schwarzen Schals gehüllt, schweigend, hart, weiblich, mit Augen wie Sonnen. Abgesehen von einigen alten Zigeunerinnen hatte ich noch nirgends diese herzzerreissende und mächtige sphinxhafte Würde gesehen. Das waren wahrlich die Hüterinnen des Geschlechts, hundertmal schöner als die heiratsfähigen Mädchen. Nach dem Gottesdienst zog die ganze Kirche an der Toten vorbei. Dann wurden die Pforten aufgetan, und zwei Frauen entledigten die Leiche vor den Augen der Passanten demonstrativ ihres Schmucks und ihrer Schuhe und zerfetzten das Kleid mit grossen Scheren. Es war Winter, die Jahreszeit der grossen Not und der Grabschänder; durch diese Massnahme hoffte man Entweihungen zu vermeiden. In der gleichen Woche starb ein Kurde in der Stadt, und niemand von seiner Familie war da, um ihn nach Hause zu bringen. Pech gehabt! Nun würde man ihn „schlecht begraben". Zwischen den sunnitischen Bergbewohnern und den schiitischen Städtern herrschte ein wütender Hass, der von immer neuen Zwischenfällen genährt wurde. Doch die Kurden sind gefährliche Raufbolde, und die Leute von Täbris fürchteten sie zu sehr, um sie lebendig anzugreifen; sie sparten sich ihre Rache tückischerweise für die Stunde des Todes auf. Die Kurden, die in der Stadt das Zeitliche segneten, liefen grosse Gefahr, platt auf dem Bauch liegend verscharrt, anstatt – wie der Brauch es verlangt – mit dem Gesicht nach Mekka gerichtet ins Grab gelegt zu werden. So würde der Todesengel Esrael ihnen, durch ihre unpassende Haltung beleidigt, den Eintritt ins Paradies verweigern. Daher kam es manchmal vor, dass ein Kurde, der todkrank im Distriktspital lag und seine Kräfte schwinden fühlte, verschwand, ein Pferd stahl und mit verhängtem Zügel heimwärts sprengte, um in Kurdistan zu sterben.

Eines Abends sprach mich ein junger Kurde vor dem Bad *Iran* an, um mich mit grosser Beharrlichkeit nach der Adresse eines Mädchens aus unserem Viertel zu fragen. Er trug einen weissseidenen Turban und einen neuen Stoffgürtel, in dem ein Dolch von mindestens tausend Toman Wert steckte. Offenkundig kam er soeben aus den Händen des Bademeisters und gedachte jetzt auf Brautschau zu gehen. Ich kannte die Adresse und das Mädchen; wir hatten zufällig vor ein paar Tagen eine Tonbandaufnahme mit ihr gemacht. Sie war eine blöde Gans, die sich etwas darauf einbildete, dass sie die schönen armenischen Volkslieder „wie am Konservatorium" mit allen möglichen Mätzchen sang, und hatte uns ein ganzes Band verpatzt. Ich grollte ihr also ein bisschen, aber nicht in dem Mass, dass ich ihr einen so entschlossen blickenden Freier vor die Tür gebracht hätte. Ich schickte ihn in die entgegengesetzte Richtung und ging weiter.

Wie nicht anders zu erwarten, verbreiteten die Leute von Täbris allerlei böswillige Gerüchte über die Kurden: sie seien Wilde, Beutelschneider, die ihre Töchter billig verkauften und sich an anderer Leute Töchter schadlos hielten, usw. Die Armenier stimmten zu, aber nur halbherzig; in Wirklichkeit standen sie mit den Kurden besser, als sie glauben machen wollten. Die Holzhändler im Basar handelten seit langem mit verschiedenen kurdischen Stämmen, und zwar auf der Basis uneingeschränkten Vertrauens. Man erzählte zwar, dass die Kurden in der Gegend von Resaje noch von Zeit zu Zeit Armenierinnen raubten, nach denen sie so lüstern sind, aber es waren hauptsächlich die Mädchen, die solche Geschichten verbreiteten, um darzutun, zu welchen Taten ihre Schönheit hinreissen konnte, und ich habe nie von einem konkreten Fall Wind bekommen. Jedenfalls leiden die Geschäfte nicht darunter. Wie die Perser es schon vor ziemlich langer Zeit dem Reisenden Herodot erklärten: „Frauen zu rauben, das ist freilich nicht recht; aber welche Torheit, sich die Sache so zu Herzen zu nehmen, dass man an Rache denkt! Ernsthafte Leute haben anderes zu tun.“[22]

„Zur Geburt eures Propheten“, erklärte Mussa. Er stand mit zwei blutigen Wachteln in der Hand vor unserer Tür, und seine Augen lächelten über seinem Jagdpelz. Es war Heiliger Abend, und er hatte als erster in der Stadt daran gedacht. Er kam gerade recht, wir hatten Lust auf Fleisch, und er sollte bleiben und uns beim Verspeisen seiner Vögel helfen.

Mussa, der am Ende unserer Gasse wohnte, war das einzige Kind eines türkischen Arbab, ein freundlicher junger Nichtstuer, der seine Zeit damit verbrachte, zu jagen, Miniaturen zu malen und endlos immer wieder *Les Misérables* in persischer Übersetzung zu lesen, ein Buch, das ihn immer von neuem mit heroischen Hirngespinsten und der Leidenschaft für die Gleichheit aller Menschen erfüllte. Er hatte nur noch Paris im Kopf und wollte uns einreden, dass er Persien hasste, aber das glaubten wir ihm nicht, er brannte nur darauf, sein Land mit dem blanken Säbel zu reformieren. Seine siebzehn Jahre spielten dabei eine Rolle, seine Familiengeschichte ebenfalls: Unter der Kadscharen-Dynastie hatte sein Urgrossvater, der den Gouverneur nicht billigte, mit einem Trupp von etwa fünfzig Mann die Stadt einzunehmen und ein paar Monate lang zu halten vermocht. In der Folge dieser Unternehmung war er bei einem Bankett, das man ihm zu Ehren veranstaltete, erschlagen worden. Der Grossvater, der die Angelegenheit wiederaufzunehmen drohte, erhielt eine Bombe und ging mit ihr in die Luft. Der Onkel war von enttäuschten Verschwörern, denen er sich nicht anschliessen wollte, von Kugeln durchlöchert worden.

Was den Vater betraf, hatte er auf die Wechselfälle der Politik verzichtet, um seine Besitzungen sorgsam zu verwalten und ein Vermögen anzuhäufen, was seinem Sohn erlaubte, den Kratzern und Beulen des harten Alltags auszuweichen und im Reich der Phantasie zu galoppieren. Mussa träumte auch davon, als armer Maler auf dem Montmartre zu leben. Zwecks Verwirklichung dieses Plans gedachte er sogar, seinem Papa die Einkünfte aus mehreren Dörfern abzunötigen, denn die „Armut in Paris" erschien ihm als ein beneidenswerter Zustand, den er sich noch kostspieliger vorstellte als den Reichtum in Täbris.

Unterdessen begann sein Vater, der ihn liebte, ihn an den abendlichen Zusammenkünften mit ein paar gewiegten alten Freunden teilnehmen zu lassen, damit er lernte, sich ein Urteil zu bilden, die Würfel richtig rollen zu lassen, zu trinken, ohne umzufallen, und nur zu sprechen, wenn er an der Reihe war. Da der Alte die Unbesonnenheit seines Sohnes kannte, hatte er ihm, als Faktotum und Sancho Pansa in einer Person, ein Findelkind beigegeben, das in unserem Viertel unter dem Namen Kütschük, „Kleiner", bekannt war. Der „Kleine", der für seine acht Jahre äusserst pfiffig war, verstand so hartnäckig zu feilschen wie eine alte Armenierin, trabte mit strenger Miene durch den Basar und erledigte die heikelsten Kommissionen. Aber er war ein glücklicher Kütschük: Sein zartes Alter gestattete ihm noch, in den Gemächern der Frauen zu wohnen, die ihn mit eingemachten Früchten oder gebratener Leber verwöhnten. Ein neuer Mantel, eine Mütze, freundschaftliche Witzeleien schützten sein schelmisches, heiteres Gemüt vor der Kälte. Vor allem hatte er niemals Angst. Niemals Angst – für ein Waisenkind in Täbris ist das unerhört. Es verlieh ihm jedenfalls etwas Besonderes, Gewinnendes, und die braven Familienmütter, die ihm auf der Schahanas begegneten, konnten es nicht lassen, ihm mit ein paar freundlichen Worten über den Kopf zu streicheln – worauf er gewöhnlich mit einigen Komplimenten antwortete, deren Obszönität sie erstarren liess.

Mussa kam uns oft besuchen. Zum Dank für die vielen Gefälligkeiten, die er uns seit unserem Einzug erwiesen hatte, gestanden wir ihm das Recht zu, uns bei jedem Besuch dieselben Geschichten von Mullah Nasser ed-Din[23] vorzusetzen und seine persönlichen Ansichten über die Malerei darzulegen. „Zuerst klassisch malen lernen, dann impressionistisch und zum Schluss erst modern ..." Er sass auf dem Feldbett und redete. Ich hörte nur mit halbem Ohr zu. Das alles hatte ich schon mindestens zehnmal gehört. Meine Gedanken drehten sich an diesem Abend um Weihnachten, den Angelpunkt des Jahres. Wir hatten ihn also schon erreicht – wo würden wir nächstes Jahr zu Weihnachten sein? Welche Wende würde unser Dasein nehmen? Ich sah zu, wie sich die Wachteln in unserer verbeulten Bratpfanne brutzelnd aufblähten, mit einem Sträusschen Pfefferminz und in einem Liter armenischen Weisswein, dem biblischen Wein, den man im Basar in Flaschen kaufen kann, die mit einem zerbrechlichen roten Wachssiegel verschlossen sind.

Ein dünnes Opferräuchlein über dem Haus, über den Lesebüchern der armenischen Schulbuben mit ihren magischen Schriftzeichen, über den Dächern der Stadt und den gefrorenen Äckern, die sie umgeben, über den Fuchsbauten und Rabennestern, über der ganzen, zarten, ehrwürdigen alten Welt.

Die paar Amerikaner von *Point IV* bildeten, etwas abseits der Stadt, eine sympathische kleine Gruppe, die in ihrer Isoliertheit fest zusammenhielt. Sie versandten Einladungen zu ihrer Silvesterfeier in einer alten Patrizierwohnung, die nach dem Abzug der grossbürgerlichen Armenier allen Chintzvorhängen und Plattenspielern der neuen Bewohner zum Trotz eine schmerzliche Atmosphäre der Verlassenheit bewahrt hatte. Wir freuten uns darauf, den Jahreswechsel in Gesellschaft zu verbringen. Gewaschen, gekämmt, aufgeregt betraten wir den Salon. Der Abend war schon in vollem Gang. Von Herzlichkeit überströmend, mit bunten Papiermützen auf dem Kopf, schüttelten die Amerikaner allen die Hand, zerschmetterten ihre Gläser, sangen aus vollem Hals. Gut ein Drittel von ihnen war betrunken. In ihren von Alkohol und Wohlwollen feuchten Augen leuchtete hin und wieder panische Angst auf, weil sie an diesem Tage so weit weg, so missverstanden, so anders waren ... Dann ging der Radau von neuem los. Die iranischen Gäste bildeten auf der anderen Seite des Bartischs eine stumme, lächelnde Phalanx. Wir gesellten uns zu ihnen; heute abend fühlten wir uns eher dorthin gehörig. Nach unserer Einsiedelei verwirrte uns das Gedränge. Man tanzte. Ich forderte eine schöngewachsene junge Frau auf, die schon beschwipst war. Die Tatsache, dass ich sie in meinen Armen hielt, erschien mir plötzlich so sonderbar und bemerkenswert, dass ich die Musik vergass und unbeweglich dastand, während ich sie fester und fester an mich drückte. Sie hob erstaunt den Blick zu mir auf, machte sich entrüstet frei und verschwand. Ich trank viel und Thierry ebenfalls, auf das Vollbrachte wie auf das zu Vollbringende, aber wir waren nicht mehr an Alkohol gewöhnt und erlagen ihm bald. Wir machten uns gerade rechtzeitig davon, um nicht dort einzuschlafen. Die Nacht war kalt und strahlend, der Schnee lag hoch, das Gehen war mühsam. Wir hielten einander an den Schultern, um nicht zu fallen. Wir hatten keine Lust heimzugehen, und die Milane und Hunde von Armenistan hörten uns noch lange durch die Gassen stapfen und fremdartig klingende Vornamen rufen.

So trieben wir uns mindestens eine Stunde lang laut brüllend herum. Das war zuviel. Als wir nach Hause kamen, war meine Kehle geschwollen, und ich klapperte mit den Zähnen. In meinem Zimmer war es Stein und Bein gefroren. Ich häufte alles, was ich an Kleidern, Fetzen, Packpapier fand, auf mein Bett und schlief sofort ein ... Eine sonderbare, frivole Melodie weckte mich noch vor Tagesanbruch. Wie durch einen Nebel hindurch erblickte ich neben meinem Lager eine schwankende Gestalt mit dem Hut über den

Augen, die Schubert pfiff. „Glückwünsche!“ rief sie mit einer ironisch tiefen Verbeugung auf deutsch und reichte mir die Flasche, die ihre Rocktasche aufblähte. Es war Paulus. Er hatte die Nacht durchzecht, auf dem Heimweg unsere Tür offen gefunden und kam, um „seine Glückwünsche darzubringen“. Ich trank einen Schluck, ohne gänzlich aufzuwachen, und fragte ihn, wie er ins neue Jahr hinübergekommen sei. „Im *Dschaban Noma* – eine Sauferei ... grausam, grausam, Herr Nicolas! *Je peux rire seulement* – Ich kann nur lachen.“

Er konnte die Saufbrüder nicht leiden. Der Alkohol war zwar seine Schwäche, aber auf seine eigene Art, er erlag ihm nie. Sogar auf Fluten von Arrak manövrierte er ruhig, wie ein unversenkbares Boot, ergreifender und sich selber ähnlicher denn je. Er hatte sich hingesetzt. Einen Augenblick lang erzählte er mir vom Autobus nach Teheran, bei dessen Abfahrt er, ich weiss nicht warum, zugegen gewesen war: die verschnürten Gepäckstücke, die Reisenden im tiefen Schnee, die nicht wussten, wann sie abfahren und ob sie je ankommen würden ... Wirklich grausam! Letzten Endes war auch er in der Stadt gefangen. Dann hörte ich ihn aus weiter Ferne zählen, während er meinen Puls hielt, und viel später den ersten Hahn des Jahres ... Ich erwachte am übernächsten Tag mit einem Rossfieber und einem dicken weissen Belag im Hals. Paulus hatte schon alles Notwendige veranlasst. Die Witwe Schuschanik war gerade dabei, eine Injektionsspritze aufzuziehen. Sie hatte eigens ihre weisse Pflegerinnenschürze angezogen und schien ganz entzückt zu sein ...

Januar

... auf dem wackeligen Feldbett, ein paar Lagen alte Zeitungen unterm Hintern, wartete ich zwischen dem nachttrunkenen Garten und dem Feuerschein des schlecht schliessenden Öfchens auf die Wirkung der Injektion. Ganz hinten im Viertel sendete ein Radio persische Lieder. Die Kinder der Armenierin zankten sich im Hof, und ich hörte Thierry im Nebenzimmer deklinieren: *rosa,* die Rose. Um sich den Winter zu verkürzen, hatte er mit *Latin sans peine* von Abbé Moreux angefangen. In all dem Weiss, im Widerhall der erhabenen Sprachen, in dieser uralten Provinz, welche die Legionen des Antonius nie zu erobern vermochten, nahmen die *Regina Parthorum* und das *pugnare scytham* der ersten Lektionen einen umfassenderen, geheimnisvollen, gleichsam nördlichen Sinn an, der das Fieber aufs Angenehmste begleitete. Es war nicht gesunken. Seit ein paar Tagen suchte ich den schwachen Punkt der Krankheit, ihre Ritze, um einen Keil hineinzutreiben. Arrak war es nicht. Ich brachte ihn nicht mehr hinunter, er verbrannte mir die Gedärme, ohne Erleichterung zu bringen. Und auch nicht das Latein aus dem Lehrbuch. Ich stemmte den Rücken gegen die steinerne Mauer, um mir einen Halt zu geben, und während ich zusah, wie der Schnee fiel, begann ich zu weinen, ganz methodisch, wie man einen Kamin oder einen Kessel reinfegt. Eine ganze Stunde lang, ja, das war das Richtige. Ich spürte, wie alle Sperren und Staudämme der Krankheit nachgaben und sich auflösten, und schlief schliesslich, im Herzen des Winters wie in einem weichen Kokon sitzend, entspannt ein.

Thierry hatte sich, als er mich pflegte, ebenfalls diesen falschen Krupp geholt; ich stand gerade rechtzeitig auf, um ihn zu pflegen. Das war leicht. Mit der Krankheit konnte er umgehen, wie wenn er sie ausbrüten oder sich selbst operieren würde. Fragen beantwortete er kaum, nicht aus Übellaunigkeit, nein, sondern weil er sich ganz auf seinen Zustand konzentrierte. Je intensiver er krank war, desto weniger lang würde er es sein. Auch sonst nahm er die leichteste Grippe zum Anlass, um sich zu erneuern, erholte sich schnell und betrieb seine Rekonvaleszenz mit Hilfe von klug dosierten, massvollen Freuden: ein Glas Tee unter den Pappeln, ein Spaziergang von fünfzig Metern, zehn Minuten lang an Istanbul denken oder auch alte Nummern von *Confidences* lesen, die eine meiner Schülerinnen uns lieh, was ihm sehr behagte. Vor allem die Fragen und Antworten im „Courrier du cœur". Er fand darin wahre Perlen, die unterschrieben waren mit: „Unter Tränen, Juliette (Haute-Saône)" oder „Zutiefst erstaunt, Jean-Louis (Indre)" – oder: „Dabei habe ich sie praktisch so gut wie nie betrogen, abgesehen von ein paar Reiseabenteuern, die mich fast nichts gekostet haben ..."

Man braucht feste Gewohnheiten, um durch den Winter zu kommen. Die meinen hatte ich mir in der Kneipe der Lastträger an der Ecke des armenischen Viertels zugelegt. Mit den Bettlern bildeten sie wohl die allerärmste Clique der Stadt. Deshalb besetzten sie auch dieses Tschaichane, wo sie, abgesehen von dem einen oder anderen Polizisten, der seinen Tee an der Theke trank, sicher sein konnten, unter sich zu bleiben. Als ich mich das erste Mal hineinverirrte, entstand augenblicklich eine so gespannte, vollkommene Stille – als sollte mir das ganze Gebäude auf den Schädel stürzen –, dass ich mit dem Kopf zwischen den Schultern heimkehrte und keine Zeile zu schreiben vermochte. Ich bildete mir ein, einfach zu leben, aber hier hatte ich das Gefühl, dass meine schäbige Mütze, meine abgewetzte Jacke, meine Stiefel meinen Wohlstand und meinen satten Bauch geradezu ostentativ verrieten. Ich steckte die Hand in die Tasche, um die paar Kupfermünzen, die darin klimperten, zum Schweigen zu bringen. Ich hatte Angst, aber sehr zu Unrecht. Es war die harmloseste Höhle der Stadt.

Um die Mittagsstunde herum trudelten sie in kleinen Gruppen ein, vor Kälte zitternd, mit gebeugtem Buckel, das zusammengerollte Tragseil über der Schulter. Sie liessen sich unter behaglichem Brummen an den hölzernen Tischen nieder. Der Dampf stieg aus ihren Lumpen auf, und die alterslosen Gesichter, die so nackt, so nachgedunkelt, so abgenutzt waren, dass sie das Licht durchschimmern liessen, begannen zu glänzen wie alte Kupferkessel. Sie spielten Tricktrack, schlürften mit langgezogenen Seufzern ihren Tee aus der Untertasse oder sassen im Kreis um eine Schüssel mit warmem Wasser herum, um ihre wunden Füsse zu baden. Diejenigen, die etwas Geld hatten, zogen an einer Wasserpfeife, und manchmal gaben sie zwischen zwei Hustenanfällen eine der erleuchteten Strophen von sich, die das Beste sind, was Persien seit zweitausend Jahren hervorgebracht hat. Die Wintersonne auf den blauen Wänden, der feine Teegeruch, das Klappern der Steine auf dem Damebrett, all das schien von einer so seltsamen Schwerelosigkeit zu sein, dass man sich fragte, ob diese ganze Schar von rauhen alten Seraphim nicht plötzlich unter gewaltigem Flügelrauschen mitsamt der ganzen Bude davonfliegen würde. Augenblicke grösster Zärtlichkeit. Diese Fähigkeit, sich den angefressenen Bronchien und den offenen Frostbeulen zum Trotz mitten aus einem verlorenen Dasein ein kleines Stück Behagen herauszuschneiden, war bewundernswert und echt persisch.

Mitte Januar wurde die Kälte bösartig und raffte einige von ihnen dahin. Ihre Habseligkeiten wurden jeweils im Hintergrund der Gaststube an den Meistbietenden verkauft: eine abgenützte Decke, ein halber Zuckerhut, ein Stück Seil und, wie ich mich gut erinnere, sogar zweimal der grüne Sejed-Gürtel, das Kennzeichen der Nachkommen des Propheten. In der Stadt erheben viele Anspruch darauf, doch am häufigsten ist er unter den Armen und Erniedrigten zu finden.

Kraft der Gewohnheit, die einschläfert und tröstet, wussten die meisten von ihnen kaum mehr, dass sie Hunger hatten. Ihr Mittagessen bestand, ausser den unabdingbaren drei Glas Tee, aus einem Stück türkischem Brot und einer dünnen Strähne gesponnenem Zucker. Wenn ich an ihrem Tisch sass, begannen sie nie zu essen, ohne mir zuvor von dieser kümmerlichen Kost anzubieten: *befarmaîd* – bitte schön –, wodurch sie alsbald geheiligt wurde. Wenn ich annahm, war es um ihre Tagesmahlzeit geschehen. Ich fragte mich, welches Gebot diese Hungerleider zwang, das bisschen, das sie besassen, so bedenkenlos anzubieten. Ein edles Gebot jedenfalls, sehr grossmütig und unabweisbar, mit dem die Darbenden besser vertraut sind als wir.

Pater Hervé hatte wahr gesprochen: Die kleine Universitätsbibliothek besass mindestens zweihundert französische Bände. Eine wunderliche Auswahl: Babeuf und Bossuet, Arsène Lupin und Elie Faure, René Grousset, die *Vie de Gambetta* und die Briefe des Maréchal de Soubise, dessen anmutiger, mit Euphemismen gezierter Stil – „Die Infanterie kämpfte ohne Begeisterung und gab ihrer Neigung zum Rückzug nach" – aus dem Persischen übersetzt zu sein schien.

Im *Empire des steppes* von Grousset fand ich die Geschichte einer chinesischen Prinzessin, um deren Hand ein westrussischer Chan angehalten hatte. Die Sendboten brauchten fünfzehn Jahre, um hin- und herzureisen und die günstige Antwort zurückzubringen, worauf die Angelegenheit abgeschlossen wurde – mit der nächsten Generation. Ich liebe die Langsamkeit; überdies ist der Raum eine Droge, die in dieser Geschichte aufs freigebigste ausgeteilt wird. Beim Essen erzählte ich Thierry davon, und er machte ein langes Gesicht. Die Briefe seiner Freundin Flo bestärkten ihn in seinen Heiratsgedanken – und er gedachte die Sache nicht bis zur nächsten Generation hinzuziehen. Kurz, ich kam mit meiner Prinzessin nicht gut an.

Als ich später aus der Badeanstalt *Iran* nach Hause kam, sah ich, dass er schier zerplatzen wollte. Ich machte Tee, damit er sich inzwischen beruhigte. Als ich wiederkam, explodierte er: „Ich halte es nicht mehr aus – dieses Gefängnis, diese Falle!" Ich verstand zuerst gar nicht, dass er von unserer Reise sprach, so blind kann einen der Egoismus machen. „Acht Monate schon, und schau nur, wie weit wir gekommen sind! Hier sitzen wir in der Falle!"

Er hatte genug gesehen, um sein Leben lang zu malen, aber vor allem hatte die Trennung eine Zuneigung reifen lassen, die unter dem Warten litt. Mir kam das gänzlich unerwartet, ich wusste nicht, was antworten. Es war gescheiter, eine so schwerwiegende Frage nicht mit leerem Magen anzugehen. Wir nahmen also Kurs auf das *Dschahan Noma,* und während wir jeder ein Hühnerbein abnagten, kamen wir überein, uns im kommenden Sommer zu trennen. Flo würde zu ihm nach Indien reisen; ich sollte mich später mit ihnen treffen, um irgendwo zwischen Delhi und Colombo die Hochzeit mitzufeiern, und dann würden sie ihrer eigenen Wege gehen.

Gut. Eine Unternehmung wie die unsere konnte nur von einer Krankheit oder von der Liebe abgebrochen werden, und da zog ich natürlich die Liebe vor. Sie gab seinem Leben Antrieb. Ich hatte nicht übel Lust, das meinige in die Irre gehen zu lassen, zum Beispiel in einem Winkel von Zentralasien, dessen Nähe meine Neugier so sehr reizte. Vor dem Einschlafen betrachtete ich lange die in Deutschland gedruckte alte Landkarte, die der Postmeister mir geschenkt hatte: die bräunlichen Verästelungen des Kaukasus, der kalte Fleck des Kaspischen Meeres und das Olivgrün der kirgisischen Orda, die allein ausgedehnter war als alles, was wir bisher durchfahren hatten. Diese Weiten machten mich kribbelig. Es ist so vergnüglich, diese grossen Faltbilder der Natur mit ihren Flecken, Höhenlinien, Schraffierungen anzusehen, und man stellt sich die Wege und Fahrten vor, neue Morgendämmerungen, eine andere, noch einsamere Überwinterung, Frauen mit platten Nasen und farbigen Kopftüchern, die in einem Dorf mit Häusern aus Brettern mitten im Schilf Fische zum Trocknen ausbreiten. (Etwas knabenhaft naiv, diese Sehnsucht nach jungfräulichen Ländern, aber darum nicht romantisch, sondern eher dem uralten instinktiven Drang entspringend, sein Schicksal in die Waagschale zu werfen, um es intensiver zu gestalten.)

Trotzdem war ich aus der Fassung gebracht. Unser Team war vollkommen, und ich hatte mir immer vorgestellt, dass wir alles gemeinsam zu Ende führen würden. Das schien mir abgemacht, aber diese Abmachung galt vermutlich nicht mehr. Man reist ja, damit sich etwas ereignet und ändert, sonst könnte man geradesogut daheimbleiben. Nun, für ihn hatte sich etwas geändert, was seine Pläne umwarf. Jedenfalls hatten wir nichts versprochen; im übrigen liegt ja in jedem Versprechen etwas Pedantisches, Kleinliches, das Wachstum, neue Kräfte, das Unerwartete verneint, und hier hatte die Stadt als Brutkasten gewirkt.

Täbris hatte so viel zu tun, dass es die schönen Künste ein wenig vernachlässigte, und der alte Bagramian, der einzige Maler der Stadt, war entzückt, einen Kollegen zu entdecken. Mit Handschuhen, Hut und Gamaschen angetan wie ein Verführer aus den Zeiten des Stummfilms, kam er hin und wieder, um Thierrys Arbeiten unter aufmunternden Ausrufen zu begutachten. Nachdem er dreissig Jahre in Leningrad vegetiert hatte, wo er „Blumenzeichnen" unterrichtete, war Bagramian hierher emigriert. Er hatte eine Handvoll Schüler gefunden und auf seine alten Tage hin eine wohlhabende armenische Dame geheiratet, die für seine weissseidenen Halstücher und Glacéhandschuhe aufkam. Seit dem Abschluss dieser Transaktion malte er so gut wie gar nicht mehr; seine Stärke war vielmehr eine gutgepolsterte Behaglichkeit. Er verbrachte den Winter damit, am Tisch seines Esszimmers zu sitzen, Aprikosenlikör zu nippen, Nugat zu knabbern, Pistazienkerne zu kauen und seiner Frau, die unsterblich in ihn verliebt war und ihm mit einem bewundernden Wackeln des Kopfes lauschte, alle möglichen Märchen aufzubinden. Wenn wir ihn besuchten, hielt er uns in seinem zungenfertigen Russisch lange Reden über die Sowjetunion, von denen wir kein Wort verstanden, während sie sein Glas nachfüllte, zärtlich seine Schulter klopfte oder vor Stolz auf ihren Künstler mit strahlenden Augen in die Hände klatschte. Manchmal hielt sie seinen Redefluss auf, um zu übersetzen. „Er sagt – nicht hingehen, niemals! Grosses, dunkles Land, ihr verschwindet, ihr vergesst alles. – Die Lethe ..." – „Lethe!" wiederholte Bagramian mit Emphase und liess zur Illustration seiner Worte kleine Stückchen Orangenschale in seinen heissen Tee fallen.

Das war so wahr, dass er, wie man erzählte, seine dortige erste Ehefrau ganz vergessen hatte, von der er noch nicht einmal geschieden war und von deren Existenz die zweite als einzige in der Stadt nichts wissen wollte. Unser Viertel kannte natürlich die ganze Geschichte und war der Ansicht, dass Bagramian ein schlauer alter Fuchs war, der sich einen behaglichen Lebensabend gesichert hatte. Wer sich so gut zu helfen weiss, wird geachtet. Jedenfalls suchte ihm deswegen niemand Unannehmlichkeiten zu bereiten; die Leute erwiesen dem alten Spassvogel Dank für seine Heiterkeit, und in Armenistan ist das Leben ohnehin zu schwer, als dass man jemand verleumden würde, ohne daraus Nutzen ziehen zu können.

Seine Bilder, die wir jedesmal Revue passieren liessen, waren weniger gelungen als er: peinlich genau gemalte Gärten, die trübe wirkten, obwohl darin immer die Sonne schien; Patrizierfrauen im Samtkleid, die Hände mit einem harten Lächeln um ein Taschentuch gefaltet; Generäle hoch zu Ross im Schnee, mit blanken, wie gewichsten Wangen und Orden auf der Brust. Thierry zog eine Grimasse, und Bagramian, den nichts aus der Fassung bringen konnte, verwickelte ihn jedesmal in eine hitzige Diskussion über die Malerei, um seinen Akademismus zu rechtfertigen. Mit Gesten natürlich. Er rief laut den Namen eines Malers und streckte die Hand in einer bestimmten Höhe aus, um zu zeigen, wie er ihn einschätzte. Thierry antwortete auf die gleiche Art. Sie waren sich selten einig; wenn Thierry Millet auf das Niveau des Fussbodens erniedrigte, warf sich Bagramian, der ihn auf Schulterhöhe erhoben hatte und seit dreissig Jahren kopierte, in einen Stuhl und schlug die Hände vors Gesicht. Sie einigten sich bei den italienischen Primitiven auf ungefähr einen Meter Höhe und kletterten mit einigen sicheren Werten – Ingres, Leonardo, Poussin – vorsichtig höher, während sie sich mit dem Blick belauerten und ihren besten Kandidaten klug in Reserve hielten, denn bei dieser Auktion wollte jeder das letzte Wort behalten. Wenn Thierry mit erhobenem Arm seinen Favoriten dem Zugriff des kleinen Russen entzogen hatte, stieg Bagramian auf einen Schemel und siegte, wenn auch nicht sehr elegant, mit einem völlig unbekannten russischen Maler. „Schischkin – grosser Maler“, sagte die Frau. „Birkenwälder im Schnee.“ Wir hatten nichts dagegen. Der Tisch hatte sich unterdessen mit Flaschen, Weisskäse, Gurken bedeckt, und wir interessierten uns hauptsächlich fürs Essen. Um die Freundschaft zu nähren. So meinte Bagramian es ja auch.

Februar

Die Stadt hatte sich an unsere Gesichter gewöhnt, wir waren nicht mehr verdächtig. Armenier, Weissrussen, Polizeikommandanten, Beamte, die für ihre Töchter von einem Pensionat in Lausanne träumten, luden uns in allzu hell erleuchtete Salons ein, wo die Spiegel, die Teppiche, die überladenen Möbel bezeugten, dass ihre Besitzer auf der Sonnenseite des Lebens standen. Um diesen Eindruck in uns zu erhalten, füllte man immerfort unsere Teller nach. Man fragte uns behutsam über unsere Lebensweise aus, denn wenn unsere Gastgeber ihre Stadt auch heimlich liebten, trauten sie uns nicht genug, um zu glauben, dass man sie mit hundertfünfzig Toman im Monat ebenso lieben konnte. Sie kannten uns noch nicht lange genug, um mit uns offenherzig über das Land und seine Probleme zu reden, wussten aber, dass wir schon zu gut im Bilde waren, um uns den offiziellen Optimismus aufzubinden, den die Perser den Durchreisenden vorbehalten. Es war peinlich. Ausflüchte in Form von aufrichtigen Liebenswürdigkeiten, Zurückhaltung in Form von zarten Aufmerksamkeiten – das Gespräch erstarb, und Thierry griff nach der Ziehharmonika und spielte den Damen zum Tanz auf. Wenn wir sehr eindringlich darum baten, pflanzte sich manchmal eine dieser stämmigen bürgerlichen Damen im schwarzen Kleid mit sittsam gesenkten Augen mitten im Zimmer auf und sang mit schneidender Stimme die armenischen Balladen von Sajat Nova[24] oder eines der aserbaidschanischen Klagelieder, dass es einem das Herz im Leibe umdrehte; und als wären die Fenster in hundert Scherben zersprungen, erfasste plötzlich alles, was Täbris an Mächtigem, Leidenschaftlichem, Unersetzlichem bedeutet, den ganzen Raum. Die Augen wurden feucht, die Gläser klirrten, der Gesang verklang – und mit glühendem Herzen sank alles erschöpft in die brüderliche, von vager Sehnsucht geschwellte, provinzielle Langeweile zurück, die die Stücke von Tschechow erfüllen.

Mitten unter den fremden Stimmen, dem Gähnen, den Fleischpastetchen überkam uns ein unbestimmtes Gefühl der Teilnahmslosigkeit. „Also los, esst doch, trinkt doch!" rief unsere Gastgeberin, die ihr bei den Ehrwürdigen Schwestern in Teheran erlerntes Französisch schon ein bisschen vergessen hatte. Ihre Beschwörungen drangen wie durch eine Art Watte in unsere Ohren, und wir schauten einander über unsere Gläser hinweg an. Was hatten wir hier zu suchen? Wie viele Jahre waren wir schon in dieser Stadt? Weshalb? Bagramians Worte klangen mir in den Ohren. Auch hier floss die Lethe. Wir gingen. Es schneite noch immer. In der Kälte, die uns an den Schläfen brannte, betrachteten wir einander. Sattgefressen. „Es war fett." Wir hatten keinen anderen Massstab mehr.

Nicht ohne Grund. Die Kälte erschöpfte uns. Wir nahmen ständig ab. Nunmehr träumten wir nicht mehr davon, gut zu essen, sondern fett zu essen. Im *La Nanou* konnte man sich diesen Traum erfüllen. Das war ein Studentenrestaurant, geführt von zwei alten Weiblein mit schuldbewussten Mienen und Mäusegesichtern, die in ihren schwarzen Schals und schwarzen Kopftüchern versanken. Die brauten alle möglichen schwartigen Brühen zusammen. Die Ältere, La Nanou, war Köchin bei Pischewari, dem Ex-Tribunen der „Freien Republik" gewesen, der bei der Rückkehr der Perser dem Galgen um Haaresbreite entkommen war. Jetzt besuchte er sie manchmal, um demütig in einem Winkel zu sitzen und den Geruch ihrer Kochtöpfe zu schnuppern. Ich weiss nicht, ob er zahlte, aber er bekam zu essen. Ich weiss nicht, ob er sie zur Zeit seiner Macht gut behandelt hatte, aber schlechte Beziehungen binden die Menschen ebenso fest aneinander wie gute, und zwar für immer. Nachher blieb er schläfrig, mit vollem Bauch, der so viel realer ist als der blaue Dunst der Macht, im warmen Suppendunst sitzen und hörte zu, wie die Gäste über die Regierung herzogen oder zwischen zwei Bissen ein paar subversive Strophen trällerten, die zwei neben der Tür sitzende alte Polizisten ohne Überzeugung in ihr Dienstbuch eintrugen.

Diese Witzchen nährten einen alten Streit zwischen Täbris und Teheran. Die Universität war unter der „Republik“ mit sowjetischer Unterstützung gegründet worden; sie war fortschrittlich eingestellt. Bei ihrer Rückkehr hatten die Iraner, die demokratische Unruhen fürchteten, die Fakultäten schliessen wollen; aber in Täbris gibt es nicht so viele Zerstreuungen, dass man auch noch den Unterricht abschaffen könnte. Die Studenten hatten, so hiess es, zu den Waffen gegriffen und ihr Ziel erreicht. Später hatten sie Mossadegh zuerst unterstützt, nach seinem Sturz dann vermisst und ihren Gefühlen in allzu anschaulichen Wendungen Ausdruck verliehen, als dass wir sie hier wiedergeben könnten. Mansur, einer der Stammkunden, der oft an unserem Tisch ass, übersetzte uns das Wesentliche im Slang von Montmartre. Mansur war der Sohn eines Lehrers aus Meschhed. Er hatte sich einen Pass beschaffen können, hatte drei Jahre in Paris durchgehalten und beendete jetzt hier sein Medizinstudium. Wenn der Winter oder die Stille zu schwer auf ihm lasteten, kam er zu uns, um sein Herz auszuschütten. Sein Kommunismus (made in France) wurde durch die Wirklichkeit, wie er sie hier antraf, völlig durcheinandergebracht. Diese herbe, störrische Stadt wollte sich ganz offenkundig nicht der Doktrin fügen. Er war darob ganz verwirrt. Er hatte mit Unterdrückten nach Parteischema gerechnet, die sich tatkräftig empörten. Doch hier ging es ganz anders zu. Allzu viele Bettler taten ihm den Schimpf an, trotz der eisigen Kälte sorglos und trotz der Syphilis ironisch zu erscheinen, ihm geldgierig die Hand hinzustrecken wie jedem anderen und Almosen, ganz gleich woher, mit geradezu obszöner Freude entgegenzunehmen.

In unserer kleinen Stube fühlte er sich wohler. Seine Forderungen fügten sich besser in unsere westliche Dialektik ein. Er konnte uns ausführlich seine Theorien darlegen, denen wir ein paar müde Argumente entgegensetzten; die Politik war uns allerdings lieber als die sehr realistische Chronik seines französischen Liebeslebens, das er mit einer Fülle von packenden Details versah, bis einem ganz schwindlig wurde. Wenn er besonders in Schwung war, gelang es ihm sogar, die beiden Themen, die ihn gleichermassen interessierten, miteinander zu verbinden, und er brachte schliesslich die Bettgeschichten der Dubarry mit den Übeln des Mehrwerts und die Mannstollheit Katharinas der Grossen mit dem kaiserlichen Amt in Zusammenhang. Wir unsererseits wünschten aus dem Iran keine Kolchose zu machen und warfen ihm seine allzu summarischen Abrisse, seinen Hang zu Utopien und die Hinfälligkeit seiner Beweisführung vor. Doch nur was die Form anbelangte, denn bis auf diese „Ungereimtheiten“ waren seine Bestürzung und Empörung durchaus berechtigt. Viele Studenten teilten sie, wenn auch heimlich; unter der Regierung Sahedi führten derartige Anschauungen geradewegs ins Gefängnis, und ein iranisches Gefängnis ist kein Spass. Für sie wäre Schlafen das Gescheiteste gewesen, denn die Stadt, die eine schwere Hand hat, hat einen noch schwereren Schlaf, aber leider, so sehr man der Jugend auch zuredet, ist es ihr bisher nie gelungen, die ganze Zeit zu schlafen.

Thierry, dem es an Leinwand und Farben zu mangeln begann, erhielt von der Post die Mitteilung, dass die Sachen, die er vor längerer Zeit in der Schweiz bestellt hatte, endlich angekommen seien.

Er stürzt aufs Postamt, füllt Formulare aus, unterschreibt Quittungen, zahlt eine Gebühr, geht zum Zoll und wieder zurück, steht dabei, während man die Sendung auspackt. Alles Gewünschte ist da – doch als er mit dem Paket endlich abziehen will, entreisst es ihm der Beamte lebhaft mit der Erklärung, der Direktor, der es ihm selbst zu übergeben wünsche, sei auf einen Augenblick weggegangen. Unterdessen führt man ihn in einen kleinen Salon und macht es ihm mit einem Öfchen, Zigaretten, Rosinen und Tee gemütlich. Er schlummert ein. Nach einer Stunde erwacht er und begibt sich zu unserem Freund, dem Postmeister:

„Worauf warte ich eigentlich?"

„Auf unseren Direktor, ein reizender Mensch ..."

„Wann kommt er denn zurück?"

„Farda – morgen."

„!?!"

„Ihr Paket – heute haben Sie es gesehen, morgen werden Sie es mitnehmen. Zwei Freuden statt einer einzigen!" Und der Alte geleitete ihn liebenswürdig zur Tür.

Farda, das Zauberwort. Voll von Verheissungen. *Farda* wird das Leben schöner sein ...

März

Im übrigen hatte uns der Winter Geduld gelehrt. Er lastete noch schwer auf der Stadt, doch im Süden begann er zu weichen. Dort brachte der warme Wind, der von Syrien her über die Berge wehte, den Schnee zum Schmelzen und liess die Bäche von Kurdistan anschwellen. An manchen Abenden verkündete ein unsteter, gelblicher Schein am südlichen Himmelsrand das Nahen des Frühlings.

Ich hatte in der Bibliothek gerade eine Sammlung von kurdischen Märchen[25] aufgestöbert, deren Frische mich bezauberte. So erwidert ein – offenkundig kurdischer – Spatz dem Grosskönig der Perser, der es ihm gegenüber an Achtung hat fehlen lassen, mit aufgeplusterten Federn: „Ich pisse auf das Grab deines Vaters!" Dreikäsehohe Halbgeister mit Eselsohren kommen in tiefer Nacht unter Donnergrollen aus dem Erdboden hervor, um die sonderbarsten Botschaften zu überbringen. Und ritterliche Zweikämpfe, vor denen Turpin und Lancelot erblassen müssten! Einer schlägt nach dem anderen. Der erste Hieb lässt den Gegner bis an die Schultern im Erdboden versinken. Der arbeitet sich unter Prusten und Schnauben heraus, holt weit aus und zahlt dem Widersacher mit gleicher Münze heim. Mit dem Krummschwert, mit der Keule, mit dem Speer. Die ganze Gegend hallt vom Kampf wider. Eine Hand fliegt dahin, eine Nase dorthin, und der Zorn, aber auch die Freude, sich auszutoben, wachsen dementsprechend an.

Die Aufhellungen am Horizont und die muntere Dichtung machten uns grosse Lust, das alles aus der Nähe kennenzulernen. Es war ein regelrechtes Unternehmen, uns *dschavas,* Passierscheine, zu verschaffen, weil die Lage in Kurdistan gespannt war. Die Kurden sind reine Iraner und loyale Untertanen des Kaisers, aber ihre Wildheit hat die Zentralmacht von jeher beunruhigt. Schon vor siebzehn Jahrhunderten schrieb der Arsazide Artabanus V. seinem aufständischen Vasallen Ardeschir[26]: „Du hast das Mass überschritten und dir selbst dein übles Los bereitet, du, ein KURDE, der in den Zelten der Kurden aufwuchs …" Seit den Zeiten dieser Warnung vermochten weder die Araber noch die Mongolen die kurdischen Hirtenvölker von den romantischen Bergweiden zu vertreiben, die Irak von Iran trennen. Dort fühlen sie sich zu Hause und gedenken die Dinge nach ihrem eigenen Sinn zu betreiben; und wenn sie einmal entschlossen sind, ihre Bräuche zu verteidigen oder einen Streit nach ihrer Art zu erledigen, dann fällt es der Stimme Teherans schwer, den Lärm ihrer Flinten zu übertönen. Manchmal – aber nur in der schlechten Jahreszeit – blockieren sie sogar die Strasse und erheben bei den Durchreisenden Weggeld. Um derlei Gelüsten zuvorzukommen, unterhält die Regierung in einigen Grenzorten eine zahlreiche Soldateska, die aber ihren Sold so selten zu sehen kriegt, dass sie bald darauf angewiesen ist, ihrerseits die Brandschatzer zu brandschatzen. So ist das Gleichgewicht wiederhergestellt und die Autorität bestätigt, allerdings um den Preis einer gewissen Konfusion, die beim Herannahen der Wahlen mit ihrem üblichen Gefolge von Intrigen, Erpressungen und Kuhhandel nur grösser werden kann. Die eigene schmutzige Wäsche wäscht man lieber untereinander, und insofern war es nicht der richtige Moment, einen Passierschein anzufordern, doch einen anderen gab es für uns nicht. Weder der Armeestab noch die Polizei waren besonders geneigt, unseren Wunsch zu erfüllen, aber da wir jetzt mit der Stadt auf gutem Fuss standen, schob jede Instanz die unangenehme Aufgabe, uns abzuweisen, der anderen zu. So pendelten wir zwei Wochen lang zwischen den beiden Amtsstellen hin und her und tranken Tee mit höflichen höheren Offizieren, die sich mit uns gern über alles unterhielten, ausgenommen über unser Anliegen. Tag für Tag erhielten wir Versprechungen, die wieder hinausgeschoben wurden und die wir mit einer Gelassenheit, die uns schwer ankam, unseren Gesprächspartnern, die schon unzählige Male ihr Wort nicht gehalten hatten, in Erinnerung riefen, wobei wir ihnen versicherten, dass ihr guter Glaube uns über jeden Verdacht erhaben schien. So strapazierten wir unsere Nerven und übten uns in dem uralten Spiel, bei dem der Geduldigere gewinnt. Man liess uns gewinnen.

Am Tag vor unserer Abreise besuchte uns Paulus. Er war kürzlich diese Strecke gefahren. Die Strasse war trocken bis Mijandoab, von dort an überschwemmt, aber befahrbar. Auf diesem Stück war gerade heute früh ein Jeep überfallen worden. Der Chauffeur, der eine Ladung Schmuggelware aus dem Süden brachte, hatte die Durchfahrt erzwungen, um seinen Einsatz zu retten, und Täbris mit von Kugeln durchlöcherten Türen und einer zerschossenen Lunge erreicht. Paulus hatte soeben die Kugel extrahiert und ihm das Leben gerettet. Seiner Meinung nach war der Streich von Schiiten aus Mijandoab oder von als Kurden verkleideten Deserteuren verübt worden. „Einen Turban aufsetzen ist nicht schwer – und in dieser Jahreszeit haben die Kurden andere Dinge im Kopf. Die Herden werden aus den Ställen gelassen, die Wanderung beginnt. Es stimmt, dass sie hart sind und sich untereinander bekämpfen, aber an den Reisenden vergreifen sie sich nur bei Hungersnot. Hier bauscht man diese Geschichten auf, um sie schlechtzumachen. Es kann immer mal passieren, wie Figura zeigt, *inschallah,* aber es ist die Ausnahme. Nehmt gerade nur soviel Geld mit, wie ihr braucht, und vor allem keine Waffen. Die brauchen sie selber zu notwendig. Waffen lieben sie sehr, da kommen sie im Dutzend oder mehr, um sie euch abzunehmen. Und was könnt ihr tun? *Vous pouvez rire seulement* – Ihr könnt nur lachen!“

Paulus hatte recht. Es hat keinen Sinn, mit der Pistole auf Besuch zu gehen, besonders wenn man nicht gut damit umzugehen weiss. Wir reisten, um die Welt zu sehen, nicht um auf sie zu schiessen.

Turbane und Weiden

Auf der Strasse nach Mijandoab

Die Fahrbahn war von tiefen Furchen durchzogen. Es war ein heikles Fahren, und sechs sesshafte Monate hatten uns ungeschickt werden lassen. Ein paar Mal versanken wir bis zur Motorhaube im Morast, ohne jede Aussicht, aus eigener Kraft wieder herauszukommen. In solchen Fällen ist es am besten, sich auf seine Fersen zu hocken und die Landschaft zu betrachten, bis hoffentlich ein Fuhrwerk vorbeikommt. Es lohnte sich. Trotz Regen war die Fernsicht gut. Im Norden flohen die Obstgärten mit ihren Schneeflecken und Bäumen, deren Zweige sich in die Höhe reckten, gegen Täbris und dem Winter zu; im Hintergrund der Landschaft streckte die Gebirgskette des Savalan ihre weissen, luftigen Grate über den Nebel hinaus. Im Westen trennte uns eine Sumpfwüste von den bitteren Wassern des Urmia-Sees. Im Süden, in der Richtung, woher der Frühling kam, dampften am Rand der dunklen, pappelbetupften Ebene die ersten Stützmauern von Kurdistan unter den Regengüssen. Zwischen den Schneeflecken rings um uns arbeitete und seufzte die Erde, im Glanz der zahllosen winzigen Rinnsale, die sie wie ein vollgesogener Schwamm wieder von sich gab. Allzuviel Wasser. Wir begegneten Kamelen, die bis zum Bauch nass waren. In den Furten stieg das Wasser; wir mussten uns ausziehen und in der Strömung, die bereits sehr stark war, den besten Weg für den Wagen suchen.

Auf dem Weg nach Mahabad

Kein einziger Strassenräuber; dafür wurden wir mehrmals durch Gruppen von sechs oder sieben Personen voller Hoffnung aufgehalten. In den Augen der Kurden ist alles, was einen Motor und vier Räder besitzt, zwangsläufig ein Autobus, und sie beeilen sich, einzusteigen. Man mag ihnen noch so einleuchtend erklären, dass der Motor zu schwach ist, dass die Achsen brechen werden – sie wollen nichts davon hören, schlagen einen freundschaftlich auf die Schulter und installieren sich mit ihren Packen und Bündeln auf den Kotflügeln, den Trittbrettern, den Stossstangen, um zu zeigen, wie gut das geht, dass die Unbequemlichkeit ihnen nichts ausmacht, dass es sich schliesslich nur um fünfzig Kilometer handelt ... Wenn man sie nötigt, wieder abzusteigen – mit Vorsicht, denn sie sind alle bewaffnet –, glauben sie, dass man zu handeln versucht, und ziehen voller Entgegenkommen einen Toman aus dem Gürtel. Sie verschwenden keinen Gedanken an die Grösse oder die Kapazität des Wagens; der ist für sie so etwas wie ein stählernes Eselchen, dem man soviel wie möglich aufhalst, bis es einmal unter den Schlägen zusammenbricht. Was uns betraf: Ein Erwachsener oder zwei Kinder, das war das Äusserste, was wir tun konnten.

Knapp vor Mahabad lasen wir einen bis zu den Hüften mit Dreck bespritzten alten Mann auf, der wacker durch den geschmolzenen Schnee stapfte und dazu aus voller Kehle sang. Als er sich auf dem Beifahrersitz niedergelassen hatte, zog er eine uralte Knallbüchse aus der Hose und gab sie Thierry höflich in Verwahrung. Hier gilt es nicht als fein, eine Waffe auf sich zu tragen, wenn man das Haus eines anderen betritt. Dann drehte er jedem von uns eine dicke Zigarette und begann aufs neue sehr hübsch zu singen.

Was mir vor allem anderen gefällt, ist die Fröhlichkeit.

Mahabad

Strohlehmhäuser mit blaugestrichenen Türen, Minarette, Rauch aus Samowaren und Weiden am Bach, in diesen letzten Märztagen badet Mahabad im goldenen Zitronengelb des Vorfrühlings. Durch das schwarze Werg der Wolken sickert ein gleichsam filtriertes Licht auf die flachen Dächer nieder, auf denen klappernde Störche nisten. Die Hauptstrasse ist ein einziges Schlammloch; da gehen Schiiten mit düsteren Mützen, Sardoschti[27] mit runden Filzkäppchen, vierschrötige Kurden mit ihren Turbanen, die lauthals heisere Lieder singen und die Fremden dreist und voller Wärme mustern. Wer nichts Dringenderes zu tun hat, heftet sich entschlossen an unsere Fersen und folgt uns in drei Meter Entfernung, den Kopf etwas vorgeneigt und die Hände auf dem Rücken – immer auf dem Rücken, weil ihre Hosen keine Taschen haben.

Dergestalt scharf beobachtet, schlendern wir durch fusshohen Schlamm, trinken Tee in den Verkaufsbuden, atmen die frische Luft und sind mit allem einverstanden – bis auf die beiden Polizisten mit den zerrütteten Gesichtern, die uns auf Schritt und Tritt begleiten und im ängstlichen Bestreben, ein bisschen Autorität zu demonstrieren, Miene machen, die harmlose Menge hinter unserem Rücken mittels lässig ausgeteilter Ohrfeigen zu zerstreuen.

Das war die negative Seite von Mahabad: zu viele Uniformen. Die königsblauen Röcke der iranischen Gendarmerie und allenthalben kleine Trupps von zerlumpten Soldaten, die aussahen, als hätten sie nichts Gutes im Sinn. Ihre Offiziere liessen sich kaum blicken. Als wir am Abend noch ein wenig spazierengingen, stiessen wir ganz zufällig auf ein Dutzend von ihnen, die vor einer vom Hochwasser bedrohten Brücke standen und eifrig palaverten. Sie unterzogen unsere Passierscheine einer genauen Prüfung, befahlen uns in scharfem Ton, in die Stadt zurückzukehren, „bevor die Kurden uns ausraubten“, und nahmen ihre Debatte wieder auf. Sie schrien, um sich über das Tosen des Flusses hinweg verständlich zu machen, einer nach dem anderen, während eine Ordonnanz Namen und Ziffern in ihr Notizbuch eintrug. Erst nach einer Weile dämmerte uns, dass der Mann Wetten aufnahm, und zwar ging es darum, ob die Brücke – ja oder nein? – einstürzen würde. Sie stürzte ein.

In Mahabad gab es keine räuberischen Kurden, nur Unzufriedene, die von der Armee zum Schweigen gebracht werden sollten, aber die Räubergeschichten bildeten einen bequemen Vorwand, um eine bedeutende Garnison in der Stadt zu unterhalten. Die offiziellen Stellen verbreiteten sie darum gern und stützten sie notfalls durch einige willkürliche Verhaftungen ab. Die Kurden duldeten diese getarnte Besetzung um so unwilliger, als die Armee hier ein schlechtes Andenken hinterlassen hatte. Bei der Liquidation der kleinen Kurdischen Republik Mahabad[28] im Jahr 1948 war sie hart vorgegangen. Sie hatte die kurdischen Autonomisten, deren Forderungen doch wahrhaftig bescheiden waren, fast völlig vernichtet und ihren Anführer, Kasi Mohammed, trotz feierlicher Versicherungen kurzerhand aufgehängt. Die Leute von Mahabad schmückten sein Grab getreulich mit Blumen und sahen den Truppen mit Blicken nach, die nichts Gutes verhiessen.

Dem Inhaber des Hotels *Gilan,* dem einstigen Transportminister, war ein besseres Los beschieden als dem unglückseligen Kasi. Gleichfalls zum Tode verurteilt, war er im Austausch gegen mehrere Dörfer mit knapper Not begnadigt worden. Mit siebzig Jahren hatte er die Lebensfreude wiedergefunden und führte voller Elan seinen Gasthof. Es war ein Gebäude mit klafterdicken Mauern und mächtigen Dachbalken, zwischen denen Schwalben und Spatzen ihre Nester gebaut hatten. Zwei himmelblau angestrichene Eisenbetten, ein Küchentisch und ein kurdischer Teppich in abgeschossenen Farben bildeten die Einrichtung unseres Zimmers, in das wir abends, bis auf die Knochen durchnässt, heimkehrten. Während unsere Klamotten dampfend über dem Kohlenbecken trockneten, spielten wir bei dem apokalyptischen Licht, das von der überschwemmten Strasse hereindrang, in Decken gehüllt, Tricktrack. Der Patron, der uns das Essen brachte, gesellte sich zu uns, um bei der Partie zu kiebitzen, uns zu verbessern oder uns durch einen diskreten Rippenstoss darauf aufmerksam zu machen, dass wir eine der zahllosen Mogeleien übersahen, die die Würze dieses scheinbar so einfachen Spiels ausmachen.

Ein kurdischer Geschichtenerzähler aus dem Basar teilte gleichfalls unser Mahl. Er kannte eine Unmenge Sagen und Hirtengesänge, die wir auf Tonband aufnahmen. Er sang wie rasend, mit einer verbissenen Lustigkeit, die das ganze Stockwerk aufrührte. Unsere Gangnachbarn klopften einer nach dem anderen an unsere Tür und liessen sich reihenweise auf den Betten nieder, um ihm zuzuhören. Es waren Arbabs von den Ufern des Urmia-Sees, beleibte, muskulöse Gestalten und dabei behend wie die Wiesel, die ihre Besitzungen in guter Hut zurückgelassen hatten, um sich nach Mahabad zu begeben und die Machenschaften vor den Wahlen aus grösserer Nähe zu verfolgen. Abgesehen vom dunklen Stoffturban, dessen Fransen über die Augen herabhängen, dem breiten baumwollenen Gürtel und dem kurdischen Dolch, waren sie westlich gekleidet: kräftige mittelalterliche Feudalherren in englischen Anzügen, die sich in diesem fremden Zimmer völlig unbefangen bewegten. Sie musterten uns mitsamt unserem Gepäck mit dem eindringlichen Blick, der für die Kurden so typisch ist, reichten uns ihre gravierten Tabaksdosen oder liessen die dicke goldene Repetieruhr, die sie aus der Westentasche zogen, lächelnd gegen ihr Ohr schlagen.

„May I come in?“ Der Polizeikommandant trat ein, ohne die Antwort abzuwarten. Süssliche Stimme, Schlitzaugen, die Fangzähne in einem schmeichlerischen Lächeln entblösst. Er legte seinen Revolver und seine tropfnasse Mütze auf den Tisch, begrüsste die anwesende Gesellschaft und erkundigte sich, wie wir den Tag verbracht hätten – dies alles mit einer Biederkeit, die nur schlecht seinen Missmut darüber verhehlte, so viele Kurden bei uns versammelt zu sehen. Er war überzeugt, dass unsere Unkenntnis des Persischen nur vorgetäuscht war, dass wir Intriganten waren, und ärgerte sich, dass er nicht rechtzeitig gekommen war, um alles zu hören. Zugegeben, hier machten sich wirklich die verschiedenartigsten Einflüsse heimlich breit: Engländer, Russen, Amerikaner, kurdische Separatisten, nicht gerechnet die Polizei und die Armee, die durchaus nicht die gleichen Ziele verfolgten. Jeder gehörte irgendeiner Clique an, es war wichtig zu wissen welcher, und der Polizeihauptmann, der erst seit kurzem in der Stadt war, hatte Mühe, sich zurechtzufinden. Er war hierher versetzt worden, um den Gefängnisdirektor abzulösen, nachdem die Insassen mit Hilfe von unablässigen Beschwerden und anonymen Briefen endlich erreicht hatten, dass dieser abberufen wurde. Er übte sein Aufpasseramt ohne viel Begeisterung aus und zeigte sich doppelt entgegenkommend, damit man es ihm nicht nachtrage. Sei es aus Langeweile, aus Freundschaft oder aus Argwohn – er besuchte uns ständig, beharrte darauf, uns auf unseren langen Wanderungen zu begleiten, und riskierte sogar Kritik an der Regierung, in der Hoffnung, dass wir uns verraten würden. Diese unablässige Beaufsichtigung störte uns zwar, doch er übte sein Amt zu gewandt aus, als dass man ihm die Tür vor der Nase zuschlagen konnte. Obendrein sprach er gut Englisch, gab auch die bissigsten Bemerkungen unserer Gäste treulich an uns weiter und übersetzte die Verse des Erzählers aus dem Stegreif:

Der Regen fällt,
Alles voll Wolken, voll Regen,

Was sucht ihr, Frühlingsblumen?
Und all das Wasser, das fällt und fällt,
Sind die Tränen aus meinen Augen …

Das Lied passte wahrhaftig! Das Gasthaus trieb im Lärm der Dachtraufen wie eine Arche dahin, und der endlose Regen, der eine Brücke nach der anderen forttrug, hielt uns in der Stadt gefangen. Wir hatten kein Geld mehr. Der Besitzer des *Gilan* hätte uns auf unsere ehrlichen Gesichter hin gern auf Kredit in unserem Zimmer wohnen lassen, doch der Polizeihauptmann, der uns immer nervöser betreute und enger bewachte, je länger sich unser Aufenthalt ausdehnte, bot uns an, im Gefängnis zu wohnen. Eine liebenswürdige, aber zwingende Aufforderung. Es blieb uns nichts anderes übrig, als ihr zu folgen.

Im Gefängnis von Mahabad

Der erste Morgenstrahl, der durch die vergitterten Fenster drang, traf zunächst die Messingknöpfe der Uniformjacke, die an der blaugestrichenen Wand hing, hierauf ein Plakat in den iranischen Nationalfarben, auf dem die in Medaillons gefassten Porträts einiger verdienter, aber leider verschiedener Polizeibeamten prangten, und erfasste schliesslich die Silhouette des Hauptmanns im Pyjama, der endlos gurgelte.

Wir lagen in unseren Schlafsäcken auf dem Fussboden und sahen übellaunig zu, wie er ein Dutzend Kniebeugen machte, langsam zählend a-at-me-te, seine Uniform anlegte und sich im Spiegel zulächelte, wobei er sich zum Zeichen seines Wohlbefindens ein paar tüchtige Klapse versetzte. Dann öffnete er die Fenster, vor denen der morgendliche Regenguss niederging, zündete ein Räucherstäbchen an, um die Atmosphäre zu reinigen, und liess sich an seinem Schreibtisch nieder, während er langsam seine behaarten

Hände rieb, als gälte es, einen unsichtbaren, zögernden Gesprächspartner zu überreden.

Ob wir heute wohl ausgehen dürften? Er fürchte nein, leider. Die Stadt sei zu unruhig – die Wahlen, nicht wahr. Wir könnten belästigt werden, und er trage ja die Verantwortung … Im übrigen wollte er gerade heute mit uns sein Mittagessen teilen: Steinbrech an brauner Butter, eine kurdische Spezialität, die er eigens für uns zubereiten liess. Er läutete dem diensttuenden Polizisten, der mit schleppendem Schritt eintrat und salutierte, während er das Strickzeug, mit dem er seine Dienststunden ausfüllte, in der linken Hand verbarg; hierauf marschierte er, mit einer Einkaufstasche in der Hand, ab zum Basar. „Ausgezeichnet, der Steinbrech", fügte der Hauptmann mit einem tiefen Atemzug hinzu. „Harntreibend, darmreinigend …" Es folgte eine Reihe von Ratschlägen für eine gute Diät. Gute Verdauung, richtige Ernährung – das war seine Marotte. Gewiss, die Gesundheit ist etwas Schönes – aber sie jeden Morgen zwangsweise vordemonstriert zu bekommen! Wir drehten uns zur Wand, um noch ein bisschen zu dösen. Letzten Endes sind Gefängnisse zum Schlafen gemacht, und dieses hier ermöglichte uns unsere ersten Ferien.

Gegen neun wurde es lebendig. Aus den Zellen vernahm man Gähnen und Singen. Der Junge aus der benachbarten Kneipe brachte einen Kessel Tee für die Wachposten, den er auf dem Kopf balancierte. Hierauf kam der Barbier, den Streichriemen über der Schulter, um die Runde bei den Gefangenen zu machen. Es kamen klageführende Parteien, die über uns hinwegstiegen, um zum Schreibtisch des Hauptmanns zu gelangen: Verwandte von Gefangenen, von kläglicher Unterwürfigkeit, Berufsschmuggler, Mullahs vom Land, die ihren Esel vor der Tür gelassen hatten und unter tiefen Bücklingen nähertraten, um sich für eins ihrer

Schäflein einzusetzen. Wir beobachteten das Defilee mit halbgeschlossenen Augen aus der Froschperspektive.

Eines Morgens rissen mich zwei dreckige Lederpantoffeln, die haarscharf an meiner Nase vorbeisegelten, und eine schrille Frauenstimme jäh aus dem Schlaf. Es war ein Freudenmädchen, eine geschmeidige, stämmige Person, das Gesicht zolldick mit Schminke bedeckt. Sie sprach Aseri, und davon verstand ich jetzt genug, um zu erfassen, dass sie sich beim Hauptmann über die Soldaten beklagte, die mit ihr gingen und dann nicht bezahlten.

„Das ist das Militär", sagte er. „Damit habe ich nichts zu tun. Geh nicht mehr mit Soldaten, geh mit meinen Gendarmen, wenn sie noch können. Über die kannst du dich dann beklagen." Er reichte ihr eine Zigarette und liess Tee für sie bringen. Sie setzte sich in ihrem geblümten Tschador auf den Tischrand und fuhr fort, sich mit dem Kapitän heiter herumzuzanken, während sie ihren Schuh an der Zehe baumeln liess und kräftige Rauchwolken ausstiess. Sie hatte keine Angst, das war klar. Angst erkennt man sofort an der gedämpften Stimme und dem gesenkten Blick. Sie redete im Gegenteil ohne Pause drauflos: faule Witze, Klagen, Basarklatsch. Redete mit einer rauhen, phantastischen Vitalität und unterbrach sich nur, um in Gelächter auszubrechen oder uns mit ein paar derben Neckereien zu bedenken. Ihre Knöchel waren schmutzbedeckt, sie hatte prachtvolle, blutunterlaufene Augen, Spuren von Bissen um den Mund. Sie war wie ein einziger Fluss: schlammig, tief, mächtig. Sie drohte dem Hauptmann noch scherzend mit dem Zeigefinger und verschwand ebenso plötzlich, wie sie erschienen war. Er amüsierte sich sehr: „Sie will jetzt eine Zeitlang aufs Land zurück ... Sie klappert auch die Dörfer ab, verstehen Sie, wie ein Hausierer, zu Fuss, mit einem eisenbeschlagenen Stock und ihren Wohlgerüchen im Bettelsack."

Diese grausamen, erniedrigten und dabei so unendlich starken Leben! Ich hätte aus meinem Sack springen und die Gevatterin abküssen sollen, aber dann hätte der Wachposten vor der Tür, der die Hand ans Ohr hielt, um keine ihrer Antworten zu versäumen, überhaupt nichts mehr begriffen.

Unser Status als Gefängnisgäste war nicht genau definiert. Nachmittags durften wir in die Stadt gehen, von zwei Gendarmen flankiert, die den Auftrag hatten, uns wieder zurückzubringen: kurzatmige, alte Anstandswauwaus mit Milchkaffeeschnurrbärten, die kläglich nach uns riefen, wenn wir einen raschen Schritt anschlugen. Wir hatten nichts gegen sie, aber ihre Begleitung liess uns in einem falschen Licht erscheinen, ganz abgesehen davon, dass es nicht sehr höflich ist, sich mitten unter völlig harmlosen, wohlmeinenden Menschen mit Gendarmen zu umgeben. Das einzige Mittel, sie endgültig loszuwerden, bestand darin, im Basar unterzutauchen, wohin sie auf Grund einiger, ihrer Stellung gemäss bescheidener Erpressungen nicht gern gingen. Sie liessen sich also an der Grenze dieses gefährlichen Gebiets bei einem Teehändler nieder, wo wir sie, um ihnen eine Rüge zu ersparen, auf dem Rückweg abholten.

Ein kleiner Basar, der vom Wind munter durchgerüttelt wird. Verkaufsbuden, die sich längs der glänzenden Schlammstrasse aufreihen, Büffel mit müden Augen, die sich in den Pfützen suhlen, Kamele, die Stirn gegen den bösen Blick mit blauen Perlen bedeckt, Tapeten, an denen der Wind reisst, Teppichballen, Fässer voll Reis, Linsen oder Schiesspulver, und auf jedem Vordach das weisse Durcheinander der Störche. Mitten in dieser Menagerie rechnen die schiitischen Budenbesitzer mit Höchstgeschwindigkeit auf ihrem Kugelschieber aus Ebenholz. Die Maultiertreiber lassen ihre Tiere inmitten von sprühenden Funken und dem Geruch von verbranntem Horn beschlagen oder beladen sie – ohne viel Heimlichtuerei – mit Schmuggelware, die für die „Landsleute" im irakischen Kurdistan bestimmt ist.[29] Sie trödeln nicht, denn die saisonmässige Arbeitslosigkeit und die Nähe einer nicht überwachbaren Grenze spornen die Konkurrenz mächtig an. Kinder tanzen Ringelreihen, bis ihnen schwindlig wird, und singen dazu laut und falsch; mitten unter ihnen die Zuschauer, grosse, ernsthaft blickende unheimliche Gesellen. Hier ist man der Ansicht, dass man sich ins Innere der Runde stellen muss, um den Tanz richtig zu geniessen. So machen die Kurden alles nach ihrer Art, und ihr brüderlicher Ulk greift einem manchmal richtig ans Herz.

Abends lud der Hauptmann, der nicht sicher war, ob er uns einfach so einsperren durfte, zu unserer Unterhaltung die Elite seiner Gefangenen ein. Er behandelte sie mit Milde, halb aus echter Menschlichkeit, halb aus Angst vor einer Kugel aus dem Gewehr eines Anverwandten. In der Welt braucht es von beidem etwas. So lernten wir Hassan Mermokri kennen. Seine Gefängnisdecke um die Schultern, trat er hinter dem Wachsoldaten ein, grüsste mit überlegener Nonchalance und schüttelte lächelnd seine lange Mähne, wenn der Hauptmann ihm wie an jedem anderen Abend sagte: *„Hassan, satmoni tschai dar scht'n* – du hättest den Friseur nötig."[30] Barhäuptig, die zerlumpte Hose über den schreiend bunten Socken, wie sie die Hirten beim Hüten ihrer Herde stricken, an den Knöcheln zugebunden, das Hemd mit den langen, geschlitzten Manschetten, die unterhalb des Handgelenks baumeln, und das dunkle Übergewand mit dem russischen Kragen: die Tracht der Kurden aus der Ebene. Doch seine Persischkenntnisse[31] und der Kugelschreiber, der aus seiner Brusttasche hervorschaute, straften seine bäuerlichen Lumpen Lügen. Er war ein junger Arbab aus der Gegend von Resaje. Mit sechzehn Jahren hatte er anlässlich eines Streits einen Onkel, der ihn bedrohte, erstochen. Sowas kann vorkommen. Die Zeugen sagten zu seinen Gunsten aus, man hatte ihn nicht weiter belästigt. Doch vier Jahre später hatte ein Vetter, der nach den Einkünften aus seinen Dörfern trachtete, es mit Hilfe von vielen Intrigen und Schmiergeldern dahin gebracht, dass er unter Anklage gestellt wurde. Da er zum Zeitpunkt der Tat noch zu jung war, um die Todesstrafe zu gewärtigen, war er zu hundert Jahren Gefängnis verurteilt worden – das iranische Strafrecht kennt den Begriff „lebenslänglich" nicht, denn darüber kann allein Allah verfügen. Er war seit zehn Jahren hier und hatte gelobt, sich die Haare nicht schneiden zu lassen, bis er herauskäme. Die lange Mähne, die ihm bis zur Taille hinabhing, fiel bei jeder Kopfbewegung über seine grünen Augen. Während er seine Hände am Teeglas wärmte, erzählte er mit gedämpfter Stimme, so langsam, dass der Hauptmann übersetzen konnte.

Hassan war vom Stamm der Targuar-Kurden, deren Weideland sich südwestlich von Resaje bis zur türkischen Grenze erstreckt. Seine Familie, die dem niederen Adel angehörte, hatte Persien stets treulich gedient, wenn auch nicht ohne sich einige Freiheiten herauszunehmen. So hatte einer seiner Vorfahren die Tochter eines Safawiden-Kaisers entführt und war im Lauf dieses Abenteuers mitsamt seiner Liebsten umgekommen. Ein anderer hatte von Schah Abbas eine Hand aus purem Gold im Gewicht von drei Pfund erhalten, weil er seine eigene im Kampf gegen die Osmanen eingebüsst hatte. Es gab noch manche andere, die ihr Pulver für ein paar Schafe oder drei Maulbeerbäumchen verfeuert hatten, vielleicht auch für ein armdickes Rinnsal in den üppigen Baumgärten von Urmia, wo Aprikosen, Nüsse,

Melonen und Weintrauben wie durch Zauber gedeihen. „Resaje – das ist das Gelobte Land“, ergänzte der Hauptmann, der sich etwas übergangen fühlte, mit schriller Stimme. „Er lügt Sie nicht an. Übrigens ist er ein braver, fügsamer Bursche, der meine Ratschläge befolgt. Er liebt mich – er verehrt mich. Ich leihe ihm sogar meine Bücher. Haben Sie je einen Kerkermeister wie mich gesehen?“

Ich hatte noch keinen Gefangenen wie Hassan gesehen. Er nahm sein Missgeschick mit gelassenem Fatalismus hin. Nicht einmal der Gedanke an den treulosen Vetter brachte ihn aus der Ruhe: ein schlechtes Element, nichts weiter, wie es sich in den grossen, weitverzweigten kurdischen Sippen zwangsläufig finden muss. Er hätte sich eher des Vetters als des Onkels entledigen sollen. Er warf sich nur vor, nicht genügend weitblickend gewesen zu sein, und meinte, dass er jetzt eben für seine Nachlässigkeit büsse. Tatsächlich war sein Fehler vor allem ein Anachronismus, denn die Tradition der Blutrache, der Vendetta und der Familienfehden, die Kurdistan so lange mit Blut befleckt hatte, kam langsam aus der Mode. Zwischenfälle dieser Art wurden selten und machten von sich reden. Man sprach hier noch von einem, der sich vor drei Jahren im Bukan-Tal ereignet hatte: Die Männer zweier verfeindeter Familien hatten sich, jede mit ihrem Mullah, vollzählig in einem Haus versammelt, um den Zwist, der sie seit Generationen trennte, zu schlichten. Den ganzen Nachmittag lang hatten die beiden Parteien miteinander getafelt, geraucht, verhandelt, ohne die Stimmen zu erheben und ohne der Lösung näherzukommen. Da hatte man die Mullahs und die unter Fünfzehnjährigen hinausgeschickt, Türen und Fenster verriegelt, die Öllampe angezündet, damit die Gesichter zu erkennen wären, und den Streit mit dem Dolch erledigt. Sechs Überlebende auf fünfunddreissig Tischgäste. Die beiden gleichermassen dezimierten Familien waren bald nicht mehr imstande, ihre Herden zu überwachen, und wurden von allen Seiten beraubt. Die Lektion hatte gewirkt, und die Kurden der Talschaft, die sich den Umständen anzupassen wissen, hatten sich zu weniger radikalen Methoden bekehrt.

Rings um das Gefängnis verdichtete sich die Nacht. Hinter dem Geräusch des Regens hörte man den Fluss lauter tosen. Hassan hatte uns auf der Landkarte die Gebiete der wichtigsten Sippen des Landes bezeichnet. Jetzt stellte er beharrlich eine Frage, die ihn sehr zu belustigen schien. Wir verstanden ihn nicht.

„Das ist ein Rätsel", erklärte der Hauptmann, der sich unterdessen zu Bett gelegt hatte, gähnend. „Ein weisses Schloss ohne Türen – was ist das? Ein weisses Schloss ..."

Ich zerbrach mir vergeblich den Kopf, aber die Antwort liess auf sich warten. Unser Gastgeber war eingeschlafen und überliess es Hassan, allein in seine Zelle zurückzugehen.

Es ist falsch zu sagen, dass das Geld rollt. Es steigt auf. Steigt auf Grund eines Naturgesetzes, so wie auch der Bratenduft von Opferfleisch den Mächtigen stets in die Nase steigt. Der Iran besitzt gewiss nicht das Monopol für diesen universell geübten Brauch, aber im Gefängnis von Mahabad zeigte er sich auf ganz unbefangene Weise. So genügt zum Beispiel der löblichste Eifer nicht, um Gendarm zu werden: Man muss sich diese Auszeichnung verdienen, indem man dem Polizeileutnant vierhundert Toman überreicht, der jedoch gar keinen Nutzen davon hat, weil er seinem Oberst die doppelte Summe hinlegen muss, um wiederum seinen Rang zu rechtfertigen. Der Oberst seinerseits müsste sträflich leichtsinnig sein, um zu vergessen, was er dem Distriktkommandanten schuldet, der wiederum zahlreiche Verpflichtungen in Teheran hat. Dieser Brauch ist nicht offiziell;

pedantische Geister beklagen ihn, und die grössten Stoiker enthalten sich seiner, aber die Unzulänglichkeit der Gehälter macht ihn zur Notwendigkeit, und es ist schwierig, sich ihm zu entziehen, ohne Kurzschluss im ganzen System auszulösen und allgemeines Missfallen zu erregen. So wird er praktisch allenthalben ausgeübt, das Geld vollbringt munter seinen Aufstieg, und da alles, was hinaufgestiegen ist, eines Tages wieder herunterkommen muss, geht es schliesslich als wohltätiger Regen auf die Schweizer Banken, die mondänen Rennplätze und die Kasinos der französischen Riviera nieder.

Für einen simplen Gendarmen sind vierhundert Toman eine beträchtliche Summe. Er bringt sie nur zusammen, indem er sich bis über die Ohren verschuldet, und muss noch obendrein seine Uniform bezahlen. Sein Gehalt gestattet ihm gerade, sich knapp durchzubringen, die Gefälligkeiten, die er den Gefangenen erweisen kann, bringen ihm wenig ein. Da er auf der untersten Sprosse der Leiter steht, kann er sich bloss am Bauern schadlos halten, indem er sich seine Protektion bezahlen oder sich spitzfindig irgendwelche Geldbussen einfallen lässt. Dabei erweisen sich Amtskappe und Knüppel als hilfreich. Was den Bauern betrifft – der zu den pfiffigsten der Welt zählt, wenn man ihm nur ein wenig Raum lässt –, kann er seinen Groll an niemandem auslassen als an seinem Esel oder am Himmel, der keine Antwort gibt.

Spätnachmittag. Regen. Wir langweilten uns zu Tode. Durch das offene Fenster hörte man die Kamele durch den Strassenschlamm platschen und den Gesang des Kameltreibers, der seine Stimme wie einen Schwamm auswrang: ein Takt, eine Pause, ein langgezogener wilder Schrei …

„Warum heult er so laut?“

„Er ist der Jahreszeit ein bisschen voraus", erwiderte der Hauptmann lachend. „Hören Sie nur den Text an:

... überall Süssklee und Tulpen.
Es ist toll, wie die Sonne scheint,
und der Fliederduft steigt mir zu Kopf ..."

Wie die Wesire in den arabischen Märchen hüpfte mein Herz vor Freude. Das sah den Kurden ähnlich! Dieser Trotz, diese laute Fröhlichkeit, dieser himmlische Sauerteig, der ständig in ihnen arbeitet. Jeder Anlass ist recht, um sich zu vergnügen. Die Leute von Mahabad versäumten keinen, und die soeben beginnenden Wahlen lieferten ihnen jede Menge von Anlässen. In einer Geschichte, über die man sich in allen Läden der Stadt totlachen wollte, fragt ein Mullah zwei Bauern, die sich vor der Wahlurne zu Boden werfen: „Warum betet ihr diesen Kasten an, ihr Ungläubigen?"

„Hochwürdiger Mullah, er hat soeben ein Wunder vollbracht: Das ganze Dorf hat den Namen Kassem eingeworfen, und herausgekommen ist Jussuf!"

Und ein stürmisches Gelächter fegte die Politik samt allen ihren Schändlichkeiten hinweg.

Auch die Jahreszeit hatte etwas mit dieser scherzhaften Stimmung zu tun: die Überschwemmungen, der Landregen, die Stürme, all das verhiess in Bälde prächtige Weideplätze, und der Frühlingsrausch, der die ganze Stadt erfasste, drang bis ins Gefängnis hinein. Witze, Liederfetzen, Zoten flatterten von Zelle zu Zelle. Dabei waren es doch wahrhaftig arme Teufel, die unter dem früheren Direktor verbleut, durchgeprügelt, auf alle möglichen Arten gequält worden waren. Blaue Flecken, gebrochene Gliedmassen, Verätzungen – eine jämmerliche Liste. In der mit Rosengirlanden bemalten schwarzen Truhe, in der er seine persönliche Habe aufbewahrte, verwahrte der Hauptmann einen diesbezüglichen Bericht, der für seinen Vorgänger so belastend war, dass er noch zögerte, ihn abzuschicken. Manchmal sahen wir ihn das Bündel Papier herausnehmen, träumerisch streicheln und wieder zurücklegen, worauf er hinging, um mit seinen Pensionären ein Schwätzchen abzuhalten und Zigaretten, Kichererbsen und Arnikatinktur zu verteilen. Das war noch das klügste, was er tun konnte.

Die gleiche Truhe enthielt, unter Papieren verborgen, ein schwarzgebundenes Buch, das er mir einmal etwas verlegen reichte. Eine englische Bibel. Er hatte sie von einem zum Tod Verurteilten geerbt, mit dem er in dem kleinen Gefängnis am anderen Ende des Landes, dem er damals vorstand, Freundschaft geschlossen hatte. Es war ein assyrischer Christ[32], der ihm am Tag vor seiner Hinrichtung gesagt hatte: „Ich habe noch etwas in der Stadt zu besorgen. Lass mich heute abend ausgehen, und ich schwöre dir auf dieses Buch, dass ich morgen wiederkomme."

„Geh", hatte der Hauptmann gesagt, „aber wenn du nicht da bist, um dich hängen zu lassen, dann hängt man mich auf."

Das war weit von der Wahrheit entfernt, er riskierte schlimmstenfalls ein paar Monate Sold; trotzdem hatte er die ganze Nacht kein Auge zugetan. Der Mann war rechtzeitig zurückgekommen und hatte seine Bibel dem Hauptmann hinterlassen. So erzählte er es zumindest, mit grosser Selbstgefälligkeit. Hatten sich die Dinge wirklich so abgespielt? Oder hatte sich der Hauptmann die Geschichte ausgedacht, um sein leeres Leben mit dem Schatten dieses „Vollendeten" auszufüllen? Wie dem auch sei, es klang glaubwürdig. Die Zeitungen von Teheran strotzen von solchen Geschichten. Im Iran ist nichts unmöglich. Die Seele hat viel Spielraum, für das Beste wie für das Schlimmste, und man muss stets mit der unstillbaren Sehnsucht nach Vollkommenheit rechnen, die auch die leichtfertigsten

Menschen zu den aussergewöhnlichsten Entschlüssen zu bewegen vermag.

Das Hochwasser und die Regengüsse, die in der Stadt schon zweitausend Menschen obdachlos gemacht hatten, rissen unter vielem anderen die westliche Gefängnismauer ein. Mehrere Zellen waren weit offen, und der Hauptmann hatte Schildwachen aufs Dach postiert, um die Gefangenen am Davonlaufen zu hindern. Wir hörten sie über unseren Köpfen gähnend und mit ihrem Feuerzeug klickend zwischen den Storchennestern auf und ab marschieren. Es war schon dunkel. Der Hauptmann drehte an seinem Radio herum, um Baku zu finden. Thierry zeichnete im Licht der nackten Glühbirne, die an einem Draht herabhing. Ich blätterte in der Bibel des Assyrers, und die Zeit wurde mir kurz. Ein oder zwei Mal überkam mich sogar der Wunsch, lang genug hier eingesperrt zu bleiben, um das ganze Buch von vorn bis hinten aufmerksam durchzulesen und diesen zauberhaften Frühling erblühen zu sehen. Vor allem das Alte Testament mit seinen donnernden Weissagungen, seinen lyrischen Jahreszeiten, seinen Streitereien um Brunnen, Zelte, Vieh und seinen wie Hagel herabprasselnden Genealogien passte gut hierher. Was die Evangelien betraf, so offenbarten sie sich im hiesigen Kontext in der ganzen schwindelerregenden Kühnheit, derer wir sie so gründlich beraubt haben. Die barmherzige Liebe indessen wollte sich nicht so recht verkörpern, und dass Kränkungen vergessen worden wären, das blieb erst recht auf der Strecke. Nur von den Nebenrollen gab es jede Menge: Legionäre, Zöllner, Maria Magdalenas. Und das unausweichliche Golgatha. Die linke Wange hinhalten, wenn jemand die rechte geschlagen hat, das ist in Mahabad nicht Brauch; das kann nur zu einem schlimmen Ende führen. Wenn Christus hier wiederkäme, würden die

Alten auf die Äste klettern, wie in Galiläa, um ihn vorbeiziehen zu sehen, denn die Kurden achten den Mut – doch dann würde es prompt zu Unannehmlichkeiten kommen. Übrigens würde es ihm überall so ergehen: Er würde aufs neue gekreuzigt, und zwar schleunigst. In unseren vernünftig denkenden Ländern, wo man Märtyrer ebenso fürchtet wie Propheten, würde man sich vermutlich damit begnügen, ihn einzusperren. Vielleicht würde man sogar dulden, dass er kümmerlich sein Leben fristet, indem er in öffentlichen Parks vor ein paar Leuten predigt oder unter grossen Anstrengungen ein winziges Käseblatt herausgibt, das niemanden interessiert.

Die Mangur

Das Wasser stieg immer noch, und die Häuser am Fluss fielen der Reihe nach in sich zusammen. Das Gefängnis drohte völlig einzustürzen, und niemand scherte sich um uns. Das nutzten wir aus, um uns in aller Früh davonzumachen und südwärts zu wandern, das Tal hinauf bis zum Gebiet der Mangur, die von allen Kurden die zähesten, schmutzigsten und schnurrigsten sind. Der Sänger aus dem Hotel *Gilan* begleitete uns. Um den Wachposten auszuweichen, ging er geradewegs die Hügel hinauf und kletterte rasch, ohne stehenzubleiben. Wir durchquerten endlose, mit Wasser vollgesogene Weidegründe, wo die Füsse bei jedem Schritt mit einem quietschenden Laut einsanken. Die aufgehende Sonne liess den Firnschnee erglühen, und hinter uns glitzerten die schlickigen Wasserflächen, die die Stadt umgaben. Bis auf den beweglichen Fleck eines Reiters, der vor uns der Linie des Bergrückens folgte, war die Landschaft menschenleer. Die Luft roch gut, der Tag versprach schön zu werden. Gegen Mittag erblickten wir den Weiler Beitas, der sich gegen den Himmel abzeichnete: ein Dutzend armselige

Lehmhütten auf einem Bergvorsprung, ringsum eine kleine Festung aus gestampfter Erde, die das Tal beherrschte. Vom höchsten Dach des Dorfes aus beobachtete eine vierschrötige Gestalt durch den Feldstecher unser Nahen. Als wir am Fuss der Kuppe anlangten, verliess der Späher seinen Ausguck und lief den steilen Pfad hinab, uns entgegen. Auf zwanzig Meter Entfernung blieb er stehen, schirmte die Augen mit dem Arm gegen das Licht ab, entbot uns mit rauher Stimme einen Gruss und bedeutete uns, näher zu kommen. Es war der Arbab, ein alter Mann, breiter als lang, schwarz gekleidet und bis über die Ohren verdreckt. An der linken Hand fehlten ihm Zeige- und Mittelfinger, und ein Auge war vom Trachom zugeschwollen, aber das andere fixierte uns mit einem Blick, der von Heiterkeit sprühte. Zwei schwarze Windhunde sprangen, halb verrückt vor Aufregung, um ihn herum.

Wenn man mit Kurden zu tun hat, soll man nie den Blick von ihnen abwenden! Sie brauchen diesen Kontakt. Der Blick dient ihnen als Mittel, den Gesprächspartner abzuschätzen und die Sache richtig anzugehen. Beim Sprechen lassen sie ihn nicht aus den Augen und erwarten das gleiche von ihm. Ebensowenig darf man die linke Hand benützen, um zu grüssen, etwas anzubieten oder zu empfangen; das ist die unreine Hand, mit der man sich schneuzt und abwischt.[33] Wir reichten ihm also die Rechte und blickten ihn an, ohne ein Wort zu sagen, worauf der Arbab uns auf die Schulter klopfte und zum Essen in sein Haus führte.

„Der Dolch ist ein Bruder, das Gewehr ein Vetter", sagt ein kurdisches Sprichwort. Deshalb konnte sich der Arbab in dem einzigen Raum, aus dem seine Behausung bestand, en famille fühlen: Ein „Bruder" von mindestens einer Elle Länge steckte ihm im Gürtel, und die „Vettern" füllten eine ganze Nische, die sich in der Wand zwischen zwei Schiessscharten über dem Samowar befand; da gab es eine Büchse mit Zielfernrohr, vier liebevoll blankgeputzte Brno-Gewehre, mehrere Parabellums, deren Abzug vom Gebrauch glattpoliert war, und den Artilleriefeldstecher, den er an seinen Platz zurückgestellt hatte. Dieses Arsenal war sein einziger Luxus. Das Dorf war arm, seine Söhne gingen in Lumpen, das Essen war frugal: eine Schüssel Reis mit leichtem Tee, ein Napf Joghurt, dem die Fliegen eifrig zusprachen, und eine Flasche Resaje-Wein, den er als guter Muslim nicht anrührte. Aber das Wenige, das er hatte, gab er bereitwillig. Sogar den Wein, weil er zu unserer, nicht aber zu seiner Religion gehörte. Übrigens zeichnen die Mangur zur Erinnerung an einen Dienst, den ihnen die Armenier vor vier Generationen erwiesen haben, noch immer ein Kreuz auf ihre flachen Brote – ein Beweis, dass ihnen jeder Fanatismus abgeht.

Der Arbab war den iranischen Christen wohlgesinnt, um so weniger hielt er von Mossadegh, dessen Erklärungen über den Grundbesitz die ersten Bauernaufstände von Kurdistan ausgelöst hatten. Als Reaktion auf eine Rede, die „das Land von Iran dem Volk von Iran" verhiess, hatten die kurdischen Bauern, deren feudales System ihnen den Boden lediglich als Lehen vergibt, im Frühjahr 1953 zu Dreschflegeln und Heugabeln gegriffen, um ihre Rechte geltend zu machen. Die Lehensherren hatten die Büchse vom Nagel genommen, und man war handgemein geworden. Im Gebiet von Bukan hatten die Scharmützel fünfzig Todesopfer gefordert. Die Arbabs hatten sogar ein paar Rädelsführer mit den Ohren an deren Haustüren genagelt. Als sie sich dann aber klarmachten, dass Teheran ihre Zwistigkeiten schürte und dass die Armee sie als Vorwand gebrauchte, um sich bei ihnen festzusetzen, hatten sie die Angenagelten am nächsten Morgen mit einem Tritt in den Hintern befreit und ihnen einen

Frieden angeboten, der seither nicht mehr gebrochen worden war. Da sie überzeugt waren, dass Mossadegh sie hinters Licht geführt hatte, begünstigten die Kurden den Staatsstreich von General Sahedi und trugen zu seinem Erfolg bei, indem sie mehrere tausend Berittene in Südkurdistan zusammenzogen, um den mächtigen Stamm der Kaschkai, welcher der Krone feindlich gesinnt war, in Schach zu halten. Im Prinzip bestanden also ausgezeichnete Beziehungen zur Monarchie, und der Arbab trug auf seinem zerfetzten Rock zwei Orden, die der Schah ihm mit eigener Hand angeheftet hatte; auf lokaler Ebene aber sah es ganz anders aus, weil sich die Truppen, die in Mahabad stationiert waren, nicht zu benehmen wussten. Der Arbab wollte in seinem Tal keine Uniform sehen, und die Soldaten wagten sich gar nicht hin.

Reisende sind etwas anderes. Die Gastfreundschaft schützt sie, und ausserdem bilden sie eine Abwechslung, um so mehr als die Leute von Beitas im Unterland einen so schlechten Ruf genossen, dass sie nicht oft Besuch bekamen. Der Arbab fragte uns mit vollem Mund aus, wobei er einen Sprühregen von Reis um sich verbreitete. Der Sänger übersetzte vom Kurdischen ins Persische, wir verstanden gerade nur jedes sechste Wort, aber er begleitete seine Worte mit einer eindrücklichen Mimik, und die Konversation ging flott voran. Wenn die Gebärdensprache uns im Stich liess, zeichnete Thierry mit der Messerspitze auf die Unterseite der Blechnäpfe: unsere Route seit Erzurum, das Auto, die vergitterten Fenster des Kerkers. Der Arbab amüsierte sich köstlich über diese Graffiti und klatschte sogar in die Hände, um zu zeigen, dass er verstanden hatte. Besonders das Gefängnis freute ihn – ausgezeichnet, das Gefängnis! Und er schlug uns auf den Rücken, dass uns das Rippenfell schmerzte, und ergötzte sich.

Daran tat er gut, denn sein Tal hatte nicht viel anderes zu bieten: einen Obstgarten, den die schwellenden Knospen rötlich färbten, vier Kamele hinter einem Dornenhag, eine Herde Büffel, die am besonnten Berghang weidete, einen Wurf Windhunde, ein paar langhaarige Ziegen und einen Esel, der wie sein Herr einäugig war. Nicht zu vergessen *hadschi lak-lak,* den Storch[34], den glückbringenden Vogel, der jedes Jahr sein Nest auf dem Dach der Festung baute. Unterhalb des Dorfs schäumte der Wildbach zwischen Weiden, Haselbüschen und Pappeln zu Tal. Von unserem Platz aus konnten wir ein Paar graue Reiher sehen, die völlig bewegungslos mitten in der Strömung standen und den Fischen auflauerten. Von Zeit zu Zeit liess der Arbab einen Stein hinunterrollen, um sie aufzuscheuchen, und stiess einen schallenden Rülpser oder einen Seufzer des Wohlbehagens aus. Die Luft war milde. Der Berg schwieg still. Märzkätzchen, zarte Rinde, spriessende Büsche, kleine Baumgruppen in gelblichen Schattierungen – ein dürftiger Garten Eden, aber immerhin ein Eden.

Wenn nötig, erpresste der Arbab ein Lösegeld von den Schmugglern, die sein Tal benutzten, um mit ihren Lasten von Teppichen, Opium oder Wodka vom Kaspischen Meer zu den irakischen Basaren in Kirkuk oder Mossul zu gelangen, und von dort mit Waffen, Stoffen und englischen Zigaretten zurückkehrten. Ein sehr rentables Hin und Her, solange die Leute von Beitas sich nicht einmischten. Sie mischten sich aber ein; schliesslich war es ja ihr Gebiet, das man nächtlicherweise mir nichts, dir nichts durchquerte. Wenn sie den Sieg davontrugen, behielten die Mangur das Geld, die Waffen und die Tragtiere für sich; das Opium, das die Kurden nur mässig schätzen, verkauften sie durch Zwischenhändler an die Garnison von Mahabad, die sie nur zu gern auf diese Weise einschläferten. Aber mit bewaffneten

Schmugglern, die auf der Hut waren, gingen diese Unternehmungen nicht immer glatt und schmerzlos vor sich. Der Arbab hatte dabei schon zwei Finger und einen Sohn verloren, aber solche Kleinigkeiten hielten ihn nicht davon ab, seine Rechte wahrzunehmen.

Anscheinend wurde für diesen Abend gerade ein Transport erwartet, denn auf dem Rückweg von unserem Spaziergang sahen wir mehrere gesattelte Pferde vor dem Tor, und das ganze Fort wimmelte von äusserst wohlgelaunten Hünen, die emsig damit beschäftigt waren, Magazine zu laden und Hinterlader zu schmieren – Verwandte aus dem nächsten Dorf, die gekommen waren, um mit Hand anzulegen. Man hätte meinen können, sie rüsteten sich für eine Hochzeit, und ich hätte viel darum gegeben, die Scherze zu verstehen, über die in allen Winkeln so herzlich gelacht wurde. Gegen vier Uhr nachmittags überliessen wir die Familie ihren Vorbereitungen und machten uns auf den Rückweg. Der Arbab begleitete uns bis zum Fluss, wir brauchten nur seinem Lauf zu folgen, um nach Mahabad zu kommen. Auf halbem Weg wuschen wir uns die Füsse darin und sahen zu, wie die Nacht auf die schneebefleckten Hänge herabsank, die nach Fenchel und Anis dufteten.

Mahabad

Wir nahmen Abschied vom Hauptmann, der uns nicht ziehen lassen wollte. Die Wahlen waren zu Ende, wir hatten niemanden ausgeraubt, er hatte wirklich keinen Grund mehr, uns seine „Gastfreundschaft" aufzudrängen. Aber einerseits fehlte es ihm an Gesellschaft, andererseits war er noch immer überzeugt, dass wir ihm die wahren Beweggründe unserer Reise verheimlichten, und hätte uns gern so lange zurückbehalten, bis unser Fall geklärt war. Er zog den Abschied in die Länge und telefonierte in alle Himmelsrichtungen, um uns zu beweisen, dass die Strassen im Norden unpassierbar waren. Nicht ohne Schwierigkeiten; in der Gegend von Resaje war die Telefonleitung zusammen mit der Brücke weggerissen worden. Mit Mijandoab bekam er keine Verbindung; er drehte vergebens den Hebel, während er sein Feldtelefon verwünschte und gotteslästerliche Flüche in das Mundstück brüllte. Uns hingegen erschien dieser altmodische Apparat mit seinem Schalltrichter in Form eines Blütenkelchs wie ein Wunder. Seit acht Monaten hatten wir nicht telefoniert.

„Sie sehen doch“, bemerkte der Hauptmann und hängte auf. „Man kann sie nicht einmal telefonisch erreichen. Der Autobus kommt nicht mehr durch, Sie schaffen es im Leben nicht. Ich wette zehn Toman, dass Sie heute abend wieder hier sind.“ Zehn Toman sind nicht zu verachten. Wir benutzten die Gelegenheit, um uns vierzig von ihm auszuborgen, und da er darauf bestand, gingen wir die Wette ein.

Auf dem Weg nach Täbris

Die Wasserfläche, die uns die Strasse versperrte, war vierzig Meter breit und einen Meter tief. Mitten in der Strömung lag ein mandelgrüner Autobus auf der Seite. Ein anderer mit mehr Glück hatte es noch zuwege gebracht, im Rückwärtsgang bis zur Böschung zu fahren. Die Jeeps, die zu schwer waren, als dass man sie ins Schlepptau hätte nehmen können, mussten umkehren, aber Büffel, Kamele und die hochräderigen Fuhrwerke kamen unbehindert durch – sogar ein Fiaker, dessen kupferne Wagenlaternen und das schwarze Verdeck, das im Wind klapperte, einen Hauch provinzieller Trübsal verbreiteten. Wir brauchten eine Stunde, um das Gepäck, die Batterie, die Sitze herauszunehmen, die elektrische Apparatur zu demontieren und den Motor mit eingefettetem Werg abzudichten; und eine weitere, um von einem

Bauern ein Pferd, einen kräftigen Apfelschimmel, auszuleihen. Den spannten wir vor das Auto, und unter Peitschenschlägen, Schieben und Ziehen durchquerten wir das eiskalte Wasser und kehrten langsam nach Täbris und in den Winter zurück.

Täbris II

Der Hauptmann hatte uns eine Adresse gegeben, wo wir das geliehene Geld zurückzahlen sollten. Es war ein amerikanischer Missionar mit kurzsichtigem, misstrauischem Blick und übereinanderstehenden Zähnen, wie sie anscheinend bestimmten anglikanischen Sekten vorbehalten sind. Er verkannte den Zweck unseres Besuchs und erklärte uns sofort, ohne uns auch nur zum Sitzen aufzufordern, dass er zuviel Scherereien mit den Muslimen hätte, um auch noch die Christen zu unterstützen, dass er Besuche nur zu Weihnachten empfange, dass wir in gar keinem Fall mit ihm rechnen könnten, dass er keine Seele mehr hier unterbringen könne. Um seinem Redefluss ein Ende zu machen, überreichten wir diesem seltsamen Kauz kurzerhand das Geld für unseren Hauptmann, und ein Aufblitzen seiner Brille verriet uns, dass er im Bilde war.

„Waren es nicht vierzig?" fragte er, die Scheine nachzählend.

„Waren – aber der Hauptmann hat mit uns um zehn gewettet und verloren."

„Sind Sie ganz sicher?" fragte er in beleidigend salbungsvollem Ton, als erwartete er, uns in Tränen der Zerknirschung ausbrechen zu sehen.

Schon dafür, dass wir jenem Polizeibeamten, der uns ständig Ratschläge gab, nie welche gegeben hatten, hätten wir hundert verdient. Wir legten Hochwürden nahe, sich nach Mahabad zu begeben, um sich persönlich zu informieren. Damit liessen wir ihn stehen, nicht ohne im Vorbeigehen die sehr ungeistlichen Flecken zu bemerken, die das Vorderteil seiner Hose zierten. Dann standen wir wütend in der verschneiten Gasse. „Der gehört zu jenen, die sich sogar angesichts von Eisenbahnkatastrophen aufgeilen", meinte Thierry. Ich fügte einige abscheuliche Witze hinzu. Wir waren eben sehr ordinär geworden, zurückgekehrt in den Winter, in die Kälte, in eine erzwungene Sittsamkeit, in diese Stadt, die vielen Menschen ein schweres Schicksal auferlegt. Der Zuchthäuslerjargon gab uns ein wenig Wärme zurück. Im Frühling, mit den jungen Blättern, würden wir wieder anständig werden.

Als wir abends zu unserer Witwe heimkamen, merkte ich, dass man während unserer Abwesenheit unsere Zimmer durchsucht hatte. Das Geld war da, doch die Briefe aus Europa, die ich in einer der Wandnischen aufbewahrte, waren wüst durcheinandergeworfen und ihrer Marken beraubt worden. Die Marken konnten mir gestohlen bleiben, aber Briefe sind dem Reisenden immer wieder nützlich und hilfreich; und da im übrigen die Amputation mit hastigen Scherenschnitten ausgeführt worden war, waren ihr beinahe alle jene Stellen – die am Schluss des Briefes – zum Opfer gefallen, die einen mit trügerischen Hoffnungen erfüllen und die man dummerweise so gern immer wieder liest. Im ganzen Viertel mussten Kinder die Marken mitsamt den so lange erwarteten zärtlichen Worten kunterbunt in ihr Album geklebt haben. Da die Witwe noch nicht zu Hause war, beschwerte ich mich bei der Grossmutter. In Armenistan war die Züchtigung sowieso Sache der Alten, die mehr Musse haben, abgebrühter und gleichmütiger sind und die Backpfeifen gerechter verteilen. Die Alte zog ihre Latschen an und rief einige andere Weiber ihres Kalibers zusammen, die über die benachbarten Höfe herrschten und jetzt wie ein Gewitter über das Kindervolk hereinbrachen. Während ein Schuldiger nach dem anderen gestand, hörte man Heulen und Schluchzen und das Klatschen der schwieligen Hände auf den geschorenen Köpfchen. Im Lauf der nächsten Stunde brachte uns eine Prozession von Megären, deren Augen aus dem schwarzen Kopftuch herausfunkelten, ganze Hände voll tränenfeuchter Briefmarken zurück. Sie waren anscheinend zufrieden mit sich, und das langsam abnehmende Heulen der Zerknirschung, das zum Nachthimmel aufstieg, muss dem Gott der Armenier lieblich in den Ohren geklungen haben. Diese christlichen Fremden waren letztlich doch Bundesgenossen. Sie zahlten, ohne zu feilschen. Das Gesetz des Viertels, zu dessen Hüterinnen die alten Weiber bestellt waren, war übertreten worden, und dieses Gesetz gebietet Redlichkeit, vor allem in den kleinen Dingen, die den Alltag und das Benehmen betreffen; in den grossen, die zum Schicksal gehören, erlaubt man sich grössere Freiheit.

Noch immer zuviel Schnee auf der Strasse nach Teheran. Wir verkürzten uns die Wartezeit, indem wir den Wagen in der Garage von *Point IV* überholten, die Roberts, der Ingenieur, uns netterweise zur Verfügung gestellt hatte. Wir kamen sehr oft mit ihm zusammen. Er war nicht mehr der Alte. Hatte seinen Schwung verloren. Als ich ihn eines Abends fragte, was nicht klappe, sagte er: „Alles – das ganze Land klappt nicht." Er kam gerade von einer Inspektionsreise in ein Dorf zurück. Seit einem ganzen Monat war die Arbeit um keinen Zoll weitergekommen, und die Bauern hatten ihn unfreundlich empfangen.

Der amerikanische *Point IV* im Iran glich damals einem Haus mit zwei Stockwerken, in denen man einander widersprechenden Tätigkeiten nachging. Im ersten, dem politischen Stock, war man damit beschäftigt, die kommunistische Bedrohung zu bekämpfen, indem man – mittels der herkömmlichen Methoden der Diplomatie: Versprechungen, Druckversuchen, Propaganda – eine verachtete, korrupte, aber rechtsstehende Regierung an der Macht erhielt. Im zweiten, dem technischen Stockwerk, bemühte sich ein grosses Team von Spezialisten, die Lebensbedingungen des iranischen Volks zu verbessern. Zu diesen Leuten gehörte Roberts.

Ihn interessierte die Politik nicht. Ihn interessierten die Elektronik, die Lieder von Doris Day und von Patachou, die er „Engel" nannte, und die Errichtung von neuen Schulen. Er war Wissenschaftler, aber gleichzeitig ein aufgeschlossener Mensch voll guten Willens, den der Gedanke, eine so nützliche Arbeit zu tun, ungemein lockte. Daher seine Enttäuschung. „Stellt euch das vor: Ich komme hin, um ihnen eine Schule zu bauen, und wenn sie mich erblicken, bewaffnen sich die Kinder mit Kieselsteinen!" Er wiederholte lächelnd: „Eine Schule!"

Ich glaube, dass die Amerikaner die Schule im allgemeinen sehr hoch achten, ganz besonders die Primarschule, die am demokratischsten ist. Ich glaube, von allen Menschenrechten ist ihnen keines so wohlgefällig wie das Recht auf Unterricht. Das ist ganz natürlich in einem staatsbürgerlich hochentwickelten Land, in dem andere, wesentlichere Rechte so weit gewährleistet sind, dass man gar nicht mehr an sie denkt. So spielt auch die Schule im amerikanischen Glücksrezept eine herausragende Rolle, und in der Vorstellung der Amerikaner muss ein Land ohne Schulen der Inbegriff des rückständigen Landes sein. Aber Glücksrezepte lassen sich nicht ohne weiteres exportieren, und gerade hier in Persien hatte Amerika das seine nicht den bestehenden Verhältnissen angepasst, weil es sie überhaupt nicht richtig begriff. Das war der Ursprung seiner Schwierigkeiten. Es gibt nämlich Schlimmeres als Länder ohne Schule: Es gibt Länder ohne Gerechtigkeit oder ohne Hoffnung. So auch Täbris, wohin Roberts mit vollen Händen und den Kopf voll grosszügiger Pläne gekommen war, die von der Realität der Stadt – denn jede Stadt hat ihre eigene – täglich Lügen gestraft wurden.

Kehren wir zur Schule von Roberts zurück. *Point IV* lieferte unentgeltlich das Terrain, das Baumaterial, die Pläne und die technische Beratung. Die Dorfbewohner ihrerseits, die alle halbe Maurer sind, sollten dafür die Arbeitskräfte stellen und gemeinsam den Bau errichten, in dem sie das Privileg des Unterrichts geniessen würden. Das war ein System, das in einer finnischen oder japanischen Gemeinde ausgezeichnet funktionieren würde. Hier funktionierte es nicht, weil die Dorfbewohner keine Unze des Bürgersinns besassen, den man bei ihnen so selbstverständlich vorausgesetzt hatte.

Die Monate verstrichen. Das Baumaterial verschwand auf geheimnisvolle Weise, und die Schule war nicht gebaut. Man wollte sie nicht. Niemand wollte das Geschenk. Die Spender hatten allen Grund, sich angewidert zu fühlen, und Roberts war angewidert.

Und die Dorfbewohner? Das sind armselige Bauern, die seit Generationen dem harten System der feudalen Pacht unterworfen sind. Soweit sie zurückdenken können, hat ihnen noch niemand ein solches Geschenk gemacht. Das kommt ihnen um so verdächtiger vor, als die Leute aus dem Westen bei den iranischen Landbewohnern von jeher als dumm und habgierig gelten. Die Bauern haben durchaus keinen Anlass, plötzlich an den Weihnachtsmann zu glauben. Vor allem sind sie misstrauisch, wittern eine Falle, verdächtigen die Ausländer, die jeden zur Arbeit anhalten wollen, einen geheimen Zweck zu verfolgen. Das Elend hat die Leute zur Durchtriebenheit erzogen, und sie meinen, wenn sie die Anweisungen, die sie erhalten, sabotieren, würden sie vielleicht die Pläne zunichte machen, die sie nicht erraten können.

Zweitens interessiert die Schule sie nicht. Sie begreifen nicht, welchen Nutzen sie haben soll. So weit sind sie noch nicht. Sie möchten etwas mehr zu essen haben, sich nicht mehr vor den Gendarmen hüten müssen, weniger schwer arbeiten oder zumindest mehr von den Früchten ihrer Arbeit profitieren. Ausserdem ist dieser Unterricht, mit dem man sie beglücken will, etwas Neues. Um das richtig zu begreifen, müsste man nachdenken, aber mit Malaria, Durchfall oder dem leichten Schwindel, der von einem leeren, mit ein bisschen Opium beruhigten Magen herkommt, denkt es sich schlecht nach. Wenn wir uns in ihre Lage versetzen, sehen wir bald, dass Lesen und Schreiben sie nicht sehr weit bringen werden, solange ihr Status als „gemeine Bauern" nicht radikal geändert wird.

Schliesslich ist auch der Mullah ein Gegner der Schule. Lesen und schreiben können, das ist sein ureigenes Privileg, seine Spezialität. Er setzt die Verträge auf, schreibt Bittschriften nach Diktat, entziffert die Apothekerrezepte. Für seine Dienste erhält er ein halbes Dutzend Eier, eine Handvoll gedörrte Früchte, und er hat keine Lust, dieses kleine Einkommen zu verlieren. Er ist zu gewitzt, um das Projekt öffentlich zu kritisieren, aber abends, vor den Haustüren, gibt er seine Meinung ab. Und man hört auf ihn.

Und zu guter Letzt ist es natürlich riskant, neues Baumaterial in einem Dorf zu lagern, wo jedermann Backsteine oder Balken braucht, um die Gebäude zu reparieren, deren Nützlichkeit jedem einleuchtet: die Moschee, das Bad, den

Backofen. Nach ein paar Tagen des Zögerns bedient man sich von dem Haufen und repariert. Von da an hat das Dorf ein schlechtes Gewissen und sieht der Rückkehr des Amerikaners ungern entgegen. Wenn man sich bloss mit ihm aussprechen könnte, wäre alles ganz einfach, aber es ist schwierig, darüber zu reden. Wenn der Fremde wiederkommt, wird er weder die Schule vorfinden, noch das Baumaterial, noch die Dankbarkeit, die er erwartet, sondern ausweichende Blicke, verschlossene Mienen, die tun, als wüssten sie von nichts, und Kinder, die bei seinem Nahen Steine aufheben, weil sie in den Gesichtern der Eltern lesen können.

Es galt, eine Distanz zu überwinden, eine grosse Distanz allerdings, denn für die Wohltätigkeit braucht es unendlich viel Takt und Demut. Es ist leichter, ein Dorf voll Unzufriedener aufzuwiegeln, als seine Gewohnheiten zu ändern; und zweifellos finden sich eher Agitatoren vom Schlag eines Lawrence of Arabia als Techniker, die gleichzeitig gute Psychologen sind. Roberts, der es war, würde bald soweit sein, in seinen Berichten zu schreiben, dass es vielleicht besser wäre, auf die Schule zu verzichten und sich dafür beispielsweise mit der Wasserversorgung des alten Hammams zu befassen, die einen gefährlichen Infektionsherd darstellte. Es würde Zeit brauchen, bis seine Vorgesetzten in Amerika ihm recht gaben. Um *Point IV* fortzuführen, benötigte man ständig neues Kapital, und so würde das Problem von Roberts, das stellvertretend für die ganze Situation ist, letzten Endes vor den amerikanischen Steuerzahler gelangen. Wir wissen, dass dieser Steuerzahler der grosszügigste der Welt ist. Wir wissen auch, dass er oft falsch informiert ist, dass er wünscht, die Dinge sollten nach seiner Art getan werden, und dass er vor allem die Resultate schätzt, die seiner Rührseligkeit schmeicheln. Man wird ihm mühelos einreden können, dass man den Kommunismus in Schach hält, wenn man Schulen baut wie seine eigene, mit der ihn so angenehme Erinnerungen verbinden. Doch es wird ihm nicht so leicht einleuchten, dass das, was bei ihm zu Hause das Richtige ist, es nicht unbedingt überall sein muss; und dass Persien, dieser alte Aristokrat, der alles vom Leben erfahren und vieles vergessen hat, gegen einfache Rezepte allergisch ist und eine Spezialkur benötigt.

Es ist nicht so leicht, Geschenke zu machen, wenn die lieben Kleinen fünftausend Jahre älter sind als der Weihnachtsmann.

April

Es war nicht mehr ganz so kalt. Eine meiner Schülerinnen hatte zu denken begonnen. (Die anderen zweifellos auch, hielten es aber für klüger, nichts davon merken zu lassen.) Was ihr den Anstoss gegeben hatte, war die Lektüre von *Adrienne Mesurat,* dieser innere Aufruhr, dieser trübselige Alltag, das in der Provinz sinnlos vergehende Leben, worin sie, ich weiss nicht wieso, ihre eigene Geschichte wiederzufinden glaubte. Sie dachte sogar nachts daran. Urplötzlich hatte sie in schwindelerregendem Tempo zu denken begonnen, an alle möglichen Dinge, ohne aufhören zu können. Es war wie eine Blutung, eine Panik. Sie brauchte unaufhörlich neue Bücher und zusätzliche Stunden und Antwort auf ihre Fragen: Ob eine Französin auch so unglücklich sein könnte. Ob mein Bart existentialistisch sei. Was eigentlich das Absurde bedeute. Die letzteren beiden Ausdrücke hatte sie in einer Teheraner Zeitschrift entdeckt.

Mein Bart diente einzig dazu, mich ein wenig älter erscheinen zu lassen, denn das Durchschnittsalter meiner Schüler betrug etwa vierzig Jahre. Aber das Absurde? Das Absurde! Das verschlug mir die Sprache. Dabei sind wir in der Schweiz doch ganz gute Schulmeister. Aber wie soll man etwas erklären, was man selber nicht empfindet, noch dazu in einer Stadt, wo das Leben die Kategorien allesamt hinter sich lässt. Hier gab es das Absurde nicht, aber hinter den Dingen schlug das Leben überall aus wie ein dunkler Leviathan, trieb die Schreie aus der Brust, die Fliegen zur Wunde hin, trieb Millionen wilde Anemonen und Tulpen, die in ein paar Wochen die Berge mit ihrer flüchtigen Schönheit färben würden, aus der Erde. Und griff einen ständig an. Unmöglich, hier der Welt fremd zu bleiben – dabei hätte man es manchmal fast gewünscht. Der Winter schneidet einen ins Gesicht, der Frühling macht das Herz weich, der Sommer bombardiert einen mit Sternschnuppen, der Herbst vibriert in den Harfensaiten der Pappeln, und niemand, den seine Musik nicht berührt. Die Gesichter strahlen, der Staub wirbelt, das Blut fliesst, die Sonne leuchtet honigfarben in die dunkelsten Ecken des Basars, und das Geräusch der Stadt, ein Gespinst von heimlichen Einverständnissen, reisst die Menschen mit oder zerstört sie. Doch man kann sich dem nicht entziehen, und in dieser Unabänderlichkeit liegt eine Art von Glück.

Seit dem Gefängnis von Mahabad hatte auch ich eine Frage auf dem Herzen: „Sagen Sie – ein weisses Schloss ohne Türen, was kann das wohl sein?"

„Ein Ei", erwiderte sie prompt. „Das haben Sie nicht erraten? Dabei ist das doch ein leichtes Rätsel, jedes Kind kennt es." Und sie versank in Gedanken, wohl darüber, wie treffend das doch sei.

Ein Ei? Das leuchtete mir nicht ein. Selbst De Chirico wäre nicht drauf gekommen, während auch der letzte meiner Schüler sich über diese Assoziation freute. Da weder ihre Eier noch ihre Schlösser sich stark von den unseren unterscheiden dürften, musste es also an der Andersartigkeit ihrer

Phantasie liegen. Und ich hatte ihnen vorgeworfen, sie hätten keine! Nein, nein, sie existierten bloss in einer anderen Welt als der meinen.

Mussa, sein Busenfreund Saidi, der so gut im Aufsatzschreiben war, Junus, der Sohn eines turkmenischen Mullah, und Kütschük, der ihnen immer auf dem Fuss folgte und den Regenschirm nachtrug – eine komische Bande! Seit den Ferien surrten sie ständig um uns herum wie die Hummeln, lachten über jeden Blödsinn, erstickten beinahe an unseren Zigaretten, verlangten, dass wir ihre Englischfehler korrigierten oder ihnen Tangomusik vorspielten, ausschliesslich in Moll. Saidi kopierte sie sogar sorgfältig in sein Musikheft, um sie dann in der Pahlewi-Avenue mit geschlossenen Augen vor sich hin zu trällern, wenn eine Frau vorbeiging. „Ta-ra-ra-raaa", mit einem nasalen Klang, der ihn verzückte. Ich fragte mich, wie er sich wohl Spanien vorstellen mochte. Die Titel kalligraphierte er in zwei Farben, mit ergötzlichen Fehlern: aus *Avant de mourir* war *Avant de mûrir* geworden. „Mûrir, reifen, das passt ganz gut hierher", sagte Thierry, „aber es tönt ein bisschen blöd."

Saidi wollte um jeden Preis, dass wir ihn vor unserer Abreise einmal mit unseren Instrumenten besuchten. Eine mehr als bescheidene Wohnung. Seine Eltern, kleine Beamte, hatten das gemästete Kalb geschlachtet, ihre Teppiche aufgerollt und der Bande ihr bestes Zimmer zur Verfügung gestellt, um ihren Sohn für sein gutes Zeugnis zu belohnen. Wodka mit Zitronenscheiben, weisse Melonen, gebratenes Hammelfleisch, Plattenaufnahmen des Sängers Bülbül auf einem alten Grammofon. Der Alkohol stieg ihnen zu Kopf, und wir mussten mindestens zehnmal die düsterste Melodie aus unserem Repertoire vorspielen. Es war ein grossartiger Abend, geprägt von schwerem Wein, kräftigen Speisen und warmen Gefühlen. Als wir das kleine, von den Petroleumlampen überheizte Zimmer verliessen, schlief Kütschük, mit einem Mantel zugedeckt, auf dem Fussboden. Die anderen waren erregt, ihre Wangen glühten, die Kleider waren verrutscht, die Mützen sassen schief auf ihren Köpfen und sie rülpsten um die Wette.

Ein Eselchen stand im Winkel des verschneiten Hofes. Als wir vorübergingen, sahen wir die Mutter, einen schwerfälligen, nachtfarbenen Schatten, wie sie ihm die Melonenschalen brachte, die wir bis auf die Rinde ausgekratzt hatten. Wir dankten ihr: Es war gut gewesen, es war lustig gewesen, ihr Sohn war ein braver Kerl. Sie wünschte uns mit heiserer Stimme gute Reise und sah uns mit ihrem schönen, verlorenen Blick nach. Dann ging sie wieder in die Wohnung hinauf, wo Saidi und seine Bande einen Höllenlärm veranstalteten. Am Himmel verschwammen die Sterne, und der Mond schwankte. Dabei hatten wir doch fast nichts getrunken. War es vielleicht schon der Frühling?

Obwohl die Leute von Täbris sich für Politik leidenschaftlich interessierten, hatten die Wahlen die Gemüter diesmal nicht erregt. Dazu ist zu sagen, dass der Gouverneur im voraus die Gemüter abgekühlt hatte, indem er zu verstehen gab, dass, geschehe was da wolle, einzig seine Kandidaten durchkommen würden. Obwohl er ein Mann war, der Wort zu halten pflegte, hatten dennoch einige Outsider gewagt, ihm die Stirn zu bieten, wie zum Beispiel ein Spitalarzt, der so weit ging, auf einem Strohsack vor der Urne zu schlafen. Vergeblich.

Hingegen war unser Nachbar, der alte M., in einem grossen Dorf im Gilan, wo er über einigen Grundbesitz verfügte, wiedergewählt worden. Ganz regulär, denn er besass zuviel Selbstachtung, um bei der Abstimmung zu mogeln. Er hatte sogar zugelassen, dass sein Gegenkandidat, ein fortschrittlich denkender junger Lehrer, als erster zu den auf dem Dorfplatz versammelten Bauern reden konnte; der schimpfte weidlich auf die Korruption von Teheran und die Raffgier der Arbabs und versprach das Blaue vom Himmel. Als die Reihe dann an ihn kam, hatte der Alte sich damit begnügt, zu sagen: „Was ihr soeben gehört habt, ist nur allzu wahr – ich selber bin kein sehr guter Mensch. Aber ihr kennt mich: Ich nehme euch wenig weg und schütze euch vor Leuten, die gieriger sind als ich. Wenn der junge Mann da so ehrlich ist, wie er behauptet, kann er euch nicht gegen die Leute aus der Hauptstadt verteidigen. Das ist klar. Wenn er es nicht ist, bedenkt, dass er am Anfang seines Lebens steht und dass seine Kisten und Kasten leer sind. Ich stehe am Ende meines Lebens, und meine Kasten sind wohlgefüllt. Mit welchem riskiert ihr am wenigsten?" Die Bauern fanden, dass er gut redete, und gaben ihm ihre Stimmen.

Hier lässt man sich durch so schroffe Erklärungen nicht abschrecken. Dabei sind die Leute nicht schlimmer als sonstwo. Sie heucheln bloss weniger. Der Heuchelei, die der Westen so wacker zu gebrauchen versteht, ziehen sie bei weitem den Zynismus vor. Wie überall auf Erden betrügt man auch hier seinen Nächsten, wenn es nicht anders geht, aber man macht sich weder über seine eigenen Beweggründe noch über den Zweck, den man verfolgt, allzuviel vor. Darum kann man sich, wenn man sein Ziel erreicht hat, mit ein paar guten Freunden ganz offen darüber freuen. Das Vorgehen ist auffälliger, aber weniger gewunden und weniger tückisch. Ausserdem fällt zumindest eine Lüge weg, denn wenn man auch die anderen täuscht, sucht man sich wenigstens nicht selber zu täuschen, und seit Herodot ist bekannt, wie sehr die Perser die Lüge verabscheuen.

Es gibt wenig Pharisäer im Iran, aber ziemlich viele Scheinheilige, und wenn gewisse Ausländer darüber empört tun, ist das eine weitere Auswirkung ihrer Heuchelei.

Ich besuchte den alten Herrn, um ihm für die Garage zu danken, die er uns den ganzen Winter lang geliehen hatte, und gratulierte ihm zu seiner Wahl. Er sass mit einer Uhrmacherlupe auf der Stirn in einem Winkel seiner Galerie, damit beschäftigt, die Sammlung von hellenistischen und safawidischen Edelsteinen, die er im Lauf von dreissig Jahren in sämtlichen Basaren des Mittleren Ostens gesucht und gefunden hatte, in alte Coronados-Zigarrenschachteln einzuordnen. Anhänger und gefasste Edelsteine von honiggelber oder korallenroter Farbe, auf denen Arion mit seinem Delphin, die Moschee von Meschhed, Hermes Trismegistos oder die kufische Inschrift *Allahu akbar* (Gott ist gross) eingeritzt waren. Es freute uns beide zu sehen, dass unsere zwei Welten miteinander in Berührung kamen. Er zeigte mir etwa dreissig Stück, während er mit mir schwatzte, überlegen und sarkastisch, wie es seine Art war. Als ich ihn nach der Strasse nach Teheran fragte, die uns Sorgen machte, liess er seine Steine sein und begann zu lachen.

„Es ist noch ein bisschen früh im Jahr, aber ihr werdet schon durchkommen, und wenn nicht, werdet ihr erstaunliche Dinge sehen. Das letzte Mal, als ich dort durchgefahren bin, vor zehn Jahren vielleicht, hatte das Hochwasser die Brücke über den Kisil-usun weggetragen. Hinüber konnte man nicht, aber weil das Wasser ja von einem Tag auf den anderen fallen konnte, kamen immer weitere Autobusse und Lastwagen von Osten wie vom Westen an. Die Ufer waren vom Regen durchweicht, und viele Wagen blieben bei den beiden Brückenköpfen im Dreck stecken. Ich auch. Nun, wir richteten uns ein. Auf dem Land zu beiden Seiten des Flusses drängten sich die Karawanen und die Herden. Dann stellten südwärts ziehende Karatschis[35] ihre kleinen Schmiedeöfen auf und begannen für die Lastwagenfahrer, die ja ihre Ladung nicht im Stich lassen konnten, kleine Reparaturen auszuführen. Diejenigen, die auf eigene Rechnung fuhren, fingen an, ihre Ware an Ort und Stelle abzusetzen, sie tauschten dafür Lebensmittel von den Bauern der Umgebung ein. Nach einer Woche war an jedem Brückenende eine Stadt entstanden, Zelte, Tausende von Tieren, die durcheinander blökten, muhten und meckerten, Rauch, Geflügel, Hütten aus Zweigen und Brettern, in denen sich Tschaichane etabliert hatten, Familien, die Schlafplätze unter der Plane ihres leeren Lastwagens vermieteten, laute Tricktrack-Partien, ein paar Derwische, die den Kranken den bösen Geist austrieben, ganz zu schweigen von den Bettlern und Huren, die herbeigeeilt waren, um von dem Glücksfall zu profitieren. Ein grossartiges Spektakel – und das Gras begann zu grünen. Es fehlte nichts als eine Moschee. Das Leben eben. Dann fiel das Wasser, und alles zerging wie ein Traum. All das wegen einer Brücke, die nicht hätte zusammenbrechen dürfen, wegen unserer Unordnung, unserer schlechtbezahlten, nachlässigen Beamten … Ach, glaubt mir", setzte er andächtig hinzu, „was man auch sagen mag – Persien ist noch immer das Land der Wunder!"

Das Wort gab mir zu denken. Bei uns wäre ein Wunder eher etwas Aussergewöhnliches, das eine verfahrene Sache in Ordnung bringt, etwas Nutzbringendes oder zumindest Erhebendes. Hier kann es ebensogut aus einer Nachlässigkeit, einer Sünde, einer Katastrophe erblühen, aus einem Unfall, der den gewohnten Trott durchbricht und dem Leben eine unerwartete Möglichkeit bietet, seine Reichtümer vor Augen auszubreiten, die stets für neue Genüsse empfänglich sind.

Abschied von Täbris

Es strömte von allen Dächern. Unter der schwarzen Schneekruste im Rinnstein hörte man ein freundliches, eiliges Bächlein plätschern. Die Sonne schien uns warm auf die Wange, die Pappeln streckten und reckten sich knackend vor einem lichten Himmel. Die Herzen wurden warm, die Geister belebten sich, die Leiber streckten sich, die Pläne nahmen Gestalt an. *Bahar,* der Frühling, war da.

In der armenischen Schenke schlummerten die Polizisten vom Dienst mit offener Uniformbluse, den Kopf an die blaue Wand gelehnt, auf die ein Kunde mit Kohle *Merde au roi* geschrieben hatte – auf französisch. Im Basar scherzte man aufs munterste vor der geschlossenen Bude des letzten jüdischen Geschäfts, das sich noch zu halten vermocht hatte. Der Besitzer war vor kurzem von einem Ballen Teppiche erdrückt worden. Die anderen hatten bereits den Ort verlassen; in weniger als sechs Monaten hatte man sie in den Bankrott getrieben, an die Wand gedrückt, hinweggefegt. Niemand war ihnen zu Hilfe gekommen; ganz im Gegenteil. Die Stadt ist zu hart, da macht keiner dem anderen Geschenke. Hart ist sie, alt und bemüht wie die Welt, ein hundertmal aufgebackenes Brot. Da geschieht alles mögliche, und es hat keinen Zweck, sich darüber zu entrüsten: Sie wird sich um kein Haarbreit ändern. Es gibt hier ein Sprichwort, das besagt: „Küsse die Hand, die du nicht beissen kannst, und bete, dass sie zerschmettert wird." Man passt sich an. Und trotzdem gibt es Augenblicke der Gnade, der Ekstase, des Wohlbefindens.

Grosses Krähengekrächze in den Wipfeln der neubelaubten Äste. Im goldenen Schlammdunst, in einem wunderbaren Licht, hielten die riesigen Lastwagen, die aus dem Westen kamen, schlingernd vor dem Basar. Wir sassen auf der Strasse, tranken Tee und lauschten den Klängen einer

Klarinette, die vom Markt herkamen. Wir kannten sie gut. Das war der armenische Tischler, ein sorgfältiger, freundlicher Mann, der sein Instrument in einem hübschen Birnenholzkasten mit sich herumtrug.

Im eigenen Saft gekochte Rüben und zitronenduftender Kuchen
Helme und Knüttel
Fiakerpferd mit einer papiernen Nelke hinterm Ohr.
Schwarzes Fenster
Gefrorene Scheiben, auf die sich die Gestirne einschrieben.
Schlammiger Weg, der zum Himmel führte.
Täbris.

Schahrah

Shahrah: highway, but there are no ways
in Iran, high or otherwise.
English-Persian Dictionary, Colonel C. D. Philott

Auf der Strasse nach Mijane

Ideen haben die Militärs! Natürlich gibt es im Iran Strassen! Allerdings muss man zugeben, dass sie besser sein könnten. Die von Täbris nach Mijane zum Beispiel ist von den Lastwagen auf einer Strecke von zwanzig Kilometern in einen Hohlweg verwandelt worden. Zwei tiefe Radfurchen und dazwischen ein hoher Damm von Schutt und Lehm. Da wir einen anderen Achsabstand haben, müssen wir mit dem linken Rad auf dem Damm in der Mitte und mit dem rechten in der rechten Furche fahren, wobei der Wagen so gefährlich schräg steht, dass er den Boden zu streifen droht. Da obendrein die Motorhaube Schlamm und Steine vor sich herschiebt, die sich immer höher türmen, müssen wir alle fünfzig Meter anhalten und den Wagen vorn freischaufeln. Der Schweiss läuft uns über das Gesicht, es ist angenehm warm, und über den grenzenlos weiten Hängen, die uns umgeben, gehen Hagelwetter nieder. Wir sind in guter Stimmung, froh, dass wir nach Osten unterwegs sind.

Von Zeit zu Zeit müssen wir auch den Wagen aus der Furche heben, um die Laster vorbeizulassen. Es sind Mammut-Lastwagen, wahre Zitadellen, dem Massstab der Landschaft entsprechend, mit allen möglichen Verzierungen, Amuletten aus blauen Perlen und religiösen Inschriften bedeckt: *Tawakkalto alallah* (Ich fahre, aber verantwortlich ist Allah). So fahren sie mit der Geschwindigkeit von Zugvieh, manchmal wochenlang, zu einem gottverlassenen Basar oder Militärposten und ebenso sicher Pannen und Brüchen entgegen, die sie für noch länger stillegen. Dann wird der Wagen zum Haus. Man verkeilt ihn, richtet sich ein, und die Besatzung lebt, solange es nötig ist, rund um das festgefahrene Wrack. Man bäckt Fladen in der heissen Asche, spielt Karten, vollführt die religiösen Waschungen; das Karawanendasein geht weiter. Ich habe öfter solche hilflose Ungeheuer mitten in einem Dorf gesehen; die Hühner brüteten im Schatten der Räder, und die Katzen warfen dort ihre Jungen.

Mijane

Alle Entomologen der Welt kennen den Namen Mijane, dank einer Wanze, *Melech myanensis,* deren Biss als tödlich gilt. Diesem üblen Ruf zum Trotz ist Mijane ein freundlicher Ort, ockerfarben und blau betupft, mit einer Moschee, deren türkisfarbene Kuppel leicht über dem Aprilnebel schwebt. (Trotzdem Achtung auf das Starkstromkabel, das wie eine harmlose Wäscheleine über den Balkon des Tschaichanes gespannt ist!)

Mijane bildet auch die Grenze zwischen zwei Sprachen; diesseits redet man Aseri und zählt folgendermassen bis fünf: *bir, iki, ütsch, dört, besch;* drüben Persisch: *jek, do, se, tschahar, pandsch.* Der Vergleich lässt erahnen, wie angenehm dem Ohr der Übergang von der ersten zur zweiten ist. Zwar hat das Aseri, besonders wenn man es im Singsang der furchteinflössenden Matronen von Täbris hört, eine eigentümliche Schönheit, aber es ist eine rauhe Sprache, für Sturm und Schnee gemacht. Persisch hingegen: warm, gelöst, höflich, mit einem Hauch von Trägheit; eine Sommersprache. Auf der iranischen Seite sind auch die Gesichter beweglicher, die Schultern schmaler, die Polizisten weniger massig, aber scheeler blickend, der Schankwirt gewandter und eher geneigt, einen zu rupfen. Wir weisen die Rechnung zurück, die er uns präsentiert. Sie ist einfach absurd. Er hält uns für Trottel. Unser Hohngelächter fruchtet nichts – es klingt nicht echt. Also zornig werden? Während ich an Einzelheiten herumnörgele, verschwindet Thierry lange genug, um in eine regelrechte Wut zu geraten. Er kommt mit puterrotem Kopf und vorquellenden Augen zurück und schmeisst dem Wirt ein paar Banknoten vor die Füsse. Der reagiert verdutzt. Er ist nicht ganz sicher, ob wir es wirklich ernst meinen, aber durch sein Zögern hat er schon verloren. Wir biegen bereits um die Ecke und sehen gerade noch, wie er sich wieder erholt und unter lautem Geschrei die Treppe hinunterstürzt.

Auf der Strasse nach Kaswin

Zuerst folgt sie einem mit Weiden bestandenen Talgrund. Die Berge sind rund und ganz nahe, der Bach rauscht laut, die Furten sind schlecht zu durchfahren. Dann weitet sich das Tal und wird zu einem grossen sumpfigen, mit Schneeflecken übersäten Plateau. Der Fluss verliert sich darin, der

Blick ebenfalls. Sonne, Weite, Stille. Die erste Bodenwelle ist zwanzig Kilometer weit entfernt, dahinter erkennt das Auge ein Dutzend andere, bis zum Horizont. Blumen hat es noch keine, aber überall wühlen die Siebenschläfer, die Feldmäuse, die Murmeltiere wie die Teufel in der fetten Erde. Nach und nach begegnen wir auch dem Kranich, dem Löffelreiher, dem Fuchs, dem roten Rebhuhn und manchmal Menschen, die gemächlich gehen, wie Spaziergänger, die viel Zeit haben. Es ist eine Frage des Massstabs. In einer Landschaft dieser Grösse würde auch ein blitzschnell dahinjagender Reiter einem Müssiggänger gleichen.

Teheran, April–Mai

Das Angenehme an diesem langsamen Reisen mitten durchs Land ist – vom Exotischen einmal abgesehen –, dass man für Einzelheiten empfänglich wird, und durch die Einzelheiten für die verschiedenen Provinzen. Sechs Monate Winterschlaf in Täbris haben Täbriser aus uns gemacht, die ein Nichts in Erstaunen versetzt. Auf jeder Etappe stellen wir winzige Veränderungen fest, die das Ganze verändern: die Art, wie die Menschen uns anschauen, wie sie ihre Mützen ins Gesicht ziehen, aber auch die Form der Wolken. Und wie die biederen Provinzler, die zum erstenmal nach Paris fahren, sehen wir uns verwundert in der Hauptstadt um, die Taschen voller Empfehlungen, wie sie ein gefälliger Saufbruder rasch auf einer Tischkante hinkritzelt, von denen aber nichts zu erwarten ist als Missverständnisse und verlorene Zeit. Diesmal haben wir nur eine einzige: ein paar Zeilen für einen aserischen Juden, den wir auch sogleich aufsuchen. Er sieht aus, als wäre er bereit, seine eigene Mutter zu verschachern, aber er stellt sich als vortrefflicher Mensch heraus, von übersprudelnder, wenn auch etwas konfuser Hilfsbereitschaft beseelt. Nein, er glaubt nicht, dass Ausländer wie wir in einer Herberge im Basar wohnen dürfen – nein, er kennt niemanden von der Presse, aber vielleicht möchten wir mit einem Polizeichef, von dem er Wunder verspricht, zu Mittag essen? Wir möchten gern. Und wir gehen unter der bleiernen Sonne, der Teufel weiss wie weit, um bei einem Greis, der uns im Pyjama empfängt, einen Hammelkopf in Joghurt zu verspeisen. Die Konversation schleppt sich mühsam dahin. Der alte Herr ist seit vielen Jahren in Pension. Polizeichef war er seinerzeit in einem Städtchen im Süden, er kennt niemanden mehr bei der Präfektur – im übrigen hat er alles vergessen. Andrerseits würde es ihm Freude machen, eine, zwei Partien Schach zu spielen. Er spielt langsam, er schläft dabei ein. Es hat uns den ganzen Tag gekostet.

Im Gasthaus *Fars,* in der Nähe des Basars. Das Zimmer ist so eng und so vollgestopft, dass wir uns auf die Betten legen müssen, um zu arbeiten. Die Zimmerdecke ist aus BP-Metallbüchsen zusammengefügt, das Mondlicht sickert durch die Ritzen. Ein paar Flöhe, in den anderen Zimmern Kurden, Kaschkai-Nomaden mit ihrem Schafsgeruch, Bäuerinnen, die uns ein kleines Lächeln schenken, und nebenan ein assyrischer Händler, der winzige Beträge zählt und wieder zählt. Eine hölzerne Passerelle verbindet die Schlafzimmer mit dem Tschaichane, wo das Radio pausenlos die ruhigen Tonleitern der alten persischen Musik verbreitet.

Linkerhand unter den Fenstern führt eine Reihe wurmstichiger Galerien zum Eingang des Basars. Noch tiefer unten: Tamariskenwäldchen und Vorstädte aus Lehm, deren eingestürzte Mauern kreuz und quer durcheinanderlaufen und in die Landschaft hinausführen. Rechterhand: die alten Kanonen vom Tup-Chan-Platz und die Neonlichter der Lalesar-Avenue, die sanft zu den eleganten Vierteln emporsteigt. An ihrem untersten Ende zwei Schenken, wo magere kleine Mädchen im Ballett-Flitterröckchen mitten unter Arraksäufern und Schreihälsen Gleichgewichtsübungen ausführen. Strassenhändler, die schwarz verkaufen: Kämme, Bastschuhe, Heiligenbilder, Pfeifchen, Präservative, Seifen der Marke „Alaviolette". Dann ein Theater, das die persische Aufführung von Molières *L'Etourdi* ankündigt. Dort spielt man auch eine Komödie nach dem *Buch der Könige* von Firdausi, in der der Sassanide Bachram Gor sich inkognito bei den ärmsten seiner Untertanen niederlässt, um seine Offiziere, die sie aussaugen, zu beschämen. Wir sind hingegangen: überzogenes Spiel, falsche rote Bärte, anachronistische Turbane, Ohrfeigen, Purzelbäume, Bestrafung der Bösewichter. Wunderbar. Elegante Herren im grauen Anzug und hemdsärmelige Lastträger klatschten dieser Posse ohrenbetäubenden Beifall, nicht ohne spöttisches Gekicher, weil der Herrscher sich heutzutage niemals ohne seine Polizei fortbewegt. Solchermassen unerwartetes Auftauchen ist nicht mehr zeitgemäss und ein Ausgang, wie ihn die Komödie darbietet, noch weniger. Dann eine Zeitungsredaktion. Ein paar elegante Schneider. Die Neonlichter werden sanfter, die Bäume sind dichter belaubt, die Stimmen weicher. Märchenhafte Kuchen in Form von Bischofsmützen funkeln unter den buntfarbigen Glühbirnen des armenischen Tea-Rooms. Noch weiter oben, zwischen der Schah-Resa-Avenue und dem Schemiran-Hügel, das leise Summen der Cadillacs, die langen, bleichen Mauern und blauen Emailportale der Patrizierhäuser, viel Platz, viel Geld. Gelbe Taxis, deren Boden mit Pistazienschalen besät ist, fahren kreuz und quer durch die Nacht, von zerlumpten, alten Träumern chauffiert, und dreissig Kilometer nördlich der letzten Gärten gleissen die üppigen Schneefelder des Elburs hoch oben am Frühlingshimmel.

Vom Balkon unserer Herberge aus sahen wir ganz Teheran emporsteigen. Wir waren am unteren Ende der Tafel, am Rande der Schüssel, aber fest entschlossen, uns ein paar Bissen herauszufischen. In unserem Alter war es noch gut, eine Stadt von unten her anzugehen. Die starken Gerüche, das zahnlückige Lächeln, die brüderlichen Buckel – gut! Jedenfalls mussten wir hier genug Geld verdienen, um bis nach Indien zu kommen.

Ich hatte irgendeine Bemerkung über Täbris gemacht.

„Hört, hört ihn nur an! Das ist ja hinreissend!" Und er gebietet der ganzen Tafelrunde Schweigen, beschwört mich, mein Bonmot zu wiederholen, hört aber trotz seinem leuchtenden Blick nicht im mindesten zu. Und wenn er wunderbarerweise einmal zuhört, wird er es vergessen haben, ehe der Abend um ist. So war unser Freund Ghaleb, seit kurzem Redaktor bei der grössten Zeitung der Stadt, wo er viel Erfolg hatte. Für seinen Artikel über die Wasserstoffbombe hatte er zum Beispiel den Titel von den Brüdern Alsops und von Rilke ein eindrückliches Zitat über den Schrecken entlehnt. Er hätte gern das ganze Gedicht zitiert, weil es ihm ausnehmend gut gefiel, doch es mangelte ihm an Platz. Was gab es da nicht alles, was man sich aneignen konnte. Übrigens hatte er gar nicht so unrecht: Da er selber ein Dichter war, gehörte ihm die Poesie der anderen auch ein wenig. Nur Zeitmangel hielt ihn davon ab, selber Gedichte zu schreiben.

„Ein Ozean, den man Pazifik nannte – das ist guter Journalismus, nicht? Jedenfalls ist mein Direktor begeistert … Und deine Reportagen gefallen ungemein, genau, was wir heutzutage brauchen. Wir werden mindestens vier davon nehmen."

Sollte das heissen, dass sie nur eine nahmen oder dass sie alle ablehnten? Ich kannte mich in diesem Sprachgebrauch noch nicht aus. Abwarten. In Erwartung besserer Dinge hatte Ghaleb jedenfalls unsere Fotos auf der Titelseite erscheinen lassen und einen so hochtrabenden Kommentar dazu verfasst, dass zu unserer Überraschung allenthalben in der Stadt schlechtrasierte Unbekannte mit schwungvoller Gebärde den Hut vor uns zogen. Das war amüsant, aber leben konnte man davon nicht. Darum suchte ich Ghaleb – wegen meiner Artikel – in regelmässigen Abständen in einem Bistro in der Jussuf-Abad-Avenue auf, das von einem georgischen Emigranten geführt wurde, der schon manches im Leben gesehen hatte. Man stieg drei Stufen hinunter. Wenn die Augen sich an das kühle Halbdunkel gewöhnt hatten, sah man die Trinker vor den Wodka-Flaschen, Marke Maksus, sitzen, deren Etikette einen zittrig gezeichneten roten Adler aufweist. Dazu knabberten sie Gurken oder geräucherten Fisch gegen die Migräne. Draussen glitten die Sonnenstrahlen gleichgültig über die Avenue, über das Gitter des Kaiserlichen Palastes und die Wohnhäuser der armenischen Kaufleute, die ihren Reichtum und Luxus hinter nichtssagenden Backsteinmauern verbargen. Dort liess sich Ghaleb gern in den heissesten Stunden des Tages nieder, um seine Chronik zu redigieren oder auf die Mädchen zu warten, die ihn schmachten liessen. Er schrieb auf das Tischtuch:

Vorgestern: ein Tag.
Gestern: zwei Tage.
Heute: drei Tage.
Du bist nicht gekommen,
Mein Herz ist verbrannt …

Als ich ihn fragte, ob meine Artikel gleichfalls verbrannt seien, rieb er sich seine tintenklecksigen Hände und antwortete: „Nein, das nicht, aber, wie soll ich sagen – sie schlafen. Es scheint nicht mehr zu klappen … Wenn ihr mir nur ein paar Karten bringen könntet, würde ich die Sache wieder in Gang bringen." Diese „Karten", ohne die hier anscheinend nichts funktionierte, waren ein paar Zeilen von einflussreichen Personen, die uns seinem Direktor empfahlen. Am Anfang hatten wir ihm wirklich eine überreicht – drei Zeilen eines Senators, der in der Schweiz seine Lungen kurierte –, aber die genügte offenbar nicht. In weniger als einer Woche war ihre Wirkung verpufft, war sie schal geworden wie eine Flasche schlechter Schaumwein, und die Begeisterung der Redaktion hatte einer vollkommenen Interesselosigkeit Platz gemacht. Als ich schliesslich meine Manuskripte wieder abholen wollte, konnte ich weder den Direktor noch seinen Sekretär erreichen. Es war die Stunde der Siesta, und jeder gab sich ihr genussvoll hin. Endlich stiess ich auf einen Alten im blauen Kittel, der eine Stunde brauchte, um meine Artikel zu finden, und sie mir mit den Worten reichte: „Hier, Monsieur ... was für eine Sauordnung ... Aber sagen Sie trotzdem den Setzern bei Ihnen daheim, dass die iranischen Kollegen sie schön grüssen lassen." Was hiermit getan ist.

Dieser Misserfolg hatte Ghalebs Optimismus nicht im geringsten getrübt. Er fuhr fort, uns Vergünstigungen, „Karten", irgendwelche unwahrscheinlichen Glücksfälle zu verheissen und uns Interviews und Protektionen vorzuschlagen, die nicht von ihm abhingen – aus aufrichtiger Freundlichkeit, um uns aufzumuntern, um uns neuen Mut zu geben. Wo bliebe das Vergnügen am Versprechen, wenn man die Versprechungen immer halten müsste? Uns in Illusionen zu wiegen, das war seine Art, uns zu helfen. (Man kann noch so skeptisch sein – den Märchen, die einem in den Kram passen, glaubt man doch immer ein bisschen.) Und er half uns wirklich. Es kam mehrmals vor, dass wir, um einen Vortrag oder eine Ausstellung zu organisieren, unter

Berufung auf Ghaleb eine Persönlichkeit besuchten, die Ghaleb zu kennen behauptete. Es traf nicht zu, aber manchmal öffnet auch ein falscher Schlüssel die Tür; oft wandte sich nach ein paar Minuten der Verlegenheit die Unterhaltung zu unseren Gunsten. Ghaleb erbleichte, wenn wir ihm von solchen Unternehmungen berichteten. „Der Rektor hat euch empfangen? Und auf meinen Namen hin? Also, ich hatte ihn nur so nebenbei erwähnt ... Und es hat wirklich geklappt? Unwahrscheinlich! Unter uns gesagt, seit zwei Jahren bitte ich ihn um ein Rendezvous – vielleicht könntet ihr ein gutes Wort für mich einlegen ..." Jetzt war es an ihm, nicht daran zu glauben. Wir dankten ihm herzlich. Wir hatten ihn sehr gern, unseren Ghaleb.

Wenn man den Teheranern glauben will, ist Teheran gar keine schöne Stadt. Im Sog der Modernisierung hat man ein paar hübsche Winkel des Basars zerstört, schnurgerade Avenuen gezogen, die nichts Geheimnisvolles mehr an sich haben, die alten Tore niedergerissen und gleichzeitig ein altes Speisehaus mit Wandmalereien aus der Kadscharen-Zeit[36], auf denen man mitten unter reihergeschmückten Turbanen und vor einer Kulisse von Orangenbäumchen den Grafen von Gobineau in seiner französischen Offiziersmütze erkennen konnte. Um etwas von der Vergangenheit zu spüren, muss man jetzt mindestens bis in die Vorstadt Rey hinauswandern, von der einst die Heiligen Drei Könige auszogen. Man entschuldigt sich dem Fremden gegenüber auch für das trockene Klima, die Staubwirbel, die Geschicklichkeit der Diebe und für die „magnetischen Ströme", die den Menschen angeblich mürrisch und reizbar machen. Man sagt ihm: „Warten Sie nur – wenn Sie erst Isfahan, wenn Sie Schiras sehen werden ..."

Schon möglich.

Aber hier gibt es Platanen, wie man sie sonst nur im Traum sieht, riesenhaft, jede einzelne gross genug, um mehrere kleine Cafés zu beschatten, in denen man gern sein Leben verbringen würde. Und dann das Blau. Man muss bis hierher kommen, um die blaue Farbe zu entdecken. Auf dem Balkan wird das Auge schon darauf vorbereitet, in Griechenland dominiert sie, macht sich aber zu wichtig: ein aggressives Blau, unruhig wie das Meer, ein Blau, das sich behauptet, das Pläne verrät und eine Art von Unbeugsamkeit. Ganz anders hier! Die Türen der Kaufläden, die Halfter der Pferde, die billigen Schmuckstücke – überall das unnachahmliche persische Blau, das ganz Persien umfangen hält, das die Seele freut, das mit der Zeit leuchtender und tiefer geworden ist wie die Palette eines grossen Malers: Die Lapislazuli-Augen der akkadischen Statuen, das königliche Blau der parthischen Paläste, das hellere Email der seldschukischen Töpferwaren und schliesslich das melodische, flüchtige Blau, das sich mit den Ockertönen des Sandes, dem sanften, staubigen Grün des Laubwerks, mit dem Schnee, mit der Nacht so gut versteht …

In einer Schenke schreiben, wo die Hühner einem zwischen die Beine kacken, während fünfzig Neugierige sich um den Tisch drängen, das trägt nicht zur Entspannung bei. Bilder nach unendlichen Vorstössen endlich ausstellen und kein einziges verkaufen auch nicht. Man bekommt es satt, unter der glühenden Sonne ohne Erfolg die Stadt abzuklappern. Aber wenn einem der Mut sinkt, kann man immer ins Ethnographische Museum gehen und sich das blaue Geschirr aus Kaschan[37] ansehen, Teller, Schalen, Wasserkrüge. Ihr Anblick, im schwebenden Licht des Nachmittags, beruhigt das Gemüt des Beschauers, und fast alle Ärgernisse verlieren ihre Bedeutung.

Da wir nicht auf die Zeitungen zählen konnten, versuchten wir unser Glück beim franko-iranischen Institut. Rasiert und mit Krawatte, schwitzend in unseren viel zu warmen Anzügen begaben wir uns hin, fest entschlossen, das Ding zu schaukeln. Nach vielen Ausreden und Umschweifen führte uns die Sekretärin, mit angehaltenem Atem, als sollten wir dort gefressen werden, ins Büro des Direktors. Er war ein massiger, vollblütiger Mann, der gerade voller Ungeduld ein Telefongespräch führte, offenbar mit einer französischen Touristin, die Auskunft wollte in Sachen Kultur. Er streifte uns mit einem raschen Blick, kam zu dem Ergebnis, dass wir etwas von ihm wollten, und begann – um uns auf Anhieb abzuschrecken – plötzlich ins Telefon zu schreien: dass sie das Institut wohl mit einem Auskunftsbüro verwechsle, hier habe man andere Sorgen, eine Reise nach Persien müsse eben von langer Hand vorbereitet werden, jetzt könne sie sich ja an die Perser wenden ... Die Dame am anderen Ende des Drahtes, wohl verdattert vom jähen Umschlagen des Tones, dessen Ursache sie nicht ahnen konnte, bekam einiges zu hören, und zwar im schneidenden, zornigen Ton eines Mannes, mit dem nicht zu spassen ist. Er schmiss heftig den Hörer hin und wandte uns ein verzerrtes Gesicht zu, während er murmelte: „Unglaublich, ein verrücktes Frauenzimmer, unwahrscheinlich!"

Nachdem er uns auf diese indirekte Art zu verstehen gegeben hatte, aus welchem Holz er geschnitzt war, wies er uns auf zwei Stühle hin und fragte mit milderer Stimme, in geöltem Bass: „Also, worum handelt es sich?" In der Mitte seines schwarzen Rocks leuchtete die Rosette der Ehrenlegion wie ein gereiztes kleines Auge. Sein Manöver hatte ihm einen Vorteil verschafft, und einen Moment lang konnten wir nichts tun, als ihm stotternd immer bescheidenere Dienste anzubieten. Er lehnte sie der Reihe nach mit unerbittlicher Höflichkeit ab, und zwar unter Vorwänden, die wir unverzüglich durch neue Angebote umgingen – wir hätten auch Wandtafeln gewaschen! Das zwang ihn, sich hinter immer durchsichtigeren Ausreden zu verschanzen. Wir blieben hartnäckig. Er beharrte auf seiner liebenswürdigen Weigerung. Es war zum Umfallen heiss. Unser Magen war leer und knurrte vor Enttäuschung. Wir mussten unbedingt einen Durchbruch erzielen, bevor diese Posse zur Schmach für uns wurde. Unsere Nerven kamen uns zu Hilfe. Als der Direktor ein paar zerbrochene Glühbirnen im Ausstellungsraum als unüberwindliches Hindernis anführte, brach Thierry in ein unwiderstehlich sonniges Lachen aus, das mich zu meinem Schrecken ebenfalls mitriss. Das brachte nun den Direktor ausser Fassung – während wir mit Tränen in den Augen jeweils zwischen zwei Lachkrämpfen durch Gebärden anzudeuten versuchten, dass wir nichts dafür konnten, dass unser Gelächter nicht ihm galt …

Zum Glück für uns war der pompöse Mensch intelligent: Er erkannte rasch, dass er, wenn er den Ausbruch schon nicht begonnen hatte, ihn wenigstens in eigener Regie weiter führen konnte. Und zwar unverzüglich. Er begann also noch lauter als wir zu lachen, zuerst wohl dosiert, bald aber aus vollem Herzen. Als die Sekretärin erschrocken zur Tür hereinschaute, bedeutete er ihr, drei Gläser zu bringen, und als wir wieder zu Atem gekommen waren, hatte sich die Atmosphäre völlig geändert. Ein Sonnenstrahl fiel auf den Teppich. Thierry sollte heute in vierzehn Tagen ausstellen, ich würde ihn mit einer kleinen Plauderei einführen – und auch andere Vorträge halten, wenn ich Lust dazu hätte. Das alles schien jetzt die natürlichste Sache der Welt.

Ob ich meinen Text ablesen würde?

„Nein, ich möchte fast lieber …“

„Sie haben recht", unterbrach mich der Direktor liebenswürdig. „Ich finde mich auch viel besser, wenn ich frei spreche."

Er hatte sich wieder völlig in der Hand.

Die Vernissage schien sich gut anzulassen. Die Beleuchtung war ausgezeichnet, und die Ausstellung hatte Schwung. Französische Schule, sagte der Direktor, der sich jetzt freundlich gab. Hatte er uns denn nicht entdeckt? „Die Prinzessin Schams hat ihr Kommen angesagt, mein Lieber. Wir werden auf sie warten, und dann beginnen Sie: Ihre Hoheit, Exzellenzen, meine Damen und Herren ..."

Fünf Minuten später verkündete das Gerücht, sie komme nicht, kurz darauf ein anderes, sie komme doch. Demgemäss änderten sich jeweils die Anweisungen.

„Ich führe Sie ja ein", sagte er schliesslich. „Sie brauchen sich also nur nach mir zu richten."

Er begleitete mich aufs Podium und verweilte ein paar Minuten lang mit viel Humor bei den Ungeschicklichkeiten, die Reisende in unserer Lage im allgemeinen zu begehen geneigt sind und die wir bisher nicht verübt hatten – welch löbliche Vorsicht ihren Lohn in der aussergewöhnlichen Gastfreundschaft finde, die er uns heute gewähre. All das schien mir weit von den Gründen entfernt, die uns zu malen oder Vorträge zu halten bewogen, doch tatsächlich hätte ich ohne das Institut und seine vorzügliche Bibliothek hier nichts anfangen können. Einem geschenkten Gaul schaut man nicht ins Maul.

Ich schaute mir lieber mein Publikum an. Ganz hinten die Studenten, eine Handvoll Journalisten, die Ghaleb hergeschleppt hatte, zwei Reihen Nonnen in ihren weissen Hauben – grossartig! Zwei weitere Reihen mit Senatoren, die auf Anatole France eingeschworen waren, und Generälen a. D., deren Ohr sicher eher an die Klänge des *tar*[38] als an Kanonendonner gewöhnt war. Ganz vorn, mit beringten Händen und zarten Fesseln, eine funkelnde Phalanx von Damen der High-Society und da und dort eines jener unruhigen, anziehenden, hedonistischen, hypersensiblen Gesichter, wie die Stadt sie hervorzubringen weiss. In Täbris waren wir nicht so verwöhnt.

Die Prinzessin erschien nicht, aber ein Foxterrier, der sich den Armen einer Zuhörerin entwunden hatte, trottete aufs Podium, zu meinem Tisch, wo er bis zum Schluss des Vortrags artig sitzen blieb. Hätte sich der Vogel Simorgh – der aus seiner eigenen Asche wiederersteht – auf meine Schulter niedergelassen, er hätte keine grössere Wirkung haben können. Thierry verkaufte viel. Die Universität forderte mich zu einem Vortrag gegen Honorar auf. Noch am gleichen Abend boten uns neue Freunde ein Studio an auf dem Dach eines Hauses in der oberen Stadt. Das Haus war von einem Maulbeergarten umgeben. Da die Gartentür keine Klinke besass, stellte das Faktotum des Hauses abends sein Bett quer vor die Pforte. Es war ein alter Mann in weisser Tunika, den wir jedesmal, wenn wir spät heimkamen, aufwecken mussten; auf unsere Entschuldigungen antwortete er: „Möge euer Schatten wachsen!“

Ich vergass nicht, dass ein Lachanfall den Wind zu unseren Gunsten gewendet hatte. Seither halte ich immer etwas Komisches in Reserve, das ich mir innerlich zuflüstere, wenn die Dinge eine üble Wendung nehmen. Wenn zum Beispiel die Grenzpolizisten, über meinen abgelaufenen Pass gebeugt, in einer unverständlichen Sprache über mein Schicksal verhandeln und ich nach einigen unfreundlich aufgenommenen Erklärungsversuchen kaum mehr die Augen von meinen Schuhen zu heben wage – dann genügt manchmal ein fauler Witz oder die Erinnerung an eine

2

3

4

5

6

7

8

9

11

12

13

14

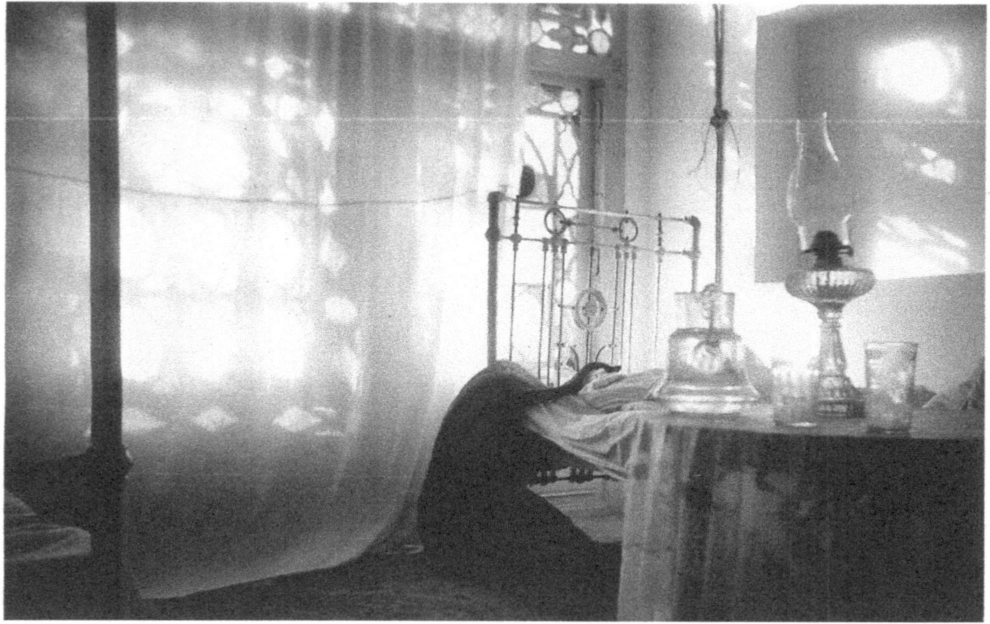

lächerliche Situation, damit ich mich wieder fasse oder gar ganz allein in meiner Ecke zu lachen anfange. Dann ist es an den Uniformen, nicht zu verstehen: Sie schauen mich verdutzt an, tauschen fragende Blicke, kontrollieren zur Vorsicht ihren Hosenlatz und setzen eine würdige Miene auf – bis sie plötzlich, niemand weiss warum, den Knüppel wegziehen, den sie mir zwischen die Beine geworfen hatten.

Wie Kioto, wie Athen ist Teheran eine hochgebildete Stadt. Dass in Paris niemand Persisch spricht, ist bekannt; in Teheran reden viele Leute, die niemals die Gelegenheit oder die Mittel haben werden, Paris zu besuchen, fliessend Französisch. Und das ist nicht das Resultat politischer Einflüsse oder einer kolonialen Besetzung, wie es mit dem Englischen in Indien der Fall ist. Es liegt an der Eigenart der iranischen Kultur, die auf alles Fremde neugierig ist.[39]

Als ich eines Morgens an einer Parfümerie in der Lalesar-Avenue vorbeiging, vernahm ich eine dumpfe, verschleierte Stimme, als spräche ein Schläfer laut im Traum:

... Tu t'en vas sans moi, ma vie
Tu roules,
Et moi j'attends encore de faire un pas
Tu portes ailleurs la bataille ...[40]

Ich trat auf den Zehenspitzen ein. Im goldenen Licht der Chanel-Fläschchen lehnte ein dicker Mann völlig bewegungslos an einem Schreibtisch, eine aufgeschlagene Zeitschrift vor sich, und las mit lauter Stimme das Gedicht oder vielmehr wiederholte es, als könnte es ihm helfen, sich mit Dingen abzufinden, die er nur zu gut kannte. Ein Ausdruck von grossem Einverständnis und Glück lag auf dem breiten mongolischen Gesicht, auf dem Schweisstropfen glänzten. Er war allein in seinem Laden und zu tief in sich versunken, um meine Anwesenheit zu bemerken. Ich hütete mich, ihn zu unterbrechen; man kann Gedichte nicht besser vortragen. Als er fertig war und mich dicht neben ihm stehen sah, zeigte er keinerlei Überraschung und fragte auch nicht, ob ich etwas wünschte. Er reichte mir einfach die Hand und stellte sich vor. Schwarze, verschwimmende Augen, ein kleiner Seehundschnurrbart, eine etwas weichliche Eleganz: Sohrab.

Einem Spiegel gleich, ist ein intelligentes Gesicht so alt wie das, was es reflektiert. Mit seinen fünfundzwanzig Jahren schien Sohrab bald sechzehn, bald vierzig Jahre zu zählen. Öfter vierzig, und er sprach wie einer, der die Überraschungen des Daseins schon hinter sich hat. Denn er hatte nicht immer Gedichte in einer Parfümerie rezitiert. Sohrab hatte schon alles mögliche getan und früh damit angefangen. Mit sechzehn: Lesen, Nachtschwärmerei, Haschisch im Kreise des Dichters Hedayat[41], wo er trotz seiner Jugend akzeptiert wurde. Hedayat ist tot, er hat in seiner Pariser Mansarde den Gashahn geöffnet, aber sein Schatten weilt noch unter den jungen iranischen Literaten. Er nahm Drogen; das tun viele. Er hat sich umgebracht; das wird noch mancher tun. Er liebte Totenblumen, das Zwecklose, die Hingabe, er lebte im Bewusstsein des Todes und der Nacht; das alles tun seine Epigonen auch. Im polizeilich überwachten Nachkriegs-Teheran dauerte diese heimliche Boheme fünf Jahre lang an. Ein paar Versuche, progressistische Aktionen aufzuziehen, eine Gemäldegalerie, eine surrealistische Revue, die nach der zweiten Nummer eingeht... Man entfernt sich auf leisen Sohlen von der Wirklichkeit; man glaubt, sie endgültig hingemordet zu haben, da fällt sie einem wie eine Tonne Ziegelsteine auf den Kopf. Die Freunde verlieren sich, die Galerie verkommt. Um Käufer anzuziehen, muss man Tanztees mit Huren veranstalten. Mangels Entlöhnung verschwinden die Huren ihrerseits, bis auf die älteste, die einem, man weiss nicht wie, auf dem

Halse bleibt, und es braucht viel Zeit und Streit, um sie loszuwerden. Dann steht man allein da, kaum einundzwanzig Jahre alt, aber man hat schon den Tatterich und keine Kraft mehr.

Dann hatte er ein Jahr lang am Gymnasium von Marand unterrichtet. Die Pappeln von Aserbaidschan und eine Klasse von kraushaarigen, stumpfen Provinzbuben, die nie gedacht hatten, dass man denken könnte, und die ihn zur Verzweiflung brachten. Er hatte sie gerüttelt und geschüttelt, sie aus ihrer Dumpfheit aufgescheucht und so etwas wie die erste Spur eines Erwachens zuwegegebracht, da zwang ihn die Tuberkulose, seinen Beruf aufzugeben. Er hatte die Zeit seiner Krankheit dazu benützt, sein Ingenieurdiplom zu erlangen und in eine englische Firma in Abadan einzutreten. „Ein angenehmes Leben ... Wissen Sie, Kuwait ist ganz nahe, man braucht keinen Pass. Es wird massenhaft geschmuggelt. Wir sind übers Meer gefahren und haben ein paar Kleinigkeiten herübergebracht. Leicas, voll-ge-stopft – er beharrt ruhig auf dem Wort – mit Kokain. Übrigens eine lässliche Sünde. Hinausgeschmissen hat man mich erst, als ich die Arbeiter gewerkschaftlich organisieren wollte. Aber Sie hätten mich hören sollen. Ich habe ihnen grossartiges Zeug vorgeschwafelt."

Von der Not seines Landes tief bewegt, war er dann in die Tudeh-Partei[42] eingetreten und hatte sich den distanzierten Marxismus zu eigen gemacht, der unter der iranischen Jugend so verbreitet ist. Die das taten – und es waren ihrer nicht wenige –, taten es selten ohne innere Widerstände. Wenn die Perser die Russen auch gerissener fanden als die Amerikaner, brachten sie ihnen doch nur eine halbherzige Sympathie entgegen. (Für politische Slogans, grosse Worte, Paraden im Stechschritt, von oben anbefohlene Meinungen haben sie nie etwas übrig gehabt.) Ihre Sehnsucht nach dem Absoluten, die zwar immer wieder aufgeschoben wurde, aber dennoch stets gegenwärtig war, vermochte auch die Rubrik „Sonntage in der Kolchose" der Zeitschrift *Ogonjok*[43] mit ihrem etwas dürftigen Sonntagsausflügler-Optimismus nicht zu befriedigen. Die Doktrin fanden die wenigen, die sie wirklich kannten, grossenteils oberflächlich, allzu simpel und wenig geeignet, die Finesse zu bewahren, die früh genug aus der Welt verschwinden wird und zu welcher der Iran so viel beigetragen hat. Aber eben – wenn man einen eigennützigen, brutalen Konservatismus satt hat und nichts mehr vom Westen erwartet, der für ihn einsteht, wenn man jung und allein ist, wenn es niemand gibt, der die Mitte hält, und die Angst den Liberalen den Mund verschliesst, dann hat man nicht viel Auswahl und schluckt seine inneren Widerstände hinunter. Vorübergehend. Als Mossadegh geschlagen war, hatte Sohrab alles aufgegeben. Jetzt betrieb er seine Parfümerie und arbeitete als Sachverständiger in einem staatlichen Amt, wo er praktisch nie hinging. Seit kurzem hatte er mit den Drogen aufgehört, und das machte ihm schrecklich zu schaffen.

„Ich bemühe mich, herauszukommen. Ein reguläres Leben zu führen. Ich habe auch jemanden, der mir hilft, der mir Mut macht. Eine Frau. Es ist die Liebe – die Zeit der Dummheiten ..."

Aber er spricht so lässig und gleichgültig davon, als parodierte er uralte Geschichten. Wir sitzen zwischen Riesenlastwagen vor einem Café an der alten Landstrasse nach Schemiran. Die Sturmlaterne, die uns leuchtet, pfeift leise. Der Himmel ist dicht mit Sternen besät. Sohrab spricht in weichem, langsamem Ton. Er schwitzt, dicke Perlen bilden sich regelmässig an seinen Haarwurzeln und rinnen ihm in die Augen. Sicher sieht er uns kaum. Er ist seinem Blick weit voraus und kämpft ganz allein gegen seine Ungeheuer an, gegen die Angst, gegen den Untergang im weissen Acetylenlicht, in einem königsblauen, zweireihigen Anzug, mit fünfundzwanzig Jahren.

Es gibt wenig Bettler hier, aber an den Kreuzungen der grossen Avenuen sitzen ganze Reihen von zerlumpten jungen Burschen am Rand des *dschu*[44] und schwatzen, kauen an einer Blume oder spielen Karten. Sie warten auf das rote Licht. Sobald es aufleuchtet oder ein Stau den Verkehr aufhält, stürzen sie sich auf die Autos, um die Vorderscheibe mit einem schmutzigen Fetzen und massenhaft Spucke zu putzen, und man gibt ihnen ein paar Münzen. Der Verkehrspolizist, der nicht unbedingt dagegen ist, lässt ihnen Zeit zum Fertigwerden. Andere erbieten sich freundlich, einem den Weg zum eigenen Haus zu zeigen, ein Päckchen zu tragen, den Rasen zu giessen und ähnliches mehr. Jeden Morgen zieht eine buntgemischte Schar von Gassenjungen, Arbeitslosen und Alten, in der Hoffnung auf Glücksfälle und Gelegenheitsarbeiten, vom Basar in die obere Stadt. Manchmal rekrutiert auch die Polizei dieses stets verfügbare menschliche Treibgut für einen Toman pro Kopf, um als „iranisches Volk" vor der Sowjetbotschaft zu demonstrieren oder die Villa einer Persönlichkeit, die sich die Missbilligung der Obrigkeit zugezogen hat, mit Steinen zu bewerfen. Wenn die Angelegenheit beendet ist, der Radau aber noch weitergeht – sie möchten nämlich gern ihren Lohn bekommen –, zerstreut man sie mit Wasserwerfern. Am nächsten Tag kann es leicht passieren, dass das nämliche „Volk" seinen Unwillen äussert, indem es, von Studenten angeführt, zu der nämlichen Botschaft zieht und Blumen vor ihrem Tor niederlegt. Dann eilt die nämliche Polizei herbei, bemächtigt sich der Rädelsführer (besonders der Studenten), rasiert ihnen den Schädel und schickt sie zurück in den Militärdienst oder in den Süden des Landes, wo sie Steine brechen sollen, woran es dort nicht fehlt. Eine traurige Komödie. Aber die Methode ist nicht zu verachten: Das macht immerhin fünfzig Arbeitslose weniger.

Doch sie reicht noch nicht aus: Es ist unmöglich, seinen Wagen zu parkieren, ohne dass ein Bandit auftaucht, der anbietet, ihn für einen halben Toman zu „bewachen". Du tust gut daran, auf den Handel einzugehen, sonst kann es leicht passieren, dass der Wächter in deiner Abwesenheit die Luft aus den Reifen lässt oder mit dem Reserverad in Richtung Basar verschwindet, wo du es dann zurückkaufen kannst. Im Grunde genommen sind sie sehr hilfreich. Zu Beginn lehnten wir ab. Wir waren knapp, ein Toman zählte. Wir dachten auch, unser Wagen sei zu armselig. Nun, eines schönen Tages fanden wir ihn mitten auf dem Trottoir wieder. Sie mussten mindestens zu sechst gewesen sein, um ihn unter den Augen der Gaffer und Lacher über den Rinnstein zu heben. Doch bis auf dieses eine Mal haben die Diebe ihn immer verschont; zweifellos dank der Strophe von Hafis, die wir auf persisch auf die linke Tür hatten schreiben lassen: *Kein sicheres Dach für die Nacht / und dein Ziel ist noch weit, / doch wisse, es ist kein Weg ohne Ende. / Sei nicht betrübt!*

Monatelang diente uns diese Inschrift als Sesam-öffne-dich und Schutz in all den Winkeln des Landes, wo man keinen Grund hat, den Fremden zu lieben. Es ist unglaublich, wie gross der Einfluss einer über fünfhundert Jahre alten, sehr hermetischen Poesie im Iran noch heute ist und wie beliebt und bekannt die Verse überall sind. Die Händler im Basar, die vor ihren engen Buden kauern, setzen die Brille auf, um sich von einem Trottoir zum anderen gegenseitig Gedichte vorzutragen. In den üblen Spelunken, die voll von halsabschneiderischen Typen sind, sieht man manchmal, wie ein zerlumpter Gast vor Wonne die Augen schliesst und mit verzückter Miene den Versen lauscht, die ein Kumpan ihm ins Ohr flüstert. Bis in die entlegensten Dörfer des Landes wissen die Leute eine grosse Anzahl Gaselen (17 bis 40 Verse) von Omar-e Chajjam, Saadi oder Hafis auswendig. Wie wenn bei uns die Strassenarbeiter oder die Totschläger von La Villette sich an Maurice Scève oder Nerval erbauten. Bei den Studenten, den Künstlern, den jungen Menschen in unserem Alter wurde diese Neigung manchmal zum Rausch. Sie kannten Hunderte dieser funkelnden Strophen, die die Welt aufheben, indem sie sie erleuchten, die vorsichtig verkünden, dass Gut und Böse letztlich dasselbe seien, und dem Rezitator, dessen feingliedrige Hände mit abgenagten Fingernägeln sich um ein Glas Wodka verkrampfen, die Befriedigung geben, mit der sein Dasein ihn so knauserig bedacht hat. So konnten sie einander stundenlang ablösen, im Einklang schwingend wie die Basssaiten der Laute; und hin und wieder unterbrach sich der eine, um seinen Selbstmord anzukünden, und ein anderer, um Tranksame zu bestellen oder uns ein paar Verse zu übersetzen.

Die Melodie der persischen Sprache ist prachtvoll und die von Sufi-Esoterik genährte Poesie eine der erhabensten der Welt. In grossen Dosen genossen, ist sie jedoch nicht ungefährlich: Anstatt das Leben zu verschönern, tritt sie schliesslich an seine Stelle und bietet manchen eine ehrenhafte Ausflucht aus einer Wirklichkeit, die doch frisches Blut so sehr nötig hätte. Man kann von vielen jungen Persern sagen, dass sie nach dem Beispiel von Omar-e Chajjam „heimlich den traurigen Weltenplan zerrissen" – und dabei liessen sie es bewenden.

Während der Imam die Hand tief in die vollen Schüsseln taucht, wiederholt er, jedes Wort einzeln betonend: „Nein

– die südliche Strasse ist gefährlich. Fahren Sie lieber über Meschhed. Die Heilige Stadt muss man besuchen, und dort könnte ich Sie überall einführen."

Der Imam Dschome ist die höchste religiöse Autorität der Stadt und Hofprediger, vom Schah, der ihm seine Priesterwürde verleiht, persönlich ernannt. Im übrigen ist er kein Mullah, sondern er hat an einer europäischen Universität studiert, ist Spezialist für islamisches Recht und das Haupt einer mächtigen Familie, die seit mehreren Generationen das Königshaus stützt. Er soll auch, munkelt man, Umgang mit Engländern haben. Kurz, ein politischer Prälat, den Fanatiker verschiedener Richtungen schon mehrmals zu ermorden versuchten. Niemals sicher, wenn er die Kanzel besteigt, ob er nicht auf den Flügeln einer Bombe ins Jenseits entschweben wird. Er ist sehr tapfer und voller Aufmerksamkeit für seine hinreissende Gattin. Die Frauen mögen ihn sehr. Zuoberst an der Tafel sitzend, verschlingt er, von stiller Ehrfurcht umgeben:

Eisgekühltes Melonenkompott
Reis mit eingemachten Früchten
Grilliertes Poulet mit Pfefferminz
Saure Milch mit Gurken und Rosinen

und regiert über etwa fünfzehn Neffen, Schwäger, Tanten oder Vettern, die kommen und gehen, sich verneigen, einen Bissen essen, verschwinden, sich nochmals verneigen, zurückkommen, und so weiter. Er gleicht einem leutseligen Montaigne im weissen Turban, mit rundem Gesicht, Vollbart und geistreichen Augen, die den Gesprächspartner nicht loslassen. Die Reiseroute, die wir uns zurechtgelegt haben, scheint ihm ernsthafte Sorgen zu machen. Von hier aus führen zwei Strassen nach Afghanistan: Die nördliche über Schahrud und Meschhed wird regelmässig vom Autobus befahren, die südliche, die uns lockt, ist viel länger. Sie geht über Isfahan, Jasd, Kerman, durchquert den Süden der Wüste Lut und weiter die belutschische Wüste in ihrer ganzen Länge und endet in Quetta in Pakistan. Wir wissen, dass sie wenig befahren ist. Aber gefährlich?

„Wegen der Nomaden?"

„Nein", erwidert der Imam. „Nein – niemand, das ist es ja gerade. Es ist die Eintönigkeit und die Sonne. Viel zuviel Sonne."

Aber man hört so manches über diese Strassen. Auch einer, der nie aus Teheran herausgekommen ist, denken wir.

„Eine Sonne, von der man sich keinen Begriff macht", fährt er ruhig fort. „Letztes Jahr wollten zwei Österreicher diese Route um dieselbe Jahreszeit machen. Sie sind noch vor der Grenze gestorben."

Dann spült er sich sorgfältig den Mund, wischt sich den Bart ab und weist uns in seinen Garten, während er seine Gebete verrichten geht.

Ein Rosengarten, von hohen Mauern umgeben, mit einem viereckigen Bassin in der Mitte. Purpurrote, weisse, tee- und safranfarbene Rosen, Spaliere, Büsche, Torbogen von Rosen, vom gleissenden Licht verzehrt. Ein paar Sträucher mit beinahe schwarzen Blüten, von Gazeschirmen beschützt, strömen einen betäubenden Duft aus. Zwei barfüssige Diener eilen mit Giesskannen über die sandbestreuten Wege. Ein zartfarbiges Paradies mit seiner stillen Wasserfläche und seinen exakt verteilten Blumen auf dem stummen Rundgang der Gärtner. Aber es ist ein abstraktes, ungreifbares Paradies, eher das Spiegelbild eines Gartens als ein wirklicher Garten. Der Luxus der europäischen Gärten wurzelt tief in der Erde und bemächtigt sich überströmend der grösstmöglichen Menge Natur. Die Gärten im Iran wollen nichts von dieser Überfülle wissen, die nur bedrückt; sie streben nach dem notwendigen Mass an Schatten und nach Frieden. Man erkennt kaum die Linie der Stengel zwischen dem Erdboden und den zarten Blüten. Der Garten schwebt in der Luft. Das geheimnisvolle Wasser und das leichte Dahinschweben – mehr verlangt man nicht von ihm.

Nach Beendigung seiner Ausstellung war Thierry auf ein paar Tage in die Provinz Gilan gefahren, um zu malen. Ich blieb in Teheran, um zur Aufrundung unseres Budgets einen letzten Vortrag vorzubereiten. Da die Universität und das Institut schon geschlossen waren, lieh ich mir von den Lazaristen den Festsaal des College Saint-Louis aus. Das nicht sehr klerikale Thema, „Der ungläubige Stendhal", hatte sie nicht abgeschreckt. Sie stellten mir für meine Arbeit sogar ein kleines Klassenzimmer zur Verfügung, das nach Kreide und Ferien roch, und die Klosterbrüder brachten mir frisches Bier und Zigarren.

Im *Institut Jeanne d'Arc,* wo alles, was Teheran an Töchtern mit ansehnlicher Mitgift besass, von den Klarissinnen erzogen wurde, hat man Stendhal weniger gut aufgenommen. „Montaigne, Toulet – das mag noch hingehen", sagte mir die Oberin. „Aber Stendhal! Dieser Pfaffenfresser, dieser Jakobiner! Warum sprechen Sie nicht über Pascal? Sie sind ein trauriger Mensch, das würde genau für Sie passen, und ich könnte Ihnen den ganzen Saal füllen."

Wir sassen bei einer Flasche Chianti unter einem grossen silbernen Kruzifix. Sie schenkte sich ein tüchtiges Glas voll und fügte hinzu: „Zu Stendhal kann ich Ihnen meine Schwestern wirklich nicht schicken. Im übrigen habe ich ihn gar nicht gelesen, er steht auf dem Index."

Die Oberin war eine Frau von Geist und Charakter, die ihre Schule mit fester Hand leitete und unter ihrer Schärfe eine gewisse Melancholie verbarg, die rührte. Wir verstanden uns gut, weil sie serbischer Herkunft war und ich Serbien liebe. Sie war sehr stolz auf ihre Herkunft und zeigte mehr Duldsamkeit für die jugoslawischen Revolutionäre als für die Schriftsteller auf dem Index. Als ich von der Musik in Belgrad sprach, verschwand sie und kam mit einer Platte wieder. „Die borge ich Ihnen, sie ist ausgezeichnet. Aber gehen Sie sorgsam damit um, ich hüte sie wie meinen Augapfel."

Und sie reichte mir das „Lied der Partisanen", mit einem grossen roten Stern gestempelt.

Später sah ich mir auf der Nuntiatur aus Neugier den Index an und stellte fest, dass von Stendhal einzig das *Journal* darauf figurierte – wegen einiger Stellen, wo er etwas weit geht –, dass hingegen fast der ganze Pascal darin verzeichnet war! Ich fragte einen reizenden Monsignore, der aus Apulien stammte, nach der Erklärung für dieses Wunder. Er antwortete: „Stendhal ist nicht sehr gefährlich, und er hat eine Entschuldigung: ‚Arrigo Beyle', er liebte Italien, während Pascal sozusagen der Pförtner der Kirche ist. Wenn ein Protestant sich ihm nähert – ausgezeichnet! Dann wird er eintreten. Aber ein Katholik – Achtung! Der will austreten!" Man zieht sich gut aus der Affäre, in Trani.

Am Vorabend der Abreise

Nicht einmal die Wipfel der Platanen erreichen die Terrasse, auf der wir schlafen. Der Himmel ist schwarz und warm. Entenschwärme, die vom Kaspischen Meer kommen, fliegen mit einem klatschenden Geräusch darüber hin. Durch die Zweige der Hedayat-Avenue kann ich die Ladenbesitzer beobachten, die sich für die Nacht auf dem Trottoir einrichten. Da ist es geselliger und kühler. Sie schleppen ihre Lagerstatt heraus oder breiten die dicken, schwarz und rot gemusterten Decken unmittelbar auf dem Boden aus. Sie bringen auch Teekannen aus blauem Email, Tricktrackspiele, Wasserpfeifen und knüpfen, ohne einander zu sehen, Gespräche quer über die Strasse an. Überall brennt das schwache, gleichsam erschöpfte elektrische Licht der arabischen Städte, deren Stromnetz überlastet ist; es verletzt nicht und leuchtet, ohne die Nacht zu zerstören, gerade genug, dass man sich in ihr zurechtfindet. Stellenweise auch das eiskalte Licht der Karbidlampen, das die untere Seite der staubigen Blätter mit Lack überzieht.

Die Stadt hat es mir angetan, und da ich Stendhal im Kopf habe, bilde ich mir ein, dass er sie auch geliebt hätte. Er hätte hier seine Welt wiedergefunden: eine stattliche Anzahl von empfindsamen Seelen, ein paar eingefleischte Schurken und im Basar die Schuhmacher mit ihren Maximen, mit denen er so gern zu schwatzen pflegte. Der Schatten eines Fürstenhofs – Intrigen, schlechter Kaffee, düstere Saufereien –, noch ein bisschen korrupter als der von Parma, der gleichfalls in ständiger Furcht vor den Liberalen lebt und sie darum einsperrt; der böse Rassi wäre hier der reinste Chorknabe. Dazu ein Volk, das viel Scharfsinn besitzt und diese Auswüchse mit bitterem Humor kommentiert. Mehr Bedauern als Gewissensbisse und ein nachlässiger Amoralismus, der stark auf die göttliche Langmut setzt. Nicht zu vergessen die heimlich im Basar verborgenen Zirkel von Mönchen oder Sufi-Anhängern, die sich gegenseitig überbieten mit den unglaublichsten Spekulationen über die Natur der Seele und die die Stadt ganz wesentlich prägen. Stendhal, der zum Schluss so sehr um seine eigene Seele besorgt war, wäre da nicht gleichgültig geblieben.

Was mich bei alldem am meisten beeindruckt, ist die Tatsache, dass der jämmerliche Zustand der öffentlichen Angelegenheiten so wenig die privaten Tugenden beeinträchtigt – ja, man fragt sich sogar, ob er sie nicht in einem gewissen Mass anspornt. Hier, wo alles schiefgeht, haben wir mehr Gastfreundschaft, guten Willen, Feingefühl und Unterstützung angetroffen, als zwei Perser auf Reisen in meiner Heimatstadt, wo doch alles bestens geregelt ist, erwarten dürften. Ich habe hier auch viel gearbeitet und den Unterhalt für mindestens sechs weitere Monate verdient. Morgen gehen wir im Alten Basar Dollar kaufen. Die Lalesar-Avenue hinunter, die wir so mühsam emporgestiegen sind.

Abreise, 7 Uhr früh

Unsere Freunde erwarten uns in einem Kaffeehaus der unteren Stadt, um uns gute Fahrt zu wünschen. Ich hatte vergessen, dass es so viele sind. Das letzte Glas Tee, und wir fahren los. Seufzend sehen sie uns lange nach. Dabei werden wir niemandem fehlen, und sie beneiden uns ganz sicher nicht um unsere Reiseziele, da man dir in Teheran nachdrücklich versichert, die Isfahani wären falsche Brüder, die Kaschani schlechthin Spitzbuben, in Sistan schmecke das Brunnenwasser salzig und in Belutschistan begegne man ausschliesslich Einfaltspinseln. Nein, es ist die Reise, die sie träumen lässt. Die Reise, die Überraschungen, die Widerwärtigkeiten, die Mystik des Weges, die im Herzen der Orientalen so lebendig ist und die uns so oft Nutzen gebracht hat.

Auf der Strasse nach Isfahan

„Erste Wegstrecke, kleine Wegstrecke“, sagen die persischen Karawanenführer, die wohl wissen, dass am Abend des ersten Reisetages jeder merkt, dass er zu Hause etwas vergessen hat. So legt man gewöhnlich nur einen *farsang*[45] zurück. Die Vergesslichen müssen die Möglichkeit haben, noch einmal umzukehren und vor Sonnenaufgang wiederzukommen. Dass man solchermassen mit der menschlichen Zerstreutheit rechnet, ist für mich ein weiterer Grund, Persien zu lieben. Ich glaube, es besteht hierzulande keine einzige praktische Einrichtung, die nicht auf die unabänderliche Unzulänglichkeit des Menschen Rücksicht nähme.

Von Teheran bis Kum ist die Strasse asphaltiert, aber von armtiefen Schlaglöchern aufgerissen. Von Kum an ist sie aus gestampftem Lehm und so holprig, dass wir unter fünfundzwanzig fahren müssen. Von Zeit zu Zeit flitzt der senffarbene Blitz einer Tarantel darüber hin oder der dunkle Fleck eines Skorpions, der seinen Geschäften nachgeht. Schmutzfarbene Aasgeier hocken auf den Telegrafenpfosten, wenn sie nicht bis zum Steiss im Kadaver eines Schäferhundes oder Kamels verschwinden. Man interessiert sich um so eher für das Getier, als das gleissende Licht und das Zittern der überhitzten Luft die Landschaft tagsüber vollständig auslöschen. Gegen fünf Uhr nachmittags färbt sich die Sonne rot, und mit einer Klarheit, als hätte man mit einem Tuch eine angelaufene Scheibe abgewischt, taucht das einsame Hochland auf, durch das der Engel den Tobias geführt haben soll. Es ist gelblich, mit ausgebleichtem Gesträuch übersät. Ringsum auberginefarbene Berge mit seltsamen Zacken. Vornehme Berge. Das ist das richtige Wort. Über tausend Kilometer erstreckt sich die iranische Landschaft in einer kargen, überlegenen Vornehmheit, als hätte ein fast erloschener Atem sie aus feinster Asche geformt, als hätte hier, seit undenklicher Zeit, eine bittere Erfahrung sämtliche Vorfälle – Wasserstellen, Luftspiegelungen, Sandwirbel – mit einer Vollkommenheit festgelegt, die den Menschen verzaubert oder ihn verzweifeln lässt, von der das Land sich jedoch niemals trennt. Selbst in der trostlosen Einöde der südöstlichen Weiten, die nichts als Tod und Sonne sind, bleibt das Relief noch vollendet schön.

Hier ist man nicht an kleine Autos gewöhnt, und das unsere ist so hoch beladen, dass man wirklich ganz nahe kommen muss, um sich zu überzeugen, dass es eines ist. Im Vorbeifahren sehen wir weit aufgerissene Augen und offene Münder. In einem Vorort von Kum hat es kürzlich einen alten Mann dermassen in Erstaunen versetzt und ihn bewogen, sich so oft umzudrehen, dass er sich schliesslich in sein Gewand verhedderte und sich mit dem Ausruf: *„Kije schaitane!“*[46] auf den Hintern setzte. An den Rastorten wieder die dichtgedrängten Horden von Neugierigen und der Polizist, der emsig die Aufschrift auf unserer Wagentür entziffert, die ja subversiv sein könnte. Doch vom zweiten Vers an fällt das Publikum im Chor ein, die Leseübung verwandelt sich in eine murmelnde Rezitation, die pockennarbigen Gesichter erhellen sich, und wie durch Zauber tauchen die zwei Glas Tee auf, die eben erst für Geld und gute Worte nicht zu haben waren. Und wieder das stundenlange vorsichtige Chauffieren über Horizonte, die so unendlich weit sind, dass sie sich kaum von der Stelle rühren; wieder die vom Licht brennenden Augen, die Siesta im Umkreis der Fliegen, das abendliche *abguscht* – Hammelfleisch, Kichererbsen, Zitronen, in stark gepfeffertem Wasser gedämpft – und die Nacht auf der Lehmbank eines Tschaichane. Kurz, das Wanderleben zu fünf Toman täglich. Bis zu dem ängstlichen Horchen auf das Motorengeräusch, das ich zu lieben beginne.

Isfahan

Mit einer gebrochenen hinteren Feder langsam durch die Landwirtschaftszone, die die Stadt umgibt. Die Sonne ging hinter einsamen, hohen Platanen unter, deren schräger Schatten sich über Lehmdörfer mit alten, von Rost zerfressenen Dachrinnen ausbreitete. Auf den gemähten Kornfeldern schimmerten die Garben, die das Licht aufsogen, wie

Bronze. Büffel, Esel, schwarze Pferde und Bauern in grellbunten Hemden brachten die Ernte ein. Über der Stadt in der Ferne, die sich weit ausdehnte, schwebten die zwiebelförmigen Dächer der Moscheen. Ich hockte auf der Motorhaube, um den kranken Wagen zu entlasten, und suchte, halbtot vor Müdigkeit, nach einem Wort, um mir diese Bilder anzueignen. Mechanisch sagte ich mir immer wieder: „Carabas."

Etwas später

In Teheran hatten uns Freunde gesagt: „Dort steigt ihr einfach bei unseren Verwandten ab, wir haben euch schon angekündigt" – und uns eine Adresse gegeben.

Die Perser sind gastfreundlich, das weiss jeder, aber es ist schon spät, und wir kommen ungelegen. Es ist Freitag, der Abend, an dem die Familien sich zusammenfinden, und das Haus wimmelt von Kindern, von Verwandten aus der Provinz, die im Pyjama kommen und gehen, gedörrte Aprikosen knabbern, Tricktrack spielen, Decken, Lampen, Moskitonetze herumtragen. Ich kann vor Erschöpfung nicht schlafen und beschäftige mich damit, unsere Reiseapotheke auf dem Esszimmertisch in Ordnung zu bringen. Die Männer, die durchs Zimmer gehen, grüssen freundlich; manche setzen sich ein Weilchen hin und sehen mir schweigend zu. Ein dicker, jovialer Unbekannter leistet mir den ganzen Abend lang Gesellschaft. Nach einer Weile fragt er, ob er unser Fieberthermometer benützen darf, steckt es sich in den Mund und schaut weiter zu. Er habe zur Feier des Endes des Ramadans zuviel gegessen und fürchte jetzt, ein wenig Fieber zu haben. Aber nein, siebenunddreissig fünf. Das ist alles, was ich je von ihm erfahren habe.

Im Radio erklingt die schöne altpersische Tar-Musik, ähnlich derjenigen von Segovia, losgelöst von allem, wie zerbrechendes Glas, das lässig herunterfällt. Doch unser Gastgeber schaltet den Apparat ab, weil diese Musik ihn hindere, an Gott zu denken. Er ist ein Handelsmann aus dem Basar, sehr höflich, sehr fromm und in seinen Geschäften gesegnet. Er erzählt mir, mit welcher Strenge er seine Söhne erzieht, die vor lauter Höflichkeit schon beinahe unsichtbar sind. Ich höre kaum zu. Unsere Anwesenheit hier erscheint mir plötzlich absurd. Die Müdigkeit von Teheran hat auf dieses gastliche Haus gewartet, jetzt überfällt sie mich und trennt mich von der ganzen Welt. Eine Woche Schlaf bräuchten wir.

Im Hof der Königlichen Moschee – Masdsched-e Schah – könnte man mit Leichtigkeit hundert Autobusse und vielleicht auch noch die Notre-Dame von Paris unterbringen. Der Platz, dessen eine Schmalseite sie einnimmt, misst fünfhundert auf fast zweihundert Meter. Hier wurden einst gewaltige Poloturniere veranstaltet, und die Reiter, die im Galopp an der kaiserlichen Tribüne vorbeijagten, erschienen nicht grösser als ein grosses O, bevor sie den Rand des Platzes erreicht hatten. Unter der 33-Bogen-Brücke, die den Sajenderud überwölbt, sieht man Ameisen, die so etwas wie bunte Briefmarken in Richtung der Brückenpfeiler schleppen; das sind Männer, die Teppiche von zehn Meter Seitenlänge waschen.

Im 17. Jahrhundert war Isfahan die Hauptstadt des Reichs und mit seinen sechshunderttausend Einwohnern eine der volkreichsten Städte der Welt. Heute wohnen dort nur noch zweihunderttausend Menschen. Isfahan ist „Provinz“ geworden, es ist geschrumpft, und seine grossartigen und anmutigen Denkmäler aus der Zeit der Safawiden wollen ihm nicht mehr passen, wie zu gross gewordene Kleider. Sie wetzen sich auch ab und werden schäbig, weil

Schah Abbas, der es eilig hatte, die Welt durch seinen Glanz zu verblüffen, sich nicht die Zeit genommen hatte, solide zu bauen. Aber gerade diese so menschliche Unterworfenheit unter die Zeit, in der ihre einzige Unvollkommenheit besteht, macht sie uns zugänglich und rührt uns an. „Der Dauer Trotz bieten." Ich bin sicher, dass seit der Zeit der Achämeniden kein einziger persischer Baumeister mehr dieser Torheit verfallen ist.

In der königlichen Moschee beispielsweise fallen jedem Gewitter ein Haufen unersetzlicher Fayence-Kacheln zum Opfer. Ein paar Dutzend auf über eine Million, und alles ist so gross, dass fünfzig Jahre lang Gewitterstürme darüber hinwegfegen könnten, bevor sich ein Verlust bemerkbar machen würde. Sie fallen doch schon beim kleinsten Windstoss von hoch oben herunter, schlagen auf und zerschellen zu Staub, ohne dass man etwas anderes hört als ein ganz leise tuschelndes Geräusch, wie von dürren Blättern. Vielleicht ist es ihre Farbe, die den Zerfall so sanft macht. Das berühmte Blau – da haben wir es wieder. Hier ist es mit ein bisschen Türkis, Gelb und Schwarz durchzogen; die Farben lassen die Seele schwingen und versetzen sie in eine Ergriffenheit, die man sonst nur mit dem Heiligen in Zusammenhang bringt. Die gewaltige Kuppel, die damit bedeckt ist, zieht es in die Höhe, als wäre sie ein gefesselter Ballon. Unter dieser Kuppel und vor den Palästen des Platzes spazieren die Isfahani herum: liebenswürdig, anders, nicht allzusehr um Aufrichtigkeit bemüht, mit der Miene, die man oft bei den Bewohnern von berühmten Kunststädten findet, Schiedsrichter in einem Wettbewerb zu sein, von dem der Fremde, wie er es auch anfängt, nie etwas verstehen wird.

Abgesehen davon, ist Isfahan tatsächlich genau so wunderbar, wie man es uns verheissen hat. Die Stadt allein ist die ganze Reise wert.

Gestern abend ein Spaziergang den Fluss entlang. Ist es wirklich ein Fluss? Selbst bei höchstem Wasserstand verliert er sich, kaum hundert Kilometer östlich der Stadt, im Sande. Jetzt ist er fast ganz ausgetrocknet; ein breites Delta, mit ein paar leuchtenden Flecken aus Wasser, das sich kaum von der Stelle rührt. Beturbante Greise durchreiten es auf einem Eselchen, in einer Wolke von Fliegen. Zwei Stunden lang sind wir auf einem Weg aus heissem Staub, der vom Quaken der Frösche gesäumt ist. Durch die Lücken zwischen den Weiden- und Eukalyptusbäumen sah man schon das weisse Hell der Wüste und die malvenfarbenen Berge, deren Silhouette an die Provence erinnerte. Und in der Natur genau die gleiche weiche, gefährliche intime Atmosphäre, die man in manchen Sommernächten in der Gegend von Arles oder Avignon empfindet. Aber es ist eine Provence ohne Wein, ohne Prahlereien, ohne Frauenstimmen, also eigentlich ohne die Hindernisse oder den Lärm, die uns normalerweise vom Gedanken an den Tod abschirmen. Kaum hatte ich das bei mir gedacht, als ich ihn überall zu spüren begann – den Tod: die Blicke, denen man begegnete, der dunkle Geruch einer Büffelherde, die erleuchteten Zimmer, die auf den Fluss hinausgähnten, die dichten Schwärme von Moskitos. Er holte mich mit rasender Geschwindigkeit ein. Unsere Reise? Ein Pfusch, ein einziges Versagen. Wir reisen, wir sind frei, wir kommen nach Indien – und dann? Ich mochte mir noch so oft wiederholen: Isfahan! Kein Isfahan, das standhielt. Diese Stadt, die sich nicht greifen liess, dieser Fluss, der nirgends hinführte, waren nicht sehr geeignet, einen im Gefühl für die Wirklichkeit zu bestärken. Alles war bloss noch Zusammenbruch, Verweigerung, Abwesenheit. Bei einer Biegung des Flussufers wurde das Unbehagen so stark, dass wir umkehren mussten. Auch Thierry war es nicht wohl in der Haut – auch er fühlte sich betroffen. Dabei hatte ich ihm nichts gesagt. Wir kehrten im Laufschritt zurück.

Sonderbar, wie die Welt auf einen Schlag verödet und sich auflöst. Vielleicht der Schlafmangel? Oder die Wirkung der Impfungen, die wir gestern aufgefrischt hatten? Oder die Dschinnen, die einen überfallen, wenn man abends einem Wasserlauf folgt, ohne den Namen Allahs zu nennen? Ich glaube eher, dass es Landschaften gibt, die einem böse gesinnt sind und die man unverzüglich verlassen muss, sonst stösst einem etwas Unvorhersehbares zu. Es gibt nicht viele davon, aber es gibt sie. Für jeden von uns existieren auf dieser Welt fünf oder sechs.

Auf der Strasse nach Schiras

Dieses Dorf war auf meiner Karte nicht eingezeichnet. Es lag am Rand einer Steilwand, die einen ausgetrockneten Flusslauf überragte. Nicht so sehr ein Dorf als ein mächtiger Termitenbau voller Kerben, dessen Wände in der unvorstellbaren Hitze der Mittagssonne barsten und sich spalteten. Es war menschenleer, abgesehen vom Tschaichane, wo etwa fünfzehn Hirten vom Stamm der Kaschkai[47] lagerten, bis ihre Herden die nächstgelegenen Berge kahlgefressen hatten. Es waren prachtvolle Kerle mit ihren scharfen, schwarzgebrannten Gesichtern und den hellen kegelförmigen Filzmützen, die bis auf die Zeit der Achämeniden zurückgehen und das Kennzeichen ihres Stammes sind. Sie sassen in einer Reihe auf der Lehmbank oder kauerten in den Winkeln, das Gewehr im Schoss. Mehrere hielten einen Spinnrocken mit dunkler Wolle in der linken Hand und spannen, während sie vor sich hinsummten. Ein Gebrumm, von einer zähen Stille gefolgt, beantwortete unseren Gruss. Sie gaben keinen Pieps mehr von sich und musterten bald uns, bald den Wagen, der vor der Tür stand. Eine Runde

Zigaretten entspannte die Atmosphäre nur ein wenig. Da der Wirt es anscheinend nicht eilig hatte, uns zu bedienen, begannen wir, Karten zu spielen. Dann schlief Thierry ein, und ich machte mich daran, die Schürfungen und Kratzer zu verarzten, die ich mir beim Herumbasteln am Motor geholt hatte. Als sie die Reiseapotheke erblickten, murmelten die Kaschkai *dawa* (Medizin) und kamen näher. Nun musste ich einen entzündeten Nagel, eine Verstauchung und ein paar Abszesse, die sie mit Kuhdreck oder ranzigem Maschinenöl eingeschmiert hatten, behandeln. Die Unversehrten machten nachdrücklich die lächerlichsten Wehwehchen geltend, um ebenfalls gepflegt zu werden. Ein riesenhafter Kerl hatte sich – ganz wie Dornröschen – an seiner Spindel gestochen, ein anderer litt an einem unsichtbaren Dorn, den er sich in den Fuss getreten haben wollte, ein Dritter, ein noch grösserer Galgenvogel, gar an Angstzuständen und Wallungen.

Gegen drei Uhr brachen wir auf. Vor der Tür pickten ein paar Hühner im glühenden Erdboden, um die kleinen Skorpione, auf die sie so scharf sind, auszugraben. Die Kaschkai begleiteten uns bis zum Wagen. Er sprang nicht an, die Batterie war tot, von der Sonne aufgesogen. Wir schalteten den dritten Gang ein und schoben den Wagen bis zum Dorfausgang, wo die Strasse günstigerweise stark abfiel. Die Kaschkai hatten mit Hand angelegt, und wir brauchten einen Augenblick, bis wir merkten, dass ihre Augen zu funkeln begannen und dass sie zwar ein bisschen schoben, aber noch mehr bremsten. Freilich, sie fanden uns sympathisch, aber unser Gepäck gefiel ihnen auch nicht schlecht. Schon begannen sie nach unseren Sachen zu greifen, und während wir verzweifelt versuchten, die gierigen Finger in Schach zu halten, lachten wir mit zugeschnürter Kehle, denn wir wussten, nur wenn wir den Anschein des

Scherzes wahrten, konnten wir Tätlichkeiten vermeiden. Gleichzeitig schoben wir wie die Galeerensklaven, und da die Strasse stark abfiel und der Wagen schwer beladen war, gewann er rasch die nötige Geschwindigkeit, so dass wir hineinspringen und mittels eines Zickzackkurses, knapp an den Mauern entlang, die eifrigsten unserer Helfer abschütteln konnten.

Am Fuss des Abhangs überquerte der Wagen mit letztem Schwung das ausgetrocknete Flussbett und blieb dann stehen, noch toter als zuvor. Zwei Stunden lang flickten wir im Motor und unter dem Wagen herum. Vergebens. Wie soll man, während einem der Schweiss in die Augen rinnt, unter den dicken, fettigen Staubkrusten einen Kurzschluss ausfindig machen! Das nächste Dorf, das diesen Namen verdiente, war fast hundert Kilometer weit entfernt. Die Sonne begann zu sinken, und wir hatten nicht die geringste Lust, die Nacht unterhalb dieser verfluchten Lehmburg zu verbringen. Glücklicherweise brachte die Abendkühle ein wenig Verkehr. Zuerst einen alten Unteroffizier, der zu Fuss von einem nahen Wachposten hergewandert war; er beschränkte sich darauf festzustellen, dass Allah gross, aber der Motor *suchte* (verbrannt) sei, und setzte sich auf einen Stein. Dann ein Jeep, der mit zwei verschleierten Insassinnen nach Isfahan hinauffuhr. Der Chauffeur nahm mit grosser Gefälligkeit unser Werkzeug zur Hand und vollführte dieselben Bewegungen, die wir vollführt hatten, mit ebensowenig Erfolg. Doch die Ungeduld seiner Klientinnen, die laut zu schreien und zu hupen begonnen hatten, machte ihn nervös. Er zerbrach den Verteilerkopf, den er zu forcieren versuchte, entschuldigte sich höflich, liess uns stehen und fuhr in einer Staubwolke davon.

Die Dämmerung brach herein. Der alte Militärmann hatte sich nicht von seinem Stein gerührt, und wir begannen unruhig zu werden, als ein günstiges Schicksal einen kleinen Lastwagen des Weges sandte, der neben uns anhielt. Er war frisch gestrichen, er war leer und die Ladebrücke gerade gross genug, um unseren Wagen aufzunehmen. Darin drei schlaue Füchse, die wie wir nach Schiras fuhren. Die Leute von Schiras stehen im Ruf, die Liebenswürdigsten und Glücklichsten aller Iraner zu sein, und diese hier waren reinrassige Schirasi: durchtrieben und friedlich, aufmerksam, durch nichts in Erstaunen zu versetzen und mässig habgierig. Sie willigten ein, uns und unseren Wagen bis zur Stadt Abade mitzunehmen. Der älteste der drei setzte sich ans Lenkrad, liess seinen Laster, auf die Gefahr hin, sich den Hals zu brechen, die Böschung hinunterrutschen und fuhr dann zurück, bis die Ladebrücke in gleicher Höhe mit der Fahrbahn stand. Wir schoben unser Auto darauf, setzten uns hinein, und dann ging es unter den ersten Sternen, die an den Rändern der Wüste aufstiegen, hübsch langsam nach Süden weiter.

Es war völlig Nacht, als wir Abade erreichten, wo alles schon schlief. Es war ein Kaff, unmöglich, hier die Panne zu beheben. Man konnte von Glück reden, dass man etwas zu essen bekam. Während ich meinen Fladen in die Schale mit saurer Milch brockte, beobachtete ich unsere Gefährten: den Besitzer des Wagens, den Mechaniker, den Unternehmer-Chauffeur, das übliche Dreigestirn dieser Küstenschiffer der Landstrasse. Sie hatten in Teheran ein glänzendes Geschäft abgeschlossen und sprachen unaufhörlich von der Party, die in Schiras steigen würde. Ich lauschte ihnen mit dem Gefühl alter Vertrautheit und des *déjà vécu,* das manchmal der Müdigkeit entspringt. Der Unternehmer vor allem hatte in seiner ganzen Art etwas mir unerklärlich Wohlbekanntes. Nach dem Essen schlugen sie uns vor, mit ihnen nach Schiras weiterzufahren, das sie noch vor der Morgendämmerung zu erreichen gedachten. Da sie ohnehin leer fuhren und wir Reisende seien, würden sie uns gratis befördern. Wir verbrachten eine gute Stunde damit, das Auto mit Stricken festzumachen, bevor wir wieder in unseren Ausguck hinaufkletterten. Wir hatten nahezu dreihundert Kilometer vor uns, und die Strasse war in schlechtem Zustand. Zuerst stieg sie auf über zweitausend Meter an und führte dann durch eine von wildgezackten, schwarzen Bergen umgebene Wüste. Durch den Motorlärm hindurch hörte man die Glöckchen unsichtbarer Kamele erklingen. Der Himmel, der in dieser Berghöhe von schwindelerregender Klarheit ist, wölbte sich wie eine Schale über uns. Wenn die Erschütterungen uns nicht dazu zwangen, unsere Vertäuung zu überwachen, liessen wir uns gemütlich hin und her schaukeln, die Köpfe an der kühlen Sternenluft.

Wir hatten etwa zwei Drittel der Strecke zurückgelegt, als ein Arm, der eine Laterne hielt, und Baumstämme quer über der Fahrbahn uns zum Halten zwangen. Ich hörte den Chauffeur mit einem Soldaten sprechen und dann den Motor abstellen. Jenseits der Baumstämme konnten wir die dunklen Umrisse eines Militärpostens und einen Lastwagen mit ausgeschalteten Lichtern erkennen. Es war ein Zuckertransport aus Schiras, der sechs Kilometer von hier von Angehörigen des Kaoli-Stamms[48] überfallen worden war, die nach Süden zogen. Trotz einer Kugel im Kiefer hatte der Chauffeur entkommen und den Posten erreichen können, und jetzt hielt das Militär allen Verkehr bis zum Tagesanbruch auf. Die Kälte war schneidend. Den Rest der Nacht verbrachten wir mit unserer Besatzung auf der Lehmbank des Postens, in einem ekelhaften Opiumgeruch, zwischen dem schlafenden Verwundeten und drei gespensterhaften Soldaten mit von der Droge geschwärzten Lippen, die der Reihe nach am Bambusrohr sogen. Als unser Chauffeur sich anschickte, die Lampe auszublasen, sah ich zum erstenmal sein Gesicht in voller Beleuchtung und erkannte plötzlich, was mich die ganze Zeit beunruhigt hatte: Er war der Doppelgänger meines Vaters. Ein bisschen älter, dunkler, gedemütigt, aber doch mein Vater. Es war so packend, dass ich auf einmal seine Stimme zu hören glaubte, deren Tonfall ich inzwischen vergessen hatte. (Im Lauf eines ganzen Jahres hatte ich so viele andere gehört!) Ich hörte also, und zwar Wort für Wort, den letzten Satz, den er vor meiner Abreise zu mir gesprochen hatte, eine verlegene Warnung vor gewissen Frauen, die ... denen ... in den Hafenstädten ...

Es passte sehr wenig zu den augenblicklichen Umständen, aber ich freute mich doch, die Stimme wiedergefunden zu haben. Diese Art Gepäck nimmt keinen Platz ein.

Abfahrt im Morgengrauen. Der Mond verblasste. Ein armdickes Bächlein, von einem Streifen dunklem, weichem Gras gesäumt, floss am Posten vorbei und schlängelte sich in grossen Windungen bis in die Wüste hinunter. Im Süden verschlossen hohe, blaue Berge den Horizont. Zweimal hielt unsere Besatzung an und verschwand, die Hände voll Werkzeug, unter dem Wagen. Beim zweiten Mal gingen wir nachsehen, was los war: Der Mechaniker umwickelte eine gebrochene Feder mit Draht, der Unternehmer hatte die Batterie herausgenommen und pisste in kleinen Güssen hinein, um ihr vorübergehend Leben einzuhauchen.[49] Der Besitzer schüttete mit besorgter Miene etwas Wasser zur Bremsflüssigkeit hinzu. Lauter Hilfsmittel, zu denen man nur im äussersten Fall greift. Der neue Anstrich hatte uns getäuscht. Der Camion war nicht mehr zu gebrauchen. Und mit diesem alten Schlitten wollten sie übers Gebirge!

In den ersten Kehren der Passstrasse überholten wir die nächtlichen Angreifer. Die Strasse war, so weit der Blick reichte, von Tragtieren versperrt, die Herden kletterten geradewegs den Steilhang hinan. Glöckchen, Hundegebell, Gemecker, gutturale Stimmen erklangen in der Dämmerung. Die Frauen waren schmutzig und stattlich, mit Silberschmuck behängt. Die jüngeren, die auf kleinen Pferden ritten, gaben staubbedeckten Knirpsen die Brust. Die alten thronten, das Gewehr über der Schulter, zwischen Teppichballen stocksteif auf dem Buckel der Kamele und spannen von der Spindel. Die Männer, zu Fuss, schwenkten brüllend ihre Hirtenstäbe, um die Herden vorwärtszutreiben. Man sah schlafende Kinder, wie Packen quer über den Sattel geworfen, und zerzauste Hähne, die zwischen dem Teekessel und dem Tamburin am Packsattel hingen.

Im Gegensatz zu den Türkisch sprechenden Stämmen, den Bachtiar und den Kaschkai, die in das iranische Leben integriert sind, leben die Kaoli am Rande der Gesellschaft. Sie schwärmen so ziemlich überall im Land herum, aber die überwiegende Mehrheit zieht noch alljährlich aus Sistan in das Gebiet von Buschehr und in den Nordosten Iraks hinunter. Unterwegs weiden sie ihre mageren Herden, machen den Pferden Aderlasse, sagen die Zukunft voraus und betätigen sich als Kesselflicker. Von den Sesshaften, die sie nicht als „Gläubige" betrachten, werden sie gehasst, gefürchtet und sogar beschuldigt, Kinder zu stehlen. Ob Diebe oder Bestohlene, sie stellten eine Macht dar, und ihre Truppe war gross genug, um beide Seiten des Passes zu blockieren.

In der ersten Kehre der Abfahrt hörten wir die Bremsen des Lasters reissen. (Das kommt davon, wenn man Wasser hineintut.) Wir fuhren schon zu schnell, um abzuspringen, und oben auf unserem Horst schnitt uns der Fahrtwind ins Gesicht. Aus der Kabine ertönten etliche Flüche, alsbald gefolgt vom Aufheulen des dritten Ganges, der ausschnappte, und dem scharfen Knacken der Handbremse, die es ihm gleichtat. Der Mechaniker blockierte die Hupe und beugte sich laut schreiend weit zum Fenster hinaus, um den Weg freizubekommen. Vor uns spritzten zwei Gruppen von Kaoli wie überreife Granatäpfel auseinander. Wir fuhren mit höchster Geschwindigkeit vorbei, ohne jemanden zu streifen, und nahmen knapp die erste Kurve. Noch eine und noch eine. Die Geschwindigkeit nahm zu. Ich dachte bei mir: Hinter dieser Kurve ist sicher schon die Ebene ... Es muss die Ebene sein ... Ich weigere mich, dass die Reise ein solches Ende nimmt ... Es war nicht die Ebene. Dreissig Meter vor uns war die Strasse schwarz von Vieh, Frauen und Kindern. Ein Wirbelsturm von Fetzen, Verwünschungen, Glockengeläute, wirr durcheinander galoppierenden Kamelen, aufflatterndem Federvieh, Stürzen, Schreien, Farben, die zum Strassenrand rasen ... Nicht rasch genug. Der Mechaniker machte eine Bewegung, die seine Ohnmacht andeuten sollte, und verschwand vom Fenster. Überzeugt, dass es jetzt aus war, drückten wir einander die Hand und klappten die Helme herunter, um das Gesicht zu schützen, während der Chauffeur mit märchenhafter Geschicklichkeit den Wagen gegen den Berghang prallen liess. Ein furchtbarer Stoss – dann Stille, in der noch das hysterische Schluchzen eines Mädchens nachhallte ...

Als ich wieder zu mir kam, hatte der Staub sich gesenkt. Sehr weit vor uns setzten die Kaoli den Abstieg fort. Überall Blut, auf uns, auf der Scheibe, auf dem Gepäck, unbedeutende Verletzungen, die aber stark bluteten. Wir sahen uns nach der Besatzung um: An einen Felsen gelehnt, so dass der halbe Schädel Schatten fand, waren die drei Gevatter damit beschäftigt, eine kleine Gurke zu schälen und zu salzen. Ein paar ausgeschlagene Zähne, freilich, und Beulen, aber da geschrieben stand, dass sie diesmal noch nicht sterben sollten, konnten sie sich ja ebensogut sofort ein bisschen stärken. Sie assen langsam und genüsslich, die Gesichter in vergnügte Falten gelegt, und unterhielten sich – zur Abwechslung – über die Lustbarkeiten, die sie in Schiras erwarteten. Der Zwischenfall wurde gar nicht erwähnt.

Während vier Stunden sahen wir die Nomaden, die wir beim Aufstieg überholt hatten, kerzengerade aufgerichtet, unter der flammenden Sonne vorbeiziehen. Als dann die Strasse endlich frei war, dehnten und streckten sich unsere Fahrer, besahen sich den Schaden und machten sich in aller Ruhe daran, ihr Alteisen wieder zurechtzuhauen. Mit Bausteinen, mit dem Winkeleisen, mit dem Schusterpfriem – für die geplatzten Reifen –, wie man einen Schubkarren zusammenflickt. Ich werde folgende Lehre daraus ziehen: Vor der Technik, wie vor allem anderen, hat man immer zuviel Respekt. Um fünf Uhr lief der Motor wieder. Mit einem Felsblock als Bremse im Schlepptau, der mindestens eine halbe Tonne wog, liessen wir uns in die Ebene hinuntergleiten.

Schiras, am gleichen Abend

Wir sassen zwischen den Lorbeerbüschen im Hof der Schenke *Send* und betrachteten ungläubig die eingetrockneten Blutflecken auf unseren Hemden, den Mais und die Flasche, die ein Kind uns gerade gebracht hatte, und unsere zwei Messer, die in der Tischplatte steckten. Teheran schien uns schon viele Jahre entfernt. Wie würde es erst in Kabul sein! Wir hatten erst ein Viertel der Strecke zurückgelegt, aber wir versuchten uns einzureden, dass es das schlimmste Stück sei. Ich sah uns wieder auf unserer halsbrecherischen Fahrt hoch oben auf dem verrückt gewordenen Laster und die zu Tode erschrockenen Zigeuner, die wie Wollflocken zur Seite flogen, die zehn endlosen Sekunden, in denen wir dachten, jetzt sei es aus – und nun diese erlesene, stille Stadt, wo es nach Zitronen duftet, wo man das schönste Persisch von

Persien spricht, wo man die ganze Nacht das leise plätschernde Wasser hört und der Wein einem leichten Chablis gleicht, veredelt durch einen langen Aufenthalt unter der Erde. Die Sternschnuppen regneten auf den Hof herab, aber so eifrig ich auch suchte, ich konnte nichts wünschen als das, was ich schon besass. Thierry seinerseits war überzeugt, dass dieses Geschenk des Schicksals weitere ankündigen würde. Er fragte sich schon welche. Es lag in seiner Natur zu denken, dass ein unsichtbares Räderwerk, ein grossartiger himmlischer Mechanismus Tag und Nacht zu seinen Gunsten arbeitete.

Das Bad war noch offen, unsere Betten auf der Terrasse bereitet. Doch die Müdigkeit hielt uns auf unseren Stühlen fest, die Müdigkeit und auch das Vergnügen, zwischen den herrschaftlichen Schatten des Todes und dem herrschaftlichen Leben, das der Sommer uns gewährt hatte, friedlich im Dunkeln unseren Mais zu kauen.

Hotel Send

Im Hof haben wir eine Bauernfamilie gesehen, die auf ihren Bündeln im Kreis sass und mit einem vor Freude ganz betäubten alten Mann scherzte. Eine Frau zog ihm lachend, mit Gewalt, ein sauberes Hemd über seine Lumpen. Kinder tätschelten ihn mit den Händen, wie ein Pferd. Alle zusammen rauchten sie eine Zigarette, die von Mund zu Mund ging. Jeder nahm einen massvollen Zug, mit geschlossenen Augen, um nichts von dem Genuss zu verlieren. Von dem ganzen Treiben ging ein solcher Jubel aus, dass man gleichsam gezwungen war, stehenzubleiben. Kein einziges vulgäres Gesicht und dieses Talent, das kleinste Krümchen Vergnügen festzuhalten! Sie erklärten mir freundlich, dass man den Grossvater feierte, der soeben aus dem Gefängnis entlassen worden war. Aus dem Gefängnis? Mit diesem Gesicht?

Was wollte man dem noch stehlen, dass man ihn ins Gefängnis steckte?

Dabei ist Schiras eine sanfte Stadt, in der die Lebenskunst sich sogar auf die Polizei erstreckt; und doch vergeht kein Tag in diesem Land, an dem man nicht auf einen Anblick stösst, der einen durch seine Ungerechtigkeit empört und gleichzeitig durch etwas ganz Eigentümliches, Wesentliches bewegt: durch eine überfeinerte, in Jahrhunderten gewachsene Weisheit, die eben Persien bedeutet. Trotz des Elends der einen und der Verworfenheit der anderen ist es noch immer die Nation der Welt, wo die Schärfe der Sinne sich mit der grössten Beständigkeit und auch mit der grössten Resignation offenbart. Was sonst kann einen Bauern, dem es an allem mangelt, dazu bewegen, sich an traditioneller Dichtkunst zu erfreuen, die nichts Bäuerisches an sich hat, seine Tür unweigerlich in den erlesensten Farben zu bemalen oder aus alten Reifen Schuhe von einer schlanken, präzisen, rassigen Form zu schneiden, die sofort an ein fünftausend Jahre altes Land denken lässt?

Wenn man mich fragt, kommt nichts dem Himmel näher als manche Tschaichane am Rand der Landstrasse im verglühenden Licht ihrer abgenutzten Teppiche.

Vom Hof aus kann man in einen ein paar Stufen tiefer liegenden, finsteren, kühlen Keller voller Schaben sehen, wo Hausfrauen in ihrem geblümten Tschador auf dem Boden kauern und ihren Frass kochen.

Geschnatter, Zänkereien, starke Gerüche: Es ist das Frauengemach. Ich habe es hier oben schöner. Auf die Terrasse, auf die ich mein Bett gestellt habe, geht auch das Zimmer einer Familie aus Bahrain, die sich auf Pilgerfahrt nach Meschhed befindet. Sie haben ein Dienstmädchen, eine junge Zigeunerin – das Schönste, was ich seit langem gesehen habe. Sie trägt ein grünes Kopftuch, eine rote Jacke, die ihre Arme und ihre Brüste bedeckt, weite Hosen aus der gleichen grünen Seide wie das Kopftuch, die um die Knöchel mit zwei Silberringen zusammengefasst sind. Nachts kommt sie leise heraus, um aus dem Lederschlauch zu trinken, der vor der Tür im Kühlen hängt. Ich habe nie einen Menschen gesehen, der sich mit solcher Leichtigkeit bewegt. Wenn sie getrunken hat, bleibt sie auf ihren Fersen sitzen und schaut den Himmel an. Sie glaubt, dass ich schlafe. Ich blinzle durch die Lider, ohne mich zu rühren, und sehe sie an: die blossen Füsse, den dunklen, auseinanderstrebenden Guss der Schenkel, die gestreckte Linie des Halses, die hohen Backenknochen, die im Mondlicht glänzen. Weil sie sich allein glaubt, ist ihre Haltung von so rührender Freiheit. Die kleinste Bewegung würde sie verscheuchen. Ich stelle mich tot. Auch ich stille meinen Durst, indem ich einen Vorrat an Anmut in mich aufnehme. Das ist sehr notwendig in einem Land, wo alles, was jung und begehrenswert ist, sich verschleiert, sich entzieht oder schweigt.

Was die Freudenmädchen betrifft, die einem manchmal ein Wort oder sogar einen ganzen Satz zuwerfen, sind sie nicht alle hässlich, aber leider legen sie sich in ihrem Gewerbe wahre Menschenfresserstimmen zu.

Tacht-e Dschamschid (Persepolis)

Auch die besten Landkarten des Iran sind ungenau. Sie verzeichnen Marktflecken, die sich in Wirklichkeit auf einen verlassenen Militärposten, längst ausgetrocknete Wasserstellen oder vom Sand verwehte Wegspuren reduzieren. So existiert auch die Piste, die angeblich Schiras über Saidabad direkt mit Kerman verbindet, einfach nicht mehr. Wir müssen also die Strasse nach Isfahan bis zum Posten von Dschusak zurückfahren und von dort nach Osten abbiegen.

Was von der alten Königsstadt übrig ist, füllt ein terrassenförmiges Rechteck am Fusse des Berges, die auf die Ebene von Marwdascht im Westen blickt. Zur Zeit, als der König der Könige die Bauarbeiten für die künftige Hauptstadt inspizierte, im 6. bis 5. vorchristlichen Jahrhundert, war die Ebene voller fruchtbarer Felder. Das Bewässerungssystem verfiel mit dem Königssitz, und was man heute von der Höhe der Ruinenstadt sieht, ist ein dürres, trockenes Land, die Staubfahne eines Lastwagens oder Sandwirbel, die kerzengerade zum Himmel aufsteigen und die zu Beginn des Sommers zu zweit oder zu viert träge zwischen der Stützmauer der Esplanade und den violetten Bergen, die im Westen die Ebene säumen, herumfahren. Die Stadt selbst war noch nicht vollendet, als die Griechen sie niederbrannten. Abgesehen von dem monumentalen Aufgang, der zur Terrasse führt, den mit erhabenen Reliefs geschmückten senkrechten Treppenmauern und zwei riesenhaften Säulensälen, deren Aussehen man sich heute nur schlecht vorstellen kann, ist das Ganze eine Baustelle mit ungeheuren Quadern, die vor vierundzwanzig Jahrhunderten gänzlich zerstört worden ist. Neben den beim Brand geborstenen Säulen sieht man kolossale Stierköpfe, die noch auf ihre Ohren warten – sie wurden wohl separat geschaffen und sollten später zu den Köpfen hinzugefügt werden.

Dieses Nebeneinander von erst Entworfenem und schon Zerstörtem verleiht den Ruinen eine doppelte Bitterkeit: das Unglück, vernichtet zu sein, ehe man wirklich gelebt hat.[50]

Durchreisende Touristen können in einem Zimmer übernachten, das man in den Gemächern der Königin Semiramis, der Gattin des Xerxes, eingerichtet hat. Es enthält zwei Eisenbetten, einen hübschen Kaschkai-Teppich und eine Badewanne *Second Empire* mit schwarzen und gelben Ornamenten. Der Kustos der Ruinenstadt, eine untergeordnete Persönlichkeit, führt uns ohne Begeisterung hinein, weil das bisschen Mühe, das unsere Anwesenheit verursacht, ihm schon zuviel ist, aber auch weil er die Leute aus dem Westen nicht mag, am wenigsten die Griechen. Die Eroberungen Alexanders betrachtet er als wüste Überfälle besoffener Schafhirten, die einzig zum Zerstören und Plündern taugten, und die Schlacht von Arbela als so etwas wie missglückte Katalaunische Felder. Man muss sich eben damit abfinden ... Ein grämlicher Nationalismus, aber so antik, dass er respektabel wird. Und im übrigen sind wir um nichts objektiver, wir huldigen bloss neueren Vorurteilen: Alexander als der vernünftige Kolonisator, der den Barbaren den Aristoteles brachte; die noch heute weitverbreitete Manier, zu tun, als hätten die Griechen und Römer die Welt erfunden; die Verachtung im Unterricht auf den Oberstufen für den Orient (höchstens ein bisschen Ägypten, Luxor, die Pyramiden, damit die Bengel Schatten zeichnen lernen). Die Griechen und Römer selbst – siehe Herodot oder die Kyropädie – waren längst nicht so chauvinistisch und hegten grosse Achtung vor Persien, dem sie so viel verdankten: die Astrologie, das Pferd, die Post, eine Menge Götter, etliche feine Sitten und zweifellos auch das *carpe diem,* worin die Perser Meister sind.

Jedenfalls ist dieser Kustos noch schlechter informiert als ich. Er will absolut nicht zugeben, dass es im 6. Jahrhundert am Hof von König Darius I. Griechen gegeben hätte. „Nein, Monsieur, nein. Die haben erst viel später existiert. Die haben alles kaputtgemacht."

Die vielen Jahrhunderte und die Aufsicht über so hochgelobte Ruinen müssen ihm zu Kopf gestiegen sein. Da er nicht gern sieht, dass man sich in seiner Abwesenheit darin ergeht, warnt er uns ausführlich vor den Stachelschweinen, die im Kanalisationssystem von König Xerxes nisten und dort untereinander für Nachkommen sorgen. Er behauptet, dass sie ihre Stacheln wie Pfeile verschiessen, und führt es mir mit seiner Füllfeder vor. Im übrigen hat er die dunklen Lippen und die fiebrigen Augen der Raucher, die man im falschen Moment stört. Er stottert, entschuldigt sich, lässt mich mitten im Satz stehen und kehrt, sein hübsches, kleines Mädchen an der Hand hinter sich herziehend, zu seiner Pfeife, seinen imaginären Chronologien und seinen Pfeile abschiessenden Stachelschweinen zurück.

Persepolis, den 7. Juli

Im Morgengrauen auf den Beinen. Die Koffer waren gepackt, wir selber voller Schwung. Jeder hatte heimlich Lust zu chauffieren, Kilometer um Kilometer, Indien, den Bäumen, dem Wasser, anderen Gesichtern entgegen. Thierry setzte sich ans Lenkrad, zog den Anlasser – und richtete sich auf, schnaufend vor Enttäuschung.

Wenn ein zur Beratung herbeigerufener Lastwagenfahrer den Kopf hebt und murmelt: *„Automat suchte"*, bedeutet das nicht unbedingt, dass ein Draht in der Zündspule durchgeschmort ist, aber es bedeutet zweifellos, dass irgendwo unter dem Wagen oder drinnen im Wagen, in einem unzugänglichen Winkel, in einer unsichtbaren Wicklung, ein Draht – einer von zwanzig – sich aus seiner Isolierung gelöst hat oder dass ein winziger Platinkontakt im Herzen eines der hermetisch verschlossenen Gehäuse, die man in unseren europäischen Garagen niemals öffnet, geschmolzen ist und dass damit alle unsere Pläne in Frage gestellt, unser Fahrplan verschoben ist – für wie lange?

Das bedeutet: alles wieder abladen, die Batterie herausnehmen, unter einer grausamen Sonne arbeiten, weil es hier keinen Schatten gibt, einen unter der Wagenschmiere verborgenen Kurzschluss suchen, mit völlig geblendeten Augen Schräubchen von der Grösse eines Nagelschnipsels handhaben, die einem aus den Fingern rutschen, die in den glühenden Sand oder in die Pfefferminzbüschel fallen und die man endlos auf allen vieren sucht, weil es die gleichen nur in Schiras gibt, wohin wir mit unseren abgelaufenen Passierscheinen nicht zurückfahren können.

Das bedeutet: den Wagen bis ins Dorf unterhalb der Terrasse schieben, einen ersten Lastwagen stoppen und mit hundert Tricks festhalten, bis ein zweiter vorbeikommt; uns an ihre vereinten Batterien anschliessen, um zu versuchen, den Motor in Gang zu setzen, weil wir mit zwölf Volt fahren und die dortigen Lastwagen mit sechs. Uns, während wir vergebens einzukuppeln versuchen, über die ganze Ebene schleppen lassen, bis zum Relief vom „Triumph des Schapur", wo wir kaum Kaiser Valerian beachten, der das Knie vor seinem sassanidischen Bezwinger beugt, weil uns die magnetischen Geheimnisse so schwer auf dem Magen liegen.

Das bedeutet: ohne aufzugeben, zwischen den weissglühenden Metallteilen herumfummeln, bis zur Stunde, da die alten Schlauköpfe von Mechanikern, die wir aus dem nächsten Tschaichane zu Hilfe herbeigeholt haben, im Licht der Acetylenlampe um den in Stücke zerlegten Wagen kauern, einer nach dem anderen sämtliche Tricks dieser Gegend, wo eine Panne tödlich sein kann, anzuwenden versuchen und sich kopfschüttelnd über den Verteiler, die Zündspule, den Anlasser, den Dynamo beugen, wie die römischen Wahrsager über eine unheilverkündende Leber, um schliesslich einen kaum wahrnehmbaren Brandgeruch, ein winziges schwarzes Pünktchen auf einer platinierten Schraube zu diagnostizieren – vielleicht, vielleicht, aber nichts ist ungewisser ...

Das bedeutet: einen unbekannten Lastwagenfahrer nach Schiras entsenden, mit Geld, mit der Batterie, mit den verdächtigen Teilen, stundenlang warten und bei seiner Rückkehr erneut schwanken zwischen Hoffnung und Verzweiflung, weil es offenkundig ist, dass der Schaden woanders liegt. Und wieder einmontieren, ausmontieren und zutiefst in unserem ausgeglühten Gehirn nach der rettenden Idee fahnden …

Und dies ab sechs Uhr früh dreissig Stunden hintereinander bis zum nächsten Abend. Plötzlich kam uns Persien unter seiner lastenden Sonne tückisch vor. Ich schätzte die eiserne Geduld ab, die es brauchen würde, um unsere Aufenthaltsbewilligung verlängern zu lassen. Thierry gab schon die Hoffnung auf, dass er rechtzeitig zu seinem Rendezvous in Ceylon ankommen würde, und als ein Ei, das er gestern einem Huhn des Ruinenwärters entwendet und inzwischen vergessen hatte, ihm in der Tasche zerbrach, dachte ich, er würde in Tränen ausbrechen.

Die Sonne rötete sich bereits, als einer unserer Helfer, der im Sand eingenickt war, sich dehnte und streckte, mit einem halben Lächeln die Anschlüsse aus dem Armaturenbrett herausriss, eine Art Zopf daraus flocht und – den Motor in Gang setzte. Wir würden also die Wüste von Kerman mit diesem Gewirr von losen Drähten machen und bei Nacht fahren, um unsere Verspätung aufzuholen.

Der technische Fortschritt – schön und gut! Aber man ermisst nicht recht, wie abhängig wir von ihm werden, und wenn es einmal nicht klappt, sind wir schlechter dran als diejenigen, die an die Weisse Dame oder das Friedhofsgespenst glaubten, oder als die Völker, die mit den widerspenstigsten Geistern zu rechnen hatten, wenn es um ihre Ernte ging. Sie konnten sie zumindest laut beschimpfen wie die Hethiter, oder Pfeile in den Himmel hinaufschiessen wie die Massageten, oder sie bestrafen, indem sie eine Zeitlang keine Speiseopfer auf ihren Altären darbrachten. Aber wie soll man es der Elektrizität zeigen?

Wir hatten noch in keinem Tschaichane Alkohol vorgefunden, doch an diesem Abend erwartete uns im Tschaichane unseres Dorfes eine Flasche Wein. Ein vorbeifahrender Lastwagenfahrer hatte sie dem Wirt ausdrücklich für uns abgegeben. Ein anderer Chauffeur hatte zu unserem Gebrauch einen Block Eis und ein Schleppseil dagelassen. In dieser fahrenden Welt verbreiten sich die Neuigkeiten mit Windeseile, und alle Fahrer, die von Schiras herkamen, wussten schon um unsere Schwierigkeiten. Wir erholten uns davon auf dem rot-weissen Teppich, der hier die Lehmbank bedeckte, während wir langsam tranken und assen. Gurken, Zwiebeln, dieser dunkle Wein und die Freundschaft, die bei solchen Widerwärtigkeiten unschätzbar ist. Draussen war der Wind zum Sturm geworden, während wir uns in die Tricktrackpartie vertieften, die wir seit Täbris fortsetzten.

Dass wir nochmals in den Ruinen oben schlafen konnten, entschädigte uns für vieles. Vor allem bei Nacht waren sie schön: safrangelber Mond, staubgetrübter Himmel, grausamtene Wolken. Die Eulen hockten auf den Säulenstümpfen, auf der Mitra der Sphinxe, die den Eingang bewachen, die Grillen zirpten im Dunkel des Gemäuers. Ein düsterer Poussin. Wir waren Alexander dem Grossen nicht allzu gram. Auf diese Weise hatte die Stadt mehr zu sagen, die Zerstörung brachte sie uns näher. Der Stein ist nicht von unserer Zeit: Er hat andere Gesprächspartner und einen anderen Zyklus als wir. Man kann ihn so bearbeiten, dass er auch unsere Sprache spricht, aber nur für eine kurze Weile. Dann kehrt er zu der seinen zurück, die bedeutet: Bruch, Verlassenheit, Gleichgültigkeit, Vergessen.

Im Tschaichane von Surmak

Hier gibt es doch schliesslich nichts als diese Bruchbude, den Gendarmerieposten gegenüber und, soweit das Auge reicht, Mondschein auf dem lachsfarbenen Sand; aber man könnte meinen, alle Lastwagenfahrer des Iran hätten sich vor der Tür des Tschaichane verabredet.

Verbrauchte Gesichter, graue Löckchen unter den Wollmützen aus überzähligen amerikanischen Armeebeständen, schwarze Aseri-Kappen, hin und wieder sogar ein belutschischer oder kurdischer Turban. Hagere Gestalten mit Pianistenhänden – trotz Schraubenschlüssel und Schmieröl –, die wie Blinde zur Tür hereinschwanken, noch betäubt vom Dröhnen des Motors, von den gewaltigen nächtlichen Landschaften, und die sich flugs zu den Landjägern rund um das Kohlenbecken gesellen, wo die Opiumpfeifen warm werden. In der eiskalten Nacht errichten die Camions, Giganten von fünfzehn oder fünfundzwanzig Tonnen Gewicht, die mit fünfzehn Stundenkilometern endlose Strecken zurücklegen, eine hohe schwarze Mauer rings um die Lehmkate. Drinnen beginnen die todmüden Nomaden der Landstrassen, sobald sie sich an das grelle Karbidlicht gewöhnt haben, einander zu begrüssen, zu erkennen, auszufragen. Wohin geht's diesmal? Diskrete Fingerbewegungen, leise gemurmelte Antworten: Es geht vom Persischen Golf nach Chorassan, man fährt ins anatolische Erzurum Haselnüsse holen, man wird, *inschallah,* über die verfluchte Strasse von Bandar-e Abbas zur Meerenge von Hormus hinunterfahren. Über dem Samowar sind ein paar Bilder mit Stecknadeln an der Wand befestigt: der Tod des Imam Resa, die Kaiserin im Dreifarbendruck, alte Huren mit bleichen Brüsten, aus italienischen Vorkriegszeitschriften ausgeschnitten. Die Worte werden spärlicher. Das Opium brutzelt leise und vervielfacht den Raum rund um die ausgemergelten Körper.

Das Fleisch für die morgige Mahlzeit baumelt, zum Schutz vor den Fliegen in einen geblümten Fetzen gehüllt, an der Decke.

Manchmal passiert es, dass ein herrischer Cadillac bei den Lastwagen anhält und mit seiner Hupe das ganze Tschaichane durcheinanderbringt. Ein Gouverneur, der auf seinen Posten zurückfährt, oder ein totkranker Arbab auf der überstürzten Fahrt ins Spital. In grosser Aufregung, in einem Wirrwarr von vielfarbigen Decken lädt man einen verkrümmten, sterbenden Alten aus, dessen Arme, von Ringen und der kostbaren goldenen Uhr beschwert, schlaff zu Boden hängen. Seine tiefverhüllten Gattinnen umringen ihn mit nutzlosen Schlägen ihrer Fächer, während der Chauffeur und sein Helfer gleichmütig eine Portion Reis mit Kirschen in sich hineinschaufeln.

Manchmal erblickt man auch durch die halboffene Tür im Sternenlicht einen Polizisten, der, wie in den schönen Tagen des Strassenzolls mit einer überlangen Spicknadel bewaffnet, die Ladung eines Lasters mit kräftigen, sinnlosen Stössen sondiert. „Er sucht Gott ...“, seufzt einer der Raucher, und ein dünnes Lächeln huscht über die Gesichter auf der Lehmbank.

Aber Surmak liegt noch an der grossen Autostrasse. Wir verlassen sie hier, um nach Osten abzubiegen, wo mit jeder Etappe, die wir zurücklegen, das Leben karger, die Lastwagen rarer, die Lebewesen seltener und die Sonnenstrahlen heisser werden.

Auf der Strasse nach Jasd, 10.–12. Juli

Hinter Surmak geht es zuerst über rote und schwarze Weiten, die mit Salzflecken besät sind. Nach hundert Kilometern gewinnt das Salz die Oberhand, und wehe dem, der keinen Augenschutz bei sich hat. Wir fahren von vier bis sieben Uhr nachmittags auf der ausgezeichneten Erdpiste dahin, ohne einer lebenden Seele zu begegnen. Dank der trockenen Luft trägt der Blick unwahrscheinlich weit. Dieses Bauwerk dort unter dem einsamen Baum, wie viele Kilometer mag es entfernt sein? Thierry sagt vierzehn, ich siebzehn. Wir wetten, wir fahren, und es wird dunkel, und keiner von uns gewinnt: Es waren achtundvierzig Kilometer Luftlinie! Man sieht auch hohe Berge, die viele Reisetage weit entfernt liegen. Wir können sogar deutlich die Grenzlinie zwischen dem Schnee (in diesem Glutofen!) und dem Fels erkennen.[51] Da ihr Fuss durch die Erdkrümmung verdeckt ist, tauchen nur die Gipfel auf: Finger, Zähne, Bajonette, Brüste. Ein unermesslich ausgedehnter Archipel, der auf einem Nebelkissen am äussersten Ende der Wüste schwebt. Im Verlauf unserer Fahrt treten immer neue groteske Silhouetten aus einem Horizont hervor, der weit ist wie das Meer, und winken uns zu.

Abarku

Eine grossräumige, barock-phantastische Architektur aus gelbem Lehm, hohe, brüchige Mauern, viereckige, mit langen Spiessen wie Igel besteckte Minarette, tiefe, schmale Gassen. Nur selbstsichere, hochmütige und sogar ein wenig geschraubte Leute konnten so bauen. Abarku: achtzehntausend Einwohner, sagen die alten Geographiebücher. Unter der Kadscharen-Dynastie muss die Stadt Bedeutung gehabt haben. Und dann?

Ist dieses eingestürzte, verlassene, lautlose Labyrinth überhaupt noch eine Stadt? Wo man auch steht, hört man immer dieselbe Kornmühle im Inneren desselben Hauses knirschen. Wohin man auch geht, stösst man auf denselben barfüssigen Eseltreiber im schwarzen Rock, der die Sprache verloren zu haben scheint. Nach einer Stunde Suchen haben wir immerhin vier Eier erstehen können, wir schlürfen sie angesichts einer halb zusammengefallenen Moschee, gekrönt von einem schwindelerregenden Holzkäfig, den der Muezzin soeben betreten hat. Wir sehen ihn hinter dem Gitter herumzappeln, klein und fern, wie das dem Hohepriester verfallene Opfer, wie eine wildgewordene Grille. Dann beginnt er mit einer schmelzenden Stimme, wie sie Negern eigen ist, über dieser Stadt, in der die Stille der Grossen Pest herrscht, zu schreien und zu psalmodieren. Es klingt nicht so sehr nach Gebet als nach wütenden Vorwürfen und fürchterlichen Klagen.

Wir haben neben dem Wagen schlecht geschlafen und sind bei Morgengrauen weitergefahren.

... ??

Wir hatten uns über den Lehmkuchen, der weit vor uns am Rande der Piste stand, mächtig den Kopf zerbrochen: Der Form nach sah er aus wie ein umgekehrter Würfelbecher oder ein auf sein breites Ende gestelltes Ei. Es ist aber eine riesige quadratische fensterlose Mauer, deren gezahnter Rand sich dreissig Meter über diese Salzwüste erhebt. Absolute Stille, senkrechte Sonne. Ein Bächlein, das die Piste überquert, fliesst unter einer Tür hinein, die für einen bepackten Esel kaum breit genug ist. Wir stiessen die Tür auf. Dahinter, unter einer Wölbung hängend, ein abgehäutetes Schaf, Kindergeschrei, von mehrstöckigen Häusern gesäumte Gassen, eine grosse, türkisfarbene Wasserfläche, umgeben von Nussbäumen, Maispflanzen, kleinen Feldern, die stufenförmig bis zum Rande der Mauer aufsteigen, kurz, eine ganze Stadt, die von diesem Rinnsal lebt. Wenn man den Kopf hob, sah man schmale Treppen im Zickzack bis zur Höhe der Zinnen klettern und die Sonne wie aus einem Brunnenschacht. Die paar lebenden Seelen dieser Festung hatten sich rascher als wir von der Überraschung erholt, und der Kühnste lud uns zum Tee in sein Haus ein. Etwa hundert Einwohner klammern sich noch an diesen Ort, der Fachrabad heisst, und schlagen sich dank der kleinen Herden durch, die, zwei Tagesmärsche von hier entfernt, oben in den Bergen weiden. Manchmal hält eine Fuhre mit Lebensmitteln aus Jasd vor der Tür, manchmal vergeht auch eine ganze Woche, ohne dass etwas an der Mauer vorbeifährt.

Nicht einmal der Wind dringt hier ein. Welke Blätter von mehreren Jahren bedecken die Dächer, die Terrassen, die halsbrecherischen Treppen, und rascheln unter den Füssen.

Jasd

In Jasd kommen schon die meisten Waren per Lastwagen aus dem Westen, das Leben ist teuer, und die Jasdi, die als die grössten Feiglinge[52], die besten Gärtner und die pfiffigsten Kaufleute des Iran gelten, verstehen sich darauf, es noch teurer zu machen. Aber Hitze, Durst und Fliegen – das bekommt man zu Anfang Juli gratis.

In der Wüste von Jasd genügen Schutzhelm und dunkle Brille nicht mehr; man müsste sich einmummeln wie die Beduinen. Aber wir fahren mit offenem Hemd und blossen Armen, und im Lauf des Tages entziehen uns Sonne und Wind hinterrücks mehrere Liter Wasser. Abends glaubt man das Gleichgewicht mit zwanzig Glas leichtem Tee wiederherstellen zu können. Man schwitzt ihn unverzüglich wieder aus und wirft sich, mit der Hoffnung auf ein wenig Schlaf, auf das glühendheisse Bett. Doch im Schlaf schafft und schwelt die Trockenheit weiter wie ein Buschfeuer. Der ganze Organismus röhrt und lechzt. Man fährt plötzlich keuchend aus dem Schlaf, die Nase wie mit Heu verstopft, und die pergamentenen Finger tasten im Dunkeln nach einer Spur Feuchtigkeit, einem Rest brackigem Wasser oder alten Melonenrinden, in die man sein Gesicht vergraben kann. Diese Panik reisst einen jede Nacht drei- oder viermal auf, und wenn man endlich schlafen könnte, beginnt es zu dämmern, die Fliegen summen, und im Hof der Herberge tratschen alte Männer im Pyjama mit schrillen Stimmen über ihrer ersten Zigarette. Dann geht die Sonne auf und beginnt wieder alles Flüssige aufzusaugen …

Auch unsere Haare machen uns zu heiss. In einem verfallenen, qualmigen Vorort am Ausgang der Stadt lassen wir uns von einem Barbier, der im Schatten einer Platane arbeitet, den Schädel rasieren. Während er mein Kinn festhält, betrachte ich die „Türme des Schweigens", in denen die Anhänger Zarathustras, die in der Stadt zahlreich sind, einst ihre Toten aussetzten.[53] Ich betrachte auch die Platane. Merkt sie euch gut! Wenn ihr nach Osten reist, werdet ihr lange keine mehr sehen.

Auf der Strasse nach Kerman

Seit zwei Stunden sehen wir dieses Tschaichane, das wie ein sinnloser Gegenstand mitten in der eisengrauen Wüste steht. Wenn der Sandsturm es verdeckt, fahren wir langsamer, um es nicht zu verpassen; dann klärt sich die Aussicht, und wir sehen es wieder meilenweit vor uns hertreiben. Aber so langsam wir auch fahren, wir holen es gegen elf Uhr vormittags schliesslich ein: eine Kuppel aus getrocknetem Lehm, vollkommen ebenmässig gerundet, deren rauchgeschwärzter Innenraum durch eine kleine Öffnung an der höchsten Stelle der Wölbung etwas Licht erhält.

In Persien, wo man sich doch allerlei gestattet, ist das Furzen verboten, sogar mitten in der Wüste. Als Thierry, der erschöpft auf der Lehmbank döst, diese Sitte verletzt, fährt die Wirtin wie eine Viper auf ihn los und droht ihm mit

Verbannung. Sie ist eine knochige, verdreckte alte Vettel, die mit zwei riesigen Katern an den Fersen in ihrer Kombüse herummarschiert und mit rauher Stimme vor sich hinsingt, während sie den Samowar anfacht. Nachdem sie den Tee gebracht hat, legt sie sich auf den Rücken und beginnt zu schnarchen. Ihr Mann schläft, von Opiumgeruch eingehüllt, unter einem mit Fliegen besetzten Tuch neben der Tür.

Sobald sich die Augen an das Halbdunkel gewöhnt haben, sieht man, dass im Mittelpunkt des Raumes eine Quelle der Erde entspringt, ein kleines rundes Bassin speist und zwei Schritte davon entfernt wieder im Boden verschwindet. Ein paar farblose Fische, die in dieser unterirdischen Wasserader aufgestiegen sind, schwimmen träge im Bassin herum oder saugen an der Schale einer Melone, die dort kühlgehalten wird. Ein Sack geronnener Milch tropft mit einschläfernder Langsamkeit über dem Wasser ab. Mittag muss schon vorbei sein. Draussen tobt noch immer der Sandsturm, und die Sonne sticht erbarmungslos vom Himmel. Wir müssen warten; vor fünf können wir nicht weiterfahren, ohne zu riskieren, dass unsere Reifen platzen. Von Zeit zu Zeit schnellt ein Fisch empor, um sich eine Fliege zu schnappen, und fällt mit einem wunderbaren „Plop" plätschernd zurück, was weit zurückliegende Erinnerungen in uns wachruft.

Auf dem Militärposten Cham, 7 Uhr abends

Ein gedrungenes kleines Fort mit zerfressenen Kanten, das vom Sturm gepeitscht wird wie ein Felsenriff. Eine Frau erscheint in der Tür und bedeutet uns, anzuhalten und hereinzukommen. Sie trägt goldene Ringe in den Ohren und die engen schwarzen Hosen des östlichen Iran. In der Hand hält sie einen kupfernen Kochtopf, den die Sandböen wie einen Gong ertönen lassen. Wir flüchten uns, krank vor

Durst und Wind, in den Hof. Drinnen entdecken wir im Schutz der hohen Lehmmauern einen Mandelbaum, einen Pfirsichbaum, ein Gemüsebeet und drei ergraute Soldaten im Türkensitz, die aus einer Fibel mit handgrossen Buchstaben lesen lernen – drei alte, vom Trachom befallene Schüler, die sich um so mehr plagen müssen, als der Kommandant des Postens ihnen, zu Ehren unserer Anwesenheit, ein Diktat verpasst: „Bag-dad ... Scheh-re-sad ..." Zweifellos eine schöne Geschichte, aber weil er zuviel Tempo vorlegt, sind die Ergebnisse nicht gerade rühmenswert. In zwei Zeilen hat der Älteste sechs Fehler gemacht – aber wer macht auf dieser Seite des Daseins keine Fehler? Man lacht, man ist verlegen, doch ihrer einnehmenden Gastfreundschaft tut es keinen Abbruch. Sie haben eigens für uns einen kleinen lavendelblauen Teppich aufgerollt und Tee gemacht. Die grosse Frau, die Gefährtin all dieser Herren, wiegt einen Säugling, den sie umschmeicheln oder mit einem Grashalm kitzeln, um ihn zum Lachen zu bringen. Dann lässt sich jeder stolz mit dem Kind auf dem Arm fotografieren. Eine ganze Kompanie Rebhühner, die der Sand geblendet hat, stürzt wie ein Hagelschauer auf den Garten herab und piepst zwischen dem Gemüse herum.

Anar, 11 Uhr abends

Die Scheinwerfer erhellen die Strasse nur noch bis in eine Entfernung von etwa zehn Meter, und Sandwirbel verdunkeln die Sterne. Wir fahren ganz langsam, bis eine fensterlose Mauer, die auf zweihundert Meter Länge die Strasse säumt, uns das Dorf ankündigt, auf das wir gewartet haben. Die Tür ist winzig klein, und wie in Fachrabad schläft der ganze Ort hinter diesem mit Eisen beschlagenen Ausfallstor. Ich klopfe mit der Faust an. Stille. Dann lange mit einem Stein, den ich im Graben aufgelesen habe. Endlich hören wir

Schritte, die näher kommen, sich entfernen, wieder zurückkehren, und eine heisere Stimme: „*Kije?*" Wir erklären die Situation. Endloses Geklirr und Geklapper von Riegeln, dann öffnet sich die Tür einen Spalt, und wir erblicken einen schlecht rasierten Bauern, der in einer Hand eine Laterne und in der anderen einen Knüttel hält. Er sagt sofort, dass man hier weder essen noch schlafen könne, und weist mit der Hand auf ein Licht hin, das etwa zwei *farsang* entfernt in der Nacht schwebt. Darauf schliesst er sofort wieder die Tür, die seinen Schlaf und seine Sicherheit beschützt.

Ein kleines Tschaichane, wo wir uns ein paar Stunden lang im Dunkeln ausstreckten, ohne ein Auge schliessen zu können. Nur ein Lastwagen, der von Osten herkam, stand draussen vor der Bude, und auf der Lehmbank sass ein bärtiger Fahrer mit rosa Turban und schwimmenden Augen, der hier noch fremder zu sein schien als wir und in einem unverständlichen Dialekt zu sich selber sprach. Wir glaubten zu verstehen, dass er aus Quetta kam und unsere Route umgekehrt machte, aber mehr konnten wir aus ihm nicht herausholen. Das erste Mal, dass die Welt Indiens uns zuwinkt.

Vor Tagesanbruch sind wir weitergefahren.

Rafsandschan, 6 Uhr früh

Die Stadt schien uns um so morgenfrischer, als wir überhaupt nicht geschlafen hatten. Zwischen zwei Haufen Pistazien weckte uns das schartige Rasiermesser des Barbiers halb auf. Das Hammam besorgte den Rest. Es war ein Gemäuer von köstlicher Kühle, rund um eine Zisterne mit grünlichem stehendem Wasser errichtet. Auf den feuchten Fliesen ausgestreckt, überliessen wir uns dem Bademeister, der unsere Körper mit Sandseife bearbeitete, aus seinem wie eine Schweinsblase aufgeblähten Waschlappen ganze Berge von

Schaum herausholte und unsere Gelenke mit seinen Händen und Füssen knetete. Durch die Lider blinzelnd, sahen wir von unten sein mageres, eifriges Gesicht und unter dem Tuch, das seine Mitte umgürtete, ein Paar fröhlich baumelnde Hoden, von der Sonne vergoldet, die schon die Wasserlachen aufleuchten liess. Klatschnasse Kakerlaken fegten uns übers Gesicht. Vor lauter Wonne grunzend, fühlten wir die Müdigkeit weichen, die Nacht von uns abfallen und das unbeschreibliche Leben in uns zurückfluten.

Kerman

Wenn man endlich nach Kerman kommt, merkt man, dass das Schlimmste noch bevorsteht: sechshundert Kilometer Höllenglut und öde Berge bis zur Grenze und dann noch einmal soviel durch die belutschische Wüste bis Quetta. Die ersten zweihundert Kilometer, bis zur alten Festung Bam, ist die Piste noch befahren. Dahinter versandet sie, der Verkehr versiegt, und das Land dehnt sich immer weiter, als hätte es nicht mehr Energie genug, ein Ende zu machen. Von der Sonne schweigen wir lieber! Was die Unterkünfte und Begegnungen anbelangt: ungefähr die Dichte einer Handvoll Reiskörner, die der Wind verweht.

Vor hundertfünfzig Jahren war Kerman für seine Schals und seine Blinden berühmt – der erste Kadscharen-Kaiser hatte zwanzigtausend Einwohnern die Augen ausstechen lassen. Heute verdankt die Stadt ihren Ruhm ihren Gärten und ihren rosa und blau gestreiften Teppichen. Wir verbrachten dort zwei Tage in der kühlen Garage von *Point IV,* unter dem Wagen, das Werkzeug in der Hand. Und waren durchaus nicht unglücklich darüber. Nach so viel Wüste ein bisschen Schatten, einen kleinen geschlossenen Raum, mehr wünscht man sich nicht. Am zweiten Tag, einem Freitag, bekamen wir sogar Gesellschaft. Die ganze Stadt hatte erfahren, dass zwei *farangi* (Fremde) den Tag des Herrn damit verbrachten, den Motor ihres Autos instandzustellen, und eine Menge von sonntäglich geputzten Lastwagenfahrern stellte sich in der Garage ein: Armenier, Zarathustra-Anhänger, Muslime. Lackschuhe, neue Turbane, steife Kragen, weisse Gewänder oder Hosenträger. Wenn einem von ihnen eine Idee kam, krempelte er sorgfältig seine sauberen Manschetten auf, ehe er den Engländer oder den Schraubenzieher zur Hand nahm. Manche holten sogar ihr eigenes Werkzeug. Andere verschwanden, um mit Kuchen und Wodka beladen zurückzukehren. Es ging sehr fröhlich zu. Nur die Musik fehlte.

Wir sahen Kerman kaum bei Tageslicht, gerade nur soviel, um festzustellen, dass es den zerfallenen, ausgeplünderten Eindruck macht, den das mitleidlose Licht des Südens allen ostiranischen Städten verleiht, so als wäre gerade Tamerlan durchgezogen. Ganz anders des Nachts. Gewaschen und erfrischt, spazierten wir herum, begleitet von ein paar jungen Radfahrern, die uns vorausfuhren, zurückkamen, uns umkreisten und uns endlos den gleichen englischen Satz zuriefen. Nachts wurde Kerman schön: Das Verfallene, Heruntergekommene wich der Sanftmut des weitesten Himmels auf Erden, der Anmut von ein paar Laubbäumen, von leise murmelndem Wasser und von Kuppeln, die sich vor dem leuchtenden Grau des Raums wölbten. Beim Stadtausgang gab unsere Eskorte uns frei. Drei riesige Bäume, eine trockene Lehmmauer und dann ein sandiges Plateau, das weiter war als das Meer. Wir lagen ausgestreckt auf der noch warmen Wüstenerde, rauchten schweigend und fragten uns, ob wir je ihr Ende sehen würden. Abgebrochene Nägel, flüchtig aufblitzende Streichhölzer, die anmutigen, ermattenden Flugbahnen der brennenden Zigarettenenden, die im Sand verglühten, und Sterne, Sterne, Sterne, die hell genug leuchteten, um das Gebirge, das den östlichen Horizont versperrte, nachzuzeichnen – und dann allmählich Frieden.

Abfahrt von Kerman, 17. Juli

Nach zweieinhalb Tagen hatten wir die Panne entdeckt und repariert. Die Leute, die uns geholfen hatten – manche eine ganze Nacht lang –, wollten kein Geld nehmen. Sie hätten gern ein bisschen Musik gehört, aber die Ziehharmonika war voll Sand. Bei Sonnenuntergang zwängten sie sich alle in einen mit Lebensmitteln vollgestopften alten Ratterkasten, um uns bis zur Passhöhe über der Stadt zu begleiten. Dort gab es ein armbreites Bächlein, über das sie sich, ich weiss nicht aus welchem Aberglauben heraus, nicht hinauswagten. Sie sassen also, mit den Füssen im klaren Wasser, am westlichen Ufer, wir am östlichen, und wir hielten ein langes Festmahl ab, während der Vollmond über eine Landschaft ohne Grenzen aufstieg. Dann drückten die Armenier uns die Hand, die anderen küssten uns nach muslimischer Sitte. Sie bestiegen wieder ihr Fuhrwerk und verschwanden Lieder gröhlend in Richtung Kerman.

Weiter nach Osten. Der Wagen schwer beladen mit Trinkwasser, Benzin, Melonen, einer Flasche Kognak (das braucht man auf solchen Strecken) und mehreren Flaschen Wein aus Kerman, der rot wie eingetrocknetes Blut ist und stark genug, um Tote zu erwecken.[54] Die sanft ansteigende Piste war gut. Der Mond schien hell genug, so dass wir die Scheinwerfer ausschalten und so die Batterie schonen konnten. Was für ein Vergnügen, mit fünfzehn Kilometer pro Stunde, ohne Lichter, das grenzenlos weite, einsame, korallenrote Hügelland zu durchpflügen.

In der gleichen Nacht
Nach etwa hundert Kilometern ein Tschaichane, von drei todmüden kleinen Mädchen geführt, die uns mit Tee bedienten, ohne die Fäuste aus den Augen zu nehmen. Die beiden Chauffeure, die auf der Lehmbank rauchten, schienen nicht viel wacher zu sein. (Die wenigen Gespenster, denen wir in dieser Nacht begegneten, hatten anscheinend alle seit hundert Jahren nicht geschlafen.) Was uns betraf …

Wie soll man in diesem Opiumdunst Schlaf finden? Im östlichen Iran wird viel davon konsumiert, besonders von den Lastwagenfahrern, die ein aufreibendes Leben führen. Wenn man zu einem Perser von Opium spricht, fährt er beleidigt auf; wenn man aber darauf besteht, erklärt er, die Engländer hätten es ins Land gebracht, den Handel gefördert und so weiter. Dazu ist zu sagen, dass hier kein Hagel auf die Reisfelder und kein Autobus in den Abgrund fällt, ohne dass man den Engländern die Schuld zuschiebt. Vielleicht ist etwas Wahres daran; die Engländer haben ja wirklich einen Opiumkrieg gegen China geführt. Jedenfalls ist die Gewohnheit des Opiumrauchens fest verankert, und auf der Strecke von Surmak nach Bam haben wir sie mindestens in jedem zweiten Tschaichane angetroffen. Ich mag den Rauch gern und hätte hundertmal Gelegenheit gehabt, es zu probieren. Aber der Geruch! So angenehm liturgisch Haschisch riecht, so abstossend ist dieser Gestank nach verkohlter Schokolade, Angebranntem, Kurzschluss … Er mahnt an Verzweiflung, Lungen aus Seidenpapier, Eingeweide aus violettem Samt, betrügerische Geschäfte und hat noch nicht einmal den Vorzug, die Fliegen zu verscheuchen.

Der Opiumsüchtige behauptet, dass er nach zwei, drei Pfeifen rascher und klarer denkt, seine inneren Bilder harmonischer anordnet. Er behält sie aber meist für sich, und seine Umgebung hat nichts davon. Dafür sind seine Bewegungen unbeholfen und schwerfällig, und mit welch unausstehlicher Langsamkeit leert er seine Teetasse versehentlich über deinen Knien aus! Alles hat eben seinen Preis. Allerdings müsste man selber rauchen, um den Süchtigen und seinen Rhythmus zu verstehen, aber nicht einmal die Neugier konnte mich dazu bringen. Wir verweilten also nicht lange dort.

Um zwei Uhr sichteten wir die Scheinwerfer eines Lasters, den wir dann um vier kreuzten. Um fünf ragten die Palmenhaine und die ungeheuren Zinnen von Bam vor dem grünlichen Streifen der Morgendämmerung auf. Kamele in einer Kolonne, die ersten Ziegenherden zogen dampfend durch die unergründlichen Gassen. Alle Häuser waren von mächtigen Lehmmauern und Ausfalltoren mit im Zickzack angelegten Zugängen geschützt. Eine Art gebieterisches Afrika mit der zusätzlichen Dimension, die eine tausendjährige, schriftlich niedergelegte Geschichte verleiht.

Jahrhundertelang hat Bam als Vorposten und Zitadelle gegen die Einfälle der Belutschen und die Bedrohung durch die Afghanen gedient. Die Stadt beherbergte eine ständige Garnison, mit einem General als Kommandanten, und sandte manchmal eine Strafexpedition gegen Osten aus, deren Abmarsch, wie es heisst, unter Tränen erfolgte, so sehr fürchteten die Soldaten, nicht zurückzukehren. Heute, da Belutschistan sich ruhig verhält, sind diese Sorgen mitsamt dem General verschwunden, und Bam ist hauptsächlich ein Mosaik aus Gärten, die von starken Mauern umgeben sind und den Arbabs von Kerman zur Erholung dienen.

Bam. In einem Garten. 18. Juli

Zu der Zeit wird der Herr herbeipfeifen die Fliege am Ende der Ströme Ägyptens und die Fliege im Land Assur … (Ecclesiastes, Original: Jesaja 7, Vers 18).

Er dürfte sie eher von hier herbeigepfiffen haben. Ich will einmal meine Meinung über die asiatischen Fliegen sagen: Da hast du endlich Schatten, das Rauschen eines Brunnens, weiche Teppiche, tiefe Müdigkeit – alles ist da, endlich wird man schlafen können! Doch wenn eine einzige Fliege auftaucht, ist nicht mehr daran zu denken. Ich jedenfalls muss darauf verzichten, und nach vier oder fünf schlaflosen Nächten gibt es keine qualvollere Enttäuschung. (Thierry hingegen schlief wie ein Sack, und der Anblick dieses süssen Schlummers erfüllte mich mit regelrechtem Hass.) Es bleibt einem dann nichts anderes übrig, als zu arbeiten und auf völlige Erschöpfung zu hoffen. Die Unterbrecherkontakte und die Zündkerzen reinigen, die Federn schmieren. Das Gepäck in Ordnung bringen, den Trinkwasserkanister füllen, unserer Schaufel einen neuen Stiel einsetzen. Im Basar um ein paar Lebensmittel feilschen und dabei beobachten, wie die Frauen in ihren zerschlissenen blauen und schwarzen Umhängen, die im Schatten langsam und lässig einherschlendern, plötzlich Sprünge machen, wenn sie in die Sonne kommen, damit sie sich nicht die Sohlen verbrennen, was der Strasse einen seltsam gebrochenen Rhythmus verleiht.

Bei einem Transportunternehmer habe ich die Batterie aufladen lassen. Es gibt hier nur einen, einen Griechen, den einzigen Reeder dieses Sandhafens, der manchmal seine Laster in die wilde Sonnenbrandung, nach Sahedan aussendet. Seit zwei Wochen hat er es nicht mehr getan, wegen einer Sandverwehung, die hinter dem Posten von Schurgas die Strasse zudeckt, aber er versichert mir, dass man trotzdem durchkommen kann. Vom Jeep von *Point IV*, der dieser Tage die Fahrt machen sollte, weiss er nichts. Dabei sind wir eigens vorausgefahren, um ihn im Schlepptau zu haben.

Faradsch. Am gleichen Abend

Östlich von Bam führt die Piste durch eine Mulde von gelbem Sand, in der das Grabmal eines mongolischen Häuptlings wie ein einsamer Finger aufragt. Als wir es erreichten, hielt uns eine Gruppe Nomaden an, die auf der Piste dahinzogen, und überreichte uns einen Zeitungsfetzen. Es war ein Briefchen vom Chauffeur von *Point IV*. Der Jeep war schon durchgekommen und würde im Posten Faradsch so lange wie möglich auf uns warten. „Möglich" hiess in diesem Fall ungefähr bis zehn Uhr abends, weil er die Sandwehe von Schurgas vor der Morgendämmerung passieren musste, zur einzigen Zeit, da Tau und Kühle dem Sand ein wenig Festigkeit verleihen. Wir beschleunigten unser Tempo. Gegen neun Uhr abends, dreissig Kilometer vor Faradsch, brach das Getrieberad des dritten Gangs, unserer optimalen Geschwindigkeit. Wir mussten mit zehn Kilometer im zweiten fahren, das kleinste Gefälle ausnutzen, um den Motor auf Touren zu bringen, den Gang fast im Stillstand einlegen und hoffen, dass der Motor wieder anziehen würde. Wir kamen nicht voran. Als wir um elf in Faradsch anlangten, war der Jeep gerade weggefahren.

Faradsch, ein Ort, wo du erwartet wirst! Du stellst dir ein Dorf vor. Es war der einsame Wachposten des Telegrafen, *eine* rauschende Tamariske und *eine* Karbidlampe, unter der drei schweigsame Nomaden einen schlafenden Gendarmen umringten. Wir weckten ihn, um dem Posten von Schurgas zu telegrafieren, man solle den Jeep anhalten und zu uns zurückschicken. Wenn der Auftrag ausgeführt wurde, konnte er gegen zwei Uhr nachts hier sein. Von Schlafen war noch immer nicht die Rede. Wir warteten, Kognak trinkend und den Telegrafen verfluchend, ohne etwas kommen zu sehen. (Dieses alptraumhafte Warten, das Schwindelgefühl, das einen in der Wüste überkommt, die langsame

Bewegung eines Nomaden, der mit seinem Lederpantoffel einen Skorpion zertritt ...)

Zu Anfang unseres Jahrhunderts, unter den letzten Kadscharen-Kaisern, summte der neu installierte Telegraf, um dem Hof Berichte aus der tiefsten Provinz zu übermitteln, die etwa folgendermassen begannen: „König der Könige, Angelpunkt der Welt, Allerhöchster Hirte ...", und erst nachher kamen die Meldungen von Aufständen, Hungersnot oder Geldgeschichten. All dieser Prunk! Und jetzt diese bescheidene Botschaft von unserer grossen Not, von der so viel abhing und die man einfach nicht durchgab.

Um zwei Uhr war noch immer nichts zu sehen. Doch der Alkohol hatte uns Mut gemacht, und wir fuhren mit dem serbelnden Wagen weiter, auf Schurgas zu. Falls der Jeep umgekehrt war, konnten wir ihn nicht verfehlen. In dieser Gegend des Planeten gibt es nicht so viele Leute.

Später

Bis zum Tagesanbruch chauffiert, um diesen Knoten zu durchhauen, der mich am Schlafen hinderte. Die Wüste hatte eine unheilvolle aschgraue Farbe angenommen. Der Mond erhellte den Horizont und die riesigen Steinhaufen, die den Fahrern auf dieser Strecke als Anhaltspunkte dienen, wenn der Sandsturm die Piste weggewischt hat. Hier sind wir im äussersten Süden der Wüste Lut, wo Jahr um Jahr ein halbes Dutzend Chauffeure einer gebrochenen Achse oder ausgetrockneten Batterie wegen ihr Leben lässt. Sie hat auch sonst einen schlechten Ruf. Hier sah Lot, dessen Namen sie trägt, seine Frau zur Salzsäule erstarren. Dämonen und Vampire treiben sich in Mengen herum, und die Perser verlegen eine der Wohnstätten des Teufels hierher. Wenn die Hölle die Gegenwelt ist, deren bedrohliche Stille nur vom Gesumm der Fliegen gestört wird, haben sie recht.

Dafür, dass man uns seit tausend Kilometern damit droht – man hatte uns schon in Teheran gewarnt –, ist die Sandwehe von Schurgas gar nicht so schlimm. Die Piste war auf ungefähr dreihundert Meter Länge verschwunden, und das geschwärzte Gerippe eines Lastwagens zeigte wenigstens an, wohin man sich beim Umfahren der Sandwehe nicht wagen durfte. Der Himmel wurde schon grünlich. Wir liessen die ganze Luft aus den Reifen, um die Tragfläche zu vergrössern, und drei Kinder – wo kamen die her? –, die bei dem Wrack geschlafen hatten, halfen uns stossen. Nach einer Stunde waren wir durch.

5–7 Uhr früh

Hier gab es einen allerletzten Militärposten.

Alle Achtung vor den Soldaten, die in dieser Hölle zu bestehen vermögen. Zwei Einsamkeiten, zwei Reitkamele, zwei Essgeschirre, ein Sack Bohnen oder Mehl, zwei Revolver. Oder eher zwei Futterale, denn die Waffe steckt oft nicht mehr drin. Ein bewaffneter Mann, der so völlig sich selbst überlassen bleibt, ist gefährlich. Er könnte zuviel Sonne abbekommen und blindlings drauflosschiessen oder am Ende gar auf sich selber schiessen. Und eine Waffe erweckt die Habgier. Wenn einen ein paar Strolche überfallen, um sie zu rauben? Nein, dann schon lieber vorbeugen und die Pistole verkaufen, vielleicht gerade denen, die man zu überwachen hat. Auf die Art fürchtet einen niemand, und man kann beruhigt schlafen. Mit dem Geld kauft man etwas zu essen oder Opium, um die Zeit durchzubringen, bis man versetzt wird. Es ist das beste Mittel, die Sache zu überstehen; und wie schwer das Leben auch ist, diese Aussicht gibt ein wenig Hoffnung.

Wir – wir wollten sie nach dem Zustand der Strasse fragen. Thierry stieg aus und ging auf den Posten zu. Ich liess das Lenkrad los, um ihm zu folgen, fiel beim zweiten Schritt mit dem Gesicht in den Sand – er brannte noch nicht – und war schon eingeschlafen. Auf dem Rückweg zog mich Thierry an den Armen bis zur Wagentür und hievte mich auf den Beifahrersitz, ohne dass es ihm gelang, mich aufzuwekken. Das besorgte alsbald die Sonne. Um sieben erhob sie sich schon wie eine drohend geballte Faust, und das Blech begann glühend heiss zu werden. Ich hatte oft an die Sonne gedacht, aber nicht als eine Mörderin. Als ich wieder zu mir kam, hörte ich Thierry vor sich hinmurmeln: „Hauen wir ab von hier, hauen wir ab …" Er sagte mir auch, dass laut Auskunft der Gendarmen vor Nosratabad eine weitere Sandwehe zu passieren war.

10 Uhr vormittags

Wegen dreissig Metern beinahe flüssigen Sands: das Gepäck abladen, um den Wagen zu entlasten; schaufeln und ausebnen; Zweige und Kiesel zusammentragen, um die Piste zu pflastern, und diese Armierung mit allen Kleidungsstücken, die wir besitzen, bedecken. Die Luft aus den Reifen lassen, einkuppeln und schieben unter lautem Geheul, um die Lungen zu füllen. Die Reifen aufpumpen und alles wieder aufladen.

Bei dieser Sonne sahen wir schliesslich alles schwarz. Wir merkten aber doch, dass unsere Arme, Gesicht und Brust mit dicken Salzkrusten bedeckt waren.

Mittag

Wir taten, als hätten wir ihn nicht gesehen, aber es ist wirklich ein Berg, und die Piste überquert ihn mit einer unmöglichen Steigung. Der kleine Gaulach-Pass, dessen Namen ich erst zwei Jahre später auf einer alten deutschen Landkarte entdeckt habe. Gewiss, er ist gar nicht so imposant: ein Durcheinander von schwarzen, rauchenden Felsen, drei Tamarisken-Skelette, die mit melancholischen Flechtenbärten bedeckt waren, und ein paar wilde Kurven. Auch nicht besonders hoch – aber ganz genau an dem Punkt, wo das Leben sich aufgibt, wo der Mut es nicht mehr schafft, wo das Wasser aus dem Körper schwindet wie aus einem lecken Topf. Und zu dieser Jahreszeit, zu dieser Stunde!

Wir mussten viermal die Höhe erklettern, um das Gepäck hinaufzuschaffen. Dann umhüllten wir den Wagen mit Tüchern, weil man das Blech nicht mehr anrühren konnte. Erster Gang, einkuppeln, hinausspringen, schieben – bis sich alles verdunkelt. Oben auf dem Pass klopften die Kolben mit einem hässlichen Lärm, und die Tränen liefen uns aus den Augen. Ich legte Thierry, der laut schluchzte, in den Schatten unter den Wagen. Es war Zeit, irgendwo anzukommen.

Zwei Stunden später glaubten die Schläfer im Tschaichane von Nosratabad zu träumen, als sie zu dieser unmöglichen Stunde Motorengeräusch hörten. Im Süden der Wüste Lut fährt im Juli niemand nach Sonnenaufgang auf der Strasse herum.

Im Tschaichane von Nosratabad, 14–16 Uhr

Auf der Lehmbank gestrandet, vor Erschöpfung so heftig zitternd, dass an Schlaf nicht zu denken ist, betrachten wir den Trinkwasserkrug, der dicke Tropfen schwitzt. Er steht auf einer Art Altar und ist von Dornenzweigen umgeben – wie ein Gott. Wir sehen auch, wie die weissen Gewänder der Teetrinker im Halbdunkel die Lichtladung, die sie im Lauf des Tages aufgenommen haben, in Wellen wieder von sich geben. Und wir merken, dass dieser verfluchte kleine Pass uns in eine andere Welt versetzt hat und dass die Gesichter nicht mehr jenen ähneln, die wir kannten. Mit ihren weissen

Turbanen, ihren schwarzen Haarfransen, ihren ausgeglühten Mienen, die jenen von Spielkarten gleichen, und ihrer Ähnlichkeit mit Holzscheiten, die man halbverkohlt aus dem Feuer gezogen hat, sind sie schon Belutschen.

Die Zeit vergeht, man verliert den Faden – und wenn man ihn wiederfindet, sieht man den Wirt mit langen, drohenden Schritten ein Huhn verfolgen, dem er die Gurgel durchschneiden will, und seine Hände zucken wie Flammen hinter dem verschreckten Federvieh her.

Dann interessiert man sich für das Gewebe des Teppichs unter den Schultern oder für den kleinen Muskel, der in der Wange zuckt wie ein Tier in der Falle. Doch wenn sich die Nerven allmählich entspannen und die Sonne untergeht, überkommt einen eine selige Ermattung, man gerät in Verzückung, will sein Schicksal in die Waagschale werfen – und erfährt plötzlich und heftig und aus ungeahnten Tiefen quellend ein Übermass an Lebenskraft, mit der man gar nichts anzufangen weiss. Wenn noch die Möglichkeit bestünde, ein Glied zu rühren, würde man tanzen. Doch bald beruhigt sich das Herz, diese Gefühlspumpe. Man hört es grosszügiger pochen, den treuen, dicken Muskel unter den Rippen, den man gekräftigt hat.

Später

Von sechs Uhr abends sind wir bis Mitternacht durch anthrazitfarbene Berge gefahren, um Sahedan zu erreichen: magere Eukalyptusbäume, ein Theatermond und im Mittelpunkt einer sandbedeckten Strassenkreuzung ein Gendarm, der sich vor Erstaunen nicht fassen konnte, zu dieser Stunde, am Ende der Welt, einen Wagen ohne Lichter auftauchen zu sehen, aus dem der Arm einer Gitarre und ein Flaschenhals ragten, und darin zwei Gespenster, die offenbar gerade aus der Lake kamen.

Sahedan, am Abend des 20. Juli

Der einzige Mechaniker der Stadt war ein majestätischer Eremit, der den Tag im Schneidersitz in einem Winkel des Basars verbrachte, wo er auch ein wenig Gemüse verkaufte. Er besah sich eine ganze Weile lang unser zerbrochenes Getriebe, das über seinem makellosen Gewand wie ein Edelstein glänzte. Ich betrachtete das wohlgenährte Christusgesicht, die sauberen, braunen Zehen, die rund waren wie die eines Säuglings. Es schien unfassbar, dass dieser Heilige sich mit etwas Technischem abgeben könnte. Schliesslich gab er uns das Teil zurück. *Quetta dorost mische.* (Sowas repariert man in Quetta.) Die kleine *North Western Railway Company,* die einmal pro Woche die Strecke Quetta–Sahedan mit drei Waggons Trinkwasser befuhr, verlangte für den Transport des Wagens die märchenhafte Summe von tausend Rupien, von denen wir auch nicht eine einzige besassen. Wir mussten also die siebenhundert Kilometer belutschischer Wüste im zweiten Gang schaffen. Wir hatten den ganzen Tag auf dem Rücken gearbeitet, um den Motor herauszunehmen und das Getriebe auszubauen. Morgen würden wir alles wieder einbauen. Bis dahin konnten wir die Waffen strecken.

Zurück in die Herberge *Chalkidis.* Wieder ein Grieche. In einem milden Licht assen der Wirt und seine Familie – eine dicke Mama mit weissem Chignon und zwei kleine Mädchen – unter dem Nussbaum im Hof zu Abend; dazu lösten sie Pistazien aus und sprachen Griechisch. Die Phi, Psi und Theta summten um den Tisch herum und schlängelten sich durch die blaue Luft, unterbrochen von angeberischen Omega, die vom himmelblauen Trinkwasserfass zurückhallten. Über der Tür hing ein vertrockneter Olivenzweig, ein paar Holztische standen an den weissgekalkten Wänden. Eine aschfarbene belutschische Magd wusch einen Kessel am Brunnen. All das leicht, schwebend, im Gleichgewicht, ein Stück Thessalien, dieser Hof unter seinem eigenen Himmel, der sich langsam verdunkelte. Eine Melone, Eier, ein Hammelbein, Bier und Tee. Der Löffel drehte sich im Glas und rührte die Müdigkeit mit den Erinnerungen zusammen. Ich vergass bewusst die drohenden Gefahren der Piste nach Quetta. Ich liess mich von den Sirenen betören. Eine winzige Alkoholschenke, verloren in einer asiatischen Provinz, die von Lastautos oder dreistufigen Galeeren versorgt wurde und zweifellos jener ähnelte, die Jason auf der Krim geführt haben muss.

Zollposten Mirdschawe, 21. Juli, abends

Das Zollgebäude umgibt eine sandige Esplanade, wo ein paar Soldaten mit nackter Brust und ein Zollbeamter mit zitterndem Schnurrbart sich bemühten, uns zur Geduld zu bewegen. Wir warteten auf ihren Vorgesetzten. Keiner wagte den Satrapen zu holen, über dessen Tätigkeit wir nicht lange im unklaren blieben. Eine mit Flaschen beladene Magd durchquerte den Hof. Am Fenster eines mit Petroleum beleuchteten Raums erschien einen Augenblick lang das scheue Gesicht einer Frau mit zerzaustem Haar, und alsobald stöhnte es vor Lust in die Nacht hinaus.

Ach, dieser Zollposten! Diese wilden Töne, wie die Schreie eines Schläfers, den ein böser Traum gefangenhält! Hier gibt es keine Frauen. Ich dachte an die stundenlange Autofahrt, die diese hier hatte machen müssen, und an all den Staub und die Fliegen, damit sie den Lohn für ihre Arbeit bekam und der einsame, verkommene alte Mann seine Lust, die um keinen Preis gestört werden durfte. Was für seltsame Schicksale sich unter der Sonne erfüllen!

Später kam der Offizier zu uns, mit der einen Hand wischte er sich den Mund ab, mit der anderen brachte er sich in Ordnung. Wir schrieben uns in ein schwarzes Registerbuch von der Grösse eines Grabsteins ein, ein paar Zeilen unter Aurel Stein, der vor zwanzig Jahren hier durchgekommen war. Wir tranken den Tee, den der Alte uns mit Anstand anbot. Als ich mich nach der Piste erkundigte, antwortete er heiter, sie sei auf eine Länge von sechs Kilometern verschüttet und er bezweifle, dass wir durchkämen. Wir konnten ebensowenig umkehren, da unsere Ausreise bereits registriert war, und der erste pakistanische Posten befand sich hundert Kilometer weiter östlich. Hätten wir nicht selbst gefragt, hätte der Hauptmann uns nicht einmal darauf aufmerksam gemacht. Er hatte den Kopf noch nicht bei der Sache. Wir mussten lange auf ihn einreden, bis er einwilligte, dass die Soldaten uns begleiteten, um beim Schieben zu helfen.

Wir waren wieder allein. Über uns Milliarden Sterne, vor uns die Weite der belutschischen Wüste. Wir konnten nicht mehr. Es war das Ende der Nacht. Wir hassten den Iran fast ebenso inständig, wie wir ihn unter anderen Umständen geliebt hatten. Iran, diesen kranken Greis, der so viel geschaffen, so vieles geliebt, so viel aus Hochmut gesündigt, so viele Listen gesponnen, so viel gelitten hat; diesen alten Patrizier mit den Elfenbeinhänden, der in seinen lichten Momenten einen so bezaubernden Charme auszustrahlen vermag und dann wieder in der Dumpfheit seiner langsam erlöschenden Erinnerungen dem Tode geweiht scheint. Heute ist er in die Hände von robusteren Gläubigern geraten, die nicht so verfeinert sind wie er. Mit dem, was von selbst verfällt, darf man nicht streng ins Gericht gehen. Man nimmt es den Alten und Kranken nicht übel, dass sie alt und krank sind, aber welche Erleichterung, wenn man sie verlassen kann.

In der belutschischen Wüste

Die Nacht war blau, die Wüste schwarz und vollkommen still. Wir sassen am Rande der Piste, als ein Lastwagen, der aus dem Iran kam, vor uns stehenblieb. Begrüssungen, ein Schwätzchen. Einer der Männer, die oben auf den Säcken reisten, liess sich zu uns herabpurzeln. Er öffnete ein Fiberköfferchen, das er an die Brust gedrückt hielt, und reichte jedem von uns ein Päckchen *Ghorband* – dünne Zigaretten mit einer blassen persischen Aufschrift am einen Ende und einem edlen Geschmack, etwas herb, mit einem deutlichen Hauch von Trauer, Abnützung und Vergessenheit, wie Persien selbst.

Zwei Tage von der Grenze entfernt, dachten wir voller Zärtlichkeit daran. Persien – das war für uns ein weiter, nächtlicher Raum mit etwas Blau, einem sehr sanften, barmherzigen Blau. Wir liessen ihm schon wieder Gerechtigkeit widerfahren.

Rund um die *Saki-Bar*

Quetta

Ein Verkehrszeichen, auf das wir in der Morgendämmerung stiessen, verkündete: „Asphaltierte Strasse". Wir glaubten, jetzt wären wir fein heraus, aber ein Pass hinter Nuschki – eine Kehre nach der anderen, tief im Staub versunken –, den wir mit Bremsklötzen Meter um Meter erkämpfen mussten, zwang uns, zu einem Aufputschmittel zu greifen. Mittags passierten wir den Schlagbaum von Quetta. Weisspappeln, viereckige, von Dornzweigen umzäunte Melonenfelder traten an die Stelle der Wüste. Die Piste wurde zur Strasse und dann zur Allee unter dem lockeren Geäst der riesigen Eukalyptusbäume. Ringsum breitete die Stadt das wenige, aus dem sie gemacht ist, weitläufig aus: kühle Schattenflächen, graue Büffelgespanne, ein paar viktorianische Portale, von Schilderhäuschen und bronzenen Kanonen flankiert, und sandige Gässchen, durch die alte, majestätisch aussehende Männer mit Turbanen auf dem Kopf auf schönen, wohlgeschmierten Fahrrädern lautlos einherschwebten. Eine locker gebaute Stadt, leicht wie ein Traum, wo man der Musse pflegt und voll von nichtigem Plunder und wässrigen Früchten. Auch unsere Ankunft wog leicht. Beide zusammen kamen wir nicht auf hundert Kilo. Wir mussten uns zwicken, um nicht einzuschlafen. Sowie die Wirkung der Droge nachliess, breitete sich mitten am Tag eine Art Nacht aus.

Weissgekalkt, zweispitzig wie ein Hochzeitskuchen, rund um einen hundertjährigen Maulbeerbaum gebaut, schien das kleine Hotel *Station View* wie für uns gemacht. Der Besitzer, dunkel wie eine Ikone, eine Astrachanmütze auf dem Haupt, thronte am Eingang seines kleinen Hofs hinter einer Registrierkasse aus getriebenem Messing, deren schwaches Gebimmel uns jeweils vor dem ersten Hahnenschrei aufweckte. Das winzige Zimmer ging auf eines dieser rudimentären „Badezimmer" – ein Wasserhahn und ein Loch im feuchten Erdboden –, wie sie früher in Indien gebräuchlich waren: gegenüber einem monumentalen Nachtstuhl mit sanft glänzenden, blankgeputzten Seitenlehnen überschüttet man sich mit Eimern voll Wasser.

Es gab auch eine Dachterrasse, wo wir uns am Abend unserer Ankunft hinsetzten mit der Absicht, die Wüste zu ersäufen. Wir hatten uns die Stadt, wo heute abend unser Bett bereitet war, wahrhaftig verdient. Der Whisky ergoss sich in barmherzigen Wogen in uns, und der böse Zauber der Wüste Lut schien gebannt. Wir hörten die Maulbeeren vom Baum im Hof purzeln, wo zwei Hotelgäste im Schneidersitz auf ihren Betten von Moskitonetz zu Moskitonetz vorsichtig spärliche Bemerkungen austauschten. Wir schwiegen ermattet und glücklich. Überall knackten die Äste. Die Welt war voller Bäume. Zwischen unseren Gläsern wartete eine Handvoll Briefe, *care of Quetta's Postmaster,* auf uns.

„Du kannst den Tisch haben", sagte Thierry. „Ich werde im Badezimmer malen."

Aber ich hatte es mit dem Schreiben nicht eilig. Für ein paar Tage war mir „in Quetta angekommen sein" Beschäftigung genug.

Wegen eines hochberühmten Heiligen, der aus Kabul hergekommen war, war das Hotel ganz durcheinander. Die Gänge und die Zimmer wimmelten von Andächtigen. Sobald das *breakfast* beendet war, verwandelte sich das Esszimmer in einen Gebetsraum, wo der Mullah zwischen einem Stoss von englischen Illustrierten und den hastig beiseite geräumten Marmeladeschalen die Gläubigen empfing. Scharen von festtäglich gekleideten Gläubigen warteten viele Stunden, um ihm die Hände zu küssen, sich segnen, heilen, beraten zu lassen oder ihm eine kniffige theologische Frage zu stellen, wie sie den Muslimen lieb sind. Man hörte Lachen, das Schnappen von Feuerzeugen, das ununterbrochene Rezitieren von Suren, das „Plop“ beim Öffnen von Sodawasserflaschen (obwohl wir von all dem Tee zu platzen drohten, hatten wir immer noch Durst). Unmittelbar nach der Wüste machten mich diese geselligen Geräusche schwindlig. Die Rückkehr ins städtische Leben musste vorsichtig angegangen werden.

Gegenüber dem Hoteleingang lagerte im Schatten einer Platane ein kerngesunder Bettler auf einer ausgebreiteten Zeitung, die er täglich wechselte. Vollberuflich schlafen ist kein einfaches Unternehmen; trotz seiner langjährigen Erfahrung suchte unser Nachbar noch immer die ideale Position, die nur wenige Menschen zu ihren Lebzeiten finden. Der Temperatur und den Fliegen preisgegeben, probierte er die verschiedensten Varianten aus, die abwechselnd an die Mutterbrust, den Hochsprung, eine Verfolgung oder die Liebe denken liessen. Im wachen Zustand war er ein höflicher Mann, ohne die abgezehrte Prophetenmiene, die man so oft bei den iranischen Bettlern findet. Hier gibt es wenig Elend und viel von der Bedürfnislosigkeit, die das Leben feiner und leichter als Asche macht.

Vor der Bude des Obsthändlers rechts von der Tür war ein splitternackter Junge mit einem Fuss an einen Ring in der Mauer gefesselt. Er sang, an seiner Leine zerrend, vor sich hin, zeichnete Figuren in den Staub, knabberte Maiskolben ab oder rauchte eine Zigarette, die der Händler ihm angezündet in den Mund steckte. „Nein, nein, das ist keine Strafe, er ist verrückt“, erklärte mir der Hotelier. „Wenn man ihn freilässt, läuft er davon, und dann leidet er Hunger.

Man bindet ihn an, bald hier, bald dort, damit er nicht verlorengeht. Das ist doch vernünftig, nicht?"

Unsere Erschöpfung wich nicht so bald. Wir schliefen überall ein: beim Barbier, am Postschalter, im Trab der gelben *droshky,* die hier die Taxis ersetzen. Vom Fächeln der Nachbarn eingelullt, entschlummerten wir in den Korbsesseln des kleinen Kinos *Cristal,* während Elizabeth Taylor, die ein mangelhafter Projektionsapparat dunkler und vollkommener erscheinen liess, die Liebe entdeckte. Die Nacht verging dann über vergeblichen Versuchen, Schlaf zu finden. Wir zogen das Leintuch über den Kopf, aber das grässliche Dröhnen des Motors im zweiten Gang erfüllte unsere Ohren, und wir fuhren bis zum Morgengrauen durch die Wüste. Gerädert, gähnend standen wir auf. Die Sonne brannte schon stark, während wir uns aufmachten, mit kleinen Schritten die Stadt zu erkunden.

Am 31. Mai 1935 hatte ein Erdbeben sie vollständig ausradiert und ein Drittel der Einwohner getötet. Aber die Bäume hatten standgehalten, und hier genügen Wasser und Bäume, um einen Ort entstehen zu lassen. Die Leute von Quetta haben ihn wieder aufgebaut, aber so, dass ihnen das nicht ein zweites Mal passieren würde: weder Fundamente noch Steine, sondern Mauern aus Strohlehm, hübsche Möbel aus Holz, Matten, Trinkwasserbehälter, Teppiche in gedämpften Farben. Im belutschischen Viertel gab es so winzige, fragile Verkaufsbuden, dass ein kräftiger Mann sie auf dem Buckel hätte forttragen können. Sogar die *Jinnah Road,* die „moderne" Strasse, das Rückgrat der Stadt, schien mit ihren ebenerdigen Gebäuden und lackierten Holzfassaden leicht in der Luft zu schweben. Das Bühnenbild eines Westerns, über Nacht aufgestellt. Nur die grossen Bäume, die Kürbisse auf den Komposthaufen der kleinen Innenhöfe und die Kupfertür der *Grindlay's Bank* hatten etwas Dauerhaftes, Seriöses an sich. Eine bewundernswerte Fülle von Plakaten, Schildern, unnützen Anweisungen und Reklamen (*Cornflakes – Be happy – Smoke Capstan – Keep left – Dead slow*) stattete diesen bescheidenen Urbanismus aus. Trotz ihrer anilinverschmierten Rhetorik besass die Stadt kein Gewicht. Keinen Halt. Ein starker Wind hätte sie weggefegt. Ihre Zerbrechlichkeit verlieh ihr sehr viel Charme.

Quetta: 1800 Meter über dem Meer, 80'000 Seelen, 20'000 Kamele.

Achthundert Kilometer westlich, am Ende der Bahnlinie, schläft Persien in seinem Mantel aus Sand. Es liegt auf der anderen Seite der Welt, und ausser der Schmuggelware erinnert hier nichts daran.

Im Norden der Stadt durchquert eine kleine Militärstrasse das bebaute Gebiet, dringt in eine öde Ebene ein und steigt langsam zum Chodschak-Pass und den Bergmassiven der afghanischen Grenze an, wo die Stämme, die in der Umgebung der Stadt leben, ihre Sommerweiden haben. Obwohl von der Grenze eine ausgezeichnete Piste nach Kandahar führt, gibt es so gut wie keinen Verkehr, und der kleine Grenzposten Schaman ist ein Glutofen, in dem nichts vorübergeht als die Zeit.

Gegen Nordosten zu führt eine Zweigstrecke der Eisenbahn nach Fort Sandeman am Fuss der Berge von Wasiristan. Die pathanischen Stämme, die dort wohnen – die Massuds und die Wasiris –, sind die zähesten des ganzen Grenzgebiets. Sie gelten als derart aggressiv, räuberisch und wortbrüchig, dass ihre Nachbarn ihnen einstimmig die Zugehörigkeit zum Islam absprechen; es hat vierzehn Strafexpeditionen gebraucht, um ihnen klarzumachen, dass sie nichts mehr zu bestellen hätten.

Gegen Süden schliesslich führt die Hauptstrecke der Eisenbahn, neben einer schlechten Strasse, über den Bolan-Pass in die Indus-Ebene und nach Karachi hinunter. Wenn die Zeit der Wanderung gekommen ist, ist der Pass von unabsehbaren Kamelherden verstopft, die starr vor Kälte der Wärme und dem herbstlichen Gras entgegenziehen.

Das sind die vier Himmelsrichtungen. Sie sind fern. Sie bestimmen die Lage der Stadt, beschweren sie aber nicht. Sie führt ihr eigenes Leben, zwischen ihrem Bahnhof, der einem Spielzeug aus der Jahrhundertwende gleicht, ihrem versandeten, fliegenschwirrenden Kanal und der Garnisonskaserne, wo der Appell der Dudelsackpfeifen den Anbruch des Tages verkündet.

Nach zehn Stunden Arbeit zwischen den in ihre Teile zerlegten Lastwagen der *Ramasan Garage* hatten wir unseren Motor wieder eingebaut. Der Abend kam. Der kleine Junge aus dem benachbarten Tschaichane stöberte unter den Wagenhebern herum, um die leeren Teegläser einzusammeln. Als er fertig war, schnappten ihn die Mechaniker und warfen ihn einander unter freundschaftlichen Witzeleien zu, wie einen Ball. Dann setzten sie ihre komischen gestickten Käppchen auf, wie die Belutschen sie tragen, und verliessen den Hof mit schleppenden Lederpantoffeln in einer roten Staubwolke. Die Haare mit Wagenschmiere verklebt, krochen wir unter dem Wagengestell hervor, und der Nachtwächter reichte uns einen petroleumgetränkten Lappen, um den ärgsten Dreck von Gesicht und Händen zu wischen. (Den Motor jetzt nicht ausprobieren! Morgen würde er besser arbeiten – man muss jedem Tag seine Chance gewähren.)

Ramasan Sahib legte in seinem Glaskäfig Rechnungen ab und sang dazu mit angestrengter Stimme vor sich hin. Er war ein pechschwarzer Riese mit Löwenmähne, rosigen Handflächen, prachtvollen, maskenhaft ebenmässigen Zügen. Obendrein ein grossartiger Mechaniker, der das *gun metal* wie Nougat zurechtschnitt, und ein Mensch, auf den man sich verlassen konnte. Sein *Khyber Pass Mechanical Shop* – ein aus Blechkanistern erbauter Hangar, ein kleiner Hof, ein Hebelift – verdiente diesen grossartigen Namen. Ramasan und seine Leute reparierten einfach alles und regierten im Umkreis von vierhundert Kilometern als unbestrittene Herrscher. Aus Afghanistan, aus Fort Sandeman, aus Sibi schickte man ihm Wagen, die mit ihren letzten Kräften die Bergpässe erklommen, um bei ihm zu neuem Leben aufzuerstehen.

Hier, wo man die Autos und Laster bis zum Zusammenbruch benützt, ohne an einen Wiederverkauf zu denken, wissen die Garagisten nichts von dem bestürzten oder verächtlichen Mienenspiel, mit dem man bei uns den Besitzer einer „alten Karre“ so beeindruckt, dass er tief beschämt einen neuen Wagen kauft. Sie sind Handwerker und nicht Verkäufer. Ein geplatzter Zylinderkopf, eine Nockenwelle in Splittern, eine mit Stahlmehl gefüllte Ölwanne – über so etwas regen sie sich noch lange nicht auf. Intakte Teile: Scheinwerfer, richtig schliessende Türen, ein solides Gestell, imponieren ihnen weit mehr. Was das kaputte Zeug betrifft – das muss man eben reparieren, und dazu sind sie da. Die widerspenstigste Klapperkiste wird demontiert, mit Stücken von alten Lastern aufgemöbelt und in einen nicht umzubringenden Panzer verwandelt. Es ist eine bewundernswerte Improvisationsarbeit, die immer wieder neu angegangen werden muss. Wenn ihnen ein Flickwerk besonders gut gelungen ist, signieren sie es mit dem Schraubenzieher. Dergestalt wird die Arbeit niemals langweilig, und man verdient gut. Während man schweisst und lötet, röstet man auf der glühenden Kohle der Esse goldbraune Toasts und knabbert Pistazien, deren Schalen die ganze Werkbank bedecken, und der siedende Teekessel ist niemals weit. Die Mechaniker sind grösstenteils ehemalige Lastwagenfahrer, die ein Stück Welt gesehen haben; ihre Heimstätten, ihre Geliebten, ihre Erinnerungen sind über ein weites Gebiet verstreut. Das macht sie zu aufgeschlossenen Menschen, die gern lachen. Unmöglich, mit ihnen zu arbeiten, ohne Freundschaft zu schliessen.

Abgekämpft und frohen Herzens, mitten unter den Wracks, die von der Wüste Lut ausser Gefecht gesetzt worden waren, räumten wir unser Werkzeug auf und gingen in ein Tschaichane im Rotlichtviertel. Wir sassen mit einer rahmigen Tasse auf den Knien vor der Bude und sahen zu, wie die drei Gassen sich nach dem Abendgebet belebten. Es gab dort sanft gerundetes, halb im Sand versunkenes Kopfsteinpflaster, Läden in der Grösse eines Schrankes, wo man braunen Zucker, Seife, eine Handvoll gedörrte Aprikosen auf einem Blatt Stanniolpapier, Horoskope und kleine Zigarren kaufen konnte. Ein paar schlanke Frauengestalten, kerzengerade aufgerichtet in ihren rot und goldenen Saris, genossen vor ihrer Tür die Abendkühle. Es gab auch blaue Türen mit durchbrochenem Gitterwerk, hinter denen junge, von schwarzen Strähnen umrahmte Gesichter auf Kunden warteten. Durch dieses Guckloch entspann sich eine diskrete Diskussion, dann wurde dem Freier aufgetan. Wenn er spendabel aufgelegt war, liess er ein Tablett mit Tee und einen Musiker kommen. Die Laute gurrte hinter den verschlossenen Türen, und die Sterne gingen über dem ländlichen Viertel auf, wo friedliche Galgenstricke aus der Wüste, die zu Besorgungen in die Stadt gekommen waren, mit den Händen auf dem Rücken und einer wilden Rose an der Mütze herumspazierten, die abendlichen Düfte einsogen und ihre Schritte in die Richtung der leisen Rufe lenkten, die von dunklen Schwellen zu ihnen drangen.

Hier gab es keinen Krach, kein Zeichen von Hast; man begehrte mehr nach Musse als nach Lust. Ich dachte an die Neonlichter, an die puterroten Schlemmergesichter, an das, was ein gewisses Europa „das Leben geniessen" nennt. Nicht jedem ist es gegeben, vulgär zu sein. Die Belutschen haben zuviel Weite um sich herum, zuviel Rasse in sich. Alles, womit sie sich befassen – sogar die Liebe gegen bar –, ist von einer schlichten Finesse geprägt.

Das Basteln am Auto macht Durst. Wir gaben unsere letzten Rupien für Tee, Mangosaft und frische Zitronenlimonade aus. Aus Fragmenten eines *Paris-Match* vom vorigen Jahr informierten wir uns über die Welt und suchten mittels versiegelter Schreiben um Einreisevisen für fünf oder sechs verschiedene Länder nach, die alle verschneit und gebirgig waren. Quetta war nur eine Wegkreuzung, die Auswahl würden wir später treffen. Wir verschlangen im Schweisse unseres Angesichts grosse Portionen Curry, die wie Feuer brannten, wir stürzten uns auf alle möglichen Leckereien, aus dem Bedürfnis, uns vor den herbstlichen Fahrten ein bisschen aufzupäppeln, um wieder einen Schatten zu werfen, wieder unseren eigenen Schritt im Sand zu hören. Mit der Gesundheit geht es wie mit dem Reichtum: Man muss sie verschwendet haben, um sich ihrer bewusst zu werden.

Station View

Wenn ich vor dem Hotel sass, sah ich Pfannkuchenverkäufer mit ihrem Öfchen auf der Schulter vorbeigehen, Flötenhändler, die Backen von schrillen Tönen aufgeblasen, und Kameltreiber, die ihre langbeinig dahinstelzenden Tiere stehen liessen, um sich begierig eine Zigarette zu kaufen.

Die Belutschen entzückten mich nach wie vor. Nach einer bestimmten etymologischen Theorie[55] soll das Wort Balutsch Missgeschick, Unglück bedeuten, das man eben durch diese Namensgebung zu bannen meint. Aus denselben Gründen geben die Tibetaner ganz kleinen Kindern Namen wie „Räudig", „Auswurf", „Bitterkeit", um die bösen Geister von ihnen fernzuhalten, bis sie abgestillt sind. In dieser listigen Art, mit dem Unglück zu spielen, liegt ein grosses Mass Mut und Optimismus. Die schöne Allwissenheit bleibt Gott vorbehalten, und den Dämonen traut man so wenig Scharfsinn zu, dass man sie durch eine simple Antiphrase zu täuschen hofft. Bei den Belutschen hat sich die Methode als erfolgreich erwiesen; es gibt nicht viele Völker, die einen so wenig an Pech und Unglück denken lassen wie gerade dieses.

Der Belutsche ist ziemlich selbstsicher. Sein seelisches Wohlbefinden zeigt sich in dem Lächeln, das ständig um seinen Bart spielt, und im Faltenwurf seiner stets sauberen Lumpen. Er ist sehr gastfreundlich, wird aber selten aufdringlich. Zum Beispiel stehen sie nicht zu fünfzig mit blödem Gekicher um den Fremden herum, der ein Rad auswechselt, sie bieten ihm im Gegenteil Tee und Pflaumen an und holen dann einen Dolmetscher, um ihn mit sachlichen Fragen zu überschütten.

Sie sind nicht gerade übermässig arbeitssüchtig und betreiben lieber ein bisschen Schmuggel an der persischen Grenze. Sie schiessen grüne Raketen in die Luft, um die fabelhaften Patrouillen des *Schagai Frontier Corps* anzulokken, während am anderen Ende der Wüste die Säcke unter dem Auge Gottes von einer Hand in die andere wechseln.

Zur Stunde des Abendgebets sind die Rasenflächen mit Gestalten bedeckt, die sich neben ihrer Traglast zu Boden geworfen haben: kraftvolle Andachtsübungen, die Scherzen und Lachen nicht ausschliessen. Die Belutschen sind gute sunnitische Muslime, ohne eine Spur von Fanatismus. Ein Christ wird ebenso herzlich aufgenommen wie ein Glaubensgenosse, mit mehr Interesse sogar und mit vielen Fragen, denn sie sind überaus neugierig. Frömmelei, ein hochnäsiger Ton, leere Gesten sind ihre Sache nicht. Ob Nomaden, in Oxford promovierte Gelehrte oder Pantoffelflicker, sie leben gelassen, mit sehr viel Sinn für Komik. Leutnant Pottinger von der englischen *West Indian Company,* der zu Napoleons Zeit verkleidet durchs Land zog und von den Belutschen alsbald durchschaut wurde, rettete sein Leben in mehreren kritischen Situationen, indem er die Lacher auf seine Seite brachte. Diese Fröhlichkeit ist eine Kardinaltugend. In Quetta habe ich öfter gesehen, wie gesetzte alte Männer vor Lachen von ihrem Fahrrad, Marke *Raleigh,* fielen, weil ein Witz aus einer Verkaufsbude sie ins Herz getroffen hatte.

Das Getriebe, das in der *Khyber Pass Garage* geschliffen worden war, zerbrach bei der Probe. Ramasan drehte das verstümmelte Stück Stahl, das uns in der Stadt festhielt, in der Hand hin und her. Er verstand nicht, warum es nicht funktionierte: Er hatte es doch aus einer Panzerplatte fabriziert, die den Lagerbeständen der Garnison „entlehnt" war.

Er erbot sich, es noch einmal anzufertigen und persönlich die Härtung zu überwachen, aber das hiess, eine Woche verlieren und erst noch riskieren, dass es wieder zerbrach. Wir telefonierten nach Karachi, um das Ersatzteil zu bestellen. Zu zweit in eine Kabine gezwängt, deren Boden von Betel verschmutzt war, hörten wir eine näselnde Stimme, achthundert Kilometer weit entfernt, einen Preis nennen, der unseren Ferien ein Ende machte. Wir würden das Hotel verlassen müssen. Wir standen noch nicht fest auf den Beinen, und diesmal machte mir die Armut Angst.

Ölverschmiert, mit hängendem Kopf verliessen wir das Postamt, als sich zwei Journalisten auf der Suche nach einer Story uns in den Weg stellten. Zigaretten unter den Tamarisken, wo wir unsere Schwierigkeiten darlegten. „Gehen Sie doch ins *Lourde's Hotel,* der Besitzer lässt Reisende aus Persien gratis wohnen. Er hat das Hotel gerade erst eröffnet, das ist seine Art, Reklame zu machen. Sie werden sehr gut bedient werden." Und in ihrer Freude, uns behilflich zu sein, zählten sie alle möglichen leckeren Speisen auf. Sie sprachen die lautere Wahrheit! Den dicken Leib in einen prachtvollen englischen Anzug gezwängt, das mahagonifarbene Gesicht von Schweisströpfchen bedeckt, nannte uns der Hotelier die Stunde der Mahlzeiten und schloss persönlich ein von Eukalyptus beschattetes Zimmer auf. Eine Stunde später waren wir eingerichtet. Thierry zog eine Leinwand auf den Rahmen auf. Ich breitete den Teppich, den wir eines Abends in Persien geschenkt bekommen hatten – bombastische orangenfarbige und zitronengelbe Blumenranken auf schiefergrauem Grund –, vor dem Tisch aus und ging mit der Schreibmaschine unterm Arm zu Ramasan zurück, um ein paar Grossbuchstaben zu löten. Noch am gleichen Abend verkauften wir unsere Dienste – Gitarre, Ziehharmonika, Musettes und Walzer – dem Besitzer der einzigen Bar der Stadt, und unser Leben nahm eine andere Wendung.

Ich werde mich lange an die *Saki-Bar* und ihren Besitzer Terence erinnern, der uns drei Wochen lang Arbeit gab.

Seit wir von seinem Verschwinden Wind bekommen haben, erwarte ich ständig, ihn auftauchen zu sehen – mit seinen abgewetzten Flanellhosen, seinen geduldigen Augen, seinem Stahlkneifer, seinem sonnengebräunten Gesicht mit den fleckigen Backenknochen, die die Gefühle verraten. Er war ein wohlwollender, zerstreuter Mensch, der in seiner ganzen Art etwas Strahlendes und gleichzeitig etwas innerlich Zerbrochenes hatte. Obwohl er sich in diesem Punkt sehr reserviert zeigte, schien er unter einer Neigung zu leiden, der sich in dieser Stadt doch viele hingaben.

Ein pathanisches Liedchen, das der Koch Sadik vor sich hinträllerte, während er sein Feuer anfachte, legte in seiner frischen Leichtigkeit Zeugnis davon ab:

Ein Jüngling schwimmt über den Fluss,
sein Antlitz gleicht einer Blume,
sein Hintern gleicht einem Pfirsich,
ach, wenn ich doch schwimmen könnt!

Terence war selbst für eine ausgezeichnete Küche verantwortlich: stark gepfefferte Suppen, auf Holzkohle gebratene Steaks und ein Schokolade-Soufflé, dem er mit einem rotglühenden Schäufelchen Luftigkeit verlieh. In seiner Küche probierte er mit äusserster Sorgfalt alles mögliche aus, er hatte seine eigenen Tricks, erfand laufend Neues und dosierte Gewürze und Kräuter mit nüchterner Leidenschaft. Seine Gerichte schmeckten nach Magier und verliebter Zigeunerin. In seiner Kochkunst verriet sich seine weibliche Natur am deutlichsten und ebenso eine tiefe Sehnsucht nach Qualität – alles, was er machte, vollendet gut zu machen –, die seinen kulinarischen Abenteuern manchmal die Allüre einer Befreiung, einer Eroberung verlieh.

Saki ist der Ganymed der persischen Dichtung, der Mundschenk des Paradieses; er führt in Genüsse ein, die ein hölzernes Schild über der Eingangstür der Bar eindrucksvoll darstellte: eine langhalsige Weinflasche, eine Wasserpfeife, eine Laute und eine Weintraube (an der jede Beere wie ein gut geputztes Fenster glänzte), alles in erlesenen, gedämpften Tönen gemalt.

Hinter dieser Tafel begann das erstaunliche Reich der *Saki-Bar,* wo Terence seine schwarzen, schmachtenden Küchenjungen herumdirigierte.

Es war ein schmaler, kühler Raum, gesäumt von einer weissgekalkten Gartenterrasse, wo sich allabendlich die Träumer der Stadt im Duft der Lorbeeren niederliessen und wo wir unter der irreführenden Etikette *Continental Artists* tapfer auf unseren Instrumenten herumkratzten.

Terence hatte sich bemüht, seinen kleinen Innenhof in eine Gartenlaube *à la française* umzuwandeln: zwei eingetopfte Bäumchen, eine Tanzfläche unter einem mottenzerfressenen Gartenschirm, Korbsessel, ein Klavier mit gewundenen Kerzenständern und an den Wänden vier Umschlagblätter des Magazins *Vie parisienne* mit Frauen, die ausschliesslich aus seelenvollen Blicken, einem exquisiten Busen und Lockenhaar bestanden. Doch die grosse Entfernung und das beträchtliche Alter seiner Erinnerungen hatten diese Andeutung einer Pariser Vorstadtkneipe gleichsam abstrakt werden lassen, und die blonden Bilder, die sich in der Hitze geworfen hatten, genügten nicht, um all die Trockenheit und Helligkeit zu bannen. Terence empfand seinen Misserfolg schmerzlich. Die nackte Mauer, die den Hof begrenzte, störte ihn und machte ihm Durst. Am ersten Abend schlug er uns vor, die ganze Fläche mit einer Wandmalerei zu bedecken: Fische, Sardinenbänke, schaumgekräuselte Wellen, Nässe, Bläue. Wie sollten wir das bewerkstelligen? Als wir bei Morgengrauen ins Hotel zurückkehrten, suchten wir uns das Bild der letzten Fische, die wir gesehen hatten, in Erinnerung zu rufen: Es waren die farblosen, schnurrbärtigen Welse im Tschaichane von Abarku, die durch eine Wasserader aus der Erde aufgestiegen waren ... Doch am nächsten Morgen hatten sich Schuppen und Flossen wie ein Traum verflüchtigt. Terence hatte nach unserem Weggang noch Besuch bekommen. Er schien sorgenvoll. Er hatte sein Fresko vergessen und wälzte einen neuen Plan: Quetta verlassen.

Terence hatte bessere Zeiten gesehen. Fast alle seine Kunden – belutschische oder pathanische Häuptlinge, exilierte afghanische Liberale, Handelsleute aus dem Pundschab, schottische Offiziere in pakistanischen Diensten – schienen ihn anderswo gekannt zu haben und nannten ihn *colonel.* Die Geschichten, die er uns zum besten gab, während wir auf die Morgendämmerung warteten, ergaben, zusammengesetzt wie ein Puzzle, etwa das folgende Bild: Er war in Südpersien aufgewachsen, wo sein Vater britischer Konsul war, hatte sich in einem Garderegiment in England die Offizierstressen erworben und sein Erbteil im Paris des Russischen Balletts und der Delage-Sportcoupés durchgebracht. Es folgten einige Jahre in Abessinien, wo ihn die Ankunft der Italiener vertrieb. Nach etlichen Widrigkeiten, über die er sich ausschwieg, fand er sich als Oberst in Peschawar und „politischen Agent" für einen pathanischen Distrikt wieder, das heisst verantwortlich für hundert Kilometer fast unzugängliches Gebirgsland, gespickt mit Gewehren, die bedenklich dazu neigten, von allein loszugehen ... Die indische Unabhängigkeitserklärung und die Teilung des Subkontinents mit all ihren Unruhen hatten ihn in diesen explosiven Gegenden, deren Landkarte er im Schlaf hätte zeichnen können, überrascht. Der kleine Kaschmir-Krieg hatte ihm gestattet, seine Befugnisse noch ein wenig länger auszuüben... Und jetzt: Feinschmecker-Koch, Barbesitzer in einer sandigen Sackgasse, zwischen den Läden eines französisch-indischen Fotografen und eines Sikh-Fahrradhändlers, der nach dem Abzug des letzten Gastes erleichtert aufzuseufzen pflegte, aber das Zubettgehen immer noch hinauszögerte, als fürchtete er, im Schlaf ein Rendezvous zu versäumen, zu dem er von weither gekommen wäre.

Als wir Terence fragten, woher sich die wunderschönen Mädchen aus dem geschlossenen Viertel rekrutierten, murmelte er verlegen ein paar Worte von den pathanischen Zuhältern, die ins *Saki* trinken kamen. Doch da er dachte, wir wollten das Gespräch auf Frauen bringen und es könnte so aussehen, als wollte er sich dem entziehen, sprang er in seinen Erinnerungen alsbald dreissig Jahre zurück und erzählte uns von einer gewissen Madame Fitt's, die damals in der North Audley Street in London ein sehr nobles, schwer zugängliches Bordell führte, das die jüngeren Offiziere seines Regiments mit respektvoll gedämpfter Stimme priesen. An einem schönen Maiabend sieht man einen sehr glücklichen und sehr beschwipsten Terence zu der betreffenden Adresse hinstreben. Eine vornehme Gegend, eine achtunggebietende Tür, die eine Haushälterin einen Spalt weit öffnet, um nach seinem Namen und seinen Wünschen zu fragen. Mit grosser Mühe findet er seine Fassung wieder und überreicht seine Karte und diejenige seines „Paten". Nachdem er eine Zeitlang unter schönen, aristokratischen Stichen gewartet hat, wird er zu Madame Fitt's geführt. Sie ist eine sanfte alte Dame in einem spitzenbesetzten Bettjäckchen, die kerzengerade in einem altmodischen Säulenbett sitzt. Terence fühlt sich eingeschüchtert; sie fragt nach seiner Familie, seinem Regiment, welches College er besucht hat und, im selben gleichmütigen, distanzierten Ton, welchen Typ er bevorzugt. Eine Annamitin? Eine Elsässerin? Mütterlich? Oder lüstern? Madame Fitt's gibt ihm auch zu verstehen, dass sie auf die Vorauszahlung wartet. Sie nennt keine Summe, wenn er ein Mann von Welt ist, muss er wissen, wie hoch die Dienste eines so distinguierten

Hauses zu entgelten sind. Er weiss es nicht. Auf gut Glück stellt er einen Scheck über zehn Pfund aus und reicht ihn mit unsicherer Miene hin.

„Vortrefflich, my young friend. Aber wenn es Ihnen nichts ausmacht, schreiben Sie ihn lieber in Guinees aus."

„In Guinees! Man stelle sich vor!" wiederholte uns Terence, der noch nicht darüber hinweggekommen war. Mich, der ich England nicht kannte, dünkte dieses leidenschaftliche Bestehen auf einen *standing* in einem so wenig erhabenen Gewerbe, diese Manie, die gesellschaftlichen Nuancen bis auf das Geld auszudehnen, ebenso absonderlich wie ein Hahnopfer bei Vollmond oder das Kreiseln der tanzenden Derwische. Unter dem Vergrösserungsglas der belutschischen Sonne entdeckten wir England in Quetta, wie die römischen Gallier seinerzeit Griechenland in Marseille entdeckt hatten: das vergröberte, simplifizierte Bild einer Mentalität, die, aus dem Rahmen ihrer Nebel und Backsteinhäuser herausgelöst, erstaunlicher schien als alles, was uns bisher untergekommen war. Falls Turkestan uns langweilen würde, blieb uns immer der Ausweg, nach Plymouth zu ziehen.

Aus dieser seiner Herkunft hatte Terence sich die Tugenden bewahrt, die am leichtesten zu transportieren waren: Humor, Diskretion, eine grosse Selbstbeherrschung. Den Rest hatte er abgestreift, um seinem eigenen Weg zu folgen und nach Gott weiss welchen Schicksalsschlägen seine Berufung als „Clown-Restaurateur", wie er sie nannte, zu erfüllen; von der Hand in den Mund leben, ohne Sicherheitsnetz arbeiten und, wie alle seine Konkurrenten, ständig mit den Launen einer korrumpierten Bürokratie rechnen müssen. Diese Lage verlieh seinen Ansichten und Neigungen Gewicht. Wirklich lieben kann man nur die Dinge, von denen man abhängig ist; wir waren drei Wochen lang von der *Saki-Bar* abhängig und liebten sie. Terence war von Asien abhängig, dem er sich ausgeliefert hatte. Er träumte davon, sich loszureissen, aber er liebte diesen Kontinent und hatte teuer genug bezahlt, um im Muster eines Teppichs oder in einem persischen Gedicht die tiefe, herbe Freude zu finden, von der jene, die keine „Schwierigkeiten zu befürchten" haben, nie etwas ahnen werden.

Viel zu unbeschwert, um es im Grosshandel zu etwas zu bringen, überliessen die Belutschen die Kaufläden in der Jinnah Road ein paar geltungssüchtigen Händlern aus dem Pandschab mit Astrachanmützen und dicken Hinterteilen, die das Bild von Königin Elisabeth mit Reissnägeln über den Ladentisch hefteten und mit Pomp ihre kleinen, hochrädrigen Autos Marke *Standard* bestiegen. Diejenigen, die im *Saki* verkehrten, spendierten uns ein Glas und versicherten, dass ihr Haus uns in Peschawar oder Lahore offenstehe; inzwischen sollten wir die Güte haben, ihr hiesiges Geschäft zu besuchen.

Bei Licht betrachtet, boten die Geschäfte in der Jinnah Road einen traurigen Anblick. Keine Spur von Handwerk mehr. Von einer mächtigen Woge getragen, hatte der ärgste Abschaum von westlichem Ramsch den einheimischen Handel überschwemmt und besudelt: scheussliche Kämme, Christus aus Zelluloid, Kugelschreiber, Mundharmonikas, papierdünnes Blechspielzeug – eine erbärmliche Musterkollektion, die Europa Schande machte. Nicht zu reden vom grässlichen Gebrauch der grossen Terz (ein Beweis, wie wenig Wert die Anglikaner auf Schönheit legen), die aus dem Harmonium der hiesigen Militärkapelle tönte und mittlerweile auch die letzten Strassenmusikanten verseucht hatte; und ganz zu schweigen von den schwindelerregend hohen Fahrrädern zu hohen Preisen, auf denen die Belutschen im Gewirr ihrer Gewänder bedrohlich im labilen Gleichgewicht schwankten. Aber so schafft man einen Markt.

Ich tröstete mich mit dem Gedanken, dass wenigstens in dieser Beziehung Indien sich ausgiebig an uns rächte, indem es uns mit seinem eigenen Schund beglückte: „Tonischer Brahmanen-Balsam", Ausschuss-Gurus, unechte Fakire, Joga letzter Qualität. Eine gerechte Strafe.

Terence, der uns gern hatte und uns bei der Verwertung unserer Talente zu helfen suchte, machte uns mit Braganza, dem Eigentümer des *Gran Stanley Café,* bekannt. Braganza, der glückliche Besitzer mehrerer Goldzähne, eines blendend schönen Hüfttuches und eines Spazierstöckchens, war ein Christ aus Goa, der Spross einer jener portugiesischen Familien, die im Lauf weniger Generationen mit dem Gefühl panischer Hilflosigkeit und Frustration von einem hellbraunen Teint zum tiefsten Mahagoni hinübergewechselt haben. Sein Tea-Room, ein düsterer Saal mit etwa vierzig Tischen, an denen eine barfüssige pathanische Kundschaft Sodawasser trank, lag der *Saki-Bar* gegenüber. Er bot uns fünfundzwanzig Rupien für das Ausmalen von zwei Wänden in seinem Etablissement: Es sollte ein exotisches Sujet sein (zum Beispiel etwas Französisches), das die Konsumation anregte. Um den Betrieb nicht zu stören, würde er uns den Saal zwischen Mitternacht und sieben Uhr früh überlassen. Braganza zeigte uns die Örtlichkeiten. Als wir durch die Küche gingen, öffnete er den Speiseschrank, in dem einige Krapfen voller Fliegen standen. „Viel Öl, das gibt Kraft. Nehmen Sie, wann Sie Lust haben."

Thierry machte noch am gleichen Abend zwei Entwürfe: für die rechte Wand ein französisches Gartenrestaurant mit Lampions, wo Aristokraten ein paar leichten Damen Champagner servierten; für die linke eine spanische Bar, in der

Hidalgos und Zigeunerinnen sich in wollüstigen Habaneras auslebten. Ganz gegenständlich, ungefähr, was sich ein ermüdeter Nachtschwärmer vorstellt, wenn er „Montmartre" oder „Olé!" brüllt. Zwei grosse, einheitlich gefärbte Flächen, am Boden eine Kiste und eine Pferdekuppe zum Draufsteigen sollten es auch mir ermöglichen, mich dabei nützlich zu machen. Braganza erklärte sich entzückt. Ein paar Nächte lang durften wir also nach unserer Arbeit bei Terence in dem glutheissen Lokal Farben mischen und dazu kleine Zigarren rauchen, um den Geruch des Curry zu bekämpfen, den die fleckigen Tischtücher ausströmten. Während ich den Leim über der Flamme des Spirituskochers umrührte, stellte Thierry seine Inkarnationen des Tangos und des Englischwalzers einander von Angesicht zu Angesicht gegenüber; die giftigen Farben aus der hiesigen Drogerie und die Neonbeleuchtung verliehen den Bildern etwas angenehm Satanisches. Von Zeit zu Zeit legten wir schweisstriefend eine Pause ein, um uns eine Kanne grobblättrigen schwarzen Tee aufzugiessen. Die Selbstgespräche des belutschischen Kochs, der auf seiner Matte ausgestreckt träumte, stiegen hinter der Theke auf. Wunderbar langsam verging die Nacht. Wir fühlten uns nach den vielen durchwachten Nächten geläutert, erschöpft und von einem mächtigen Glücksgefühl durchdrungen; hinter Braganzas Rupien sah ich die Abreise, Kandahar, den Herbst ... Schlafen würden wir in Afghanistan.

Wie Schlafwandler wankten wir nach Hause. Die Eukalyptusbäume verbreiteten ihren Duft in einzelnen Wellen durch die mit feinem Sand gemusterten Gassen. Vor den geschlossenen Verkaufsbuden zerrten kleine schwarze Ziegen an ihrem Strick. Wir gingen den ausgetrockneten Kanal entlang, an *Grindlay's Bank* vorbei, wo der pathanische Nachtwächter, das Gewehr über den Knien, unter seinem langen Schnurrbart wie unter einem geschlossenen Regenschirm schlief. Bei der Brücke überliessen wir die Krapfen aus Braganzas Speiseschrank einem Bettler, den wir jeden Morgen an der gleichen Stelle antrafen, zusammengerollt wie ein Hund. Nur ein gieriger Blick und zwei flinke Hände unterschieden dieses Lumpenbündel von einem Kadaver. Zu elend, um sich noch über irgend etwas zu wundern; diese mageren, mit Ölfarbe verschmierten Fremden, die täglich bei Anbruch der Dämmerung mit in Zeitungspapier eingewickelten Süssigkeiten erschienen, entlockten ihm keine Silbe. Stumm wie ein Karpfen, streckte er die Hand aus und schloss sie wieder. Wenn er mit Kauen und Hinunterschlingen fertig war, legte er den Kopf auf seinen einzigen Besitz: ein kleines Kissen, auf dem in Kreuzstich in gotischen Buchstaben stand: *Sweet Dreams.*

Im Gesumm der ersten Mücken des Tages eilten wir leichten Schrittes unter den grossen Bäumen dahin. Die Sonne ging rot am grauen Himmel auf. Wir hatten uns kaum auf die Betten geworfen, als die Dudelsäcke aus den Kasernen ihre durchdringenden, auf Erlösung drängenden Töne in den sanften Morgen bersten liessen, und diese nördlichen, viktorianischen Fanfaren machten sich hier sehr gut.

Ausser ihrem Humor muss diese Puritaner auch etwas, was sie an das Alte Testament gemahnte, an diese Welt aus Sand gefesselt haben.

Der Wagen, der uns so teuer zu stehen kam, hatte in der iranischen Wüste seine Nummernschilder verloren. Sein Triptik, der Passierschein für das Auto, war abgelaufen, juristisch existierte er nicht mehr. Wir suchten den Zolldirektor in seiner kleinen Villa beim Bahnhof auf und baten ihn, die Sache in Ordnung zu bringen. Er war ein schwärzlicher Mann, mit einem Kopf, der ein wenig an ein Schwein erinnerte, und langen seidigen Haaren in den Ohren. Unter dem Ventilator, der die siedendheisse Luft durcheinanderwirbelte, kämpfte er gegen eine übermächtige Schläfrigkeit an, und seine schweissnassen Handflächen liessen Halbmonde auf dem Löschblatt zurück. Mit zwei Stempelaufdrucken machte er unseren Sorgen ein Ende, nicht ohne zu bemerken, dass es hier einfacher sei als in Persien, und rühmte die Fresken im *Gran Stanley Café*. Schliesslich bat er Thierry mit der Stimme eines schuldbewussten Schuljungen um ein paar Aktzeichnungen für seine „Sammlung" und lud uns für den nächsten Nachmittag zum Tee ein.

Handwerk hat einen goldenen Boden. Zu zehn Rupien das Stück konnten hier vier neue Reifen herausschauen. Wir standen in aller Frühe auf und machten uns an die Arbeit. Als Vorlage dienten Nummern der *Vie parisienne,* die wir uns bei Terence ausborgten. Die aufgeschlagenen Hefte bedeckten den Fussboden. Jahrgang 1920: mit Kohlestrichen umränderte Augen, Orchideenmünder in kleinen, zu stark gepuderten Gesichtchen mit vorspringendem Kinn, taillenlose Kleider mit Fransen, fröstelnde Schultern und hochgewölbte Fussgelenke. Herrgott, was für niedliche Fratzen! Ich hatte diese Epoche ganz falsch beurteilt. Hier, wo die Frauen eingekerkert in ihren weissen Schleier wie Wolken auf beschlagenen Lederpantoffeln an einem vorbeihuschten, fühlten wir uns angesichts so offen dargebotener Reize tief berührt. Aber es ging ja nicht um uns. Um Thierry zu helfen, schmierte ich auch ein paar Blätter, aber es kamen nur Karikaturen oder Graffitis heraus. Einen menschlichen Körper zeichnen zu können sollte ebenso selbstverständlich sein, wie sich in seiner Muttersprache auszudrücken. Anstatt mir den Kopf mit Ulpianus und Beccaria vollzustopfen, hätte ich lieber lernen sollen, wie man einen Zeichenstift hält. Es ist ein schwerer Mangel, eine beschämende

Schwäche, das, was man liebt, nicht darstellen zu können. Im Laufe einer halben Stunde verfertigte Thierry drei Undinen, die sich ohne falsche Bescheidenheit in den Hüften wiegten. Ich malte sie an: strohgelbes Haar und blaue Augen, weil es ja – aus ihrer Sicht – exotisch sein sollte. Dank der frühen Stunde und der glücklichen Wehmut, die aus den alten Zeitschriften aufstieg, mutete das Ergebnis eher elegisch als pikant an. Würde der Zolldirektor auf seine Rechnung kommen? Ich bezweifelte, dass unsere Kunst dazu angetan war, diesen Koloss anzuregen, aber wir waren noch zu jung, um es besser zu machen. Pornografie ist eine Beschäftigung für die Alten.

In der Tür eines dunklen, mit Pfauenfedern geschmückten Salons drückte uns der Zolldirektor endlos die Hände. Er schien sich wegen seines gestrigen Auftrags zu genieren, und um zu zeigen, dass er nicht der Wüstling war, für den wir ihn allenfalls halten könnten, bestand er darauf, uns seine Kinder vorzuführen: drei dackelbeinige, schwärzliche kleine Mädchen in Rüschenkleidern, die wir nach ihrer Schule ausfragten, während sie vor Lachen prustend den Blick auf ihre nackten Füsse senkten. Vor dem mit Pralinees, Konfekt, klebrigen Kuchen beladenen Tisch schleppte sich die Unterhaltung mühselig dahin. Dann trieb unser Gastgeber seine Sprösslinge aus dem Zimmer und musterte unter herzzerreissenden Seufzern unsere Kreaturen. Wir hüteten uns, ihn in seiner Versunkenheit zu stören. Dreissig Rupien würden uns sehr willkommen sein.

„Haben Sie keine anderen? Etwas mehr …"

„Nein."

„Gar nichts anderes?"

Er nahm die Zeichnungen wieder zur Hand. Nachdem er sie auf seine Netzhaut gebannt hatte, reichte er sie uns, mit fettigen Fingerabdrücken bedeckt, zurück. „Sie sind zu –

zu künstlerisch, verstehen Sie ... Ich – aber bitte, greifen Sie doch trotzdem zu!" Und er füllte unsere Teller.

Gekränkt gingen wir zu Fuss heim, die grosse Mappe unterm Arm. Mindestens eine Stunde unter der bleiernen Sonne und die Taschen voll Zuckerwerk. Da sieht man, was beim Studium herauskommt, dachte ich. Thierry knurrte in sich hinein: „Dass ich meine Bilder nicht verkaufe – schön und gut ... Aber so!" Wir beauftragten Sadik, den Barmann im *Saki,* den Kitsch diskret den pathanischen Buchmachern anzudrehen, die ihr Gläschen in seiner Küche tranken. Er aber belästigte drei Tage lang unsere sämtlichen Freunde, indem er ihnen die Zeichnungen vor die Nase hinblätterte. Den Gleichgültigen, den Zaghaften erklärte er: „Nice lady to f..., Sir!" Und mit dem Daumen auf Thierry weisend: „He did, Sir!"

Die Engländer hatten sich hier viel herumgetrieben. Im 19. Jahrhundert hatten sie einem örtlichen Potentaten das damalige Dorf aus Strohlehm abgekauft, mit grosser Mühe die Eisenbahnstrecke von Kabul bis hierher verlängert, ein paar Strassen asphaltiert und zehntausend Soldaten mit Blasmusik, Militärkapelle und Polopferden in Garnison gelegt, um die südafghanischen Pässe und die pathanischen Berge zu bewachen. Dieses Abkommen war das Werk erstklassiger Unterhändler, wie Pottinger und Sandeman, die sich mühelos mit den Belutschen verständigten; weit davon entfernt, an ihrem schlichten Glück zu rühren, sicherten sie es, indem sie das Stammesgefüge noch verstärkten und den Sardars Zeugnisse über ihre guten und loyalen Dienste ausstellten, unterzeichnet von der fernen Königin Viktoria. Die Belutschen sind ausgezeichnete Reiter und jederzeit imstande, mit ihren alten Knallbüchsen die Lerche im Fluge zu treffen; wenn sie nicht rebellierten, war es, weil sie recht gut auf ihre Rechnung kamen, indem sie ihre Fohlen, ihre Früchte und ihr Vieh an die Regimenter verkauften, die eigens vom anderen Ende der Welt gekommen waren, um ihre unruhigen pathanischen Nachbarn zu verhauen. Die gemeinsame Neigung zu Pferden, Ulk und vernünftigen Übereinkommen vermochte die „Schutzherrschaft" in eine der ganz seltenen Idyllen der Kolonialgeschichte zu verwandeln. Zwischen dem Sand, den Briefen aus England und dem heiseren Weckruf der Dudelsäcke hatten viele Toms und Johns hier im Schatten der Eukalyptusbäume eine neue Form des Glücks entdeckt. Doch mit dem Ende von Britisch-Indien waren sie wieder abgezogen, und manchmal erschien diese leichte Stadt von all den sehnsüchtigen Erinnerungen zu bersten, die sich auf sie bezogen.

Die Militärs, die in pakistanischen Diensten verblieben waren, kamen jeden Abend ins *Saki:* ein paar Majore, zwei angegraute Oberste im weissen Smoking; ihre blauen Augen waren feucht vom Whisky. Sie priesen höflich das Schokoladesoufflé, stellten *Sombre dimanche* und *Les Feuilles mortes* über alle anderen Musikstücke und sangen uns mit Stimmen, die dünner als Glas klangen, alte schottische Balladen vor, um unser Repertoire zu bereichern. Sie sprachen alle ein bisschen Urdu, liebten ihr Regiment und zogen den Osten ihrer englischen Heimat vor. Doch der Osten hatte sich gewandelt. In einer kaum sieben Jahre alten Republik waren ihre früheren Untertanen heute ihre Dienstgeber. Aus Lehnsherren waren Partner geworden. Das ist immer ein schwieriger Übergang. Diskriminierungen, auch wenn sie auf langer Tradition beruhen, werden von heute auf morgen inakzeptabel. Man muss neue Formen der Beziehungen improvisieren, zu deren Ausarbeitung der gute Wille allein nicht genügt. Dafür braucht es Phantasie und Outsiders wie

Terence. Die Gartenterrasse der *Saki-Bar* wurde zum Ursprung einer neuen Folklore, deren Ton er angab. Es genügte, dass er mit seinem nachlässigen, kreuzlahmen Gang, das Glas in der Hand, zwischen den Tischen hin und her schlenderte, um die kleine Schar von so verschiedenartigen Trinkern in Übereinstimmung zu bringen. Alle Augenblikke liess er seine Saucen stehen und kam den Hof inspizieren, wie man eine Fischreuse kontrolliert, spielte mit einem der hiesigen Geschäftemacher, mit denen er auf Du und Du stand, eine Partie Schach oder begrüsste einen seiner alten Pathanen, der zu den Aufständischen gehört und den er zur Zeit seines Mandats nur durch den Feldstecher gesehen hatte und der jetzt friedlich hinter seiner Limonade sass.

Dem geltenden Gesetz zum Trotz schenkte Terence den Muslimen Alkohol aus, jedoch ohne sie je zum Trinken zu animieren; er tat es mit einem Fingerspitzengefühl, auf das seine Gäste sich völlig verliessen. Wenn einem Gast statt dem dritten Whisky, den er bestellt hatte, ein Glas Tee vorgesetzt wurde, protestierte er durchaus nicht, sondern war dankbar, sich als Objekt einer so fein nüancierten Diagnose und Kontrolle zu fühlen. Die um so notwendiger war, als die nächtlichen Patrouillen die Gläubigen mit verdächtig riechendem Atem unerbittlich einsammelten. Manchmal blieben so angesehene Mitbürger wie der Bahnhofvorstand oder der Postmeister, die Terences Aufmerksamkeit getäuscht und ihr Quantum etwas überschritten hatten, nach Lokalschluss noch eine gute Weile in einem Winkel des Hofs sitzen und kauten Kaffeebohnen, bevor sie sich mit gespielter Festigkeit in die menschenleeren Gassen hinauswagten.

Hier, wo die Kunst der Dekoration sich auf die Zuckerornamente der Torten aus den Confiserien reduziert, die Farbdrucke aus der Jinnah Road und die glänzenden, steifen Katzen, die man auf Samtkissen malt, hatten die mannigfaltigen Gestalten, die im Lauf von zwei Nächten auf den Wänden des *Gran Stanley Café* erschienen, viele Neugierige herbeigelockt. Braganza, der seine Einnahmen steigen sah, wollte noch mehr. Er verbannte die Flaschen von der hinteren Wand und bestellte bei uns für dreissig Rupien Koralleninseln, Kokospalmen, badende Tahiti-Mädchen; das Sujet passte um so besser, als uns viel Blau übriggeblieben war. Es war das Werk einer einzigen Nacht: himmelblauer Himmel, ultramarinblaue Fluten, in denen tabakfarbene, verführerische Mädchen ihre langen Haare auswrangen, und in einem Winkel ein buntes Passagierschiff, um die Farbtöpfe zu leeren. Es wirkte ebenso frisch und beruhigend wie die edlen, federngeschmückten Wilden auf den Zigarrenschachteln. Der Bettler am Kanal bekam zum letztenmal seine Portion Krapfen. Braganza begrüsste erfreut das Meer, nach dem er Heimweh hatte, und deutete mit der Spitze seines Stöckchens an, wo die Badenden etwas besser ausstaffiert sein müssten, um dem örtlichen Geschmack Rechnung zu tragen. Thierry verwandelte ihre Hinterteile mit drei Pinselstrichen in echte Zielscheiben und kehrte erleichtert zu seiner neu begonnenen iranischen Landschaft zurück – ein Stück karge Wüste unter schrägen Wolken.

Wenn ich abends aus der *Ramasan Garage* kam, verweilte ich ein wenig bei Tellier, dem Fotografen, um das Entwickeln zu lernen. Tellier, dessen Laden an die *Saki-Bar* anstiess, hatte sich vor dem Erdbeben hier niedergelassen und sein Gewerbe ganz allein gelernt. Für die britische Kundschaft dieser Garnisonsstadt hatte er sich auf „unscharf" spezialisiert: verschwommene Hintergründe, verfliessende Linien, ein distinguiertes Moiré, das in der schrecklichen Hitze seiner Dunkelkammer sehr gut herauskam. Vor allem bei den Porträts der Offiziersgattinnen hatte er es zur Meisterschaft gebracht: blonde Frauen mit ausdruckslosen Gesichtern und tadelloser Frisur, die Perlen trugen. Ein Tropfen Gummi arabicum verlieh den Augen romantischen Schimmer, und schliesslich putzte er die Halsketten mit Zinkweiss und einem feinen Pinselchen auf einen zauberhaft schneeigen Hochglanz. Wenn man nachts an seinem dunklen Schaufenster vorbeiging, sah man sie unter den kaum wahrnehmbaren Gesichtern wie winzige Mondsicheln leuchten.

Die Unabhängigkeitserklärung und der Abzug der Engländer hatten seine Technik radikal verändert. Die rosigen, gleichsam überbelichteten Kundinnen von einst waren von einer dunkelhäutigen Kundschaft verdrängt worden, und jetzt machte er seine Abzüge schwarz auf hellem Grund und auf mattem Papier. Die Herrensöhnchen, die sich mangels einer Freundin mehrere schmachtende Exemplare ihres eigenen Porträts übers Bett hängten, strichen, während sie sich einen neuen Scheitel zogen, um sein Schaufenster herum.

Mit dem Papier für die Abzüge, das er aus Kabul bezog, gab es ständig Schwierigkeiten, und er bat mich, ihm welches aus der Schweiz zu besorgen, er würde sofort bezahlen. Ich bestellte für fünfzig Rupien. Später geriet ich mehrmals in Situationen, in denen fünfzig Rupien mir sehr gute Dienste geleistet hätten. Ich schrieb ihm: „Please, Mr. Tellier …" oder auch: „S'il vous plaît, mon cher Tellier …" – denn er stammte aus Pont-Saint-Esprit. Tellier stellte sich tot, und mir blieb nichts anderes übrig, als ihn in zahllosen Spelunken zwischen Kabul und Colombo zu verfluchen. Aber er hat die Sendung wohl nie bekommen. Vermutlich war das Kuvert mit der Aufschrift „Im Dunkeln öffnen!" in die Hände unseres lüsternen Freundes, des Zolldirektors, gefallen, der es, in der Hoffnung auf Schweinereien, in der Stille seines Büros aufmachte – nur um zu sehen, wie die jungfräuliche Reinheit der Blätter sich vor seinen Augen in ein eisiges, anklägerisches Grau verwandelte.

Die drei Boys der *Saki-Bar* gehörten zu jenem leichtlebigen Teil der Menschheit, der, ein Liedchen auf den Lippen und mit den Augen zwinkernd, barfuss durch die Welt trabt und das Vermögen im Taschentuch mit sich herumträgt. Vierzehn Tage genügten ihnen, um sich zu verlieben, zu verzanken und wieder auszusöhnen. Untreue und Streit, heisse Liebesglut, Sehnsüchte und Trennungen – sogar der Barmann Sadik, der doch ein einfältiger, prosaischer Tropf war, verlor ein paar Tage lang den Appetit, wenn man ihn „versetzt" hatte. In solchen Krisenzeiten verliess Terence seinen Herd nur, um einen Augenblick Luft zu schöpfen. Ganz verstört, mit schweisstriefendem Gesicht, erschien er auf der Terrasse. „Spielt mir schnell das Dingsda, ihr wisst schon ..." Es war ein serbisches Lied:

... Eine rote Blume hatt' ich in der Brust,
und die Blume besah sich die Welt ...

oder eine persische Melodie, aber immer etwas Herzzerreissendes, und ein oder zwei Mal sahen wir ihn sogar weinen.

Denn diese Arbeit, diese Höhen und Tiefen, diese leichte, ferne Stadt, diese Lieferanten, die ihn betrogen, das war nichts für einen Mann in seinem Alter. Er hatte das Gefühl, dass er geistig abstumpfte, seine Gaben vergeudete. Manchmal, wenn wir zur Bahn gingen, um nachzufragen, ob unsere Ersatzteile endlich angekommen seien, sahen wir, wie er in der Sonnenglut in seinem kleinen Hof herumtrabte und die Boys mit einer unnatürlich lauten Stimme zusammenschimpfte, mit rundem Rücken, die Fäuste tief in den Hosentaschen, die dank Sadiks Flickkünsten bis zu den

Knien hinunterhingen. Man hätte meinen können, er wolle blindwütig auf jemanden losgehen. Aber nein, er reagierte nur ein bisschen Einsamkeit ab, ein Stück von dem Asien, das dem Herzen so wohl tut und für die Nerven so schlecht ist.

Terence fragte uns oft über Frankreich aus. Er träumte davon, dort eines Tages eine verschwiegene Gaststätte zu eröffnen – im dichten Laubwerk versteckt, mit Eichentäfelung, Diskothek und Reitpferden. Wir hatten ihm zur Haute-Provence geraten, wo der Boden fast umsonst zu haben ist, oder zu Savoyen, wo mehr Verkehr ist. Terence hatte in seinem Schuppen eine ausgezeichnete Michelin-Strassenkarte von dieser Gegend gefunden. Wenn der letzte Gast das Lokal verlassen hatte, lehnten wir unsere Instrumente an die Wand und neigten uns tief über all die Bäche und roten Dächer, die wir so gut kannten. Wir rühmten die Pracht der Laubwälder, die strenge Melancholie der rauh verputzten Mauern, einen gewissen versteckten Hedonismus „à la Terence", vielleicht ein bisschen überschwenglich, um ihm Lust zu machen, aber auch weil Namen wie Thoiry, Nernier oder Yvoire uns an die Fliederbüsche und die blechernen Kaffeehaustischchen erinnerten, an denen wir diese Reise ausgetüftelt hatten, bevor wir sie antraten.

Ein paar Nächte lang entfaltete sich dieses Stück Provinz im frischesten Grün zwischen unseren drei Gläsern, während wir unter dem weit verzweigten Sternenhimmel das Morgengrauen erwarteten. Terence holte Auskünfte ein und versah diese Landkarte der Sehnsucht mit sorgfältigen Notizen. Sie half ihm träumen, sich Zufluchtsorte fern von den Gewohnheiten und Gläubigern zu schaffen, die ihn hier festhielten. Am nächsten Tag fanden wir sie vergessen auf dem Bartisch, mit rot schraffierten Zonen und angekreuzten Dörfern, ja sogar ein paar Ausrufezeichen hinter abgelegenen Bauernhöfen. Ob die dortigen Bewohner wohl etwas von ihren glücklichen Aussichten wussten?

In einem Verschlag unter der eisernen Treppe, die von der Bar zum flachen Dach führte, verwahrte Terence die Dinge, die ihm treu durch alle Mühsale des Lebens gefolgt waren: das Foto einer Meute von Jagdhunden vor einer mit Türmchen gezierten Fassade, ein paar Bände Tennyson, Proust in grünes Leinen gebunden, drei Jahrgänge der *Vie parisienne* und vierzig Kilo alte His-Master's-Voice-Platten: Alfred Cortot, *Orpheus* von Gluck, die *Zauberflöte.* Manchmal legte er eine Platte auf und verschwand unter seinem Kram. Durch die Musik hindurch hörte man ihn dort herumwirtschaften, während er mit sich selber sprach, und alte Briefe wiederlesen, und dann liess er sich den ganzen Nachmittag nicht wieder blicken. Er stieg bis in den Schuppen auf dem Dach, der ihm als Schlafzimmer diente, um mit seinen Erinnerungen allein zu sein, und dort überkam ihn der Schlaf. Eines Abends, als ein Pathane in der Bar stürmisch nach ihm verlangte, ging ich ihn holen. Ich fand ihn in seiner Höhle, auf einem wackeligen Feldbett schlafend. Er lag ganz zusammengekrümmt, mit angespanntem Gesichtsausdruck, als verfolgte er im Galopp einen inneren Weg. Neben ihm lag ein grosser Artilleriefeldstecher. Ich fragte mich, was er wohl von seiner Terrasse aus beobachten könne, und kehrte auf den Zehenspitzen zurück, um dem ungestümen Gast zu sagen, er möge sich später noch einmal herbemühen.

Wenn Terence in den flauen Stunden seine Toto-Zettel ausfüllte, stellte er den Lautsprecher auf der Terrasse ein, um seine Lieblingsarien zu hören. Es waren wunderbare Vorkriegsaufnahmen, aber arg von Sand und Sonne mitgenommen, bei denen man auf einige Überraschungen gefasst sein durfte. Die Geigen, die Holzbläser, eine zauberhafte Frauenstimme erhoben sich über einer Art von Gewehrgeknatter, dann rutschte die Nadel mit einem grässlichen Knirschen jäh bis zur Mitte der Platte, und der brutal zerrissene Tonsatz schwebte, rätselhaft wie manche Orakelworte, die man nach allen Seiten wendet, um einen Sinn zu finden, über das Dach des *Saki* empor. Terence fuhr zusammen wie unter dem Knall eines Schusses und sah uns an, als wollte er uns zu Zeugen nehmen: Die schlechte Gewohnheit der Dinge, sich hinterrücks abzunutzen und altzuwerden, ging ihm furchtbar zu Herzen.

Auf einem anderen Stoss Platten, die für die Bar bestimmt waren, fand man amerikanische Schnulzen; die Stimmen von Doris Day, Lena Horne, samtweich und blitzblank verchromt, die ich nicht hören konnte, ohne unverzüglich vom Zaster zu träumen; dann sah ich junge Frauen mit wunderschönen Gesichtern in steifen Hemden hinter gleissenden Kaffeemaschinen stehen, Geld in rauhen Mengen, um diese Sirenen zu verführen. Die noch etwas wacklige Freiheit meterweise verkaufen wie vom Band … Es dauerte nicht lange. Das war die Müdigkeit. Ich brauchte ein bisschen Schlaf.

Während er vor der Post auf mich wartete, schwatzte Thierry mit dem Strassenkehrer, der die ersten welken Blätter zusammenfegte. Dann ging er einmal um das Gebäude herum und stiess erneut auf seinen Gesprächspartner, der ihn nicht wiedererkannte und ihm zurief: „Dein Freund, der dich sucht, ist dorthin gegangen!“ Als ich schliesslich eintraf, lief er schon eine ganze Weile hinter sich selber her. Das war natürlich. Alles drehte sich im Kreis. Übermüdung und Schlafmangel liessen allmählich den Mechanismus der Wiederholungen, wie er im Traum vorkommt, in unser tägliches Leben eindringen. Und das grelle Licht und die

Fliegen verunmöglichten jeden Schlaf. Wir reden unaufhörlich von einem Bett zum anderen, wir schwitzen, wir liegen schlaflos da, und die Schwärze der Nacht verliert sich, und wir leben von Profil zu Profil. Die kleinste Gefühlsbewegung, ein Lächeln, der Widerschein auf einer Wange, ein paar Liedtakte gehen einem geradewegs ins Herz ... Auch das Fieber wiederholte sich immer wieder. Alle vier, fünf Tage: Schwächegefühl und Schüttelfrost zwingen mich, unter dem Wagen hervorzukriechen. Mir ist, als wäre mein ganzer Körper mit nassem Laub und schmutzigem Wasser bedeckt. Nichts Ernstes, aber es reicht aus, um mich abzulenken.

Die Arbeit in der Garage, abends bei Terence und nachts bei den Farbtöpfen. Wir kehrten abgekämpft und schweigsam ins *Lourde's Hotel* zurück. Bei Leuten, die man zu Dank verpflichtet, sieht man gern andere Mienen. Der Hotelier Metta hatte nichts für sein Geld; wir waren kein Plus für sein Hotel. Schon fürchtete er, dass er uns ewig auf dem Hals haben würde, und erwiderte unseren Morgengruss mit abwesendem Ausdruck.

Wir hielten es für besser, uns bis zu unserer Abreise auf dem Dach des *Saki* einzurichten, wo Sadik und die Küchenjungen die Nächte auf einem Bett aus alten Zeitungen verbrachten.

Beim Einpacken merkte ich, dass alles, was ich im Winter geschrieben hatte, verschwunden war, vom Boy weggefegt. (Ein dicker Briefumschlag, den ich auf den Fussboden gelegt hatte, um Platz auf dem Tisch zu schaffen.) Es war Mittag, die Sonne strömte durch das Astwerk, alles ruhte. Ich durchwühlte mit zitternden Händen den Abfalleimer in der Küche, ging durch das Büro, wo es überall seufzte und schnarchte, und fand den Hoteljungen schlafend unter einem schmutzigen Tischtuch. Er erinnerte sich, er hatte geglaubt ... Augenreibend führte er mich zum Müllplatz am Rande der Landstrasse. Er war leer. Der Müllwagen mit seinen spindeldürren, mit schwarzen Filzmasken ausgerüsteten Knechten musste in der Morgenfrühe in einer grossen Staubwolke vorbeigefahren sein, um mit meinem Manuskript zu verschwinden. Niemand im Hotel wusste wohin. Es blieb nichts anderes übrig, als auf die nächste Müllabfuhr aufzusteigen, den Platz ausfindig zu machen und zu suchen; und bis dahin diese unwiederbringliche Zeit totzuschlagen, die ich so gern zurückgedreht hätte, um meinen Schatz wiederzugewinnen. Zunächst einmal kotzte ich mich gründlich aus, dann ging ich an unserem Motor arbeiten. Während ich die verklemmten Bolzen herausdrehte, sah ich den Fünftönner auf einer holprigen Fahrbahn tanzen und meine kostbaren Seiten, mit Kohlstrünken und Unrat vermengt, in den Staub speien. Ich stellte in Gedanken die erste Seite wieder her, die einzelnen Abschnitte, die schwächer getippten Zeilen, wenn die Finger vor Kälte steif geworden waren: Täbris, der Schatten der Pappeln auf der frostharten Erde, die halberfrorenen Gestalten der Spitzbuben mit ihren Mützen, die das Geld ihrer Gaunerstreiche in der armenischen Schenke vertranken. Dieser ganze beklemmende, dunkle, unwiederbringlich verlorene Winter, beschrieben beim Licht der Petroleumlampe oder an Basartischen neben Kampfrebhühnern, die in ihren Käfigen schliefen, von einem, der ich nicht mehr war.

An diesem Abend musste Thierry die ganze Arbeit im *Saki* allein besorgen. Der gute Terence brachte uns Glas um Glas. Er verstand; es gab praktisch nichts, was er nicht verstanden hätte. Aber ich hielt mich mit Trinken zurück, aus Angst, den morgigen Müllwagen zu verpassen und meine mageren Chancen unter einer neuen Ladung Abfall begraben zu sehen. Ich verbrachte die Nacht in einem Fauteuil auf der Terrasse, die bald ringsum mit Zigarettenstummeln übersät war, ohne dass mir ein prophetischer Traum verraten hätte, wo mein Schatz lag. Um fünf Uhr überzog sich der Himmel mit zartem Apfelgrün, die Eukalyptusblätter glänzten wie Quecksilber, und dann ertränkte die Sonne alles in ihren widerwärtigen Strömen von Licht. Der Hotelbesitzer brachte uns zwei Schaufeln. Er war im Bilde, er lieferte sogar eine Anekdote dazu: Einer seiner Freunde hatte bei den Massakern, die auf die Teilung des Subkontinents in Indien und Pakistan folgten, ein Manuskript verloren. „Und er hat Jahre damit verbracht, es noch einmal zu machen, sich zu erinnern, es neu zu schreiben ... Das war gar nicht schön, das könnt ihr mir glauben."

Den Bauch vom heissen Tee aufgeschwollen, die Schaufel auf den Knien, so sassen wir am Strassenrand, um die Müllabfuhr zu erwarten. Ich versuchte in einem Proust zu lesen, den ich Terence entwendet hatte, aber die Missgeschicke von Albertine fesselten mich nicht, und im übrigen hatte gerade an diesem Tag die Strasse ganz andere Zerstreuungen zu bieten. Es war der Jahrestag der nationalen Unabhängigkeit. Eine sonntäglich geputzte Menge strömte dem Festplatz zu: strahlende Gesichter mit Vollbart über den Rahmen bunter Fahrräder, Gelächter, federgeschmückte Turbane, kleine Kinder, die sich mit von Zucker verschmierten Mäulern schreiend um einen Bärenführer drängten, aufgeräumte Bauern, die ihre Büffel sich zwischen Kanonen aus der Zeit der Belagerung Kabuls hinlegen liessen. Ein fröhliches Volksfest. Man bombardierte uns mit erstaunten, aber herzlichen Grüssen. Der Wagen kam nicht; die Müllabfuhr feierte ebenfalls. Ein berittener Gendarm gab uns Auskunft: Der Ablageplatz lag etwa zehn Kilometer weit auf der Piste nach Pischin, man roch ihn von weitem, nicht zu verpassen.

Mittags waren wir angelangt, im Herzen eines von kahlen Bergen umgebenen Runds, auf einer von schwärzlichem Unrat bedeckten, mit gleissenden Scherben besäten Fläche. In regelmässigen Abständen, wie der Atem eines Schlafenden, stiegen gewaltige Wolken von giftigen Dünsten zitternd zur Sonne empor und trübten den Horizont. Eine Herde räudiger Esel wühlte mit dem Kopf in dem scheusslichen Haufen oder wälzte sich unter gellenden Schreien darin herum. Mitten in dieser Pestilenz siebte ein splitternackter Alter ganz allein Schlacken. Wir suchten von ihm etwas über den gestrigen Abfuhrwagen zu erfahren, aber er war stumm. Auf jede unserer Fragen bohrte er mit einem erdigen Zeigefinger im Mund herum und zuckte die Achseln. Es waren die Geier und die braunen Adler, die uns zu der Stelle führten, wo neu abgeladen worden war. Wohl über hundert stark, hockten sie verdauend, kackend und rülpsend um ihre letzte Portion Abfallfutter herum. Wir warfen mit Schlacken, Knochen, verrosteten Büchsen nach ihnen. Sie hüpften mit lächerlichen Tanzschritten etwas zurück, begriffen aber nicht, was wir gegen sie hatten, sondern klappten gleich wieder die Flügel zu und streckten die langen Hälse aus fauligem Fleisch nach uns aus. Wir gingen schreiend, mit erhobenen Schaufeln auf sie los. Da flogen sie alle mit dem klatschenden Geräusch von nasser Wäsche auf und liessen sich in einiger Entfernung nieder, um uns beim Arbeiten zuzusehen.

Aus der Nähe gesehen, drückten diese Abfälle auf ganz merkwürdige Weise Mangel und Not aus; Dienstboten, Lumpensammler, invalide Bettler, Hunde, Raben hatten der Reihe nach in ihnen gewühlt und sie gründlich ausgeweidet. Briefmarken, Zigarettenstummel, Kaugummi, Holzstückchen hatten längst vor der Durchfahrt des Müllwagens ihre Abnehmer gefunden. Nur Unbenennbares und Formloses war bis hierher gelangt und jetzt, nach einem letzten Ausmisten durch die Geier, zu einer aschenartigen, sauren, toten Masse zusammengeschmolzen, durchsetzt von kantigen Steinbrocken, an denen sich die Schaufel stiess. Mit nacktem Oberkörper, ein Tuch vor den Mund gebunden, unter der Nase Gehäuse von Glühlampen, bis auf die Faser abgenagte Melonenrinden, von Betel gerötete Zeitungsfetzen, halb verkohlte Monatsbinden, suchten wir mit angehaltenem Atem nach einer Spur. Dieser Unrat bildete gleichsam ein abgeschwächtes Spiegelbild der Stadtstruktur. Die Armut liefert nicht die gleichen Abfälle wie der Wohlstand. Jede soziale Schicht hat ihren eigenen Müll, und schwache Indizien bezeugten selbst hier noch die soziale Ungleichheit. Bei jeder Schaufelladung wechselten wir das Viertel. Nach den rosa Eintrittskarten vom Kino *Cristal* bezeichneten Filmabschnitte mit Crevetten vermengt das Fotostudio Tellier und die *Saki-Bar.* Ein paar Meter weiter durchstöberte Thierry die üppigeren Ablagerungen des *Chiltan Club* – ausländische Zeitungen, Luftpostkuverts, von der Gärung angenagte *Camel*-Packungen – und sondierte vorsichtig in Richtung unseres Hotels. Die Hitze, der mörderische Gestank und vor allem die Geier behinderten unsere Arbeit. Sobald wir uns auf die Schaufeln stützten, um einen Moment zu verschnaufen, trotteten sie, durch diese verheissungsvolle Unbeweglichkeit genarrt, mit ekelhaft leisen Schreien auf uns zu, bis eine wohlgezielte Erdscholle ihnen ihren Irrtum klarmachte. Andere kreisten langsam über unserem Kopf und warfen dabei einen kalbsgrossen Schatten, den wir lieber nicht aus den Augen verloren, über unsere Grabungen. Ihre Ungeduld war leicht zu begreifen; nach dem zu schliessen, was wir ans Licht brachten, waren sie nicht gerade verwöhnt. Mitten am Nachmittag stiess Thierry ein solches Gebrüll aus, dass sämtliche Aasfresser aufflatterten. Er schwenkte triumphierend mein Kuvert, verdreckt, aufgeweicht, aber leer! Im Lauf einer weiteren Stunde fieberhafter Arbeit fanden wir noch vier zerrissene Fragmente der ersten Seite, dann versanken die Schaufeln in einer stinkigen, klebrigen schwarzen Masse. Wir entfernten uns vom *Lourde's Hotel.* Zwecklos, weiterzusuchen. Fünfzig Blatt starkes Papier stellten ein Vermögen dar, das nicht bis hierher gelangt war.

Völlig erschöpft, die Schaufeln hinter uns her ziehend, kehrten wir mit dem aussätzigen Kuvert und vier bräunlich angesengten Papierfetzen zum Wagen zurück. Auf dem letzten war zu lesen: „... Novemberschnee, der die Münder verschliesst und uns einschläfert ..." Hier schmorte alles, das Lenkrad verbrannte die Handflächen, unsere Gesichter und Arme waren von ausgeschwitztem Salz verkrustet. Und das Gedächtnis leicht vernebelt: Dichte Kälte, Täbris, mitten im Winter? Das musste ich geträumt haben.

Um sechs Uhr unterbrach das Abendgebet die Festlichkeiten. Die Stadt war in ein frisches Licht getaucht. Längs dem Kanal hatten sich die Spaziergänger mitsamt ihren Fahrrädern zu Boden geworfen und murmelten ihre Gebete.

Terence zählte auf diesen Abend, um seine Kasse aufzufüllen. Er spannte mit fiebrigen Bewegungen Girlanden von bunten Glühbirnen und Fähnchen quer über die Terrasse. Eine Schiefertafel an der Eingangstür zur Bar verkündete *Schatzlaufen mit Preisen, The Merry Makers' Band* (drei pathanische Musikanten, die Braganza uns geliehen hatte) und stellte uns ohne alle Scham als *Genuine Artists from Paris* vor.

Wir eröffneten das Feuer mit der pakistanischen Nationalhymne: eine Folge von naiven Terzen, die wir eigens gelernt hatten. Das Lokal war voll, einige neue Köpfe; eine Tischgesellschaft afghanischer Exilierter und eine alte, etwas angeheiterte Armenierin in einem Paillettenkleid, die mit grossen, unsicheren Schritten allein tanzte, den Kopf an die Schulter eines imaginären Kavaliers geschmiegt, während die Passanten aus unserer Gasse sich an die Tür drängten, um das Schauspiel zu geniessen. Wir gehörten alle zusammen. Wenn wir erlahmten, kamen uns die *Merry Makers* mit hübschen Schlagzeugeffekten zu Hilfe und lösten uns ab. Wir mussten immer wieder *Le Temps des cerises* spielen, wonach das Publikum unermüdlich verlangte:

... cerises d'amour
aux robes vermeilles
tombant sur la mousse
en gouttes de sang ...[56]

Terence übersetzte für die Zunächstsitzenden; wenn man statt „Kirschen" „Granatäpfel" sagte, war es beinahe von Omar-e Chajjam. Diese heitere Tristesse bezauberte die Belutschen. Sadik füllte ständig unsere Gläser nach; er machte uns auf eine Runde sauber gekleideter Alter aufmerksam, die sich an ihrem Tisch, die Hand aufs Herz gepresst, verneigten. Ein leichter Wind erhob sich. Die Armenierin hatte sich hingesetzt und trocknete mit einer Hand von zweifelhafter Sauberkeit ihre Tränen. Die *Saki-Bar* bestand nur noch aus Seufzern des Wohlbehagens, gepflegten Bärten, neuen Turbanen und Füssen an der frischen Luft.

Ohne den Gestank hätte ich den Tag vergessen können. Aber trotz Seife, Dusche, frischer Wäsche hatte ich ihn in der Nase. Bei jedem Atemzug sah ich die dampfende schwarze Fläche stossweise ihre letzten unbeständigen Moleküle aushauchen, um endlich zur Leblosigkeit des Elements, zur Ruhe zurückzufinden – diese Materie am Ende ihrer Mühen, am Ziel ihrer Reinkarnationen, der hundert Jahre Regen und Sonnenschein keinen Grashalm mehr entlockt hätten. Die Geier, die in dem Nichts weideten, liessen sich nicht entmutigen. Sie erinnerten sich längst nicht mehr an den

Wohlgeschmack von richtigem Aas. Farbe, Geschmack, sogar die Form, köstliche, aber flüchtige Früchte der Gedankenassoziation, gehörten nicht oft zu ihrem Menü. Über diese Blüten der Vergänglichkeit erhaben, hockten sie unerschütterlich, erstarrt da und verdauten die harte Behauptung des Demokrit: „Weder das Süsse noch das Bittere existiert, sondern nur die Atome und die Leere zwischen den Atomen."

Um die Götter, von denen er sich viel erwartete, nicht zu vergrämen, gehorchte Terence manchmal einer Anwandlung von Realismus: der Welt die Stirn bieten, sich ein bisschen durchschwindeln, die Gelegenheit beim Schopf packen, und ähnliches mehr. Dann veranstaltete er ein Fest oder verpflanzte die *Saki-Bar* in corpore – das heisst das „Orchester", zwei Boys, ein paar Kisten Sodawasser und einen Zuber voll Eis – auf den sechs Meilen weit entfernten Rennplatz, wo das sonntägliche *Gran Derby* stattfand. Das waren rührende Ausflüge. Wir zwängten uns alle in ein gelbes *droshky,* die Gitarre zwischen den Beinen, einen Packen rohe Steaks zum Grillieren, in alte Nummern der *Karachi Tribune* eingewickelt, auf den Knien. Die Boys, eng aneinander gepresst, befingerten sich zärtlich, der Kutscher liess sein Messingglöcklein ertönen, das so rein und wehmütig klang wie die Schelle des Dorfkrämers, und so holperten wir fröhlich über pappelgesäumte Wege aus weicher Erde zum Rennplatz hin.

Wir errichteten unseren Stand in der Nähe der Waage, unter einer Krone von Eukalyptus. Im Schatten, wo das Fell der Pferde glänzte, hielten die *horse people* von Quetta ihre Sitzung ab: pakistanische Grossgrundbesitzer mit blatternarbigen Gesichtern, die den Turban mit dem steifen Reiterhut und den Rosenkranz aus Bernsteinperlen der Muslime mit dem Opernglas vertauscht hatten. Letztes Feilschen in näselndem Englisch, rings um die gestreiften Jacken der Jockeys. Ein Stück weiter kreiste der Schwarm der Wettlustigen um den Totostand. Inzwischen luden wir unsere Flaschen im Herzen dieser von Dufy retouchierten Mogul-Miniatur ab. Das Schauspiel war schön, die Resultate waren manipuliert. Manchmal, wenn das bessere Pferd aus Unachtsamkeit den „Sieger" überholte, riss sein Jockey es so brutal am Zügel zurück, dass die Tribünen in Gelächter ausbrachen. Das verminderte aber keineswegs das Interesse an den Wetten, man setzte auf die Eigentümer, und dazu brauchte es genausoviel Scharfsinn und Schlauheit.

Zwischen den einzelnen Rennen spielten wir so laut wir konnten: dürftige Arpeggien, spärliche Bässe, übertönt von Kindergeschrei, Gewieher und den Dudelsäcken des Belutschen-Regiments, das sich hinter einer Maulbeerhecke auf das Defilee vorbereitete.

Ich kann mich nicht erinnern, dass die *continental artists* Menschenmassen herbeigelockt hätten. Der Boy massierte sich trällernd die Fussgelenke. Terence las wieder einmal *Le Côté de Guermantes* in einer Ausgabe voller Gin-Flecken, während er höflicherweise tat, als entdeckte er eben die Tangos, die wir ihm hundertmal vorgedudelt hatten, oder klatschte hingerissen den Takt, in der Hoffnung, Gäste anzuziehen. Vergebens. Wir machten um so weniger Umsatz, als gerade zur Stunde der trockenen Kehlen das belutschische Regiment endlos vorbeidefilierte. Dieses Spektakel wollte niemand missen: Hinter einem karottenfarbigen schottischen Clan-Chef schritten zwei Reihen von Trommlern in Tigerfellen, gefolgt von vierzig ebenholzschwarzen Dudelsackspielern in Kilt und grossen Schals in den Clan-Farben von Colonel Robertson, dem Begründer des Regiments. Schliesslich kam die Truppe: Dolche, unübertreffliches Lederzeug, grüne Turbane mit Silberreiherfedern. Sie defilierten mit grösster Fröhlichkeit, ein breites Lachen zeichnete die Gesichter. Nirgends die pompösen oder verkniffenen Leichenbittermienen, die man bei unseren Militärparaden sieht. In der Pause entzifferte ich die Inschriften, die ihre Trommeln bedeckten: Delhi, Abessinien, Afghanistan, China 1900, Ypres 1914, Messina, Burma, Ägypten, Neuve-Chapelle, Kilimandscharo, Persien, die Ardennen und eine Menge andere berüchtigte Namen, wo die Aufmunterung durch Dudelsäcke nicht überflüssig gewesen sein dürfte. Eine anregende Musik: gespannt, schneidend, ironisch, nichts, was bedenklich an den Holocaust hätte erinnern können. Die britischen Offiziere, die im pakistanischen Sold verblieben waren, schritten mit glücklicher Miene dem Regiment voran, dessen gutem Funktionieren sie jeden nüchternen Augenblick widmeten. So zogen die besten Kunden der *Saki-Bar* im Sonnengeflimmer vorbei.

Leuchtkäfer. Laubgeruch. Ein kühler Hauch. Die Nacht sank herab. Die letzten Vollblutpferde waren, in ihre persischen Schabracken gehüllt, nach Quetta zurückgekehrt. Schwindlig vor lauter Müdigkeit, spielten wir mit wunden Fingern ganz leise, wie ein Läufer, der noch hundert Meter weiterwankt, bevor er anhalten kann. Terence zählte seufzend seine nicht verkauften Flaschen. Er bereute schon seine Eskapade in die Realität; die Unbequemlichkeit lohnte sich wirklich nicht. Wieso war er wieder darauf hereingefallen? Rings um den Rennplatz erstreckte sich eine sanfte, durch Fusswege rechtwinklig markierte Landschaft bis zum Wüstenrand. Sie war von Kaktushecken durchschnitten und mit grossen schirmförmigen Bäumen durchsetzt, in denen grüne Papageien schliefen.

Heimfahrt auf dem Rücksitz des Vehikels, einen Holzkübel voll schmutziger Gläser an mein Herz gedrückt. Das

Pferd, das im Gehen schlief, blieb von Zeit zu Zeit mit uns stehen. Eine Wolke von perlmutterschimmerndem Rauch erhob sich über dem Bahnhof. Der kurze Zug der *North-Western Railway,* mit geschmuggeltem Tee und Trinkwasser beladen, machte sich daran, nach Sahedan abzudampfen.

„Terence, Sie als Engländer ..."

„Engländer? I'd rather shoot myself. Ich bin aus Wales, keine Krämerseele, and a very vicious man at that", fügte er friedlich hinzu.

In der Tat. Zum Beispiel besass er genug Freunde in der Hauptstadt, um seine Gläubiger festnehmen zu lassen, gebrauchte aber seine Beziehungen lieber, um als erster Körbe mit frischen Crevetten zu beziehen, die er schliesslich zur Hälfte wegwerfen musste. Mitten in all dem Sand zu den Klängen der Ziehharmonika Scampi zu servieren – das schien ihm seiner würdig. Das war seine Art, Erfolg zu haben, während das *Saki* unter seiner würdevollen Führung verfiel wie eine überfeinerte Zivilisation. Seine eigenen Freunde zahlten wenigstens, was sie tranken, aber die Freunde der Freunde gingen, ohne ihre Rechnung zu begleichen. Dann kamen die Polizisten und die „Buchmacher", zu denen man ein gutes Verhältnis aufrechterhalten musste – und deren Freunde; ganz am Ende der Kette figurierten die pathanischen Zuhälter und Unbekannte im schlampig geschlungenen Turban, die stehend in einem Winkel tranken.

Ich erinnere mich an eine bestimmte Nacht. Es war zwei Uhr, der letzte Gast längst verschwunden. Wir verschlangen an der Bar ein Stück Fleisch, das Terence soeben für uns gegrillt hatte, als ein langer Kerl die Tür aufreisst, mit grossen Schritten dicht an uns vorbeimarschiert, ohne irgendwen zu grüssen, und in der Küche verschwindet, aus der weiterhin kein Laut dringt. Bei seiner Grösse und der niedrigen Decke musste er gebückt und unbeweglich irgendwo im Dunkeln stehen. Terence hatte nicht einmal seine Lektüre unterbrochen. Mir war unbehaglich zumute.

„Wer ist der Mensch?"

„Woher zum Teufel soll ich das wissen? Er hat nicht einmal guten Abend gesagt", erwiderte Terence, eine Spur gereizt. Er schien aber eher belustigt als beunruhigt. In diesem Augenblick hörten wir das leise Klappern von Kochtöpfen und schmatzende Geräusche, und seine Miene erhellte sich zu einem Lächeln.

Andere verstohlene Schatten würden auf diesen folgen. Der Oxford-Akzent und die Gäste im weissen Smoking würden bald nur mehr eine Erinnerung sein. Eine unwiderstehliche Schwerkraft zog die *Saki-Bar* täglich tiefer hinab; die Neigung zu Verwandlungen und Überraschungen, die Sanftmut, die einem gewissen Sich-gehen-Lassen entspringt, trieben Terence dazu, ihr zu folgen.

Zwei Abende vor unserer Abreise gab es im *Saki* keinen einzigen Gast. Wir wollten gerade hinaufgehen und uns hinlegen, als es zweimal schüchtern an die Tür klopfte. Es war ein Kutschi-Musikant[57] mit seinem Miniaturharmonium unterm Arm. Einer der Gaukler, die mit einem grauen Äffchen auf der Schulter im ganzen indischen Subkontinent herumschweifen, die Pferde zur Ader lassen, Zaubersprüche murmeln, von Glücksfällen, Diebstählen oder Liedern leben, Tempeln und Moscheen aus dem Wege gehen und verkünden, dass der Mensch geboren wird, „um umherzuirren, zu sterben, zu verwesen und vergessen zu werden". Selbst Braganza hätte nichts von ihm wissen wollen, aber Terence liess ihn eintreten und füllte ihm ein Glas. Der Mann kauerte mitten im Hof nieder und setzte sein Instrument in Betrieb. Mit der linken Hand bediente er einen seitlich angebrachten Blasebalg, während die rechte, eine schwarzgebrannte Pratze, über eine niedliche Klaviatur von zwei Oktaven strich. Er entlockte ihr zweideutige, zittrige, wehmütige Klänge, die kaum das Keuchen des Blasebalgs übertönten. Abgerissene, unzusammenhängende Fetzen von Melodien, die im Nichts verklangen, oder Noten, die – wenn die dicken Finger zwei Tasten statt einer niederdrückten – einander folgten wie treue Schatten. Dann begann er mit niedergeschlagenen Augen zu singen, mit rauher Stimme, die sich wie ein roter Wollfaden zwischen den näselnden Tönen des Harmoniums schlängelte. Eine Art von gesungenen Seufzern, die frappant an die bosnischen Lieder gemahnten. Sie weckten Erinnerungen an den Geruch der roten Paprika, die Tische unter den Platanen von Mostar oder Sarajewo und die Zigeuner in ihren abgewetzten Anzügen, die im Orchester sassen und drauflosfiedelten, als gälte es, die Welt unverzüglich von einer unerträglichen Last zu befreien. Es war die gleiche flüchtige, verrückte Traurigkeit, die Unbeständigkeit, das Zaubermittel der Heiler.

In der Stadt Quetta – so berichtet eine persische Legende – stellte Bachram Gor, der Sassanide, zur Belustigung seines Hofs zehntausend Zigeuner an, Jongleure und Musikanten. Doch sobald sie ihren Lohn erhalten hatten, betrogen sie ihn und zogen nach Westen, in die balkanischen Gefilde – wo wir vor einem Jahr, zur Zeit der Störche, so manches Glas mit ihren Nachkommen geleert hatten.

Nach einem mühsamen Tagewerk in der Garage war diese Rückkehr der Erinnerungen etwas Himmlisches. Unsere Reise war wie eine Spirale: Während sie weiterging, kehrte sie immer wieder zurück. Sie winkte uns, wir brauchten nur zu folgen. Terence, der ein Gespür für das Glück besass, entkorkte seine letzte Flasche Orvieto. Der Pfropfen sprang und erhöhte die Passiven der *Saki-Bar* um dreiundzwanzig Rupien. Was machte das schon aus! Terence war übers

Tüchtigsein, über das „Mich-zieht-keiner-über-den-Tisch" hinaus. Ein Offizier a.D., in der Falle einer im Niedergang begriffenen Bar, mit den Konfidenzen einer ganzen Stadt, mit Schulden und alten Mozartplatten beladen, vermochte er doch weiter und freier als wir zu reisen. Asien verlangt von den Menschen, die es liebt, dass sie ihre Karriere dem Schicksal opfern. Ist das einmal vollbracht, dann schlägt das Herz weiter, und viele Dinge offenbaren ihren Sinn. Während der Wein in unseren Gläsern lau wurde und Terence unbeweglich und aufmerksam wie ein Nachtvogel dem Gang der Sterne zusah, ging mir ein Vers von Hafis durch den Kopf:

Wo der Weise nicht den Sinn der Welt erkannt,
Frag ich mich, von wem der Schankwirt ihn erfahren.

Afghanistan

Der Weg nach Kabul

„Der Chodschak-Pass? Der ist nichts für euch! Ach, der ist sehr leicht. Mit eurem Wagen nicht zu machen. Die Piste ist ausgezeichnet. Die Piste ist unbefahrbar. Ihr müsst die Abzweigung nach rechts nehmen! Auf keinen Fall nach rechts abbiegen!“ Das sind einige der Auskünfte und Meinungen, die wir in Quetta über den Pass bekommen, der die Stadt mit der afghanischen Grenze verbindet. Es ist hier immer das gleiche: Die Europäer, die eine Reise gemacht haben, übertreiben mit Begeisterung ihre Schwierigkeiten; die Belutschen hingegen werden nie eine ungünstige Auskunft geben, denn es liegt nicht in ihrer Natur, einen Menschen zu verstimmen. Am klügsten ist es noch, sich selber hinzubemühen und auf das Schlimmste gefasst zu sein.

Der Pass wird von der Armee sorgfältig instandgehalten. Er steigt sehr steil zwischen felsigen, dampfenden Abhängen an. Zu Anfang der zweiten Kehre starb der Motor ab. Fusswanderungen sind das einzig Wahre! Wir hätten diesen verfluchten Wagen liebend gern dem Erstbesten geschenkt – bloss war auf dreissig Kilometer im Umkreis keiner da. Wir reinigten ohne Überzeugung den Verteiler und die Kerzen und regulierten die Zündung. Die Sonne stand im Zenit. Wir hatten keine Zigaretten mehr, und obendrein machte mich das Fieber so ungeschickt, dass ich die linke Hand in den Ventilator steckte, der mir vier Finger bis auf den Knochen durchschnitt und mich halb bewusstlos vor Schmerz auf die Strasse schleuderte. Thierry verband mich mit Handtüchern, um die Blutung zu stillen. Das war das einzige Mal während der ganzen Reise, dass wir Verwendung für unser Morphium hatten. Es vollbrachte Wunder: Mit einer unbrauchbaren Hand schieben, ziehen, Bremsklötze legen schien mir eine Spielerei zu sein. Um fünf Uhr waren wir oben. Ein frischer Wind kühlte uns das Gesicht. Von der Höhe erblickt man den räudigen Fleck der Stadt Schaman und das afghanische Hochplateau, das sich, so weit das Auge reicht, im Lichtdunst nach Norden erstreckt.

Laskur-Dong, die afghanische Grenze

Es ist immer noch ein Privileg, Afghanistan zu besuchen. Bis vor nicht allzulanger Zeit war es eine Leistung. Da die britische Armee Indien nicht zuverlässig unter Kontrolle halten konnte, blockierte sie hermetisch die östlichen und südlichen Zugänge. Die Afghanen ihrerseits verpflichteten sich, keinen Europäer in ihr Gebiet einzulassen. Sie haben beinahe Wort gehalten und sind sehr gut damit gefahren. Von 1800 bis 1922 gelang es kaum einem Dutzend Draufgänger (Deserteuren aus den bengalischen Regimentern, Schwärmern, zaristischen Agenten oder als Pilger verkleideten Spionen der Königin Viktoria), das Gebot zu durchbrechen und das Land zu bereisen. Die Gelehrten waren weniger glücklich. Da er nicht über den Chaiber-Pass kam, musste der Indologe Darmestetter, Spezialist für pathanische Volkskunde, sich darauf beschränken, seine Informanten im Gefängnis von Attok oder Peschawar zu suchen. Der Archäologe Aurel Stein wartete zwanzig Jahre lang auf sein Visum für Kabul und erhielt es gerade rechtzeitig, um dort zu sterben.

Heute genügt ein bisschen Takt und Geduld, um sich das kostbare Visum zu verschaffen, doch wenn man nach Einbruch der Dunkelheit im Grenzdorf Laskur-Dong an der Strasse Quetta–Kandahar eintrifft, ist niemand da, dem man es vorlegen könnte. Kein Zollbüro, kein Schlagbaum, keine wie immer geartete Kontrolle, nur das weisse Band der Piste zwischen den Lehmhäusern und das Land offen wie eine Mühle. Die drei Soldaten, die im Tschaichane in einer Wolke von Nachtfaltern ihren Tee trinken, haben nichts mit dem Zoll zu tun. Der Zöllner hat sich, scheint's, zum Abendgebet in sein Haus zurückgezogen. Thierry ging ihn suchen. Ich blieb im Wagen sitzen, zu zerschlagen, um auch nur einen Schritt zu machen. Endlose Warterei. Das Dorf war finster und heiss wie ein Backofen. Ich beschäftigte mich einen Augenblick damit, einem Lastwagen zuzusehen, der, schwindelnd hoch mit Korbwaren beladen und von einer Kinderstimme dirigiert, auf dem Dorfplatz manövrierte, dann schlief ich, den Kopf zwischen den Knien, ein. Als das Fieber mich kurz aufweckte, sah ich draussen an der Scheibe das plattgedrückte Gesicht eines Soldaten, der mich mit freundlicher Verblüffung betrachtete, und schlief unverzüglich wieder ein ...

Das Geräusch der Tür liess mich jäh auffahren: Ein alter Mann hielt mir eine Laterne unter die Nase, während er auf persisch heftig auf mich einredete. Er trug einen weissen Turban, ein weisses Gewand, einen wohlgepflegten Bart und um den Hals eine Kette mit einem faustgrossen silbernen Siegel. Es dauerte einen Moment, bis ich begriff, dass dies der Zollbeamte war. Er hatte sich eigens herbemüht, um uns gute Fahrt zu wünschen und mir die Adresse eines Arztes in Kandahar zu geben. Seine Kleidung, sein ganzes Auftreten, die Liebenswürdigkeit, mit der er seine Amtspflichten ausübte, machten mir diesen alten Mann so sympathisch, dass ich ihn blödsinnigerweise – um ihn nicht in Ungelegenheiten zu bringen – darauf aufmerksam machte, dass unser Visum seit sechs Wochen abgelaufen war. Er hatte es schon selbst bemerkt, ohne sich darüber sonderlich aufzuregen. In Asien hält man sich nicht so genau an den Stundenplan, und warum sollte man uns im August die Einreise verweigern, die man uns für den Juni gestattet hatte? In zwei Monaten verändert sich der Mensch so wenig.

Kandahar, 3 Uhr früh

Kandahar in jener Nacht ... Die stummen, kühlen Erdstrassen, die verlassenen Verkaufsstände, die Platanen, die verwachsenen Maulbeerbäume, deren Laubdach in der Dunkelheit eine wärmere Dunkelheit schuf – das haben wir wohl eher geträumt als gesehen. Die Stadt gab keinen Laut von sich. Nur hier und da das leise Rauschen des *dschu,* des Strassenkanals, oder das spöttische Kichern einer Krähe, die unsere Scheinwerfer aufgeweckt hatten.

Was mich betraf, dachte ich nur ans Schlafen. Während wir auf der Suche nach einem Hotel mit zehn Kilometern durch die Strassen krochen und die Sterne einer nach dem anderen erloschen, nahm das Wort „Kandahar" der Reihe nach die Form eines Kopfkissens, einer Federdecke, eines unauslotbar tiefen Bettes an, in das man sich schlafen legt – zum Beispiel hundert Jahre lang.

Das Hotel in Kandahar

Die Ankunft des Doktors weckte mich auf. Italienisch-griechisch, wenn ich nicht irre. Ei! Den hatte ich mir ganz anders vorgestellt. Er ist ein Romeo in Shorts und Sandalen, gross, nervös, mit schönen, gebieterischen Zügen, die aber nur peinlich wirken, weil jeder Ausdruck in ihnen fehlt. Man ahnt, dass sich hinter dem hochtrabenden Antlitz kein entsprechendes Seelenleben verbirgt – so wie hinter einem prunkvollen Portal ein schäbiger, kleiner Hof liegen mag. Er scheint es selbst zu spüren, es mangelt ihm an Unbefangenheit. Er marschiert mit hochmütiger, unsicherer Miene im

Zimmer auf und ab, bemächtigt sich gewaltsam eines Stuhls, setzt sich rittlings darauf und ruft mir ein wunderbar klangvolles „Also!“ zu. Ich erkläre meinen Fall so wortkarg, wie es die Müdigkeit gebietet, aber diese Gelassenheit passt dem Doktor nicht. Der Mangel an Nachdruck bringt ihn aus der Fassung. Sein Auftritt in einem virilen, schicksalhaften Stil ist ihm geglückt, aber den kann er nicht durchhalten, wenn wir ihm nicht die Stichworte liefern. Er hilft sich aus der Klemme, indem er mich rüde untersucht. Die Hand? In zwei Wochen wird man nichts mehr davon merken. Das Fieber? Eine simple Malaria vivax, ein Kinderspiel, das sich vollkommen ausheilen lässt, das ist keine Kunst. Da gibt es Schlimmeres. Er selber zum Beispiel ... Als er merkt, dass ich die sonderbare Narbe an seinem Hals betrachte, unterbricht er sich und sagt mit lakonischem Lächeln: „Zuviel Geige“ – als würde ein alter Griesgram auf seinen leeren Ärmel zeigen und „Austerlitz“ knurren. Hierauf fixiert er mich mit wahrlich überflüssiger Intensität, als hoffte er heimlich noch immer, provoziert, an einem ganz empfindlichen Punkt verletzt zu werden, um das Zimmer ebenso theatralisch zu verlassen, wie er es betreten hatte. Aber ich habe jetzt dreissig Stunden lang geschlafen, ich denke nicht daran, irgend jemanden zu beleidigen. Weit davon entfernt, ihn zu ärgern, tun wir ihm schön, bewundern sein Französisch, bieten ihm belutschische Zigarren an, während er zerstreut vor sich hinsingt und den Takt auf seinen Stuhl schlägt.

Was ihn an der Rolle stört, die er immer noch aufrechtzuerhalten sucht, ist, dass er nicht genau weiss, mit wem er es zu tun hat. Ich spüre, dass er uns einzuordnen versucht, um mit uns die Sprache zu sprechen, die er für die unsere halten wird. Ich sehe seine Augen das Zimmer durchstöbern, unser Gepäck abschätzen, auf den am Fuss des Bettes hingeworfenen Kleidern verweilen, und befürchte, dass er auf einmal einen grob vertraulichen Ton annehmen könnte. Gewisse Einzelheiten – Thierrys Staffelei, das Tonbandgerät – verwirren ihn noch. Doch die Zeit vergeht, es ist schon zehn Minuten her, dass er eingetreten ist, und noch hat er sich nicht entschieden. Eine Art Panik ergreift ihn. Er gibt auf, und plötzlich weicht die Maske à la Coleone einem Gesicht von bescheidenerem Zuschnitt, das Erleichterung, Einsamkeit, Jugend durchscheinen lässt und das einer anderen Persönlichkeit Platz macht, einem Mann, der tüchtig ist in seinem Fach, verletzlich, nach Gesellschaft ausgehungert; er spricht davon, uns Bücher zu leihen, abends auf einen Schwatz herüberzukommen, mich gratis zu behandeln. Auf einmal scheint ihm alles leicht. Er drückt nicht mehr an seiner Zigarette herum, ihr Rauch steigt jetzt kerzengerade in die aufgehende Sonne hinein. Er entnimmt mir Blut und bereitet die Proben für die Untersuchung vor, ohne seinen Monolog zu unterbrechen. Lieben wir Oscar Wilde? Er ist gerade dabei, ihn ins Italienische zu übersetzen, in seinen freien Augenblicken. Und Corelli? Da gibt es dieses berühmte Weihnachtskonzert, dessen Wohlklang ihm oft zu Hilfe kommt. Er ist nämlich ein *Künstler,* hat er uns das schon gesagt? Er hat eine grosse Plattensammlung, der er sich mit so ausschliesslicher Leidenschaft widmet, dass seine junge Frau es abgelehnt hat, hierher nachzukommen. Besser so – die Frauen haben keinen Sinn für Extreme. Er verbringt seine Nächte also allein, hoch oben in seinem Spital, verbringt sie damit, ganz in Übereinstimmung mit seiner Umgebung einen afghanischen Roman zu schreiben, ein grosses psychologisches Fresko, dessen Handlung ihm so geistreich vorkommt, dass er sie uns noch nicht verraten möchte. Er arbeitet seit Jahren daran, das ist seine Qual. Sobald das Werk vollendet ist, wird er sich töten …

„Wie bitte?“

Er wird sich – ja, ganz richtig. Kaum ist ihm das Wort entflohen, bedauert er es. Aber zu spät. Er mag die Spur eines Lächelns wahrgenommen haben, das ihn sofort wieder in seine Rolle des protzigen Angebers zurückfallen lässt. Der Unterkiefer schiebt sich vor, die Züge verschliessen sich. Jetzt ist Mozart dran. Pedantisch summt er mit überheblicher Miene einzelne Motive, wirft uns über die Achsel Köchel-Ziffern zu, die uns nichts sagen, nagelt uns auf winzige Einzelheiten der Orchestrierung fest. Ein richtiggehendes Examen. Wir sind nur noch Naivlinge, die sich ein wenig in Asien herumtreiben. Na schön. Man darf immerhin nicht vergessen, dass er die Liebe zur Kunst und zur Geige so weit getrieben hat, bis sie ihm buchstäblich ins Fleisch schnitt. Und nicht etwa eine gewöhnliche Geige, bitteschön! Eine der fünf echten *Amati* aus Italien, die zwischen zwei Carabinieri gereist ist.

Doch die Zeit vergeht, er hat sich schon zu lange aufgehalten, die Arbeit ruft. Sicher gibt es noch ein paar Bergketten zu überqueren. Er wirft uns einen letzten durchdringenden Blick zu, durchmisst das Zimmer, als müsste er bei jedem Schritt über eine Leiche steigen, und verlässt uns mit einem knappen Lächeln.

„Hoffen wir um deinetwillen, dass er nicht zu rasch schreibt“, sagt Thierry, der die Tür hinter ihm schliesst.

Bei all dem war er ein ausgezeichneter Arzt und wollte absolut nichts von einem Honorar hören. Er kam mehrere Morgen nacheinander. Immer rasch auf einen Sprung, aufgeregt alles in seinen Bann ziehend, wie ein Vollblutpferd, das von Bremsen gepeinigt wird. Unermüdlich war er hinter dem Bild einer enigmatischen Persönlichkeit à la Nietzsche her, die er so gern gewesen wäre. Wenigstens der Energie, die er darauf verwendete, konnten wir Respekt zollen.

Zuviel Alleinsein zweifellos. Ich hätte ihn gern einmal vor seinem Spiegel gesehen. Inzwischen beobachtete ich ihn von meinem Bett aus mit einem gewissen Neid. Letzten Endes war dieser ängstlich um sich besorgte Narzissmus mehr wert als die Apathie, zu der mich die Erschöpfung gezwungen hatte.

Das Fieber kam und ging.

Abends wankte ich auf schwachen Beinen, wie ein Trinker, bis zu einem Teehaus am Rande des Dorfplatzes. Der Dampf der Samoware und der Rauch der Wasserpfeifen stiegen zum stillen Himmel auf, dessen leicht gelbliche Verfärbung den Herbst ankündigte. Der kühle, hallende Ort quoll von Feigen und Trauben über wie ein Korb. Es roch nach grünem Tee und dem Wollschweiss der Schafe. Von Zucker berauschte Wespen torkelten oberhalb der rasierten Schädel, der Turbane, der Astrachanmützen und der scharf geschnittenen Gesichter durch das Halbdunkel des Tschaichanes. Von Zeit zu Zeit überquerte eine Ziegenherde oder ein narzissengelber Fiaker in einer Staubwolke den Platz. Ein wenig wie Ostpersien, aber mit dem hartnäckigen Draufgängertum der Gebirgsvölker und ohne den Überdruss, Erbe einer allzulangen Vergangenheit, diese moralische Erosion, die drüben in Persien den Ehrgeiz abbremst, die Begeisterung abstumpft und zu guter Letzt Gott selber abnützt.

Mit der Dunkelheit kehrte das Fieber zurück. Dann begannen die Stimmen, die Verkaufsbuden, die Gestalten und die Lichter wie Mühlenflügel um mich zu kreisen und rissen bald den Tisch, an den ich mich mit dröhnenden Ohren und schweissnassen Ellenbogen anklammerte, mit in ihren Wirbel. Ich war zu schwach, um den äusseren Eindrükken jenen Widerstand entgegenzusetzen, der es ihnen ermöglicht, sich dem Gedächtnis einzuprägen. Trotzdem sehe ich noch jetzt sehr genau das kleine Denkmal mitten auf dem Platz vor mir und ringsherum die weisse Masse der Spaziergänger, die mit verhaltener Fröhlichkeit an den sechs „den Engländern entrissenen“ Kanonen vorbeiflanierten.

Die Malaria ist nicht gefährlicher als eine tüchtige Grippe, jeder Arzt wird das bestätigen. Trotzdem zehrt sie von dem Bild, das man sich von ihr gemacht hat. Der Mensch wird zittrig und schwach, er möchte, dass ihm alles möglichst leicht gemacht wird. Nichts als schlafen, das Bett ist gut – wenn nur die Fliegen nicht wären!

Lange hatte ich gelebt, ohne zu wissen, warum man hassen kann. Heute hasse ich die Fliegen. Der blosse Gedanke an sie treibt mir Tränen in die Augen. Ein Leben, das ausschliesslich ihrer Vernichtung geweiht wäre, schiene mir schön und edel. Ich meine natürlich die asiatischen Fliegen, denn wer Europa nicht verlassen hat, kann nicht mitreden. Die europäische Fliege hält sich an die Fensterscheiben, an Himbeersaft und dämmrige Korridore. Manchmal verirrt sie sich sogar auf eine Blume. Sie ist nurmehr ihr eigener Schatten, vom bösen Geist befreit, will sagen unschuldig. Die asiatische Fliege ist vom Überfluss an Sterbendem und von der Vernachlässigung des Lebenden verwöhnt und von verhängnisvoller Dreistigkeit. Ausdauernd, hartnäckig, hässlich erwacht sie mit dem ersten Morgenstrahl, und die Welt gehört ihr. Sobald es Tag wird, ist nicht mehr an Schlaf zu denken. Wenn der Mensch sich nur einen Augenblick Ruhe gönnt, hält sie ihn für ein krepiertes Pferd und macht sich über ihre Lieblingsbissen her: Mundwinkel, Bindehaut, Trommelfell. Ist man eingeschlafen, wagt sie sich weiter vor, verirrt sich und platzt schliesslich auf ihre ureigene Manier in den allerempfindlichsten Nasenschleimhäuten, so dass man, von Übelkeit erfasst, auffährt. Hat man aber eine Wunde, einen Abszess, eine nicht ganz verheilte Narbe, kommt man vielleicht doch zu einem Moment Schlaf, denn dann macht sie sich schleunigst darüber her, und man muss gesehen haben, welch trunkene Bewegungslosigkeit jetzt an die Stelle ihrer widerlichen Unruhe tritt. Jetzt kann man sie bequem betrachten: selbstverständlich keine Spur von Eleganz, keine Linie, und von ihrem zerfahrenen, erratischen, absurden Flug wollen wir lieber gar nicht reden. Er ist einzig dazu angetan, einem auf die Nerven zu gehen. Die Mücke, die man ja auch lieber missen möchte, ist dagegen eine Künstlerin.

Schaben, Ratten, Raben, Geier, die fünfzehn Kilo wiegen und nicht den Mumm haben, eine Wachtel zu töten: Es gibt eine Zwischenwelt von Aasfressern, alle von hässlicher Gestalt und mit kümmerlichen graubraunschwarzen Farben; stets auf der Lauer, ob irgendwo das Leben Schwäche zeigt. Aber dieses Hilfspersonal hat auch seine Schwächen: Die Schabe scheut das Licht, die Ratte ist furchtsam, der Geier ist plump – nur die Fliege kann es sogar mit diesem Gesindel aufnehmen. Nichts hält sie auf, und ich bin überzeugt, wenn man die Luft durchsiebte, würde man noch ein paar Fliegen darin finden.

Überall wo das Leben weicht, zurückebbt, vergeht – schon ist sie da und tut sich mit ihren armseligen Kreisbahnen wichtig. Sie predigt das grosse Minus: Schluss machen … auf dieses lächerliche Herzklopfen verzichten … die grosse Sonne machen lassen … Mit ihrer Krankenschwesternhingabe und ihrer verfluchten Art, sich ewig mit den Tatzen zu putzen.

Der Mensch verlangt zuviel. Er träumt von einem erwählten, persönlichen Tod, einem Tod, der seinem Leben entspricht. Darauf arbeitet er hin und erreicht manchmal auch sein Ziel. Die asiatische Fliege macht nicht so feine Unterscheidungen. Für diese Schlampe kommt tot oder lebendig aufs gleiche heraus, und man braucht nur die schlafenden Kinder im Basar zu sehen (sie schlafen unter den stillen, schwarzen Fliegenschwärmen, als wären sie alle niedergemetzelt), um zu begreifen, dass sie als perfekte Dienerin des Gestaltlosen alles nach Herzenslust durcheinanderbringt.

Die Alten, die sich ihren klaren Blick bewahrt hatten, waren stets der Ansicht, sie sei vom Bösen gezeugt. Sie besitzt alle entsprechenden Eigenschaften: die trügerische Bedeutungslosigkeit, die Allgegenwart, die niederschmetternde Fruchtbarkeit und die hündische Anhänglichkeit (wenn alle dich verlassen haben, wird sie noch da sein).

Die Fliegen hatten ihre Gottheiten: Beelzebub in Syrien, Melkart in Phönizien und den Zeus Apomyios von Elis, denen man Opfer brachte, während man sie anflehte, ihre widerlichen Schwärme anderswo zu weiden. Im Mittelalter glaubte man, sie wären aus Kot geboren oder aus Asche auferstanden, und man sah sie dem Munde des Sünders entfliegen. Von der Höhe seiner Kanzel aus erschlug der Heilige Bernhard von Clairvaux sie in Massen, bevor er den Gottesdienst abhielt. Luther selbst behauptet in einem Brief, dass der Teufel ihm seine Fliegen schicke, die „das Papier verscheissen".

In den grossen Epochen des chinesischen Reiches machte man Gesetze gegen die Fliegen, und ich bin überzeugt, dass alle starken Staaten sich auf die eine oder andere Art mit diesem Feind befasst haben. Man macht sich zu Recht (und auch weil es Mode ist) über die krankhafte Hygiene der Amerikaner lustig. An dem Tag indessen, an dem eine mit DDT-Bomben beladene amerikanische Flugstaffel sämtliche Fliegen der Stadt Athen auf einen Schlag vernichtete, folgten ihre Piloten exakt der Spur des Heiligen Georg.

Auf dem Weg nach Mokor

Afghanistan besitzt keine Eisenbahn, sondern einige Strassen aus festgestampfter Erde, über die man herkömmlicherweise zu schimpfen pflegt. Da tue ich nicht mit. Diejenige, die von Kandahar nach Kabul hinaufführt, ist mit frischem Pferdemist, Hufspuren und den Fussabdrücken der Kamele bedeckt, die viereckige Kleeblätter in den Staub zeichnen. Sie verläuft zwischen weiträumigen Abhängen unter dem Gebirgshimmel. Die Septemberluft ist durchsichtig klar, der Blick trägt weit. Vorherrschend ist das lebhafte Braun der Berge, hier und da unterbrochen von einem Schwarm Rebhühner, den Rauchfahnen eines Dorfes, einer Pappelgruppe, von der jedes Blatt sich deutlich abzeichnet. Wo es Wasser gibt, säumen verkrüppelte Bäume die Strasse; dann fährt man auf einem Teppich von Mispeln, kleinen gelben Birnen, die zerquetscht werden und gut riechen, und der starke Duft genügt, um die Einsamkeit in Landschaft zu verwandeln.

Einsamkeit? Nicht unbedingt. Man bemerkt den Menschen erst nach der Natur, aber es vergeht keine Stunde, ohne dass man einem der hohen Lastwagen begegnet, die lavendelblau oder pistaziengrün lackiert sind wie ein Spielzeug und die aus all dem Braun hervorleuchten. Dann kommt ein Bauer auf seinem Esel daher, eine sonnenwarme Sichel im Arm. Ein Stachelschwein. Oder auch ein Trupp von Kutschi-Zigeunern, die sich mit ihren Bären, ihren Papageien, zwei Äffchen in roten, schellenbesetzten Westen unter einer Weide niedergelassen haben, während die Frauen, grosse, lauthals zeternde Weibsstücke, sich mit einem Feuer herumschlagen, das nicht brennen will. Wir halten an, wir amüsieren uns über sie, ebenso wie sie sich über uns amüsieren, und fahren weiter. Zwischen den verschiedenen Begegnungen liegt stets der richtige Abstand, und die Strasse ist nicht schlecht, so dass man unbesorgt mit dreissig Kilometern pro Stunde fahren kann. Übrigens haben wir keine Eile. Es ist herrlich, in der Morgenfrühe mit offenem Dach, den Ellbogen im Fenster dahinzubummeln, ohne viel zu reden, und die rauhe Ländlichkeit in sich aufzunehmen.

Bei diesem Tempo kann es leicht vorkommen, dass wir bis zum Abend nur einen einzigen kleinen Pass hinter uns bringen. Aber wir denken nur an ihn, es ist, als würde er uns gehören. Beim Nachtessen sprechen wir noch davon, wir schlafen über ihm ein und träumen von ihm. Mitten in der Nacht kommt die Karawane, die wir unterwegs überholt haben, auf dem Rastplatz an und macht sich ans Absatteln. Das Durcheinander von Laternen und Stimmen weckt uns auf – es geht noch immer um den Pass. Dabei verdient er nicht einmal, auf der Karte verzeichnet zu werden: Die Berge, die dieses Namens würdig sind, liegen weit oben im Norden. Es sind nur etwa vierzig Kehren zwischen vergilbten Alpweiden, und oben auf der Passhöhe eine Moschee aus Stein, deren grüne Fahne im Wind knattert wie eine Muskete. Immerhin werden wir den Tag dazu verwendet haben, den Pass zu erreichen, ihn zu bewältigen, von ihm Besitz zu ergreifen. Sich Zeit lassen ist hier das beste Mittel, keine zu verlieren.

Saraji

Der Schankwirt im Tschaichane von Saraji macht wenigstens unverblümt Reklame: ein Baumstamm liegt quer über der Strasse. Man hält an – es bleibt einem nichts anderes übrig – und bemerkt unter dem welken Blättervordach zwei Samoware, die zwischen den Zwiebelkränzen rauchen, und die rosenbemalten, auf dem Kohlenbecken aufgereihten Teekannen. Im Innern sitzen weitere Opfer des Baumstammes, die uns einen Moment lang höflich ihre Aufmerksamkeit zuwenden, um alsbald wieder ihre Siesta, ihre Schachpartie oder ihre Mahlzeit fortzusetzen.

Wer die abscheuliche Indiskretion nicht kennt, die in anderen Gegenden Asiens herrscht, kann kaum ermessen, wie aussergewöhnlich und schätzenswert diese Zurückhaltung ist. Hier glaubt man, dass ein Übermass an Interesse und Entgegenkommen der Gastlichkeit Abbruch tut. Laut einem afghanischen Volkslied ist der Mann, der seinen Gast nach dem Woher und Wohin fragt und ihn mit Fragen löchert, eine groteske Figur. Auch dem Westler gegenüber ändern die Afghanen ihre Haltung nicht. Keine Spur von Unterwürfigkeit, nichts von der auf den eigenen Vorteil bedachten Haltung, mit der einem viele Inder der minderen Klasse begegnen. Ist das der Einfluss des Gebirges? Es kommt wohl eher daher, dass die Afghanen nie kolonisiert worden sind. Zweimal haben die Engländer sie geschlagen, den Chaiber-Pass bezwungen und Kabul besetzt. Zweimal haben die Afghanen diesen selben englischen Truppen eine denkwürdige Strafe angedeihen lassen und den Stand wieder auf null zu null gebracht. Es gibt also keine Schmach abzuwaschen und keinen Komplex auszuheilen. Ein Fremder? Ein *farangi*? Ist einfach ein Mensch! Man macht ihm Platz, man sorgt dafür, dass er gut bedient wird, und jeder wendet sich wieder seinen eigenen Geschäften zu.

Was den Baumstamm betrifft, der der Unentschlossenheit keinen Platz einräumt: Er ist die Vernunft selbst. Wie könnte man einem derart spitzbübischen Einfall widerstehen? Wir waren sogar bereit, einen höheren Preis dafür zu zahlen. Doch davon ist nicht die Rede. Der Tee ist siedend heiss, die Melone gerade richtig reif, die Rechnung bescheiden. Als wir weiter wollen, erhebt sich der Wirt und schiebt dienstbeflissen seinen Balken beiseite.

Kabul

Wenn der Reisende, der von Süden kommt, Kabul im Kranz seiner Pappeln erblickt, mit den blauen Bergen, auf denen eine dünne Schneeschicht dampft, und den vielen Drachen, die hoch über dem Basar am Herbsthimmel schweben, schmeichelt er sich mit dem Gedanken, am Ende der Welt angelangt zu sein. Er hat im Gegenteil ihren Mittelpunkt erreicht. Das bestätigt sogar ein Kaiser:

Das Fürstentum Kabul gehört dem vierten Klima an und liegt somit im Mittelpunkt der bewohnten Welt ... Die Karawanen, die von Kaschgar, Fergana, Turkestan, Samarkand, Buchara, Balch und Badachschan kommen, ziehen nach Kabul ... Kabul ist der Verbindungspunkt zwischen Hindustan und Chorasan und bietet einen der günstigsten Märkte. Selbst wenn seine Handelsleute die weite Reise nach Cathay und Rum machten (nach China und Klein-Asien), könnten sie keine grösseren Gewinne erzielen ... Es gibt viele Kaufleute, die sich nicht mit einem Verdienst von dreissig oder vierzig Prozent begnügen. Die Früchte, die in Kabul selbst und den umliegenden Dörfern gedeihen, sind Trauben, Granatäpfel, Aprikosen, Äpfel, Quitten, Birnen, Pfirsiche, Pflaumen und Mandeln. Nüsse gibt es im Überfluss, und der Wein ist berauschend. Kabul hat ein herrliches Klima; es gibt kein Land auf der Welt, das ihm in diesem Punkt gleichkäme. Auch Samarkand und Täbris sind für ihr Klima berühmt, aber dort ist es sehr kalt.

Die Bevölkerung des Fürstentums Kabul ist mannigfaltig; in den Tälern und Ebenen gibt es Türken, Aimaken und Araber. In den Städten herrschen die Sarten vor. In anderen Dörfern des Distrikts wohnen Tadschiken, Bereki, Afghanen. Man spricht im Fürstentum etwa elf bis zwölf Sprachen, darunter Arabisch, Persisch, Türkisch, Mongolisch, Hindi, Paschto ... In keinem anderen Land der Welt begegnet man einer solchen Vielfalt von Völkern und Sprachen ...[58]

Bei dieser Gelegenheit zählt Kaiser Babur auch gleich dreiunddreissig verschiedene Sorten von wilden Tulpen auf, die auf den Hügeln rund um die Stadt wachsen, sowie eine Menge Bäche, die er als „Mühle“, „Halbmühle“, „Viertelmühle“ klassifiziert. Doch auch dabei bleibt er nicht stehen. Das minutiöse Inventar füllt mindestens zehn Seiten der *Memoiren,* die er auf dschagataisch verfasste, nachdem er im Jahr 1501 nach Kabul geflüchtet war und sich fast ohne Schwertstreich durchgesetzt hatte. Damals war er noch nicht zwanzig, und bisher war ihm nichts geglückt. Verwandte hatten ihn um sein Erbe Fergana gebracht. Die usbekischen Herrscher von Samarkand machten Jagd auf ihn. Jahrelang mühte er sich fruchtlos ab, Intrigen zu spinnen, Partisanen um sich zu sammeln, zu kämpfen und zu flüchten, im Dunst seiner paar Pferde unter freiem Himmel zu schlafen, zusammen mit den paar wenigen, die ihm treu geblieben waren.

In Kabul konnte er zum erstenmal ruhig schlafen, und er verliebte sich alsbald in die Stadt. Er liess die Stadtmauern ausbessern, Gärten anlegen, die Zahl der Bäder vervielfachen, Wasserbecken ausheben – die Leidenschaft der Muslime für fliessendes Wasser – und neue Weinberge pflanzen, um den Trinkgelagen zu genügen, bei denen er wacker mithielt. Er muss viele Tage mit dem Falken auf der Faust auf der Jagd in den von Drosseln und Rebhühnern wimmelnden Obstgärten von Kabulistan verbracht haben und viele noch köstlichere Abende damit, unter einem Apfelbaum oder auf dem flachen Dach eines Taubenschlags sitzend die Nacht zu erwarten, während er Haschisch rauchte und mit den aufgewecktesten seiner Gefährten Rätsel und Sinngedichte tauschte oder emsig Verse schmiedete, um nicht vor seinem Nachbarn, dem Fürsten von Herat, erröten zu müssen, dessen Hof so belesen war, dass man „nicht den

Fuss ausstrecken konnte, ohne einen Dichter am Hintern zu berühren". Solche Erinnerungen prägen einen. Und als Babur nach Indien reiste, um sein Reich angemessen zu vergrössern, konnten ihn seine Einkünfte von zwei Milliarden und fünfhundert Millionen Rupien – da macht man Augen! – nicht dafür entschädigen, dass er Kabul verlassen hatte. Sein ganzes Heer, er als erster, hatte Heimweh. Übrigens schickte er sogleich zwei Reiter aus, um die Strecke, die Kabul von Agra trennte, genau zu messen; längs des ganzen Weges liess er Poststationen mit Pferden und Kamelen einrichten, damit er schneller zurückgelegt werden konnte. So liess er jahrelang Wein und Melonen, deren Duft ihn „wahrhaftig zum Weinen brachte", aus Afghanistan in seine neue Hauptstadt befördern, doch allzu viele Geschäfte hielten ihn in Indien fest, und er kehrte erst als Toter nach Kabul zurück. Man findet sein Grab in einem Garten westlich vom Basar, im Schatten riesiger Platanen.

Es spricht für eine Stadt, wenn sich ein Mann dieser Qualität von ihr verzaubern lässt, im wahrsten Sinne des Wortes. Er, der sonst so scharfsichtig ist, wiederholt ganz naiv alle Märchen, die über sie in Umlauf sind: Kain habe sie mit eigenen Händen erbaut, Lemek, der Vater von Noah, sei dort begraben, Pharao habe sie mit seinen Nachkommen bevölkert …

Doch mit dem „Mittelpunkt der Welt" muss man ihm recht geben. Dieser Anspruch, der allenthalben erhoben wird, erscheint hier für einmal begründet. Die Provinz Kabul, die über die Pässe des Hindukusch und die nach Indien hinabführenden Täler gebietet, hat jahrhundertelang als Schleuse zwischen der indischen, der hellenisierten persischen und (über Zentralasien) der chinesischen Kultur gedient. Es ist kein Zufall, dass die Diadochen, die sich dort so lange halten konnten, der „dreiköpfigen Hekate", welche die Gottheit der Weggabelungen ist, einen Kult weihten. Und als im Morgengrauen des christlichen Zeitalters Hermaios, der letzte und schon unbedeutende griechische König von Afghanistan, seine Münzen auf der einen Seite mit indischen, auf der anderen mit chinesischen Schriftzeichen prägen liess, war diese Wegkreuzung wirklich zum Mittelpunkt der „bewohnten Welt" geworden.

Und was hat sich hier alles abgespielt, was ist hier alles durchgezogen seit den Mazedoniern Alexanders, die bei jedem Joch Weinberg „Dionysos!" rufen und sich schon daheim glauben!

Die fünfhundert Elefanten, die Seleukos Nikator in Indien gekauft hat, um es seinen westlichen Rivalen zu geben. Karawanen, beladen mit Elfenbeinschnitzereien, Glaswaren aus Tyros, persischen Parfums und Salben, phantastischen Silen- oder Bacchus-Statuen, die in den kleinasiatischen Werkstätten serienweise hergestellt werden. Geldwechsler, Wucherer, Zigeuner. Vielleicht Kaspar, einer der Heiligen Drei Könige, ein indo-parthischer Fürst aus dem Pundschab, dessen Namen die Verfasser der *St. Thomas-Acta* verstümmelt haben. Aus Asien vertriebene Skythen oder Kuschan-Nomaden, die mit hängendem Zügel dahergestürmt kommen, und jeder vergräbt wie rasend seinen Schatz, zur Freude künftiger Numismatiker und Archäologen. Andere Handelsleute. Ein neugieriger Privatreisender, wie es sie immer geben wird, mit seinem Diener, der Notizen macht (vielleicht findet man sie dereinst). Leider keine Historiker. Chinesische Buddhisten, die brummelnd von ihrer gefährlichen Pilgerfahrt nach Indien zurückkehren, ihr Gepäck mit heiligen Texten vollgestopft. Noch weitere Nomaden, diesmal sind es Hunnen, und sie wirken auf die ersten, die sich inzwischen Schliff zugelegt haben, roh und primitiv.

Und dann der Islam, hart und ohne Erinnerung. Siebtes Jahrhundert. Der Kreuzweg wird in der Folge noch viele andere Völker sehen, doch ich breche hier ab. Der Reisende von heute, der auf so viele andere folgt, möge sich also mit der gebührenden Bescheidenheit präsentieren und nicht meinen, dass er irgend jemanden in Erstaunen setzt. Dann werden ihn die Afghanen aufs Beste empfangen. Im übrigen haben die meisten ihre eigene Geschichte völlig vergessen.

Dem Westen und seinen Versuchungen gegenüber bewahrt der Afghane eine erfreuliche Unabhängigkeit des Denkens. Er betrachtet ihn ungefähr mit dem gleichen vorsichtigen Interesse wie wir Afghanistan. Er weiss ihn zu schätzen, aber er imponiert ihm nicht.

In Kabul gibt es ein wunderbares kleines Museum, wo die Funde der französischen Archäologen zu sehen sind, die seit der Unabhängigkeitserklärung in Afghanistan Ausgrabungen vornehmen. Übrigens auch andere Gegenstände, von allem etwas: Bruchstücke von Sammlungen, ein ausgestopftes Wiesel, Münzen, die man beim Reparieren der Abwässerkanäle findet, Bergkristalle. In einer versteckten Vitrine im Erdgeschoss, die den Volkstrachten gewidmet ist, konnte man im Jahr 1954, zwischen einem Maori-Federnrock und einem Hirtenmantel aus Sinkiang, einen ganz gewöhnlichen Pullover mit der Bezeichnung „Irland“ oder vielleicht „Balkan“ bewundern. Anilinrot gefärbt, vermutlich handgestrickt, aber, du liebe Zeit, ein Pullover wie man ihn bei uns in der Strassenbahn dutzendweise sieht, sobald der Oktober ins Land zieht. War er versehentlich hierhergeraten? Ich hoffe nicht! Nun, jedenfalls habe ich ihn lange und mit ganz neuen Augen betrachtet, und ich muss gestehen, dass objektiv gesprochen die Zivilisation, die durch dieses weinrote Kleidungsstück repräsentiert wurde, neben den Federn des Paradiesvogels und dem Kasachenpelz eine schlechte Figur abgab. Jedenfalls fühlte man sich durchaus nicht versucht, ein Land zu besuchen, wo die Leute sowas tragen.

Diese Auslage hat mich entzückt. Als hätte man mir einen trefflichen Streich à la Swift gespielt, der bewirkt, dass es einem wie Schuppen von den Augen fällt und das Herz höher schlägt. Im übrigen war eine Prise Afghano-Zentrismus höchst willkommen nach vierundzwanzig Jahren Europa, das uns die Kreuzzüge auswendig lernen lässt, ohne ein Wort über die Mamluken zu sagen, das die Erbsünde in Mythologien aufstöbert, wo sie nichts zu suchen hat, und Indien von dem Augenblick an des Interesses wert findet, da Handelsgesellschaften und ein paar Abenteurer aus dem Westen Hand darauf legten.

Eine Woche nach unserer Ankunft; beide krank. Einmal wurde eben die Rechnung für die Durchquerung der Wüste Lut, den Nervenverschleiss in Quetta und die durchwachten Nächte in der *Saki-Bar* präsentiert. Unlustig, schwunglos, matt; mit der Neigung, alles schwarz zu sehen, und einem besonderen Blick für die Dinge, die nicht klappen. Die Vorstellung, in diesem Zustand Leute zu belästigen, um Vorträge oder Aquarelle anzubringen, hat nichts Erfreuliches. Es ging uns also nicht gerade prächtig. Doch da liess das Glück uns auf einen Schweizer Arzt stossen, der hier als Uno-Experte allein lebte und uns einlud, bei ihm zu wohnen, bis wir uns ganz erholt hätten – also sehr lange. Ein offener Mensch, grossherzig, feinfühlig, aufmerksam, ungeachtet einer stets ein wenig zerstreuten Miene, und wie befangen ob seiner eigenen Freundlichkeit. Das absolute Gegenstück unseres Doktors in Kandahar mit seinen ständigen Posen. Im Gegenteil: Er hatte eine Art, beim Sprechen den Kopf zu senken, als redete er zu seiner Brusttasche und hätte grosse Zweifel an seinen eigenen Worten. Dabei lachte er gern und pflegte uns grossartig. Mit einem Wort: ein Freund.

Dank dieser gütigen Vorsehung bewahre ich mir eine Erinnerung an Kabul, die dem von Babur gezeichneten Bild einer wunderbaren Stadt nahekommt. Mit einem einzigen Vorbehalt: dem Geruch von Hammelfett, der die Stadt ganz durchdringt[59] und unerträglich wird, wenn die Leber nicht in Ordnung ist. Und mit einer einzigen Korrektur: dem Wein. Zu Baburs Zeiten floss er in Strömen, das Gesetz wurde tagtäglich übertreten, die Betrunkenen, die mit aufgelöstem Turban im grünen Gras schliefen, waren nicht mehr zu zählen. Heute sind die Afghanen, die den besten Wein der Welt haben, zur Abstinenz zurückgekehrt. In Kabul gab es keinen Tropfen Alkohol. Einzig die Diplomaten hatten eine Einfuhrerlaubnis. Die übrigen Ausländer waren darauf angewiesen, sich einige Zentner Trauben im Basar zu kaufen und ihren eigenen Tropfen zu keltern. Die Franzosen hatten die Mode eingeführt, ein paar Österreicher hatten sie übernommen. Sobald es September wurde, verwandelten sich Geologen, Lehrer, Ärzte in Winzer. Man half einander nachbarlich beim Stampfen der Trauben und beim Abfüllen des Mostes in grosse irdene Gefässe. Bei Tisch erschien dann der Weisswein in wachsversiegelten Flaschen. Er schmeckte wie Manzanilla, nicht schlecht, manchmal etwas zu trocken, aber auf jeden Fall, wie der Hausherr einem beim Einschenken zuflüsterte, besser als der von unserem lieben X. oder gar dem armen Y. Der beste Tropfen stammte immer noch vom Kaplan der italienischen Botschaft, der Übung hatte, weil er seit Jahren seinen eigenen Messwein fabrizierte und denen, die es am meisten verdienten, jeweils ein paar Flaschen zukommen liess, die er zu weihen vergessen hatte.

Da die Afghanen im Lauf der Geschichte ihre Nachbarn gründlich auszuplündern pflegten, haben sie die längste Zeit die Fremden verdächtigt, das gleiche im Sinn zu haben. Ohne sich gross zu irren. Im 19. Jahrhundert schoss man einfach auf die Europäer; erst 1922 wurde die Tür einen Spalt weit aufgetan, um einige wenige einzulassen. Dieser Eklektizismus hat seine Vorteile, denn da, wo der Westen nicht fähig ist, einem Land seine Geschäftemacher, seine Feldwebel, seinen Ramsch aufzudrängen, findet er sich damit ab, gebildete Menschen hinzuschicken: Diplomaten, Orientalisten, Ärzte, die Wissbegier und Takt besitzen und sehr gut verstehen, dass ein Mensch auch Afghane sein kann.

So hatte auch die kleine westliche Kolonie in Kabul eine mannigfaltige, angenehme und interessante Gesellschaft zu bieten: dänische Ethnographen, die zwei Tagereisen von der Stadt entfernt Täler fanden, wo noch kein Europäer den Fuss hingesetzt hatte; Engländer, die sich in der Rolle des einstigen Gegners, die sie in Asien so gut auszufüllen wissen, sehr wohl fühlten; einige Experten der Vereinten Nationen; und vor allem Franzosen, heiterer Mittelpunkt dieser Gemeinschaft. Die Franzosen, etwa vierzig an der Zahl, hatten hinten in einem Pfarrhausgarten eine Art Klub; dort konnte man einmal in der Woche hingehen, etwas Kühles trinken, Schallplatten hören, in der Bibliothek stöbern und ungewöhnliche Menschen kennenlernen, die das Land vortrefflich kannten und ohne Schulmeisterei davon zu erzählen wussten. Man wurde liebenswürdig empfangen, wohlwollend aufgenommen, fand jede Menge Anregungen. Nach vierzehn Monaten auf der Landstrasse und ohne Lesestoff entdeckte ich aufs neue das Vergnügen, beispielsweise einem Archäologen zuzuhören, der gerade von seinen Ausgrabungen in Arachosien oder Balch zurückgekehrt war und, mit dem Glas in der Hand, voller Begeisterung über die

Zuordnung einer Münze oder die Gipsarbeit an einer Statue sprach. Ein paar geistreiche Frauen, einige sehr hübsche, die wir uns möglichst aus der Nähe besahen, und schliesslich auch, denn Provinz ist Provinz, eine Auswahl jener Damen, die, genau wie in Montargis oder Pont-à-Mousson, tratschen und klatschen und heimlich miteinander wetteifern, wem der Vorrang gebührt. Kurz, eine lebendige, ulkige, interessante Gesellschaft, deren Mitglieder über genügend Freiheit und Spielraum verfügten, um sich entfalten zu können, und die geradewegs einem Stück von Beaumarchais, Giraudoux oder Feydeau zu entstammen schienen.

Manchmal eine kleine Krise à la Madame Bovary, amüsante Gerüchte; eine „Leidenschaft", der die „Schuldigen", soweit man dem Klatsch dieses Mikrokosmos trauen durfte, in Lahore oder Peschawar frönten – wobei sie auf der dreihundert Kilometer langen abscheulichen Piste, die sie bis zur Grenze zu bewältigen hatten, ihre Irrungen und Wirrungen schon im voraus büssten.

Hier waren die ideologischen Differenzen gleichsam auf Provinzniveau reduziert, und die russischen Diplomaten zeigten sich weniger zugeknöpft als anderswo, vielleicht fühlten sie sich selbst dem Bild verpflichtet, das sie von dem grossen, gutmütigen, ländlichen Nachbarn am anderen Ufer des Oxus zu geben bemüht waren. Man konnte sie sehen, wie sie sich gemeinsam zum Friseur, gegenüber dem einzigen Kino der Stadt, begaben, alle zusammen in einen alten *Ziss* mit zitronengelben Leisten gezwängt, der in einer mächtigen Staubwolke über die löchrige Strasse holperte. Drinnen, unter dem leisen Geklapper der Scheren, lockerten sie sich ein wenig, gaben, ernst und schwerfällig wie immer, Wortfetzen von sich, den Strohhut bis zu den Augen herabgezogen, die Krawatte zu einem faustgrossen Knoten geschlungen, unbeholfen auf der Suche nach einer Form elementarer Sympathie, die niemand ihnen zu verweigern gedachte. Man begegnete ihnen auch bei J., dem deutschen Zahnarzt, dessen Frau so reizend war, dass seine Praxis trotz Bohrmaschine mit Fusspedal und der sonstigen vorsintflutlichen Einrichtung nie leer war. Doch hier waren sie eher auf der Hut: Die versöhnliche Ambiance, das neutrale Terrain des afghanischen Kramladens fehlte ihnen. Das Wartezimmer, das war bereits der Westen mit seinen Fallen. Sie lasen also, ohne aufzusehen, die Nummern von *Ogonjok,* die für sie auf dem Tisch lagen; ohne etwas zu überspringen, studierten sie gewissenhaft die Reklamen, den Ratgeber für die Hausfrau, den ideologischen Leitartikel, bis sie endlich die wohlverdiente Oase erreichten: die Farbfotos einer turkmenischen Kolchose, wo ein Bauer in Nationaltracht mit spiegelblank geputzten Stiefeln dem Leser zulächelte, während er seinen Traktor vor der Kamera wendete. Wir sassen einander lange wartend gegenüber, und nach einer Weile überkam uns Mitleid mit diesen Menschen, die das Lachen verlernt hatten und darum so schutzlos schienen. Man sah sich schon diesen massigen Frauen diskret ein paar Ratschläge in Sachen Eleganz zuflüstern, zu den finsterblickenden Männern sagen: „Aber, aber! Lasst doch die Reklamen sein, das ist alles nicht so schlimm! Entspannt euch, nehmt eine Zigarette, plaudern wir ein bisschen! Auf zweitausend Meter Höhe, im seltsamsten Land der Welt, wird das niemandem schaden!" Vielleicht sahen sie uns einfach nicht. Vielleicht dachten sie das gleiche wie wir, aber wir durften Kontakt suchen und sie nicht, und dieser Unterschied hat seinen Preis.

Die Jüngeren kamen manchmal verstohlen in das *Maison des Français,* um etwas zu trinken: vierschrötige Männer, die immer paarweise auftraten, mit muskulösen Gesichtern, in zu kleine Anzüge gezwängt. Sie sprachen ein wenig Französisch, das sie in der Artillerieschule, in der Fliegerschule, in der Entminungsschule gelernt hatten – nie einfach in der Schule. Sie wurden freundlich empfangen, und man redete über alles oder nichts, eher über nichts, denn sämtliche Themen ausser Gorki, Katschaturian und dem Eremitage-Museum konnten Ketzerei bedeuten. Immerhin waren sie da, argwöhnisch, aber verbindlich. Die Sektgläser verschwanden in ihren mächtigen Händen, aber sie fühlten sich nicht allzu verloren, denn sie konnten ja in ihren Handbüchern nachlesen, dass Diderot der Vater der Bodenreform, Molière der geschworene Feind der Bourgeoisie und Thorez ein feinsinniger Stilkünstler war.

Schon im Jahr 1868 sprach Emir Abdalrachman scheinheilig von „der armen afghanischen Ziege zwischen dem russischen Bären und dem britischen Löwen". Unter seiner Regierung gelang es übrigens der afghanischen Ziege des öfteren, einen Nachbarn gegen den anderen auszuspielen und auf diese Art alle beide zu prellen; seine politische Tüchtigkeit in dieser Beziehung hat Schule gemacht. Hier ist man an diese heikle Nachbarschaft gewöhnt, an deren Wesen die Revolution nicht viel geändert hat. Man lässt sich auch nicht durch die Widersprüche beirren, die sich zwischen Prinzipien und Tatsachen ergeben, denn als guter Orientale hat man gar nicht an Prinzipien geglaubt. Niemand staunt, wenn die laizistische sozialistische Republik den Herrscher dieses Königreichs, in dem der Islam Staatsreligion ist, mit acht Pferden beehrt; man weiss, dass ein solches Geschenk die Einleitung einer Bittschrift bildet und dass die Russen, wenn es sein müsste, auch den Bau einer Moschee anbieten würden.

Von den Amerikanern sah man noch weniger. Sie lebten wie immer für sich, lernten das Land aus Büchern kennen, waren wenig unterwegs und kochten aus Angst vor Viren und Krankheiten (die sie aber trotzdem nicht verschonten) das Trinkwasser ab.

Auch uns verschonten sie nicht. Thierry hatte gerade Zeit, seine Bilder auszustellen und einiges zu verkaufen, dann erwischte er eine Gelbsucht, von der er sich erst nach mehreren Wochen erholte. Ich weiss nicht, wie er ohne unseren Freund Claude, den Doktor, und ohne die Hilfsbereitschaft, der wir überall begegneten, davongekommen wäre. Mitte November flog er nach Neu-Delhi, von wo er per Eisenbahn nach Ceylon hinunterwollte, um Vorbereitungen für die Ankunft seiner Flo zu treffen. Der Termin liess ihm zuwenig Zeit abzuwarten, bis auch ich wieder ganz auf den Beinen war, und ausserdem war er noch zu schwach, um mit dem Auto über die Pässe zu fahren und die Strapazen einer Reise nach Indien auf sich zu nehmen. In ein paar Monaten würde ich mit dem Wagen und dem Gepäck nachkommen. Gerade rechtzeitig, um mit ihnen die Hochzeit zu feiern.

Die zivile Luftschiffahrt von Afghanistan bestand damals alles in allem aus einer kleinen Gesellschaft namens *Indomer,* welche die Pilger nach Mekka beförderte und ihre Einkünfte zur Hauptsache aus dem Teppichschmuggel bezog; umsichtig wie immer, hielt der Staat ständig einen der Geschäftsführer im Gefängnis. Der Flugplatz war einfach ein mit Leuchtbojen ausgerüstetes Feld, das sich bescheiden den Launen der Witterung unterwarf und beim ersten Schneefall geschlossen wurde; soweit die Jahreszeit es zuliess, wurde er von den zweimotorigen Maschinen der Air India und der KLM angeflogen.

Ich brachte Thierry im Morgengrauen hin. Es war kalt, und die langgestreckten braunen Brachfelder im Süden der Stadt waren mit weissem Reif bedeckt, der uns an die ersten

Monate in Täbris erinnerte. Die indische Maschine mit einem bärtigen Sikh im Pilotensitz stand schon auf der Piste. Bevor wir die Barriere passierten, teilten wir das Geld, das Thierry hier verdient und wozu ich keinen Sou beigetragen hatte.

Rückfahrt im Jeep. Die aufgehende Sonne berührte die Spitzen der Pappeln, die Gletscher des Suleiman-Gebirges und liess die gedroschene Gerste auf den flachen Dächern des Basars erglänzen. Auf dem Weg zur Stadt lag ein grün und blau gestrichener Autobus – mit welchem Geschick hier die Farben immer miteinander in Einklang gebracht werden! – umgestürzt im Graben. Ringsherum hockten die Passagiere und rauchten Zigaretten; andere gingen seelenruhig auf und ab, mit der Miene von Leuten, die nichts anderes erwartet hatten. Ich liebte dieses Land. Ich dachte an Thierry; in Asien strömt die Zeit breiter dahin als bei uns, und unsere vollkommene Gemeinschaft schien mir zehn Jahre gedauert zu haben.

Ein paar Tage später fuhr Claude ins südliche Afghanistan hinunter, wohin ihn seine Arbeit rief. Ich reiste gegen Norden, über die Berge, nach Balch. Die französischen Archäologen hatten mich eingeladen, eine Zeitlang dort zu arbeiten.

Der Hindukusch

Sechzig Kilometer nördlich von Kabul erhebt sich das Massiv des Hindukusch. Mit einer mittleren Höhe von viertausend Metern durchquert es Afghanistan in westöstlicher Richtung, hebt die Gletscher von Nuristan sechstausend Meter hoch empor und trennt zwei Welten. Der Südhang: ein verbranntes Hochplateau, von grünenden Tälern durchschnitten, das sich bis zu den Bergen der belutschischen Grenze erstreckt. Glühende Sonne, schwarze Bärte, Hakennasen. Man spricht und denkt Paschto (die Sprache der Pathanen) oder Persisch. Der Nordhang: Licht, durch Steppennebel gefiltert, runde Gesichter, blaue Augen, wattierte Mäntel usbekischer Reiter, die in ihre Jurtensiedlungen traben, Wildschweine, Trappgänse. Kurzlebige Wasserläufe durchziehen die schilfbestandene Ebene, die sich sanft zum Oxus und zum Aral-See hinabsenkt. Man spricht wenig, die verschiedenen turkmenischen Dialekte sind einfache Sprachen. Denken tun eher die Pferde.

An Novemberabenden weht der Nordwind in Böen über Kabul hin, fegt die muffigen Gerüche aus dem Basar und lässt in den Strassen einen frischen Geruch nach Höhe zurück. Der Hindukusch grüsst. Man sieht ihn nicht, aber man spürt ihn hinter den ersten Bergketten, aufgehängt wie einen Mantel in der Nacht. Der ganze Himmel ist davon erfüllt. Der Geist auch. Nach einer Woche hat man nur noch das Gebirge im Kopf und das Land, das sich dahinter ausdehnt, und man denkt so lange daran, bis man hinfährt.

Um den Hindukusch zu überqueren und ins afghanische Turkmenistan, das einstige Baktrien, zu gelangen, braucht man einen Passierschein von der Polizei in Kabul und einen Platz im Autobus der *Afghan Mail* oder auf einem der Lastwagen, die nach Norden fahren. Die Bewilligung wird oft verweigert. Aber wenn man der Polizei einen einfachen, einleuchtenden Grund für die Reise angibt – zum Beispiel herumvagabundieren, sich das Land anschauen –, zeigt sie sich gefällig. Jeder Muslim, sogar ein Polizist, ist seiner Natur nach Nomade. Man braucht nur zu sagen: *dschahan* (die Welt) oder *schahrah* (die Landstrasse), und er sieht sich schon, von allen Banden frei, auf einer staubigen Landstrasse und unter einer dünnen Mondsichel, die Wahrheit suchen. Als ich noch hinzufügte, ich hätte keine Eile, erhielt ich mein Papier unverzüglich.

Der Basar von Kabul. Die steinernen Gewichte klingen auf den Waagschalen. Die Kampfrebhühner wetzen den Schnabel an den Weidenruten ihres Käfigs. Im Suk der Schmiede stehen die Lastwagen mit der Nase auf der Esse geparkt. Während das weissglühende Metall auskühlt, schwatzen die Chauffeure, auf ihren Fersen hockend, untereinander. Die Wasserpfeife geht von Hand zu Hand, Botschaften und Nachrichten schwirren durch die kalte Luft. Der Autobus von Kondos ist in den Fluss gefallen – oben auf dem Lataban-Pass ist es voller roter Rebhühner –, in Ghardes hat man beim Brunnenbohren einen Schatz entdeckt. Neuankömmlinge gesellen sich dazu, ein jeder mit einer Geschichte oder einer Neuigkeit, und von Stunde zu Stunde nimmt die Gerüchteküche des Königreichs mit dem Qualm zu, der zwischen den dunklen Konturen der Lastwagen aufsteigt.

Ein Wort über diese Lastwagen. Der Afghane pflegt seine Beschlüsse endlos zu wägen, aber wenn sie einmal gefasst sind, dann kommt er richtig auf Touren. Wenn er einen Lastwagen kauft, träumt er alsbald von ungeheuerlichen Frachten, wie der Basar sie noch nicht gesehen hat. Mit fünf, sechs Fahrten wird er seine Schäfchen ins trockene bringen. Man wird von ihm reden hören. Die sechzehn Tonnen *Mack* oder *Internash* vermögen seinem Ehrgeiz nicht zu genügen. Der Motor, das Fahrgestell, das ginge noch an, aber die Ladebrücke dünkt ihn schäbig. Er verkauft sie als Brennholz und errichtet an ihrer Stelle ein nach oben offenes Gehäuse, in dem ein Dutzend schwere Gäule bequem Platz finden würden. Dann holt er den Maler. Die afghanischen Autobusse sind mit dem feinsten Pinsel und über die ganze Oberfläche bemalt: Minarette, Hände im Himmel, Pik-As, ein

Dolch, der einen surrealistischen Busen durchbohrt, das Ganze von Koransprüchen umgeben, die sich in sämtliche Richtungen ringeln, denn der Künstler arbeitet, die Nase ans Blech gedrückt, eher im Bestreben, die ganze Fläche auszufüllen, als etwas darzustellen. Am Schluss ist der ganze Wagen unter diesen frivolen Dekorationen verschwunden. Was bleibt, hat etwas von einer Ikone und einer Biedermeier-Bonbonniere an sich.

Dann geht es ans Aufladen. Dabei legt der Fuhrmann die Strecke im Geist zurück: Wenn die tiefsten Zweige der Nussbäume auf eine Höhe von sieben Meter hinunterhängen, vom Boden aus gemessen, wird er sechs Meter hoch laden. Sein Laster sieht jetzt nach etwas aus, aber er ist kaum imstande, ihn dem lehmigen Boden des Suk zu entreissen. Wird er sich jetzt zufriedengeben? Das hiesse ihn schlecht kennen. Er hält in den Vorstädten an, rekrutiert Reisende nach dem Norden, zu fünfzig Afghani die Fahrt, und plaziert sie zwischen die Säcke.

So beladen, schwankt er dem Hindukusch zu, nach Masar oder Kondos, *inschallah,* und siehe da! Nach zwei, fünf, acht Tagen langt er wahrhaftig dort an, dank einer Reihe von Wundern, über die sich niemand wundert, da Gott ja bekanntlich Afghane und Muslim ist. Ausser, der Laster ist irgendwo auf dem tiefsten Grund eines Abgrunds liegengeblieben …

Bin bei Anbruch der Nacht zum Suk der Schmiede gegangen. Die Stücke, die mit der Zange aus der Esse gezogen wurden, strahlten einen rötlichen Schein aus, der den Blick anzog. Die Stimmen verstummten allmählich. Die Chauffeure, die jetzt noch an der Arbeit waren, würden heute nacht oder morgen in aller Früh losfahren. Ich fand ohne Mühe eine Fahrgelegenheit Richtung Norden.

Bin sehr zeitig aufgestanden. Habe Winterkleider angezogen, die seit Täbris nicht aus dem Reisesack gekommen waren, und meine Stiefel geschmiert, während ich dem Singen der Kaffeemaschine lauschte. Die Stadt war eiskalt. Durch kleine, staubverkrustete Ebereschenwäldchen gelangte ich in die umliegenden Obstgärten. Zwei Apfeldiebe mit Säcken, die so gross waren wie ihre lachenden Gesichter, stahlen sich den Mauern entlang. Aus der Richtung des Basars, wo die ersten Rauchfahnen aufstiegen, war noch kein Motorenlärm zu hören. Der Mann hatte gesagt: „Sieben Uhr", ohne dass das viel heissen wollte. Hier zählt das Wort weniger als der Gedanke, und wer kann für das bürgen, was er morgen denken wird? Die Zeit gehört Gott allein, und die Afghanen machen nicht gern Versprechungen, die in die Zukunft reichen. Morgen früh – oder morgen abend oder in drei Tagen oder niemals ... Ich marschierte einfach drauflos. Die Sonne stand hoch, als der Laster mich hupend einholte. Ich gesellte mich zu ein paar höchst vergnügten alten Männern hoch oben auf der Ladung und beendete den Vormittag auf dem Reserverad liegend. Die Hände unterm Nacken verschränkt, sah ich in ein Stück Himmel, doch bei jeder Kurve sah ich nur noch magere Beine, Pantoffeln und die Bärte meiner Nachbarn ... Wir fuhren über den kleinen Pass, der das Tal von Kabul vom Tal von Scharikar trennt.

In Scharikar mit den Reisegefährten mittags Reis gegessen und Tee getrunken. Der kleine Ort war ganz durcheinander. Man erwartete den König, der auf dem Rückweg von der Jagd hier durchkommen sollte. Soldaten hatten die Strasse mit Baumstämmen gesperrt und hielten den ganzen Verkehr zum Hindukusch auf, bis der königliche Zug vorbei wäre. Das passte meinem Chauffeur ganz und gar nicht. Er überlegte unter lautem Rülpsen, während er die Hände, die er im Wasserkrug gewaschen hatte, im Wind trocknen liess. Schliesslich entdeckte er unter den Wachen einen Vetter, der sich alsbald ans Lenkrad setzte – und nach einem diskreten Manöver befand sich unser Wagen tatsächlich auf der anderen Seite des Strassenblocks. Man bevettert sich in Afghanistan gern und nie ohne Grund.

Die Sonne begann zu sinken, als der Wagen sich nach Westen wandte und die Strasse nach dem Tal von Ghorband einschlug: ein langer Streifen schwarzer Erde, mit Kastanien- und Nussbäumen bepflanzt. Scharen von berauschten Staren und Drosseln flatterten aus den Weinbergen auf; es knallte wie ein Hagelwetter. Das ganze Tal war voller Erwartung. In der Strasse, wo der königliche Konvoi passieren sollte, hatte man in den Tschaichanes zum Besen gegriffen und gefegt; man hatte weissgedeckte Tische vor die Tür gestellt und sie mit Birnen und Orchideen geschmückt. Die Wirte sassen hinter den dampfenden Teekesseln und bohrten nervös mit den Zehen in den Pantoffeln, während sie mit ängstlichen Blicken die Staubfahne des königlichen Zuges beobachteten, die langsam in die Nacht hineinfuhr: Gesegnet sei der König, wenn er meinen Hof betritt, doppelt gesegnet, wenn er sich an meinen Tisch setzt, dreifach gesegnet, wenn der Kämmerer beim Aufbruch die Bezahlung nicht vergisst.

Auf halber Höhe des Tals kreuzten wir die kleine Karawane, die unter einem Kastanienbaum rastete. Einige Reiter mit dem Karabiner über der Schulter und der Lanze am Steigbügel flankierten den königlichen Jeep; der Anhänger war mit Bergschafen, Damwild, Trappen gefüllt. Die Tiere waren noch warm, das Blut tropfte schwarz auf die Strasse. Der König sass zwischen zwei Offizieren vorn im Jeep. Alle drei trugen genau die gleiche olivgrüne Uniform, und da die Gesichter im Schatten lagen, konnte ich nur mit Mühe die feinen Gesichtszüge erkennen, die dank der Bilderpracht im

Basar allgemein bekannt sind. Die Begleitsoldaten waren über den Lastwagen beunruhigt, der auf der gesperrten Strasse herumfuhr; sie nahmen den Chauffeur rüde ins Verhör, drückten sich an die Türen und warfen argwöhnische Blicke in die Kabine. Trotz ihrer Fracht aus blutbespritzten Federn und Pelzen waren sie weit von der Ermattung und Sorglosigkeit entfernt, die gewöhnlich die Rückkehr von einer erfolgreichen Treibjagd kennzeichnet. Die rauhen Fragen der Reiter, die Nervosität ihrer Pferde und die drei unbeweglichen, aber aufmerksamen Gestalten erinnerten eher an das vorsichtige Verhalten einer Reisegesellschaft auf unsicheren Strassen. Dabei war das Tal friedlich und das Königreich ruhiger denn je. Doch seit der Thron von Afghanistan überhaupt existiert, sind solche Vorsichtsmassnahmen üblich, und dank ihnen darf wenigstens jeder dritte König in seinem Bett sterben. In diesem Land der Leidenschaften, wo die Liebe zum Boden, die Rivalität unter den Stämmen und die Last der Blutrache die Gewehre wie durch ein Wunder von allein losgehen lassen, wäre es schwierig zu regieren, ohne ein wenig „vorzubeugen", und jeder Gegner, den man erledigt, hetzt einem einen ganzen Clan Rächer auf den Hals. Seit König Nadir, sein Vater, von dem kleinen Pagen eines kaltgestellten Generals aus nächster Nähe erschossen wurde und der Junge wortlos unter der Folter starb, hütet sich Sahir Schah nach allen Seiten und schläft nur auf einem Ohr. „Zehn Derwische finden unter einem lumpigen Mantel Platz, aber die ganze Welt bietet nicht Raum für zwei Padischah", sagt das Sprichwort. Und schon gar nicht dieses bukolische Erbteil, das wohl imstande ist, Köpfe zu verdrehen.

Bei Einbruch der Nacht erreichten wir das Dorf Tschehar De-je Ghorband am südlichen Zugang zum Schebar-Pass.

Weinstöcke, so dick wie Schenkel, kletterten an den Lehmhütten empor und schlossen sich über der Gasse zu einem Gewölbe zusammen. Zwischen den Trauben sah man die gewaltigen Felsüberhänge, die das Dorf beherrschen, und die ersten Sterne. Wir waren schon auf einer grossen Höhe angelangt, und die Kälte begann zu beissen. Eine Karawane, die vom Pass herunterkam, füllte den kleinen Dorfplatz; zwanzig zentralasiatische Kamele in ihrem dicken, lockigen Vlies umringten dampfend die Tränke. Hinter ihnen liess der turkmenische Karawanenführer mit hocherhobenen Zügeln sein Pferd die unwahrscheinlichsten Pirouetten vollführen. Er reizte das Tier mit piepsenden Lauten auf und schien selber ganz ausser sich zu sein. Die Schlitzaugen funkelten in dem roten Gesicht, und sein Mantel flog um ihn herum. Er gab den Chauffeuren in schlechtem Persisch Auskunft: Acht russische Lastwagen, die durch die königliche Jagd auf der anderen Seite des Passes blockiert gewesen waren, würden im Lauf der Nacht herüberkommen; und oben gab es keinen frischen Neuschnee. Wir flüchteten, auf unsere Finger blasend, in das Tschaichane, und unser Fahrer, den diese guten Nachrichten fröhlich stimmten, lud die ganze Gesellschaft zu Tee und Zucker ein. Die Fladen wurden aus den Bündeln hervorgeholt, und vorerst hörte man nichts als Kauen und Seufzen. Im Mass, wie die durch die Höhe verstopften Ohren aufgingen, vernahm man das Rauschen des Bergbachs aus immer grösserer Nähe. Der Wirt, der alle Stammkunden der Passstrasse kennt, setzte die Unterhaltung fort, die er mit unserer Besatzung das letzte Mal geführt hatte. Während er sprach, pumpte er die Acetylenlampe auf, ihr Lichtschein verbreitete sich immer weiter im Zimmer. Als sie mich erreichte, unterbrach sich der Wirt, um nach der Herkunft dieses Fremden zu fragen.

„Er kommt aus der Schweiz und will nach Masar."

Die Schweiz? Oh, da war er im Bilde. Er hatte oft einen Lastwagen aus Kabul in seinem Hof gehabt, auf den ein Schweizer Schloss gemalt war. Das Schloss, eine uneinnehmbare Festung, spiegelte sich in einem von Felsen umringten See. Auf dem blauen Wasser segelten Boote mit gekreuzten Masten, ähnlich wie bei den arabischen Booten an der Küste von Oman. Bei den Malern vom Basar dürfte dieses Motiv eines der allerteuersten sein, wegen des Wassers, das so schwer zu malen ist, und vor allem der Wellen wegen, die die meisten hier nur vom Hörensagen kennen. In der Schweiz, fuhr er fort, seien die Berge so hoch wie Nadelspitzen und die Täler so tief, dass man den Tag nicht von der Nacht unterscheiden könne. Darum hätten die Schweizer Uhren leuchtende Ziffern. Sie fragten mich, was von unseren Rosen und Melonen zu halten sei. Die Rosen: prachtvoll. Was die Melonen betreffe, reiche nichts an Kabul heran. Alles freute sich. Man muss wissen, dass von Turkestan bis zum Kaukasus der Segen eines Stücks Land nach der Qualität seiner Melonen beurteilt wird. Das ist ein Gegenstand von Auseinandersetzungen, des Stolzes und des Ansehens. Man hat sich wegen der Melonen schon die Gurgel abgeschnitten, und Männer von Rang unternehmen ohne weiteres eine einwöchige Reise, um die berühmten weissen Melonen von Buchara zu probieren. Man kann sich denken, dass meine Antwort grosse Freude auslöste. Ich wollte gerade noch von dem Gewehr und den vierzig Patronen erzählen, die jeder Schweizer – welch beneidenswertes Vorrecht! – zu Hause aufbewahrt, doch die Gesellschaft hatte den Westen aus den Augen verloren, breitete die Pelzmäntel aus und gab sich dem Schlaf hin. Der Gestank der mangelhaft gegerbten Bocksfelle, ein redlicher Gestank, aber immerhin ein Gestank, trieb mich in den Hof hinaus.

Die Nacht war eiskalt. Der Vollmond erhellte die Felswände und das Dorf auf seiner Terrasse; die Nasen der Lastwagen und die Pfefferkränze, die auf den Veranden der Hütten hingen, erglänzten in seinem Licht. Über uns krachten die ungeheuerlichen Bergweiten in ihrer Kälte und Einsamkeit. Kein Motor war zu hören. Der Pass gab kein Lebenszeichen von sich, doch man spürte, wie er geduldig in der Nacht die Strasse offenhielt.

Trotz der Konkurrenz der anderen Übergänge[60] hat es dem Schebar nie an Kunden gefehlt. Die chinesischen Buddhisten erklommen ihn auf ihrer Rückreise aus Indien („der Schnee fliegt über tausend Li"), um zu den heiligen Stätten von Bamian zu pilgern. Babur hat ihn mehrmals überquert, wobei seine erfrorenen Ohren „so dick wie Äpfel" anschwollen. Die längste Zeit wagte man sich nur gemeinsam und bewaffnet hinauf, wegen der räuberischen Hasara[61] – Abtrünnige, Arraktrinker, die im Gebirge im Westen hausten –, die die Reisenden zu überfallen pflegten. Später hatte es grausame Guerillakämpfe zwischen den Bewohnern der beiden Berghänge gegeben, man verriet sich gegenseitig, griff sich gegenseitig an, und tausendfach widerhallte es vom Gewehrfeuer der Musketen. Strafexpeditionen wurden entsandt, wobei die Kamele den Schnee niedertrampelten, um den Kanonen einen Weg zu bahnen. Das ist vorbei. Heute herrscht Friede auf dem Pass. Die Hasara sind vernünftig geworden und verkaufen ihren sauren Wein unter der Hand im Basar von Kabul, und die Reisenden hoch oben auf den beladenen Lastwagen haben nichts zu befürchten als Frostbeulen, Schneestürme und Lawinen.

Der Schebar nährt seine Anwohner wie ein fischreicher Strom. Der Wirt der Raststätte in Ghorband muss es wissen. Er sitzt just am Angelpunkt der Strecke: Die Fahrer, die von Norden kommen, feiern bei ihm, weil sie das Schlimmste hinter sich haben, die vom Süden machen sich Mut zum Aufstieg. In seinem Hof tauschen Fahrer und Karawanentreiber Waren, Gerüchte, Neuigkeiten aus; dank diesen Nomaden weiss er, was in der Welt vorgeht, ohne dass er sich von seiner Schwelle rührt. Seinen heimlichen Schatz an Afghanis, Rubeln und Rupien, seinen Curry aus Lahore und seinen russischen Eisenofen, seine Pilgerfahrt nach Mekka, sein gewandtes Auftreten und seine Kenntnisse der Welt, die ihm bruchstückweise zugeflossen sind – all das verdankt er dem Pass. Er spricht mit Ehrfurcht von ihm. Weniger freundlich spricht er vom russischen Postflugzeug Taschkent–Kabul, das er an manchen Sommermorgen hoch oben am östlichen Himmel hört. Er hatte sogar auf einer Wand des Tschaichanes ein Fresko dieser Maschine gemalt, die das Gebirge ignorierte und seinen Broterwerb bedrohte, ein Bild, das das Flugzeug als erbärmliche Fliege zwischen den gewaltigen Berggipfeln darstellte. Aus der Neigung des Flugzeugs und den daraus hervorschiessenden Flammen durfte man schliessen, dass der Berg auch diesmal Sieger bleiben würde.

Ich ging leise, um die Hunde nicht zu wecken, bis zur Tränke. Der Turkmene schlief, in sein Ziegenfell gewickelt, neben seinen Tieren auf dem Erdboden. Das Dorf lag still da, doch der Schebar war aus seinem Schweigen herausgetreten. Von hoch oben, so hoch wie die Sterne, drang das stossweise Dröhnen eines Motors im ersten Gang zu uns herunter. Durch und durch erfroren kehrte ich ins Haus zurück, steckte mein Geld in meine Stiefel und meine Stiefel unter meinen Kopf und schlief ein, die Füsse im Bart meines Nachbarn.

Morgen. Die Fahrer, die nachts aus Russland gekommen waren, hatten sich zwischen die Schläfer gelegt, und wir erwachten unter diesen Fremden. Es waren muslimische

Tadschiken in staubbedeckten Kitteln und schwarzen Halbstiefeln. Sie waren vier Tage zuvor aus Stalinabad abgefahren, hatten den Oxus auf der Fähre von Termis überquert und fuhren nun nach Kabul, um ihre neuen Lastwagen abzuliefern. Sie waren klein, lebhaft und schweigsam, fühlten sich offensichtlich wohl und erwiderten, ihre verschlafenen Augen reibend, freundlich Salam um Salam.

Fünfzehnhundert Kilometer gemeinsame Grenze und eine immer enger werdende wirtschaftliche Abhängigkeit zwingen die Afghanen, ihren grossen Nachbarn rücksichtsvoll zu behandeln. Der Eiserne Vorhang öffnet sich einen Spalt weit, um in der einen Richtung Benzin, Zement und russischen Tabak, in der anderen Dörrfrüchte und vor allem die afghanische Rohbaumwolle, die in Tadschikistan weiterverarbeitet wird, passieren zu lassen. Er öffnet sich auch für einige Nomadenstämme, die im Sommer mit dem Vieh auf ihre Alpweiden im Hindukusch ziehen, was durch einen Vertrag geregelt ist. Weniger offiziell ist der Grenzübertritt der tadschikischen Deserteure, die den Oxus überqueren, um nach Afghanistan zu flüchten. Nach einem Jahr unter Polizeiaufsicht werden diese Immigranten eingegliedert und lassen sich als Bauern in der grossen Ebene von Balch nieder, wo ihre Dörfer seit ein paar Jahren wie Pilze aus dem Boden schiessen. Trotz dieses illegalen Hin und Her und den Scharmützeln, die sich daraus manchmal zwischen usbekischen „Passeuren“ und sowjetischen Grenzwächtern ergeben, sind die Beziehungen zwischen den Leuten beidseits der Grenze ungewöhnlich entspannt. Die Afghanen empfinden der Sowjetunion gegenüber weder Hass noch Furcht noch Zuneigung und halten gute Nachbarschaft, doch mit Zurückhaltung, wie man sie sonst nur in Finnland findet.

Die Tadschiken gesellten sich ganz selbstverständlich rund um die Wasserpfeife zu uns. Unter muslimischen

Lastwagenfahrern ist der Mensch wichtiger als die Ideologie, und die Pfeife wanderte pausenlos von einem Mund zum andern. Die Afghanen neckten ihre unglücklichen Glaubensgenossen, die während des Ramadan-Fastens arbeiten und nicht weiter pilgern dürfen als bis Buchara. Man stellte einander Fragen, auf die man – wie es die Höflichkeit fordert – die Antwort im voraus kannte. Im letzten Augenblick vor der Abfahrt verteilten die Tadschiken, als führten sie widerwillig einen fernen, lästigen Auftrag aus, unter politischen Sprüchen einige grobe Fladenbrote. Dann gaben sie Gas und verschwanden in einer Staubwolke Richtung Kabul.

Der Wirt der Raststätte musterte unsere Ladung mit unschlüssiger Miene. Gewiss, es war nicht schlecht, aber ein gewiefter Lastwagenfahrer konnte noch mehr draus machen. Er hatte da gerade zufällig ein paar Packen, die nach Masar-e Scherif sollten ... Er sprach mit dem Chauffeur darüber. Seine Hände unterstrichen sein Angebot, sie bewegten sich beschwörend rund um den Fahrer, der allmählich schwankend wurde. Mittags war das Geschäft aufs beste angelaufen und verhiess noch zuviel Vergnügen, um vor Anbruch der Nacht abgeschlossen zu werden. Ich machte mich zu Fuss auf den Weg. Während der ersten Kilometer horchte ich noch auf Motorengeräusche; ich habe meinen Fahrer nie wiedergesehen.

Ich marschierte den ganzen Nachmittag lang den Pass hinauf und zog den Geruch des Novembers ein, der nach Eisen schmeckte. Abends setzte ich mich auf ein Steinmäuerchen und ass den Fladen der Russen. Ich war erledigt, und der Berg schien um keinen Zoll näher. Die Strasse durchquerte grosse Schneefelder, die jetzt rasch in der Nacht versanken, doch oben, in fünftausend Meter Höhe, badeten die Hänge des Kuh-e Baba noch in der Sonne. Ich nickte einen Augenblick ein, dann weckte mich der Lärm eines Lastwagens, der klappernd und pfeifend von unten heraufkam. Es war nicht der meinige. Doch der Fahrer verlangsamte die Geschwindigkeit und winkte mir zu; ich sprang auf und kletterte hinauf.

Ums Gleichgewicht kämpfend, befühlte ich die Ladung. Teppichballen, feucht vom Abendtau. Ein glücklicher Zufall! Nicht alles, was über den Hindukusch fährt, ist so einladend. Man kann auf stinkende, schwitzende russische Erdölfässer stossen oder auf Zementsäcke, die einem das Rückgrat steif werden lassen. Die besten Plätze, vorne auf der Ladung, wo man die Stösse weniger spürt, waren schon von zwei dick eingemummten Gestalten besetzt. Ein zahnloser Alter, der aus einem Bündel wolliger Lumpen auftauchte, stellte mir die rituelle Frage: „*Kodscha miri inschallah?* – Wohin fährst du, so Gott will?" Der andere Passagier verschwand gänzlich unter einem Teppich, nur zwei benagelte Pantoffeln, von ständigem Zittern befallen, ragten heraus. Doch sein Bündel verriet ihn: ein Koran, ein Feuerzeug mit Zunder, eine Wassermelone und ein Sonnenschirm, an dessen Krücke die Stahlbrille mit einem Gummiband befestigt war – ein Mullah! Er fuhr bis nach Sebak, würde also noch lange schlottern. Von hier bis Kondos braucht man mindestens einen Tag, dann wendet sich die Strasse nach Osten und erreicht Faisabad, von wo eine schlechte Piste nach Sebak führt – zwei, drei Tage im besten Fall. Und Sebak ist eine Strohlehm-Moschee inmitten von zwanzig verräucherten Katen: Unterkünften für die berittene Patrouille, die den Zugang zu den Höhen des Wachan und zur chinesischen Grenze bewacht.[62] Höher oben gibt es nur noch die einsamen Hänge des Pamir, wo eine Handvoll Pelzjäger dem Blaufuchs und dem Schneeleoparden nachstellt. Eine Reise, die man seinem Feind nicht wünscht, ans Ende der Welt.

Der Laster fuhr unter heftigem Rütteln und Stossen über schmutzige Schneehänge den Berg hinauf. Die Passhöhe kündigte sich durch kurze, tückische Kehren an, die das Chassis in die Höhe hoben, als wollten sie es umkippen. Wir blieben im ersten Gang und wechselten oft und abrupt die Tourenzahl. In der Kabine stieg die Spannung – nicht die Angst, da ja alles schon geschrieben steht, sondern die Wachsamkeit und ein hohes Mass an Ausdauer und Ergebung, auf die es sich mit Aussicht auf Pannen, Brüche, Erdrutsche und Stürze, die der Schebar-Pass für seine Stammkunden reserviert hat, wieder zu besinnen galt.

Bei allen Langstreckenlastern von Asien setzt sich die Besatzung aus den gleichen Leuten zusammen. Der eigentliche Eigentümer des Fahrzeugs ist Gott, und die Inschriften, die allenthalben die Karosserie bedecken, mahnen ihn an seine Verantwortung. Sein irdischer Vertreter heisst *motar-sahib.* Er wählt das Frachtgut aus, übernimmt an schwierigen Stellen das Lenkrad, bestimmt die Route, die Etappen und die Mahlzeiten und entscheidet, ob man zum Beispiel mitten in der Steppe anhält, um eine Trappe, die in Schussweite herumpickt, zu erlegen. Die alte Donnerbüchse, das Tricktrackspiel und der Gebetsteppich unter der Bank sind sein Privatbesitz. Sein zweiter Maat und Statthalter trägt den Titel *mesteri.* Er ist Elektriker-Mechaniker-Schmied und repariert was auch immer und wo immer, mit jedem beliebigen Material, das ihm in die Hand fällt. Bei ernsthaften Schäden übernimmt er das Kommando, hält andere Lastwagen an, lässt die Meldung den nächstliegenden Schmiedewerkstätten zukommen, handelt Hilfe und Ersatzteile ein. Allabendlich baut er seinen Verteiler und seine Kerzen aus und begibt sich mit einer fettigen Pappschachtel unterm Arm in die Herberge. Teils aus Vorsicht – einen Lastwagen ohne Zündung stiehlt keiner –, teils, um seine Finger zu beschäftigen. Nach dem Tee vergnügt er sich den ganzen Abend lang damit, die Elektroden, die Platinen, all die winzigen Oberflächen, die Licht oder Funken produzieren und die Seele des Wagens sind, blankzuputzen. Der tägliche Verkehr mit den magnetischen Geistern macht ihm grosse Freude und verleiht ihm eine Art Ausstrahlung. Wenn der *mesteri* nach ein paar Jahren auf der Landstrasse genug Geld beisammen hat, um sich ein altes Fahrgestell zu kaufen, und genügend Ersatzteile jeglicher Herkunft, um es fahrtüchtig zu machen, wird er selber ein *motar-sahib.* Manchmal beschleunigt er dieses Ereignis auch, indem er die Tochter seines Chefs heiratet: Die langen nächtlichen Fahrten, bei denen so viel von ihm abhängt, bieten die beste Gelegenheit, den Preis auszuhandeln.

Der dritte und nicht der Geringste im Bunde ist ein junger, schlecht gekleideter Prügelknabe, *kilinar* genannt – ein verballhornter englischer *cleaner.* Er sorgt für Tanken und Ölwechsel, kocht auf den Rastplätzen Tee und wäscht täglich vorsichtig mit einem Schwamm die Bilderpracht der Karosserie. Auf den Pässen fährt er hinten an den Camion angeklammert, das Gesicht von Kälte verzerrt, die Hand um den schweren Holzkeil verkrampft, der dazu dient, in den Kehren und Kurven das Hinterrad zu blockieren. Der Wagen schüttelt ihm die Seele aus dem Leib, ein eisiger Wind peitscht ihm ins Gesicht und bläst ihm die glühende Asche von seinem Zigarettenstummel in die Augen, während Fetzen der Unterhaltung und der Geruch von warmem Pelz aus der Kabine stossweise zu ihm dringen. So verbringt er ganze Nächte. Ein fünfzehnjähriger *kilinar* besteht einzig aus Knochen, Muskeln und einer Stinkwut. Das sind die härtesten Typen des Landes. Unmöglich, diesen Gesichtern, deren Mienen an hungrige Wölfe erinnern, ein Lächeln zu entreissen. Sie leben am Rande der Gesellschaft. An den Orten, wo gerastet wird, zerren diese Kinder ihren Strohsack in die dunkelsten Winkel, und man hört, wie sie den Wirt anschnauzen, wenn er sie nicht sofort bedient. Es gibt aber auch für die *kilinar* Augenblicke, in denen sie ihre Macht ausspielen. In den Haarnadelkurven der steilen Passstrassen, die man in drei Malen nimmt, dirigieren sie das Manöver mit lauter Stimme: „Noch ein bisschen ... Halt! Ha-aalt! Gottverd...“ und nützen die Situation, um denen in der Kabine eins auszuwischen. Die lassen sich's gefallen, es bleibt ihnen nichts anderes übrig, denn ohne den *kilinar* und seinen festen Stand würde es der Camion, der natürlich immer zu schwer beladen ist, mit dem Abgrund zu tun kriegen, der darauf nicht vorbereitet ist.

Im Hindukusch kommt es selten vor, dass ein *kilinar* sein Glück macht. Den meisten gelingt es, aus purer Zähigkeit, auf der Landstrasse vier, fünf Jahre lang ihr zu früh reifgewordenes Dasein zu bewahren, dann krepieren sie eines schönen Abends mir nichts, dir nichts auf der Bank eines Tschaichanes. Zum erstenmal im Leben von Fürsorge und Wärme umgeben – eine unvergleichliche Erfahrung, die nur etwas zu spät kommt –, verlassen sie diese vergängliche Welt, in der sie weniger lange überdauert haben als der Holzkeil, der an ihren Nachfolger übergeht.

Mitternacht oder ein Uhr früh. Wir fuhren bergab. Unter uns brauste ein Sturzbach, dessen eiskaltes Wasser dem Oxus zuströmt, um im Aral-See, mitten in Zentralasien, zu enden. Wir waren in einer anderen Welt. Die Strasse führte durch einen schwindelerregenden Engpass, finsterer als die Nacht; sie war stellenweise auf der Flussseite abgerutscht und liess nur einen schmalen, abschüssigen Streifen frei. Der *motar-sahib* hielt an und stieg brummend aus, um den Boden mit dem Fuss zu prüfen. Der Camion wagte sich im ersten Gang weiter, neigte sich zum Wasser hin, in das die von den Rädern gelockerten Erdklumpen mit einem fernen, dumpfen Laut hineinplumpsten, und kroch Zoll für Zoll weiter, bis er wieder festen Boden fand und sich aufrichtete, von ruhigen, aber erleichterten Bemerkungen aus der Kabine begleitet.

... Panne. Seit wenigstens zwei Stunden hörten wir den *mesteri* unter dem Fahrgestell klopfen und fluchen. Oben auf unserem Hochsitz peitschte uns der Wind mit voller Kraft. Der Alte kroch über die Ballen zu mir, unter meine Decke. Er hatte unter der Ladung ein Bündel halbtote, an den Beinen zusammengebundene Hühner aufgestöbert, die ihm als Wärmflasche dienten. Ich zog meine Pelzmütze tief über die Ohren, steckte die Hände zwischen die Schenkel und suchte mich mit geschlossenen Augen an jede Art von Wärme zu erinnern, die ich jemals empfangen oder gegeben hatte. Nutzlos. Wahrscheinlich hatte ich nicht genug gegeben. Die Füsse in den Stiefeln waren schon lange tot. Die Lippen gefühllos, aber der Mund innen noch ein wenig warm von der Zigarette. An die feuchten Teppiche gelehnt, träumte ich abwechselnd von Glühwein, Kohlekesseln, Kastanien, die über der Glut aufspringen ... Kurze Momente von Halbschlaf, aus denen mich der säuerliche Geruch der Hühner oder der letzte Rest der Zigarette, der mir die Lippen verbrannte, jäh auffahren liessen.

Heller Mondschein. Rundum schossen schwarze und rote Felswände wie aus einem Guss dreihundert Meter in die Höhe. Wenn man den Kopf weit zurücklegte, sah man wie aus einem Schacht die Zacken des Kuh-e Baba in das Rund des Himmels ragen, das über uns lag und an dem die Sterne zu atmen schienen. Schliesslich erlag ich der Betäubung durch die winterliche Natur. Ich hörte den Wagen nicht wieder anfahren.

Erwachen bei Sonnenaufgang. Der heisere Ruf der Rebhühner und Wiedehopfe. Der Camion stand still. Während meines Schlafs waren wir tief hinuntergefahren. Der Sturzbach war zu einem kümmerlichen, träge fliessenden Wasserlauf geworden. Zu beiden Seiten der Strasse senkten sich ausgefranste Moränen sanft zur Ebene hinab. Die Besatzung war ausgestiegen und sammelte Arme voll Mastix-Gestrüpp, um das Feuer zu nähren, das sie angezündet hatte. Ich bin vom Wagen gesprungen und habe mich zu den Gestalten gesellt, die rund um die Glut kauerten und ihre rissigen Hände darüber wärmten. Der *kilinar* füllte die Teekanne. Und der Mullah! Nach dem Anblick seiner mageren Beine und der altertümlichen Brille hatte ich mir einen Greis vorgestellt. Aber es war ein zwanzigjähriger junger Mann mit kahlgeschorenem, rundem Schädel, der mich neugierig musterte. Man trifft nicht alle Tage einen Ausländer, der hoch oben auf einem Laster reist. Noch dazu einen Christen. Er klappte sein Messer auf, bot mir eine Scheibe von seiner Melone an und akzeptierte dafür eine Zigarette, die er auf den Fersen hockend rauchte, während er mich unermüdlich betrachtete. Ich reizte seine Neugier, aber sicher fühlte er sich mir näher als diesen Hindu aus dem Basar von Kabul mit ihrer Unzahl von Göttern. Schliesslich waren wir „Menschen des Buches", Bekenner des Einen und Einzigen und Vettern in der Religion. Dass man einander tausend Jahre lang hingeschlachtet hatte, spielte weiter keine Rolle, besonders hier nicht, wo man sich im Familienkreis häufig gegenseitig umzubringen pflegt und wo das Wort *tarbur* sowohl Vetter wie Feind bedeutet.

Wohl oder übel haben unsere Götter eine lange gemeinsame Vergangenheit. Die afghanische Folklore wimmelt von Hinweisen auf die Bibel, und das Alte Testament ist in das tägliche Leben verwoben. Man weiss, dass Kain Kabul gegründet hat und dass Salomons Thron auf einem Berg südlich vom Chaiber-Pass steht. Was Issa – Christus – betrifft, kennen sie ihn besser, als wir Moses oder Jeremias kennen. Wenn es zum Sterben kommt, zählt man ihn sogar zu den Fürbittern. In einer Totenklage, die man in pathanischen Gegenden singt, wenden sich die Sterbenden an Noah, Moses, Jesus und Ibrahim (Mohammeds Freund) mit der Frage: „Ausser euch und eurer Ansicht nach, wer könnte uns noch helfen?"

Dieser Issa, dessen farbiges Bild man im Basar für zehn Afghanis kaufen kann – freilich nicht gekreuzigt, sondern mitten unter schwer bewaffneten Erzengeln schwebend oder seinem schweren, grossartigen Schicksal auf dem Rücken eines wackeren Eselchens entgegentrottend –, gehört eher zu ihnen als zu uns. Jedermann hier kennt seine betrübliche Geschichte, und niemand, der sie sich nicht zu Herzen nähme. Er war eben ein Sanfter, dieser Issa, der sich in eine harte Welt verirrt hatte. Die Polizei war gegen ihn, und seine Gefährten waren Hasenfüsse, die gerade nur dazu taugten, zu schlafen, zu verraten oder vor den Soldaten davonzulaufen. Vielleicht allzu sanft. Hier, wo den Bösen Gutes tun das gleiche ist wie den Guten Böses tun, ist solche Sanftmut unbegreiflich. Zum Beispiel die Geschichte, wie er Petrus im Olivenhain entwaffnet, das geht über den Verstand. Vielleicht kann ein Sohn Gottes die Gnade so weit treiben, aber Petrus, der ja nur ein Mensch war, hätte keineswegs auf ihn hören sollen. Mit ein paar Pathanen in Gethsemane hätte die Polizei nicht den Sieg davongetragen und Judas nicht seine dreissig Silberlinge.

Man bedauert ihn also, den Issa, man achtet ihn, aber man würde sich hüten, seinem Beispiel zu folgen. Da war Mohammed doch ein anderer Kerl! Ebenfalls ein Gerechter, aber darüber hinaus ein tüchtiger General, ein Anführer, das Oberhaupt eines Clans. Die Verkündigung Gottes, die Eroberung, die Familie – einem solchen Schirmherrn folgt man gerne nach. Aber Issa? Wer auf dieser Welt möchte denn allein leben, um schliesslich, an zwei Bretter genagelt, zwischen Räubern zu verenden, und nicht einmal einen Bruder haben, der einen rächt? Wenn er wenigstens das Opfer einer Familienverschwörung gewesen wäre, der Issa, so eine Geschichte, wo der Älteste den Benjamin für einen Weinberg oder ein paar Stück Vieh verkauft, das könnte Interesse wecken. Aber nein, er will gar nichts von seiner irdischen Familie wissen. Sie verschwindet im Dunkeln, und wenn er zufällig von ihr spricht, dann mit harten Worten. Kein Wort über Maria, seine Mutter, die ihm bis zum Ende folgte, und schon gar nichts über Joseph, der so weit gewandert ist, um ihn in Sicherheit zu bringen, und ohne Murren recht sonderbare Dinge hingenommen hat. Von der männlichen Seite, der interessanten Seite, wird nichts berichtet.

Man darf aber nicht glauben, dass der Islam in diesem Hochland so sehr auf das Irdische und den Erfolg aus wäre. Hier herrscht ein Bedürfnis nach dem Wesentlichen, angesichts einer Natur, in welcher der Mensch als ein ganz bescheidener Zufall erscheint, angesichts der Gefährdung und der Mühsal eines Lebens, in dem die Genügsamkeit alles Kleinliche verschwinden lässt. Der Gott des Hindukusch ist nicht der Gott, der die Menschen liebt, wie der von Bethlehem, sondern er ist sein grosser, barmherziger Schöpfer. Das ist ein einfaches Credo, aber es leuchtet einem ein. Die Leute hier empfinden Gott stärker und unmittelbarer als wir. *Allahu akbar* – daran hängt alles: der Name, dessen magische Kraft ausreicht, um unsere innere Leere in Raum zu verwandeln, und die göttliche Grösse, die wahrhaftig zum Eigentum jedes einzelnen wird, so oft wird sie mit weissem Kalk auf die Gräber geschrieben und mit lauter Stimme von der Spitze der Minarette gerufen. Das ist ein Reichtum, den jedes Gesicht verstohlen, aber unleugbar widerspiegelt. Was natürlich weder Verschlagenheit noch Gewalt verhindert, noch das geile Gelächter aus fröhlichen Bärten.

Auf einer gleichmässigen, mit frischem Pferdemist besäten Piste fuhr unser Wagen grossen Scharen von Berittenen entgegen und zerteilte sie wie fliessendes Wasser. Wir waren im turkmenischen Gebiet, und die Berge lagen weit hinter uns. Der *motar-sahib* sang hinter seinem Lenkrad. Jetzt war Schluss mit den Schlünden und Abgründen, er brauchte den Laster nur hinunterrollen zu lassen, um vor Einbruch der Nacht Kondos zu erreichen. Der Mullah dachte weder an Gott noch an den Teufel und knackte Nüsse mit blossen Händen. Der Alte schlief in seinen mit Hühnerdreck besudelten Lumpen, quer über den Teppichballen liegend, mit offenem Mund, und die Steppensonne wärmte ihm die Schultern. An der Abzweigung von Pol-e Chomri verliess ich den Wagen. Überall im Dorf gab es hübsche, strohfarbene Pferde, deren Geschirre mit Speckschwarten glänzend gerieben worden waren. Man hörte nur Schnauben und Wiehern. In einem Tschaichane, das nach Hafer roch, ass ich zu Mittag und ging zu Fuss weiter. Ich war nicht mehr weit von den französischen Ausgrabungen entfernt, zwei, drei Stunden Fussmarsch auf der alten Strasse nach Masar. Der Weg führte über ein ebenes Torfmoor, wo das Laub der Weisspappeln säuselte. Man sah kleine Käuzchen, die in hohlen Weidenstämmen nisteten, und massenhaft Feldmäuse, die sich vor ihrem Loch sonnten. Ich schnitt mir einen Knüttel aus einem Dornenstrauch und sammelte ein paar Steine gegen die Hunde. Es war schön. Ich war trunken vor Müdigkeit.

Das Schloss des Heiden

Nach anderthalb Stunden in gutem Tempo durchquert man einen hübschen kleinen Pappelwald, gerade recht für die Siesta, weil man seit dem Kanal, der die Spinnerei von Pol-e Chomri speist, schon acht Kilometer zurückgelegt hat. Dann geht es auf der Landstrasse weiter, und die Reiter, die man nach dem Weg fragt, zeigen auf eine Anhöhe im Nordwesten: *Kafir-Kale* – das Schloss des Heiden.[63] Noch ein Stündchen, und man steht am Fuss des Hügels, ganz überzeugt, dass man sich geirrt hat, weil die von den Ausgrabungen ausgehöhlte Seite von hier aus nicht sichtbar ist und man keine Spur von Tätigkeit wahrnimmt und keine Stimmen hört. Dann bemerkt man die Reifenabdrücke, die den steilen, gelben Lehmhang in Serpentinen durchziehen, und sagt sich: Es muss doch hier sein. Man ruft und wartet. Alsbald erscheinen auf dem Grat des Hügels kleine Gestalten, Silhouetten gegen den hellgrauen Himmel, die ihre Hände als Sprachrohr vor den Mund halten und schreien: „Bringen Sie die Post?"

„Nein."

„A-a-ach …"

Und sie verschwinden wieder.

Man klettert hinauf und erkennt, dass das, was man für den Gipfel des Hügels gehalten hat, nur der Rand einer windgeschützten Bergterrasse ist. Darauf stehen fünf grosse

Militärzelte, wie das Kriegslager eines Shakespeareschen Königs; der Tisch mit dem Nachmittagstee, Schwarzbrot und französischem Honig ist noch im Freien gedeckt. Ein kleines Häuschen, in dem wohl die Dusche untergebracht ist, und rechts, etwas abseits, ein Unterstand, wo der muslimische Koch geschäftig zwischen Wassereimern und dampfenden Kochtöpfen waltet.

Man gibt sich die Hand.

„Da sind Sie also! Aber unser Kastenwagen? Und das ganze Material, das er mitbringen sollte?"

„Er war in Reparatur, als ich Kabul verliess, aber der Chauffeur hat mir geschworen, dass er noch am gleichen Abend abfahren und vor mir hier sein würde. Ich bin mit Lastwagen und zu Fuss gekommen, darum habe ich nichts mitgebracht."

„Aha."

Seit es Herbst ist, kommt die Post aus der Aussenwelt unregelmässig nach Kabul, und noch unregelmässiger geht sie von Kabul nach Pol-e Chomri (das Gebirge, der Zustand der Passstrassen, Unfälle, Pannen), von wo man sie alle drei, vier Tage abholt.

„Dafür habe ich ein paar frisch eingetroffene Zeitschriften von Ihrem Schreibtisch mitgebracht."

Die Mienen des Professors und seiner Mitarbeiter[64] heitern sich auf. Der *Figaro Littéraire,* fünf Nummern des *Le Monde* und russische Publikationen über die gegenwärtigen Ausgrabungen in Tadschikistan, die drei Monate gebraucht haben, um via Taschkent–Moskau–Paris–Karachi–Kabul hierherzukommen, wo doch die Arbeitsstätte der sowjetischen Kollegen ohne den Eisernen Vorhang von hier aus mit dem Auto in zwei Tagen bequem zu erreichen wäre.

Obwohl die Sonne sich versteckt hat, ist der Ausblick vom Hügel wunderbar. Man sieht über eine ungeheure

Weite von schilfbedeckten Gewässern, Sümpfen, frischgepflügten Feldern, durch die sich ein weidengesäumter Bach schlängelt. Im Südosten erblickt man einige Kilometer der Strasse, auf der ich gekommen bin. Ich kann die Enttäuschung der Leute hier ermessen, die mich schon lange von weitem kommen sahen und die sich auf Post freuten. Im Osten: zwei weizengelbe Jurten-Dörfer, in Lehm und Pfützen ertrinkend, einige Baumgruppen in allen Farben des Herbstes. In dieser rostroten Weite, wo manchmal ein Reiter eine Staubspur aufwirbelt, wiegt die Gegenwart nicht schwer. Was die Vergangenheit anbelangt: Der Gipfel des Hügels, der durch die Ausgrabungen abgetragen ist, offenbart die Fundamente einer Art Stadtfeste, ein jetzt sorgfältig freigelegtes, langgezogenes Rechteck, das durch eine zum Teil noch begrabene gigantische Treppe, die über den anderen Hügelabhang führt, mit der Ebene verbunden ist. Es ist der Feuertempel der grossen Kuschan-Dynastie. Ich komme mir unbeschreiblich unwissend vor. Gleich morgen muss ich mir das alles erklären lassen.

„War es kalt auf dem Schebar?“

„Ich schätze mich glücklich, dass ich meine Ohren noch habe.“

Um fünf erreicht der Nebel, der von der Ebene aufsteigt, den Hügel. Um sechs ruft die Glocke zum Abendessen, und bekannte Gesichter tauchen auf: der belgische Orientalist, dem wir schon in Persien begegnet sind; der libanesische Assistent des Professors, ein technisches Genie, der mir mehrmals eine Panne behoben hat; Dodo und Cendrat, zwei Reisende unserer Art, die sich hier nützlich machen. Sie erscheinen, die Nägel voll schwarzer Erde, mit dem müden, aber befriedigten Schritt, der von einem harten Arbeitstag an der frischen Luft kündet. Dann treffe ich auch Aschur wieder, den algerischen Globetrotter, den wir in Kabul flüchtig kennenlernten; er hat seine frische Gesichtsfarbe wieder, die ihm in zwei Jahren voller Unannehmlichkeiten abhanden gekommen war. Er bewohnt allein ein grosses Zelt, in dem ich mich jetzt installiere: eine Petroleumlampe, auf dem Bett sein rotes Seeräuberhalstuch neben dem Wachstuchheft, das ihm als Tagebuch dient, eine Stange Camel-Zigaretten, die er von seinem letzten Lohn gekauft hat, ein Messer Marke *Opinel* und eine Okarina, die ich niemals hören werde, denn er lässt sich bitten, und ich meinerseits bestehe nicht darauf. Hingegen singt er gern und angenehm: *Le rossignol et puis la ro-o-se* oder *Tu n'iras pas faire la guerre, Giroflée, Girofla* …, ein paar uralte Anarchistenschlager, die bis auf Fort-Chabrol zurückgingen – wo hatte er die gelernt? –, und dann wieder *Le rossignol* … Ein bisschen eintönig. Aber wie man bei Banketten zu sagen pflegt: ein hübsches künstlerisches Talent.

Um den Faden wiederzufinden. Sechs Jahre später geschrieben

Und der Sinn dieser Ausgrabungen? Denn schliesslich – diese Ausländer, die jahrelang (wenn man die Expeditionen zusammenzählt) als Pioniere in einem verlassenen Winkel der Steppe leben, um Magier oder Herrscher, die seit achtzehn Jahrhunderten tot sind, zu neuem Leben zu erwecken; und diese Kuschan-Tempelbauer aus dem Nordosten, von denen man so gut wie nichts weiss, seit die chinesischen Chroniken sie an den Ufern des Oxus aus den Augen verloren haben[65]*: Das ist eine Situation, die zu einigen Überlegungen Anlass bietet. Gibt es überhaupt eine ordentliche, abgesegnete Methode der Berichterstattung über einen solchen Ort? Sicherlich. Aber wie ich mich auch abmühe, ich komme nicht darauf. Immerhin habe ich gut zwanzig Seiten mit Notizen über das Handwerkliche und mit Daten gefüllt, Seiten von dem dünnen gelben Papier, das ich für Texte benütze, derer ich nicht sicher bin. Und je mehr Jahre vergehen, desto weniger bin ich meiner Sache sicher. Wozu abgedro-*

schene Worte dem frischen Leben hinzufügen, das ihrer nicht bedarf? Und wie kleinlich das ist, diese Sucht, sich nichts entgehen zu lassen, aus allem Nutzen ziehen zu wollen – und obwohl man das weiss, kämpft man, will überzeugen, will nicht hinnehmen, dass das Leben flacher, immer flacher wird.

Und warum versteife ich mich darauf, immer wieder von dieser Reise zu reden? Was hat sie mit meinem gegenwärtigen Leben zu tun? Gar nichts, und ich habe keine Gegenwart mehr. Die Seiten türmen sich auf, ich bringe das bisschen Geld durch, das man mir gegeben hat, bin mittlerweile fast ein Toter für meine Frau, die freundlicherweise bei mir ausharrt. Ich schwanke zwischen nutzloser Träumerei und panischer Angst hin und her, ich gebe nicht auf, kann nicht weiter und weigere mich, etwas Neues anzufangen, aus Furcht, dieses Phantom von einem Bericht zu gefährden, der mich verschlingt, ohne dass er zunimmt, und nach dem manche Leute, mit einer Ungeduld, die in Spott überzugehen beginnt, sich hier und da erkundigen. Könnte ich ihn doch einmal mit meinem ganzen Lebenssaft erfüllen, und dann Schluss! Aber eine solche Transfusion ist unmöglich; die Fähigkeit zu dulden und durchzuhalten ersetzt niemals die Erfindungsgabe, das weiss ich wohl. (Ausdauer habe ich im Überfluss – eine zweifelhafte Gabe der Feen.) Nein, es ist unvermeidlich, dass man nur Schritt für Schritt vorwärtskommt, dass man einen Halm auf den anderen legen, von der Ursache zur Wirkung gelangen muss; dass das alles lange dauert.

Also zurück zum „Schloss des Heiden", zu dieser Erinnerungslücke, zu den gelben Lehmhängen, die nur mehr Grau in Grau sind, ein schwacher Widerhall und Gedankenfetzen, die zerfasern, sobald ich sie festzuhalten versuche; zurück zu diesem rauhen, glücklichen Herbst, in dem mein Leben soviel klarer vorgezeichnet schien, zu den lebhaften, umtriebigen Franzosen, die auf diesem Hügel hausten und mich so vortrefflich aufnahmen, mir eine neue Welt öffneten, mich von den Früchten ihrer Fischerei und ihrer Jagd nährten. Zurückkehren, aber vor allem die beängstigend dicke

Schicht durchbohren, die mich von all dem trennt. (Das ist auch Archäologie! Jedem seine eigenen Scherben und Ruinen, aber es ist immer die gleiche Katastrophe, wenn ein Stück Vergangenheit verlorengeht.) Die Gleichgültigkeit durchdringen, die auslöscht, verzerrt, vernichtet, und den Schwung von damals wiederfinden, die geistige Beweglichkeit, die Anpassungsfähigkeit, die Nuancen, die wechselnden Reflexe des Lebens, den Zufall, der so reich ist, die Melodien, die einem ins Ohr gehen, das heimliche Einverständnis mit den Dingen, das so köstlich ist, und all die grosse Freude, die man daran hat.

Statt dessen: die öde Wüste, zu der mein Kopf geworden ist, das stumme Abbröckeln der Erinnerung, die ständige Zerstreutheit, die sich auf nichts anderes richtet (nicht einmal auf die allerleiseste innere Stimme), die selbstauferlegte Einsamkeit, die eine Lüge ist, die Gesellschaft, die ebenfalls Lüge bedeutet, die Arbeit, die keine Arbeit mehr ist, und die Erinnerungen, die vor der Ernte verdorrt sind, als hätte eine böswillige Allmacht ihre Wurzeln abgehackt und mich von so viel Liebenswertem abgeschnitten.

Also kehren wir noch einmal zu den Ausgrabungen zurück. Ich sehe hundert Einzelheiten, aber nichts will sich bewegen. Ich muss also die handelnden Personen beschreiben, wie sie unbeweglich bei Tisch sitzen, abends, in dem grossen Zelt, wo gegessen wurde.

Zu Häupten der Tafel der Professor in seiner gelben Strickmütze, die über die Ohren und die Stirn lappt, wie man sie zur Zeit der Reformation trug. Links von ihm sitzt seine Frau. Sein neunjähriges Töchterchen – es erscheint manchmal auf den Fotos, um einen Begriff der Grössenverhältnisse zu geben – ist schon schlafen gegangen und hat den „verdächtigen" Menschenschädel (er ist kein Kuschani), den sie zu ihrem Lieblingsspielzeug erkoren hat, mitgenommen. Der Architekt, ein Bretone, der sein Gewicht in Gold wert ist, zur Rechten des Professors. Der belgische Philologe sitzt am anderen Ende der Tafel, nahe dem Ausgang; sein Gesicht à la Toepffer wird seitlich von der Petroleumlampe angestrahlt.

Wir anderen in der Mitte. Der Koch bringt gerade einen Suppenkessel mit einem Gericht aus Linsen und Fleisch; nachdem sich jeder bedient hat, wird er, noch kochendheiss, am Zeltpfosten aufgehängt. Während die Löffel auf den Blechtellern klappern, lese ich die Gedanken, die als Kranz um jeden Kopf geschrieben stehen, wie auf manchen byzantinischen Heiligenbildern: Der Professor denkt, dass die Spitzhacken in zwei Tagen auf die Grundmauer des zweiten Absatzes stossen werden und dass er auf dieser grossen, senkrechten Fläche – inschallah, inschallah, inschallah! – endlich die Gründungsinschrift finden wird, die er seit drei Expeditionen sucht: ein paar Zeilen in den seltsam ausgekehlten griechischen Lettern, die von den Kuschani verwendet wurden, vielleicht sogar einen genügend langen Text, um den noch unbekannten Dialekt aus dem äusseren Persien zu entziffern.[66] *Cendrat denkt an das Wildschwein, das er gestern abend fast zufällig, mit der ersten Patrone, die er in seinem Leben abgeschossen hat, erlegte; er hat es mühsam heraufgeschleppt und musste es dann, wegen des muslimischen Kochs, der sich weigerte, das unreine Aas abzuhäuten, wieder in den Sumpf schaffen, wo es jetzt verfault. Antoine, ein französischer Reisender, der so wie ich zu Besuch weilt, hört nicht auf, Lobeshymnen auf Malraux zu singen, als wollte er ihn dem Professor verkaufen. Er ist unangenehm belehrend, hört überhaupt auf keinen Einwand und lähmt mit seinem zähen Enthusiasmus die Unterhaltung.*

Mir wäre es viel lieber, wenn er das Wort seinem Gegenüber überliesse. Ich bin mit Gorki einverstanden, dass man seine Schulen auf der Strasse findet, aber wenn man das Glück hat, einem wirklichen Gelehrten zu begegnen, wäre man schön dumm, daraus keinen Nutzen zu ziehen. Besonders bei diesem hier, der sich stets die Mühe nimmt, Fragen zu beantworten, Wissen weiterzugeben, der sich im Gespräch so begeistert, dass man meint, er werde sich nächstens über seinen Partner hermachen, und der für die Vergangenheit, die er zurückholt, jene leidenschaftliche Liebe empfindet, ohne die der Historiker ein Protokollbeamter bleibt und jede wahre

Erkenntnis unmöglich wird. Ich meinerseits denke an die Kuschani, ohne die wir nicht hier sässen: ein schöner, dunkler Name, vieldeutig und nach Leder und Pelz riechend. Ich denke an Ceylon, wo Thierry und Flo am Brunnen grosse Eimer Wasser schöpfen und einander, umgeben von Ananas und Palmen, gegenseitig begiessen. Ich denke an den Spaziergang, den ich vorhin mit Antoine gemacht habe, der mir unaufhörlich die Leviten liest und mir beweist, dass ich ganz verkehrte Vorstellungen habe, dass ich falsch reise. Er ist schon weit herumgekommen und weiss eine Menge, aber es steckt ein Schulmeister in ihm, der nie genug bekommt. Ich habe versucht, ihn auf das Thema Frauen zu bringen, um seinem Monolog eine andere, munterere Wendung zu geben. Er hat sofort gefragt: „Hast du die Iranerinnen ausprobiert? Ich ja – nichts Besonderes!" Das Wort „ausprobiert" hat mich entmutigt, und dabei ist es geblieben. Dabei hat er ganz Europa, Russland, Persien gesehen, ohne aber jemals zuzulassen, dass seine „Integrität" in Frage gestellt worden wäre. Ein seltsames Programm! Die „Integrität" bewahren? Der gleiche Dummkopf bleiben, der man war? So hat er auch nicht viel gesehen, denn das weiss ich jetzt: Kein Land, das nicht wie Shylock seinen Zins verlangt.

Dodo
Ich weiss nicht, ob er diesen Spitznamen erst bei den Ausgrabungen bekommen hat. Sein wirklicher Name ist mir entfallen. Er stammte aus Grenoble und näherte sich den Vierzig. Zwanzig Jahre davon hatte er auf der Landstrasse verbracht. Still und gelassen, mit trockenem Humor, unauffällig und ein um so schärferer Beobachter, ungebundener als ein Derwisch und von angenehmster Gesellschaft. Vor allem besass er das Phlegma – im Grunde nur eine Form erhöhter Widerstandskraft –, das zum Reisen unerlässlich ist, denn die Überschwenglichen, die Erregbaren zerbrechen zum Schluss immer an dem Bild, das sie sich von ihrer

eigenen Person machen. Dodo hatte so ziemlich überall gelebt, eine Unzahl Beschäftigungen in dem Moment aufgegeben, in dem sie einträglich zu werden begannen, viel gelernt und zweifellos viel gelesen. Er sprach selten davon. Er sagte *voui* statt *oui,* absichtlich, nehme ich an, und verbarg seine Bildung und seine Talente unter einem etwas schwerfälligen ländlichen Gehabe; er befürchtete wohl, man würde ihn zu sehr in Anspruch nehmen, denn über seine Zeit verfügte er gern selbst. Die einzige Aufgabe, der er sich völlig widmete, war die Erziehung seines Reisegefährten Cendrat, eines sympathischen, Aquarelle malenden Elektrikers, der mindestens fünfzehn Jahre jünger war als er. Wenn es völlig Nacht geworden war und Dodo sicher sein konnte, nicht auf frischer Tat ertappt zu werden, setzte er in ihrem gemeinsamen Zelt am Rande des Lagers sein ganzes Wissen ein, um seinen Schüler zu bilden. Als ich eines Abends hinging, um mir ihre Sturmlaterne auszuborgen, hörte ich durch die Zeltleinwand seine Stimme: „Und mittendrin siehst du eine grosse Familie, die alle Fäden zieht: die Medici ..."

Wir waren ihnen schon zu Anfang des Jahres in Persien begegnet; damals kamen sie von Ägypten, wo sie sich lange aufgehalten hatten. Diesmal kehrten sie gerade aus Indien zurück, das ihnen nicht sehr gut bekommen war. Sie hatten vor, über Taschkent und Russland nach Europa zurückzureisen, und schleppten als Vorbereitung darauf überallhin ein zerfetztes Exemplar der Potapova-Grammatik mit sich herum. Während sie die Aufsicht über zwei benachbarte Grabungen führten, konjugierten sie mit lauter Stimme russische Verben, die ihre Arbeiter wahrscheinlich für eine Art Gebet hielten. Auch dabei führte Dodo seinen Gefährten in die Tücken des Partizips und des Perfekts ein. Ich weiss nicht, ob sie ihre Pläne durchgeführt haben, aber wenn sie so lange unterwegs blieben, wie sie sich's vorgenommen hatten, muss Cendrat schlauer geworden sein als zehn Jesuiten. Dodo hatte noch einen anderen Plan, den er hoffentlich recht lange hinausschieben wird: in Japan sterben.

Wenn wir samstags und sonntags durch die Sümpfe ritten, wählte Dodo immer das langsamste Pferd: eine zärtliche alte Schindmähre, die mit einem Bund Stroh gesattelt war. Er kitzelte sie mit einem Weidenzweig, um sie zum Gehen zu bewegen. Aus Vorsicht und auch weil es ihm Freude machte, langsam die wunderbare Herbstlandschaft zu durchstreifen, während er seinen Gedanken nachhing oder *Die schöne Helena* und *Lakmé* vor sich hinsang, was er beides fast auswendig konnte. Ich sehe ihn noch vor mir, wie er als ständiger Nachzügler durch das Schilf reitet, wo seine Brille aufblitzt. Der Einfachheit halber hatte er sich den Schädel rasieren lassen, und er trug einen formlosen grauen Filzhut, den er mit viel Förmlichkeit abnahm, um die Bauern zu grüssen. Ich konnte ihn nicht kahl sehen, ohne laut aufzulachen; wenn er so mit seinem glänzenden Schädel und seinem dünnen, verschmitzten Grinsen auf seinem Pferdchen hockte, sah er aus wie ein alter Bruder Liederlich, der von Schmiergeldern lebt.

Wenn man sich den Vierzig nähert, verliert in der Regel das weltweite Herumstreunen seinen Glanz und seinen Zauber. Man muss seine Ansprüche hinunterschrauben. Man macht seinen Weg, man schlägt sich durch, man wird ein wenig härter. Die Jahre mehren sich. Der Aufbruch vergisst sein Ziel, wird zur Flucht; das Abenteuer, seines Sinnes entleert, zieht sich ohne Schwung und nur noch mit ein paar Tricks in die Länge. Reisen ist belehrend für die Jugend, aber diese vergeht auch darüber. Man verbittert.

Nicht so Dodo. Er fühlte sich in seinem einfachen Nomadendasein vollkommen wohl, die Seele durch viele Schwierigkeiten geläutert, das Gemüt frisch und offen für Neues. Zuzeiten ein bescheidenes Gelüst nach einem Glas Weisswein, nach Nüssen, einem Stück Camembert, aber nicht die geringste Sehnsucht, heimzukehren, sich sesshaft zu machen. „Nicht so sehr aus Trägheit", sagte er, während er sich unter der Espe ausstreckte, an die er seine Stute angebunden hatte, „eher aus Neugier ... *voui,* Neugier ..." Und er blies Rauchringe in den Himmel, der langsam sein Licht einbüsste.

Diese Ausflüge führten uns weit durchs Land. Wir kehrten auf unseren erschöpften Kleppern in finsterer Nacht heim. Rund um unseren Hügel wachten die Bauern, die Flinte zwischen den Knien, in ihren Feldern, um die Wildschweine fernzuhalten, die die Saaten verwüsteten. Trotz Pfeife und Teekessel wurde ihnen die Zeit lang. Hie und da hörte man ein kleines Selbstgespräch oder einen endlosen Seufzer aus einem Gurkenfeld aufsteigen. Die Luft war von köstlicher Frische.

Auf dem Weg zum Chaiber-Pass

Rückkehr von den Ausgrabungen. Abreise nach Indien
3. Dezember. Allein

In diesem Winkel des Landes wird man um diese Jahreszeit allmorgendlich durch einen Regenguss geweckt, der auf das Vordach des Tschaichanes herabprasselt und die Samoware ertönen lässt. Dann zerteilen schräge rote Sonnenstrahlen den Nebel und lassen die Strasse, das Schilf, die Hügel und dahinter die hohen weissen Bergmassen von Nuristan aufleuchten. Aus den Kohlenbecken steigt Rauch auf, während die Schläfer ihre Waschungen vollführen, das heisst hastig die Finger, den Mund, den Bart netzen, ihre Gebete herunterleiern und darauf die gefesselten Kamele satteln, deren Fell in der Kälte dampft. Um die Tassen mit grünem Tee entspinnen sich heisere Unterhaltungen.

Ich habe gut geschlafen, fühle mich in Form, und die Schürfungen, die ich mir gestern beim Reparieren der Kurbel zugezogen habe, verheilen schon. Ich ziehe mich an und gehe zum Samowar, um ein paar „Schieber" anzuheuern, denn meine Batterie ist tot. Da sitzen ein Dutzend alte Männer mit feinen Händen, die mit den Armen um sich schlagen, um sich zu erwärmen, und zwei sonnenverbrannte, schweigsame Pathanen. Man macht mir mit weltmännischem Gekicher Platz. Ich zahle eine Runde Tee, und nachher schieben sie mich, versteht sich. In einem Wirbel von weissen Gewändern, Lederpantoffeln, Bärten und drekkigen Beinen saust der Wagen in Richtung Dschelalabad.

5. Dezember. Afghanische Grenze. Chaiber-Pass

Wenn ich mich in Kabul nach dem Chaiber erkundigte, fanden die Leute keine Worte. „… unvergesslich … Es ist vor allem das Licht … oder … die Kulisse … oder vielleicht das Echo? Wie soll ich sagen …" Und dann verhaspelten sie sich, gaben auf, und für einen Moment spürte man, wie sie in Gedanken zum Pass zurückkehrten, die tausend Facetten, die tausend Leiber des Berges wieder vor sich sahen – geblendet, hingerissen, ausser sich, wie beim ersten Mal.

Am Mittag des 5. Dezember erreichte ich nach anderthalb Reisejahren den Fuss des Passes. Die Lichtstrahlen trafen den unteren Teil des Suleiman-Gebirges und das kleine afghanische Grenzfort unter einer Gruppe Weiden, die in der Sonne gleissten wie Fischschuppen. Keine Uniformen auf der Strasse, die durch ein leichtes hölzernes Tor gesperrt war. Ich ging zur Amtsstube hinauf, stieg über die Ziegen, die auf der Schwelle lagen, und stiess die Tür auf.

Drinnen roch es nach Thymian und Arnika, und die Wespen summten. Der bläuliche Glanz der Revolver, die an der Wand hingen, hatte etwas Fröhliches. Am Tisch sass gerade aufgerichtet ein Offizier hinter einer Flasche mit violetter Tinte. Seine Schlitzaugen waren geschlossen. Bei jedem Atemzug hörte ich das neue Leder seiner Koppel knarren. Er schlief. Sicher ein Usbeke aus Balch, der hier ebenso fremd war wie ich. Ich legte meinen Pass auf den Tisch und ging essen. Ich hatte keine Eile. Man hat keine Eile, ein solches Land zu verlassen. Während ich den Ziegen Salz zu lecken gab, las ich noch einmal den letzten Brief von Thierry und Flo. Sie hatten sich in einer alten holländischen Zitadelle im Süden von Ceylon eingerichtet.

Galle, 1. Dezember
„... Nur um Dich in Versuchung zu führen, die Namen der verschiedenen Bastionen unserer Festung: Sternschanze, Mondschanze, Sonnenschanze, de Zwart, Aurora, Utrecht, Triton, Neptun, Clippenberg, Aiolos. An einem Ort wie diesem, wo du nebeneinander einen safrangelben Bonzen, einen Alten im violetten Sarong, ein junges Mädchen im rosa Sari sehen kannst, alles auf dem Hintergrund eines jadegrünen Meeres und der untergehenden Sonne, muss man Maler werden. Ein Tisch für Deinen Papierkram erwartet Dich. Abends duscht man sich gegenseitig im Ballett der Leuchtkäfer. Auf bald, um mit der brüderlichen Kokosnuss anzustossen ..."

Eine andere Welt. Er war nicht vergebens weggefahren.

Dann rauchte ich eine Wasserpfeife und betrachtete dabei den Berg. Daneben der Grenzposten, die schwarzrotgrüne Fahne, der Lastwagen voll von pathanischen Kindern mit der langen Flinte über der Schulter – die Menschen und die

Dinge der Menschen erschienen klein und verblasst in dieser Landschaft, durch zuviel Raum getrennt, wie auf den Kinderzeichnungen ohne richtige Proportionen. Der Berg verschwendete sich nicht in unnützen Gesten: Er stieg auf, ruhte ein wenig, stieg weiter auf, mit seinen gewaltigen Schichten, mit breiten Flanken und schräggeschliffenen Facetten, wie ein Edelstein. Auf den ersten Graten glänzten die Türme der pathanischen Häuser, als wären sie eingeölt. Dahinter erhoben sich hohe graubraune Hänge, die abbrachen in schattenerfüllte Talkessel, in denen die darüber hintreibenden Adler still verschwanden. Darüber schwarze Felswände, an denen die Wolken hängenblieben wie Wollflocken. Ganz oben, zwanzig Kilometer von meiner Bank entfernt, lag die Sonne wie Gischt auf den mageren, sanften Hochflächen. Die Luft war von aussergewöhnlicher Durchsichtigkeit. Die Stimme trug. Ich hörte Kinderrufen, sehr hoch oben, auf der alten Nomadenstrasse, und das leichte Abbröckeln der Erde unter den Hufen von unsichtbaren Ziegen. Der ganze Pass echote von kristallklaren Tönen wider. Ich sass eine gute Stunde unbeweglich da, ganz berauscht von dieser apollinischen Landschaft. Angesichts dieses ungeheuren Ambosses aus Fels und Erde war die Welt der Geschichten und Anekdoten wie ausgelöscht. Die Weite des Berges, der klare Dezemberhimmel, die laue Wärme des Mittags, das leise Brutzeln der Wasserpfeife und sogar die Münzen, die in meiner Tasche klimperten, wurden zu Elementen in einem Schauspiel, und ich war vielen Hindernissen zum Trotz rechtzeitig angelangt, um meine Rolle darin zu übernehmen. Dauerhaftigkeit ... durchsichtige Offenbarung der Welt ... ruhiges Dazugehören – auch mir fehlen die Worte, denn, um mit Plotin zu sprechen: *Eine Tangente ist eine Berührung, die man weder begreifen noch benennen kann.*

Zehn Jahre Reise hätten das nicht bezahlt.

An jenem Tag glaubte ich wirklich, ich hätte etwas für immer bekommen und mein Leben dadurch verwandelt. Aber nichts von dieser Art ist jemals endgültig errungen. Einem Wasserlauf gleich strömt die Welt einen Augenblick durch einen durch und leiht einem die Farben. Dann zieht sie sich zurück, und man steht wieder vor der Leere, die jeder in sich trägt, vor diesem grundsätzlichen Ungenügen der Seele, mit dem man leben lernen muss, das man bekämpfen muss und das paradoxerweise vielleicht noch unser sicherster Antrieb ist.

Ich habe meinen gestempelten Pass abgeholt und Afghanistan verlassen. Es fiel mir nicht leicht. Die Strasse ist auf beiden Seiten des Passes gut. Wenn der Wind aus dem Osten kommt, weht dem Reisenden noch lange vor der Höhe stossweise der reife, verbrannte Geruch des indischen Kontinents entgegen.

... und das ist ein wirklicher Gewinn, denn wir haben Anrecht auf diese befreienden Erfahrungen, und wenn wir die Grenzen einmal überschritten haben, werden wir nie mehr ganz die gleichen kläglichen Pedanten sein, die wir waren.

Emerson

Anmerkungen des Autors

1 Um sie bei den Zeremonien auf dem Champ de Mars zu verkörpern, wurde eine Strassendirne gewählt.
2 Geröstete Sonnenblumenkerne.
3 In der Türkei wie in Persien zieht man nach des Tages Arbeit sofort den Pyjama an.
4 Erzurum ist Militärbereich. Fotografieren ist verboten, der Aufenthalt jeweils auf achtundvierzig Stunden beschränkt, und im Umkreis von vierzig Kilometern dürfen Fremde nicht ohne Eskorte fahren.
5 So war es, im Jahr 1921, nach dem kurdischen Aufstand. Atatürks „Minderheitenpolitik" scheint hauptsächlich darin bestanden zu haben, eine Minderheit nach der anderen auszurotten.
6 Im Inneren des Irans erfordert jede Ortsveränderung zusätzlich zum Visum eine besondere Erlaubnis, das *dschavas*.
7 Seit 1955 ist der Anbau und Verkauf von Mohn verboten.
8 Bittere Wasser.
9 Schleier der persischen Musliminnen.
10 Inzwischen wurde die Bahnstrecke Teheran–Kaswin bis nach Täbris weitergeführt.
11 Schiiten heissen die Muslime, die im Gegensatz zu den Sunniten den Kalifen Ali als den einzigen rechtmässigen Nachfolger Mohammeds anerkennen. Die meisten Perser sind Schiiten.
12 Die Stadt, wo der Imam Hussein von den Sunniten ermordet wurde.
13 Amerikanische Hilfsorganisation.
14 Seit 1959 untersteht die Diözese von Täbris dem Katholikos von Antelias im Libanon.
15 Ein Gutteil der griechischen Mythologie käme heute vors Strafgericht.
16 Decke, die über ein Kohlebecken gebreitet wird, unter die mehrere Leute ihre Füsse strecken.
17 Teehaus. Die Perser sagen gern *kahwechane* (Kaffeehaus), obwohl dort nie Kaffee serviert wird.
18 Statt Karten aufzudecken, sticht der Kunde mit einer Nadel einen Vierzeiler aus einer Sammlung von Hafis-Gedichten, den der Wahrsager für ihn deutet.
19 Hundertfünfzig pro Person. Ein Arbeiter in der Spinnerei verdiente etwa hundert.

20 Töchter der Luft / Im leichten Federkleid / Die mich aus der Knechtschaft / In Freiheit gesetzt …
21 Der Rückstand in der Opiumpfeife. Äusserst giftig.
22 Herodot: Erste Reise.
23 Eine komische Figur, die im ganzen Mittleren Osten populär ist.
24 Volkstümlicher armenischer Barde aus dem 18. Jahrhundert, dessen Lieder noch immer in Mode sind.
25 Gesammelt von der Mission Lescot, im Gebiet von Diyarbakir.
26 Begründer der Sassanidendynastie. Zitiert von Altheim in *Gesicht vom Abend und Morgen,* Fischer-Bücherei.
27 Anhänger des Sardoscht (Zoroaster, Zarathustra), die in der Gegend von Urmia noch ziemlich zahlreich sind. Ihre Glaubensbrüder sind die indischen Parsi.
28 Zwillingsschwester der Demokratischen Republik Aserbaidschan, die das gleiche Los traf.
29 Im Irak gibt es zwei Millionen Kurden.
30 Wörtlich: „Du hättest einen Tee beim Friseur nötig", wie ihn die wartenden Kunden erhalten, damit sie nicht die Geduld verlieren.
31 Die Bauern sprechen nur Kurdisch, eine iranische Sprache, die dem Pahlewi der parthischen Epoche sehr nahe verwandt ist und an den Universitäten von Paris, London und Leningrad gelehrt wird.
32 Abkömmlinge der letzten Gemeinden, die nach dem Zusammenbruch des Assyrischen Reichs u.a. im Norden von Aserbaidschan Zuflucht fanden.
33 Im Mittleren Osten ist das einzige Requisit in den Toiletten ein grosser Krug mit Wasser.
34 Der Pilger Lak-Lak. Der Name ahmt das Schnabelklappern nach.
35 So nennt man im nördlichen Persien einen Stamm von herumziehenden Zigeunern, die sich als Musiker und Schmiede betätigen.
36 Dynastie, die den persischen Thron von 1794 bis 1925 innehatte.
37 Stadt im Südwesten von Teheran, die für ihre Teppiche und Töpferwaren, besonders jene aus dem 14. Jahrhundert, berühmt ist.
38 Iranische Laute.
39 In der Bibliothek des Instituts waren die Werke von Proust, Bergson, Larbaud voller Randbemerkungen.
40 Du vergehst ohne mich, mein Leben / Du rollst ab. / Ich zögere noch, einen Schritt zu tun / und du verlegst die Schlacht anderswohin. Henri Michaux: *La Nuit remue.*
41 Schriftsteller von der Art eines Kafka oder Lautréamont, bekannt durch seinen Roman *Die blinde Eule.*
42 Volkspartei mit kommunistischer Tendenz, heute verboten.

43 Sowjetrussisches illustriertes Wochenblatt.

44 Tiefer, offener Rinnstein zu beiden Seiten der Strasse. Das darin fliessende Wasser wird zu mehrfachen Zwecken verwendet.

45 Ungefähr sechs Kilometer. Dieses Wegmass entspricht einem Wegmass der alten Perser, dem Parasang.

46 Was sind denn das für Dämonen?

47 Grosser Nomadenstamm von turkisierten Iranern, die ihre Herden im Sommer auf die Alpweiden nordwestlich von Schiras treiben.

48 Die Kaoli sind die einzigen echten Nomaden von Persien. Sie wanderten in alter Zeit aus dem Osten ein und gehören der gleichen Völkergruppe an wie unsere Zigeuner.

49 Auf diese Weise kann man mit einer stotternden Batterie noch bis zu achtzig Kilometer fahren.

50 Die Achämeniden, die lieber in Susa wohnten, benutzten den Ort hauptsächlich als Nekropole.

51 Diese Berge südöstlich von Jasd erreichen zum Teil Höhen von weit über viertausend Meter.

52 Ein Infanterieregiment aus Jasd, das unter Nadir Schah in Wehr und Waffen von der Eroberung Indiens heimkehrte, verlangte eine Eskorte, um die widerspenstige Provinz Belutschistan zu durchqueren (vgl. Sykes, *The Glory of the Shia*).

53 Um weder die Erde noch das Feuer zu beflecken, setzen die Parsen ihre Toten aus, die dann von Aasgeiern verzehrt werden.

54 Mindestens fünfzehn Prozent. In den Gärten rings um die Stadt werden die Reben in Gräben von mehreren Metern Tiefe gezogen, damit sie leichter zu bewässern sind.

55 Nach Balsan in *Recherches au Baloutchistan persan.*

56 Kirschen der Liebe / im purpurnen Kleid / sinken ins Moos / Blutstropfen gleich ...

57 Afghanischer Name von Zigeunervölkern, die in ihrer ursprünglichen Heimat geblieben sind.

58 Kaiser Sahir ed-Din Babur (der Tiger), Begründer der Mogul-Dynastie von Indien: *Mémoires.*
(Nach der französischen Übersetzung von Pavet de Courteille, Paris 1904.)

59 In Afghanistan wird ausschliesslich mit Hammelfett gekocht.

60 Der Salang- und besonders der Chawak-Pass, beide östlich vom Schebar, die höher sind und früher stärker befahren waren.

61 Zentralasiatisches Volk. Früher glaubte man, dass sie von Dschingis-Chans Armee abstammten, die in Tausender-Legionen eingeteilt war. (*hasar* heisst auf persisch tausend.) Diese Theorie wurde fallengelas-

sen. Heute hält man sie eher für Abkömmlinge der sino-tibetischen Urbevölkerung des Pamir.

62 Der Posten liegt über 5000 Meter hoch. Dort kommt niemand mehr vorbei.

63 Für den afghanischen Bauern sind Griechen, Parther, Kuschani, Sassaniden und alles, was vor dem Islam war, Heiden.

64 Prof. Daniel Schlumberger, der Chef der französischen archäologischen Delegation in Afghanistan.

65 Die Kuschani waren nur durch ihre Münzen, durch indische Inschriften und einige aus einer fernen Epoche stammende Fundgegenstände bekannt, die indessen so schlecht zusammengefügt werden können wie alte abgewetzte Scherben eines Kruges, dessen Boden fehlt. Dieser Boden ist zweifellos in Balch zu finden, wo damals zum erstenmal ein ihnen zugeschriebenes Denkmal ausgegraben wurde.

66 Die Inschrift wurde zweieinhalb Jahre später, dreissig Meter tiefer entdeckt: etwa fünfundzwanzig Zeilen, unversehrt, als wären sie gestern in den Stein geritzt worden. Sie übertraf alle Erwartungen.

Von der Poesie des Reisens

Steht am Anfang das Buch oder die Reise?

Natürlich kann ein Reisebericht nur auf die Reise folgen, die das Buch dann erzählt. *Die Erfahrung der Welt* schildert die grosse Asienreise, die Nicolas Bouvier im Juni 1953 antrat, oder zumindest den ersten Teil davon, die Fahrt von Genf über Jugoslawien, die Türkei, den Iran, Pakistan und Afghanistan, bis zum Chaiber-Pass an der Grenze zum indischen Subkontinent: achtzehn Monate Weg mit dem Maler Thierry Vernet im huckeligen Fiat Topolino, der alleine schon die Fahrt zum Abenteuer machte.

Diese Reise steht am Ursprung eines Werks, das heute als exemplarisch gilt für die Reiseliteratur überhaupt und Bouvier zum Kultautor einer ganzen Generation von Reisenden und Reiseschriftstellern werden liess. Allein durchquerte er danach Indien und strandete schliesslich auf der Insel Ceylon, wo er nach neun Monaten Aufenthalt mit einem Frachter nach Japan gelangen konnte und dort längere Zeit blieb. Damit legte Bouvier den Grund für seine drei wichtigsten Bücher. *L'Usage du monde* begründete 1963 eine neue Poetik des Reiseberichts und fand erst keinen Verleger, bevor es dann, vom Geheimtip zum Bestseller avanciert, in vier Neuausgaben erschien. Dann verfasste Bouvier, zunächst als Auftragsarbeit, ein materialreiches Buch über Japan, das ihn als Experten für dieses damals noch geheimnisvolle Land auswies. Daraus ging 1975 seine *Chronique japonaise* hervor, in der er Reiseschilderung, historische Studie über die europäische Entdeckung Japans und persönliche Reflexion verband. In *Le Poisson-Scorpion*[1] berichtete er von Ceylon und seinem Eintauchen in die schwarze Macht der Geister und Zauberer, welche die „Insel der Götter" gefangenhalten: ein düsteres, aber sprachlich und erzählerisch überaus kunstvolles Buch. Anders als in seinen bisherigen Reiseschilderungen erfährt man hier wenig von geschichtlichen und kulturellen Hintergründen. Der Erzähler lebt in einem armseligen, vom Ungeziefer verseuchten Zimmer, aber sein durch Krankheit und Einsamkeit geschärfter Spürsinn vermag es, in einer Mischung von Beobachtung und Halluzination, die banalsten Dinge zu neuem Leben zu erwecken.

Mittlerweile war Bouvier, vom weltweiten Erfolg der Reiseliteratur getragen, ein berühmter Mann geworden. Zeitungen, Magazine, auch wissenschaftliche Zeitschriften, vor allem in der Schweiz und in Frankreich, beschäftigten sich mit seinem Werk. Immer öfter wurde er mit Reportagen beauftragt, zu Vorträgen eingeladen oder als Reiseleiter verpflichtet. Hatte seine Reiselust ihn zumeist in den Orient gezogen, führten ihn diese Aufträge jetzt auch nach Westen, nach Kalifornien oder nach Irland, das er, zusammen mit anderen, kürzeren Reisen, in seinem letzten Reisebuch *Journal d'Aran et d'autres lieux*[2] beschreibt.

Nicht nur das Reisen war für Bouvier Anlass zu einer ästhetischen Erfahrung der Welt. Lange Zeit bestritt er als Fotograf seinen Lebensunterhalt. Immer schon faszinierte ihn die Musik der verschiedenen Völker, die aufzunehmen und zu sammeln ein Motiv für seine Fahrt durch Jugoslawien und die Türkei war. Als Ikonograf erkundete er Bibliotheken und Archive, erarbeitete die Bild-Dokumentation für zahlreiche Sachbücher, verfasste auch mehrere eigene Werke, etwa über die Volkskunst in der Schweiz, die Genfer Fotografenfamilie Boissonnas oder das Westschweizer Fernsehen. Sein letztes Buch, eine Kulturgeschichte der Vanille, erschien erst nach seinem Tod, ebenso wie eine Sammlung älterer, unveröffentlichter Texte, von denen wohl noch andere auf ihre Publikation warten. Sein fotografischer Nachlass wird erst jetzt vollständig zugänglich.

An der Vielfalt und Diversität dieses Lebenswerks mag es liegen, dass Bouvier lange Zeit nicht in seiner Bedeutung wahrgenommen wurde. Als klassischer „travel-writer", als Romancier, als Ethnologe, auch nur als Fotograf hätte er sich wohl längst durchgesetzt. Bouvier aber war das alles gleichzeitig, ein wandelndes, waches Sensorium für die Welt, ein sensibler, kluger, humorvoller und manchmal auch verzweifelter Mensch.

Zunächst aber ein Schriftsteller, der brillante, packende, im wahrsten Sinn bewegende Reisebücher geschrieben hat. Steht nun am Anfang wirklich die Reise? Oder liegt davor noch das Bild von der Fremde, das man seit je schon in sich trägt, der Traum vom Anderswo, der verführerische Klang geheimnisvoller, exotischer Länder und Städte, Anatolien, Samarkand, Isfahan?

Für viele Menschen beginnt das Reisen mit der Lektüre eines Führers, eines Reiseberichts, vielleicht eines Romans. *Die Erfahrung der Welt* hebt an mit dem Brief, worin der Freund Thierry Vernet, nach Bosnien vorausgefahren, von der kleinen Stadt schreibt, dem Markt, dem Bauern auf seinem Esel, der Musik der Zigeuner. Bouvier greift zur Landkarte, um die Stadt ausfindig zu machen. Und da drängt sich ihm die Erinnerung an den kleinen Jungen auf, der zuhause über seinem Atlas kniet und seine Phantasie schweifen lässt. Anderswo[3] hat Bouvier von seinem Grossvater erzählt, der eine ganze Kollektion jener Alben besass, die man als Prämie für häufigen Schokoladenkauf erhielt und in welche man die separat mitgelieferten Bildchen einkleben musste, glitzernde Boas in verschlungenen Urwäldern, Kamele in staubigen Wüsten, Ozeandampfer, Moscheen.

Gewiss muss man hier auch die aussergewöhnliche Genfer Reporterin Ella Maillart erwähnen, die lange zuvor die fast gleiche Route wählte, Bouvier zu seinem Vorhaben ermutigte und ihm ihre Devise mitgab: Überall, wo Menschen leben, kann ein Reisender auch leben …[4] Diese Philosophie bringt *Die Erfahrung der Welt* meisterhaft und in vielen Facetten zum Ausdruck. Reisen kann Flucht sein, Abenteuer, Verbannung oder Wahrheitssuche; eines ist es für Bouvier nie: ein Exil.

Am Anfang von Bouviers Buch klingt indes auch eine literarische Reminiszenz an – die an Baudelaires Gedicht „Le Voyage“:

Dem Kind, auf Kupferstiche und Karten ganz erpicht,
Scheint weit wie sein Verlangen auch das All zu sein.
Wie ist die Welt so gross bei einer Lampe Licht![5]

Vielleicht ist so die Reise, selbst die allererste, nichts als die Suche nach einem Traumbild, das Einlösen einer alten, immer schon drängenden Glücksverheissung.

Eingelöst wird in *Die Erfahrung der Welt* dieses Traumbild gleich vom ersten Moment der Reise und vom ersten Kapitel an. Was könnte besser als der „Duft einer Melone“ die Sehnsucht nach Lebensfülle, nach glücklichem Aufgehobensein in der Welt ausdrücken? Eine saftige, vielfarbige, duftende Frucht, die man mit beiden Händen anfassen und in die man gierig hineinbeissen kann: ein Sinnbild des Lebens selbst. Die Melone, oder vielmehr ein Kürbis, existiert freilich nur auf dem Papier. Es handelt sich in Wirklichkeit um eine Zeichnung, die der Malerfreund eben fertigstellt. Das ist typisch für die ganze Reise, die von solchen Momenten und Szenen lebt, und charakteristisch für das Reisen überhaupt, so wie Bouvier es versteht: die Welt ist da, aber man muss sie erst erfahren, aufnehmen, einverleiben, das heisst: sie zum Bild machen.

Der Verweis auf Baudelaires „Le Voyage“, so diskret er im Vorwort von *Die Erfahrung der Welt* anklingt, hat deshalb seine Wichtigkeit. Von Anfang an ist damit jene Verknüpfung gegeben, die Bouvier als einen der originellsten und bedeutendsten Reiseschriftsteller ausweist: die Verwandlung der Reise in einen Reisebericht, in ein Buch, das die Reise nicht einfach erzählt, sondern vor den Augen des Lesers in einer kunstvoll gestalteten und zugleich sinnlichen Sprache zum Leben erweckt. Denn das Thema von *Die Erfahrung der Welt* ist ebenso das Schreiben wie das Reisen, oder vielmehr die Verschmelzung beider, eine alchimistische Synthese, welche die eigene Magie von Bouviers Büchern ausmacht. Viel mehr als ein Reiseschriftsteller ist Nicolas Bouvier ein Dichter, der im Medium des Reiseberichts eine Welt erschafft, getreu dem ursprünglichen Sinn des griechischen Wortes *poiesis.* Andere erzeugen im Roman oder im Drama fiktive Welten, die sie mit imaginären Figuren bevölkern. Bouvier braucht die Wirklichkeit, die pralle, fassbare, anschauliche Welt, um sein Werk zu schaffen. Poesie darf nicht nur aus dem Kopf oder aus der Sprache herauskommen; sie entsteht im Kontakt mit Menschen, Orten und Dingen, die man erfahren kann.

Als Dichter im eigentlichen Sinn hat Bouvier einen einzigen Gedichtband veröffentlicht, der allerdings einen bezeichnenden Titel trägt: *Le Dehors et le dedans*[6]. Der Band enthält unter anderem Gedichte, die Bouvier während seiner Reisen schrieb und in seine Reiseberichte einstreute: hier ein Flash auf einen verlassenen Dorfbahnhof oder die Raben auf einem Acker, dort eine Meditation über die Magie des Reisens, die Zeit, den Tod. Auch wenn der Band schön in zwei Teile gegliedert ist, merkt der Leser bald, wie hinfällig die Trennung erscheint: das Äussere ist das Innere und umgekehrt. Von dieser ständigen, gemeinsamen Präsenz der äusseren und der inneren Welt lebt auch *Die Erfahrung der Welt.* Reisen ist ein Blick auf die Welt; es vermittelt den Klang und den Duft der Wirklichkeit. Das Erlebnis der

Welt aber gibt den Weg frei in sich selbst. Das Äussere beleuchtet aufs Mal das Innere, und jede Begebenheit, jede Beobachtung wird zur Illumination.

Die Erfahrung der Welt ist durchsetzt von solchen Augenblicken, in denen das Schauspiel der Welt den Betrachter innehalten lässt und ihn das unaussprechliche Gefühl der Fusion überkommt, der Vereinigung mit der Fülle der Wirklichkeit, mit einem übergreifenden Ganzen: ich und die Welt sind eins. Diese Momente lassen sich nicht herbeiführen, und das armselige Wort „Glück" reicht nicht aus, sie hinlänglich zu beschreiben. Der Zufall schenkt sie einem Reisenden, der gemächlich, von keinem drängenden Ziel vorangetrieben, die Reise machen lässt, statt selbst die Reise zu machen. Östlich von Erzurum, wo sich die unermessliche Hügellandschaft Ost-Anatoliens bis zum Kaukasus hinzieht, erfährt Bouvier unverhofft einen solchen Augenblick der Erhebung, der Leichtigkeit, der wortlosen Wonne. Im persischen Schiras beobachtet er, in einer unscheinbaren Taverne, die Anmut einer jungen Zigeunerin, und sieht die ganze, lichte Schönheit, die eine Frau besitzen kann.

Doch Bouvier, anders als viele Reiseschriftsteller, hat auch den Blick für die Schattenseiten des Reisens, die unerfüllten Erwartungen, die Armut und Hässlichkeit der Orte, an die es ihn verschlägt. Er hat Worte für die Angst, die man in manchen Stunden verspürt, für die Erschöpfung, den Überdruss und die Krankheit, weil sie zum Reisen gehören wie der Tod zum Leben. Auch diese eindringlichen Passagen gehören in *Die Erfahrung der Welt* zu den Höhepunkten, vielleicht nicht der Reise, aber des Reiseberichts. Istanbul, lange ersehntes Etappenziel, erleben die beiden Reisenden als Enttäuschung: die erhofften Kontakte bleiben aus, ihre Zeichnungen und Texte bieten sie vergebens zum Kauf oder Druck an, schliesslich werden sie krank. Gerade das schärft ihren Blick für die Stadt, ihre Widersprüchlichkeit, ihre unausgegorenen Konflikte, die man sonst als pittoreske Kontraste verharmlost. Reisen ist eine Allegorie des Lebens: man muss es hinnehmen, in heiteren wie in düsteren Tagen, wohl wissend, dass es eigentlich zum Tode führt. Nur die Selbstaufgabe erschliesst die Welt. Die Widrigkeiten, die Pannen – der Reisenden wie ihres zweifelhaften Gefährts – sind auch die Momente der intensivsten, konkretesten Erfahrung. „Man reist nicht", so schreibt Bouvier später im *Skorpionsfisch,* „um sich wie einen Christbaum mit Exotik und Anekdoten zu schmücken, sondern damit die Strasse einen rupft, ausspült, auswindet, wie jene vom Waschen fadenscheinig gewordenen Handtücher, welche mit einem Seifensplitter in den Bordellen gereicht werden."[7]

Wer sich der Fremdheit aussetzt, erfährt sich selbst als Fremden. Wer zeitweilig unbekannte Lebensweisen annimmt, sich fremden Gepflogenheiten anpasst, andere Kulturen assimiliert, der setzt sein Selbstverständnis aufs Spiel. Das Erlebnis der Welt ist eine Selbsterfahrung, aber zunächst einmal ein Selbstverlust. Das macht Bouviers eigene Poetik des Reisens aus, weitab vom klassischen Reisebericht, der aus der überlegenen Distanz des Welteroberers von exotischen Schauplätzen und unerhörten Abenteuern berichtet.

Nicolas Bouvier hat auf die Sicherheit des mit Kreditkarte und Rückflugticket ausgestatteten Weltenbummlers immer verzichtet. Reisen war für ihn weder Suche nach einzigartigen Erlebnissen noch ethnologische Erforschung fremder Völker, auch wenn er in seinen Reiseberichten viele seltsame und amüsante Begebenheiten erzählt und sich allerhand Wissenswertes über die bereisten Länder lernen lässt. Reisen war für Bouvier eine Erfahrung nicht des Mehr, sondern des Weniger; ein Erlebnis des Mangels und der fruchtbaren Entbehrung. Keine wohldosierte Horizonterweiterung, sondern eine Selbstaufgabe und zunächst ein Verlust. Was den Reisenden bereichert, ist die Befreiung von dem vermeintlich Unentbehrlichen, von all dem Gepäck im Koffer und im Kopf, das man mit sich herumträgt und das einen festhält. Reisen ist ein Weg in die Askese.

Die spontane Frische, die heitere Farbigkeit von *Die Erfahrung der Welt* trügt. Bouvier hat das Buch sechs Jahre nach der Reise geschrieben. Mühevoll, wie er auf den letzten Seiten sagt, ebenso langsam, wie er gereist war, aber auch mit der Hingabe eines klösterlichen Miniaturisten, mit einem sprachlichen Reichtum und einer Präzision, die ihresgleichen suchen. Er schrieb es aus der Erinnerung heraus, weil seine Notizen durch das Missgeschick eines Hotelboys in Quetta, Pakistan, auf der Mülldeponie gelandet waren. Noch eine segensreiche Panne. Vielleicht konnte ein solcher Reisebericht nur im nachhinein, in der Rekonstruktion und Verdichtung des Reiseerlebnisses entstehen: ein Buch, das in seiner Fülle von packenden, merkwürdigen, amüsanten oder erschütternden Szenen die Sicht freigibt auf die Schönheit und die Traurigkeit der Welt.

Gérald Froidevaux

1 1981; dt. *Der Skorpionsfisch,* übersetzt von Barbara Erni, Zürich 1989.
2 Paris 1990.
3 *Le Hibou et la baleine,* Genève 1993.
4 Ella Maillart, *The Cruel Way,* 1947; dt. *Der bittere Weg,* Basel 2001.
5 Charles Baudelaire, *Le Fleurs du mal / Die Blumen des Bösen,* übersetzt von Monika Fahrenbach-Wachendorff, Stuttgart 1998, S. 269.
6 *Le Dehors et le dedans,* Vevey 1982; Genève 1992.
7 *Der Skorpionsfisch,* S. 51.

Biographie Nicolas Bouvier

„Geboren werden, umherirren,
sterben, verwesen, vergessen werden."
Sprichwort der Belutschen[1]

Nicolas Bouvier wird am 6. März 1929 in Grand-Lancy bei Genf geboren. Der Vater, Auguste Bouvier, arbeitet als Bibliothekar (Direktor der Bibliothèque publique et universitaire in Genf von 1953–1959), die Mutter, Antoinette Maurice, ist stark an Musik und bildender Kunst interessiert. Der Grossvater väterlicherseits, Bernard Bouvier, ist „ein berühmter Professor der Literaturwissenschaften, der [Henri-Frédéric] Amiel entdeckt hatte"[2], der Grossvater mütterlicherseits, Pierre Maurice, „Komponist von Opern, Oratorien und Liedern, die heute nicht mehr aufgeführt werden"[3]. Er hat zwei ältere Geschwister: Claude und Henriette.

Nicolas Bouvier wächst in einem kultivierten, gastfreundlichen Hause auf. Er begegnet berühmten Schriftstellern wie Thomas Mann, Hermann Hesse, Robert Musil und Marguerite Yourcenar, die der Vater an seinem Arbeitsort – der Bibliothek – kennenlernt und in die elterliche Wohnung am Cour Saint-Pierre in Genf einlädt. Der Junge erhält früh Klavierunterricht. In der Mittelschule schliesst er eine Bekanntschaft, die sein Leben prägen wird: „Ich hatte Thierry [Vernet] in der ersten Klasse des Gymnasiums kennengelernt, als er vierzehn und ich elf Jahre alt war. Unser Lehrer hatte uns nebeneinander gesetzt, weil wir beide gut waren im Französischen, und daraus ist rasch eine Art *Wahlverwandtschaft* entstanden ... Thierry ist für mich zu einer Art psychologischem Zwilling geworden, ein zeitloser Begleiter. Er ist der Freund, mit dem ich am meisten geteilt habe."[4]

Mit 16 Jahren macht Bouvier erste Reisen nach Frankreich und Italien; 1947 besucht er Finnland und Lappland, wo er Artikel für die Zeitung *La Tribune* schreibt. 1948 unternimmt er mit Thierry Vernet (1927–1993) und einem Freund eine „halluzinative und halluzinierende Durchquerung" von Jugoslawien und Griechenland: „Durch die Königspforte der bosnischen Musik, die eine der schönsten ist, haben wir die bewundernswerte Folklore entdeckt, die in allen Ländern des Balkans pulsiert."[5] Im gleichen Jahr besteht Nicolas Bouvier die Matura – ein Jahr früher als üblich: „Mein Vater sagte sehr freundlich zu mir: ‚Da du über ein freies Jahr verfügst, besuche alle Vorlesungen, die dich interessieren, ohne den Druck von Examen, und vielleicht weisst du in einem Jahr besser, was du studieren willst.' Ich habe dann Vorlesungen über Sanskrit und die Geschichte des Mittelalters besucht."[6] Während dieser Zeit zieht er mit der Familie nach Cologny bei Genf um, wo die Eltern eine Liegenschaft mit Umschwung – früher ein „Winzerhaus, dessen ältester Teil bis ans Ende des 17. Jahrhunderts zurückgeht"[7] – gekauft haben.

1949 absolviert er die Rekrutenschule, wo er als Student das schwarze Schaf bei den Instruktoren ist und in einer „stupiden Übung" einen Unfall mit Folgen erleidet: „Ich hatte mich mit dem Fuss in einer Wurzel verfangen, mir das Gelenk ausgerenkt und einen Bänderriss zugezogen. Es waren mehrere Operationen über anderthalb Jahre nötig, bis ich wieder richtig gehen konnte."[8] Die lange Rekonvaleszenz und die Immobilität im Spital und zu Hause in Cologny haben eine positive Seite: Nicolas Bouvier bekommt ein kleines Auto – einen Fiat Topolino – geschenkt, auch um leichter den Weg zur Universität in Genf zurücklegen zu können. Dort beginnt er ein Studium der Geistes- und Rechtswissenschaften. Nachhaltig in Erinnerung bleiben ihm die Vorlesungen und Seminare des Romanisten Marcel Raymond und von dessen Assistenten Jean Starobinski, mit dem er sich befreundet. Während des Studiums beschäftigt sich Nicolas Bouvier mit den Werken von Autoren wie Paul Pelliot, René Grousset und Ella Maillart, die eine Art „Französische Schule Zentralasiens" bilden. Denn: „An der Universität sprach man nicht über Asien, und ich wollte wissen, wie diese ‚krumme Mutter' (der Ausdruck stammt von Lorenzo Pestelli) beschaffen war."[9]

Ende 1949/Anfang 1950 ist er mit Thierry Vernet in Algerien: Nicolas Bouvier veröffentlicht über diesen Aufenthalt Artikel, illustriert von seinem Freund, im Genfer *Le Courrier.* In den frühen fünfziger Jahren unternimmt Bouvier Reisen nach Italien, Frankreich, Spanien, Belgien und Österreich. 1951 geben die beiden Freunde einen bibliophilen Band in kleiner Auflage heraus, mit Prosagedichten von Nicolas Bouvier und Originalgrafiken von Thierry Vernet. Der Erlös soll zur Finanzierung der grossen Reise nach Asien beitragen, die sie seit längerem planen und deren Dauer Bouvier mit „2–3 Jahren" beziffert.

Im Januar 1953 hält sich Bouvier mit Thierry Vernet und dessen Freundin, der Malerin Floristella Stephani, in Belgrad auf, wobei sie mit dem Fiat Topolino bis Triest fahren. In der Metropole Jugoslawiens knüpfen sie Beziehungen für den geplanten Besuch im Sommer und machen Tonbandaufnahmen von Volksmusik in Cafés und bei Radio Belgrad. Zu den Reisevorbereitungen gehört auch der professionelle Umgang mit der Technik des „sehr robusten" Fiat-Autos, „das ich vollständig auseinandernahm und in achttausend Einzelstücke zerlegte, die ich alle reinigte und schmierte. Und die ich wieder gänzlich zusammensetzte, als handle es sich um ein grosses Mecano (...) Nach Abschluss der Arbeit, bei der mir Thierry geholfen hatte, wies dieses Auto keine grossen Geheimnisse mehr auf für uns."[10] Ebenfalls erkundigen sie sich bei der bekannten Genfer Reisenden und Fotojournalistin Ella Maillart über die vorgesehene Strecke Genf–Madras. Sie und Annemarie Schwarzenbach waren 1939 mit dem Auto von Genf bis nach Afghanistan gefahren. Ella Maillarts „Ratschläge waren von britischer Nüchternheit: Überall, wo Menschen leben, kann ein Reisender auch leben ... Probieren Sie diese Route aus, und wenn sie Ihnen nicht zusagt, dann kehren Sie um!"[11]

Ohne die – positiven – Ergebnisse der kurz zuvor gemachten beiden Lizentiatsprüfungen an der Universität Genf abzuwarten, bricht Nicolas Bouvier im Juli 1953 mit dem Fiat Topolino von Genf nach Belgrad auf. Thierry Vernet war bereits einige Wochen zuvor mit dem Zug via Österreich nach Jugoslawien gefahren. Die beiden Freunde haben „Geld für vier Monate" dabei und sind „abgereist, ohne Vorstellungen von der Rückkehr. Wir sagten uns: Vielleicht endet die Reise in Kalifornien, wir hören auf, wenn wir genug haben."[12]

Am 31. Juli treffen sie sich in Belgrad: „Wir laden den Wagen aus, mit einer Kerze in der Hand. Wir beeilen uns. Wir parken den Wagen unter einem Baum. Wir tragen alles ins Atelier hinauf und legen alles auf dem Boden aus. Ich verstehe nicht, wie das alles im Topolino Platz hatte. Die Handharmonika in ihrem wunderschönen Futteral, die Staffelei, der Anzug, mein grauer Plüschpullover (genial), einfach alles."[13] Nicht zu vergessen Nicolas Bouviers Gepäck wie Schreibmaschine, Fotoapparat, Gitarre und ein Tonbandgerät. Wie schon beim früheren Aufenthalt anfangs desselben Jahres in Jugoslawien nehmen die beiden Reisenden aus Begeisterung für den musikalischen Kosmos im Balkan mit dem Tonband Volks- und Zigeunermusik auf: in Bogojewo/Batschka, südlich der ungarischen Grenze, in

شماره

مورخه

وزارت کشور

شهربانی کل کشور

پروانه مسافرت اتباع بیگانه در داخله کشور شاهنشاهی ایران

آقای ... تبعه ... دارنده پروانه اقامت شماره ...

صادره ... و گذرنامه شماره ... صادره ... شغل ...

مجازاست بمنظور ... ازراه ... فقط یکمرتبه به ...

عزیمت واز ... به ... مراجعت نماید. اعتبار این پروانه تا تاریخ ...

میباشد و دارنده بایستی منتهی تا انقضاء مدت مزبور بمبدا مراجعت و این پروانه را با اعلامیه ورود

شهربانی ... تسلیم نماید.

رئیس شهربانیهای آذربایجان

رئیس رکن دوم لشگر ۳ ستاد تبریز

Aufenthaltsbewilligung von Nicolas Bouvier in Täbris, Winter 1953/54. (Floristella Vernet, Paris)

Priština/Kosovo und Prilep/Mazedonien.[14] Vom 2.–12. August kann Thierry Vernet seine Bilder und Zeichnungen, die während des Aufenthaltes in Jugoslawien entstanden sind, in der *Galerie ULUS* in Belgrad ausstellen. Dank einiger Verkäufe und Einnahmen aus Artikeln von Nicolas Bouvier ist der Abstecher nach Bogojewo und die Weiterfahrt Mitte August nach Prilep finanziell gesichert. Mit dieser Art, Geld zu verdienen, können sie auch später immer wieder ihren Lebensunterhalt bestreiten und die Fortsetzung der Reise finanzieren.

Anfang September begeben sie sich via Griechenland nach Istanbul. Nach Aufenthalten in dieser Stadt und in Ankara erreichen sie via Trabzon am Schwarzen Meer die persische Grenze: „Schluss mit Kaffee! Wir haben die Einflusssphäre des Tees betreten."[15] Verführt von der Umgebung und auch weil der einsetzende Schneefall die geplante Weiterfahrt nach Teheran verhindert, entscheiden sie sich am 21. Oktober, den Winter in Täbris zu verbringen. Thierry Vernet empfindet das Persische „schlimmer als Schweizerdeutsch. Das ist gehauchtes Zürichdeutsch."[16] Er arbeitet intensiv an den Bildern, „die er in Teheran zu verkaufen gedachte"; Nicolas Bouvier gibt „Französischstunden, um unser täglich Brot zu verdienen."[17] Im Dezember kaufen sie einen Truthahn – „Antoine" –, den sie mästen und an Weihnachten verspeisen. Dieser von Thierry Vernet gezeichnete Truthahn wird später den Umschlag der Erstausgabe von *L'Usage du monde* zieren.[18]

Nicolas Bouvier schreibt die ersten Entwürfe für das geplante Buch über die Reise und liest sie dem Freund vor: „Er ist sehr begabt und hat viel gearbeitet."[19] Sie lassen sich eine Strophe des Dichters Hafis auf persisch auf die linke Autotür schreiben: *Kein sicheres Dach für die Nacht / und dein Ziel ist noch weit, / doch wisse, es ist kein Weg ohne Ende. / Sei nicht*

Nicolas Bouvier in der gemeinsamen Ausstellung mit Thierry Vernet in ihrer Bleibe in Täbris, Februar 1954. Foto: Thierry Vernet. (Floristella Vernet, Paris)

Thierry Vernet in der Ausstellung in Täbris, Februar 1954. Links über ihm hängt seine auf Seite 416 abgebildete Zeichnung. Foto: Nicolas Bouvier. (Floristella Vernet, Paris)

Federzeichnung von Thierry Vernet, Täbris 1954. (Floristella Vernet, Paris)

Vgl. *Die Erfahrung der Welt,* S. 145: „In Armenistan gingen bereits die Geflügelhändler von Tür zu Tür, den Rücken mit halberstarrten, blutigen Vögeln behängt, die noch schwach mit den Flügeln schlugen; es waren flockige Greise mit wächsernen Nasen, einer Art Bischofsmütze auf dem Kopf und langen Gewändern."

betrübt! „Monatelang diente uns diese Inschrift als Sesam-öffne-dich und Schutz in all den Winkeln des Landes, wo man keinen Grund hat, den Fremden zu lieben."[20] Im Februar 1954 führen sie in ihrer Bleibe in Täbris eine Ausstellung über die absolvierte Reiseroute durch, mit Bildern und Zeichnungen von Thierry Vernet und Fotos und Texten von Nicolas Bouvier.[21] Mitte März unternehmen sie einen mehrtägigen Ausflug nach dem kurdischen Ort Mahabad.

Mitte April 1954 erreichen sie Teheran. Eine lokale, in französischer Sprache erscheinende Zeitung vermeldet in Wort und Bild die Ankunft des „bekannten Journalisten Nicolas Bouvier und des berühmten Malers Thierry Vernet" und informiert über die Zukunftspläne der beiden: „Vom Iran aus werden sie nach Indien, Japan und Amerika weiterreisen."[22] Es kommt zu Spannungen zwischen den beiden Freunden, weil Thierry Vernet im Laufe dieses Jahres die gemeinsame Reise abbrechen und sich mit seiner Freundin Floristella Stephani in Ceylon treffen will. Am 13. Mai beginnt die Ausstellung von Thierry Vernet, eingeführt von Nicolas Bouvier, im *Institut Franco-Iranien* in Teheran. Am gleichen Ort hält Nicolas Bouvier am 27. Mai einen Vortrag über den französischen Schriftsteller Paul-Jean Toulet, danach weitere über Montaigne und Stendhal. Anfang Juni unternehmen sie einen Ausflug in den Norden an das Ufer des Kaspischen Meeres.

In der Schweiz, in *L'Echo illustré,* erscheinen im Juni unter dem Obertitel „Mit Thierry und Nicolas bis ans Ende der Welt" die ersten Artikel von Nicolas Bouvier über die Reise, mit Fotografien von ihm und Zeichnungen von Thierry Vernet.[23] Da sie durch Bilderverkäufe und Vortragshonorare den „Unterhalt für mindestens sechs weitere Monate verdient"[24] haben, brechen die beiden am 22. Juni von Teheran

این دوجوان سویسی ماجرای بزرگی راشروع
کرده‌اند ومیخواهند دور دنیا بگردند
چطور ماجرای آنها شروع شد، وچگونه جامه عمل بآن پوشاندند
نیکلا وتیری شب در زندان مهاباد خوابیدند
وایرانیان را مهماندوست ترین وخوشخوترین مردم دنیا میدانند

Aus dem Artikel über Nicolas Bouvier und Thierry Vernet in der Teheraner Zeitung *Rouschan Fekr,* 13.5.1954. (Floristella Vernet, Paris)

یکی بود ، یکی نبود ، غیر از خدا هیچ
کس نبود . در دوازده سال پیش، در یکی از
دبیرستانهای شهر ژنو در سویس، دو تا پسر بچه
بهم برخوردند ؛ اسم یکی « تیری » بود اسم
دیگری « نیکلا »؛ هر دو موهای بور و چشم
های آبی داشتند، و چشمهای آبی هر دو شان
پر از اشتیاق ، پر از کنجکاوی ، و پر از

Die beiden herausgeputzten Weltenbummler und der „staubbedeckte und heldenhafte“ (Thierry Vernet) Fiat Topolino, mit einer persischen Inschrift auf der rechten Autotür. Aus dem Artikel über Nicolas Bouvier und Thierry Vernet in der Teheraner Zeitung *Rouschan Fekr,* 13.5.1954. (Floristella Vernet, Paris)

nach Süden auf. Via Isfahan, Schiras, Persepolis, Jasd, Kerman – und unter zum Teil schwierigen Bedingungen durch die Wüste Lut – gelangen sie gegen Ende Juli nach Quetta in Pakistan.

Sie arbeiten als Musiker in der *Saki-Bar*, der „einzigen Bar der Stadt", und machen Wandmalereien im *Gran Stanley Café*. Am 13. August, einem Freitag!, verliert Nicolas Bouvier die Reise-Aufzeichnungen, die er in Täbris gemacht hat: „Zwei Jahre später musste ich in Ceylon alles aus dem Gedächtnis neu schreiben. Statt einer hatte ich somit am Ende drei Geschichten: Ich hatte einen Text geschrieben, den ich verlor, beschrieb dann, unter welchen Umständen ich ihn verloren hatte, und schrieb ihn schliesslich noch einmal neu, weil eine Literaturzeitschrift in Colombo von mir einen Artikel über Aserbaidschan wünschte."[25]

Gegen Ende August erreichen sie Kabul. Sie lernen Daniel Schlumberger kennen, Leiter der „Délégation Archéologique Française en Afghanistan" (DAFA), und Dr. Claude Petitpierre, den Onkel von Bouviers zukünftiger Frau, der als Uno-Experte in Afghanistan tätig ist. Dieser lädt sie ein, bei ihm zu wohnen, und behandelt Nicolas Bouvier, dem die Malaria zu schaffen macht, und auch Thierry Vernet, der im September an Gelbsucht erkrankt. Zuvor, am 8. September, findet die Eröffnung einer Ausstellung im *Club Français* in Kabul statt mit Werken von Thierry Vernet, wieder eingeführt von Nicolas Bouvier: „Ein Riesenerfolg. Alle meinten: Sie müssen unbedingt ein Buch schreiben."[26] Danach hält Bouvier am gleichen Ort einen Vortrag über Montaigne. Ende September begibt er sich ohne den erkrankten Freund, aber mit Claude Petitpierre Richtung Bamian, um Daniel Schlumberger zu besuchen. Seine labile Gesundheit zwingt ihn jedoch zurückzukehren. Mitte Oktober scheitert ein geplanter Ausflug der beiden

NOUS IRONS JUSQU'AU BOUT DU MONDE AVEC THIERRY ET NICOLAS

PRILE

« Chacun soupçonne chacun, mais nul ne sait qui est le Diable. »
(Proverbe macédonien.)

Prilep est une petite ville de Macédoine, à l'ouest de la vallée du Vardar et de l'ancienne route des Croisades qui de Skoplie descend sur

Prilep étale de gros pavés frais, des volets bleus, deux minarets blanc-lessive...

L'avenue Maréchal Tito traverse le faubourg brûlé de soleil.

Les habitants de Prilep vivent de leur tabac. En voilà qui sèche étendu contre les façades.

Un joueur de « gaïda » (cornemuse).

Le charpentier vend pour 500 dinars des cercueils d'enfants...

Salonique. Elle s'étend au centre d'une plaine à tabac piquetée de peupliers, bordée de montagnes fauves et pelées. La route de terre qui vient du Vardar traverse la ville et s'interrompt quarante kilomètres au sud devant la frontière grecque de Monastir, fermée depuis la guerre. Vers l'ouest, des chemins à peine praticables conduisent à la frontière albanaise peu sûre et hermétiquement close.

Isolée dans ses champs de tabac, Prilep étale de gros pavés frais, des volets bleus, deux minarets blanc-lessive, un marché ébloui et hurlant, des maisons de pierre claire et lézardée, auxquelles d'étranges stucs second empire, des balcons ventrus mangés au vert-de-gris, donnent un genre méditerranéen. Sur la grand-place triangulaire, on trouve le bureau de tabac, les pots blancs et or de la pharmacie, un milicien qui somnole l'arme au pied devant le « Magasin Liberté », et les deux hôtels rivaux: le « Macédonia » pour le commun et d'improbables voyageurs, le « Jadran » pour les gens de la Police et du Parti. Un haut-parleur fixé au-dessus de l'entrée diffuse trois fois par jour « l'Internationale », « l'Hymne macédonien » et les nouvelles, sans réveiller les paysans qui traversent endormis dans leur charrette.

„Nous irons jusqu'au bout du monde avec Thierry et Nicolas“: Artikel „Prilep en Macédoine“ mit Fotografien von Nicolas Bouvier und Zeichnungen von Thierry Vernet. In: *L'Echo illustré,* 12.6.1954.

Freunde zu dem Töpferdorf Istalif an einem Motorschaden ihres Fahrzeugs. Am 20. Oktober trennt sich Thierry Vernet von Nicolas Bouvier und reist per Flugzeug nach Neu-Delhi, danach per Bahn und Schiff nach Ceylon. Er verlässt die islamische Welt nicht ungern: „Das ist eine lieblose Kriegerreligion.“[27] Im November begibt sich Nicolas Bouvier über den Hindukusch in den Norden Afghanistans. Er nimmt eine Einladung an, bei den Archäologen der DAFA in Sorch Kotal zu leben und zu arbeiten.

Am 3. Dezember verlässt er mit dem Fiat Topolino Kabul und erreicht via den „grandiosen Chaiber-Pass, den grossen Wilden“[28], Peschawar in Pakistan. Er macht wiederum Bekanntschaft mit einem Mitglied der Familie Petitpierre: dem Bruder seiner zukünftigen Frau Eliane. Dieser begleitet ihn auf der Fahrt von Neu-Delhi nach Agra. Ein heftiger Fieberanfall – ein „Cocktail aus Hepatitis und Malaria“ – lässt Nicolas Bouvier auf dem Weg nach Bombay einmal das Bewusstsein verlieren. Der Erkrankte wird in Gwalior von der Familie eines ihm unbekannten indischen Lehrers während mehreren Tagen gepflegt. Zur Begleichung der „Zeche“ wird er um einen Bericht über die Reise gebeten, wobei Bouvier den Vortrag vom Bett aus hält ... In Bombay gibt es am 17. Januar aus Anlass der Reise mit dem „Fiat 500 A – 1948 Model“ von Genf nach Bombay einen Empfang durch die Fiat-Vertretung „Bombay Cycle & Motor Agency Ltd.“[29] Die Ehrung besteht überdies darin, dass Nicolas Bouvier einen neuen Motor für sein Auto erhält. Er hält Vorträge, auch auf englisch. Anfang Februar reist er via Haiderabad und Madras nach Colombo.

Am 14. März empfangen ihn Thierry Vernet und Floristella Stephani, die seit November in Ceylon ist, in Galle: „Das Hupen des Topolino liess uns auffahren, und wir stürzten uns in die Arme dieses sonnigen Silen; er war

Der bärtige Nicolas Bouvier – „un petit air-Hemingway" (Thierry Vernet) – beim Empfang durch die Fiat-Vertretung in Bombay, 17.1.1955. (Eliane Bouvier, Cologny)

strotzend vor Gesundheit und glücklich. Der Topolino: staubbedeckt und heldenhaft."[30] Am 16. März heiraten Thierry Vernet und Floristella Stephani in Galle. Da Nicolas Bouvier zu spät eingetroffen ist, um sich als Trauzeuge registrieren zu lassen, macht er sich als Hochzeitsfotograf nützlich. Ende März wird eine Ausstellung mit Werken von Thierry Vernet und seiner Frau in der *Art School* in Colombo eröffnet. Aus Anlass der Lancierung eines neuen Fiat-Modells trägt Nicolas Bouvier am 1. Mai in Colombo eine kurze Geschichte des Topolino vor. Am nächsten Tag hält er im *80 Club* ebenfalls auf englisch einen Vortrag über Zigeuner, Kurden und Täbris, untermalt von Musik: Thierry Vernet spielt Handharmonika, ergänzt durch Tonbandaufnahmen, die während der Reise entstanden sind. Beeindruckt von den bis jetzt geschaffenen Texten seines Freundes, beginnt Thierry Vernet an Illustrationen für das geplante Reisebuch zu arbeiten. Nicolas Bouvier fühlt sich manchmal schlecht, auch weil ihm das Klima Ceylons zu schaffen macht und weil ihm seine Freundin in der Schweiz den Laufpass gegeben hat.

Mitte Mai kehren Thierry Vernet und seine Frau in die Schweiz zurück: Die gemeinsame Reise ist zu Ende. Später erinnert sich Nicolas Bouvier dankbar an eine besondere Eigenschaft seines Reisebegleiters: „Es war, als durchquerte ich Frankreich zu Fuss in Begleitung van Goghs. Er machte mich ständig auf Dinge aufmerksam, für die ich vielleicht keine Worte gefunden hätte. Es war eine Vorbereitung auf den visuellen Genuss, eine Art Training, wie wenn ich mit einem Trainer in Sachen Farben zusammen gewesen wäre."[31] Durchfall, Gelbsucht und Malaria zwingen Nicolas Bouvier in Colombo zu einem Spitalaufenthalt. Er kehrt nach Galle zurück. Über die Schwierigkeiten mit seiner Umgebung, zu

Nicolas Bouvier mit Thierry und Floristella Vernet an ihrem Hochzeitstag in Galle/Ceylon, 16.3.1955. Selbstauslöseraufnahme mit Fotoapparat von N.B. (Floristella Vernet, Paris)

der auch verschiedenste Insekten gehören, und seine kathartisch anmutenden Erfahrungen berichtet er erst Jahre später in der Erzählung *Le Poisson-Scorpion (Der Skorpionsfisch)*. Ihm war jedoch schon bald während seines Aufenthaltes auf Ceylon klar gewesen: „Ich habe nie ein Land so gehasst wie dieses."[32] Trotz der negativen Erlebnisse will er nicht in die Heimat zurück, denn: „Man muss bis ans Ende des Weges gehen, und das Ende des Weges ist Japan."[33] Vor der Abreise im Oktober 1955 verkauft er den Fiat Topolino. Die Fahrt nach Japan verdient er sich mit verschiedenen Hilfsarbeiten auf dem Schiff.

Seit November 1955 in Tokio, bereitet ihm die Finanzierung des Lebensunterhaltes in Japan anfänglich grosse Mühe: „Ich bin Fotograf geworden, weil ich nicht Hungers sterben wollte."[34] Im Auftrage von japanischen Zeitungen bereist er das Land und berichtet in Wort und Bild über seine Eindrücke. Der grosszügige Ankauf einiger seiner Fotografien durch eine Zeitschrift erlaubt ihm eine sorgenfreie Rückkehr: Im Oktober 1956 fährt er mit dem Schiff von Yokohama nach Marseille und ist Ende des Jahres wieder in der Schweiz. Schon vor der Abreise hat er festgestellt: „Drei Jahre Asien haben aus mir einen ausgezeichneten Europäer gemacht."[35] Eine andere Art Resümee oder eher ein Motto nicht nur dieser Fahrt sind zwei Zeilen aus einem Gedicht des tschechischen Lyrikers Vladimir Holan, das Bouvier in Abschrift seit Beginn der Asienreise in seinem Gepäck hat: „Das ist das Schicksal: / Was nicht in ihm erbebt, ist nicht stark."[36]

Nach seiner Rückkehr nimmt Nicolas Bouvier erneut Wohnsitz im elterlichen Haus in Cologny. Er lernt 1957 die Tochter des Bundesrates Max Petitpierre, Eliane Petitpierre, kennen. 1958 heiratet er Eliane Petitpierre, mit der er zwei Kinder – Thomas (geb. 1962) und Manuel (geb.

1964) – hat. Der Wohnsitz bleibt auch mit der Familie der gleiche.

Das *Journal de Genève* veröffentlicht vom 9. bis 15. Oktober 1957 die sechsteilige Artikelserie „La route de Bactriane" über Bouviers Reiseerfahrungen in Afghanistan; vom 20. bis 30. Dezember 1957 die siebenteilige Artikelreihe „Souvenirs d'un marchand de bois" über seine Erlebnisse in Täbris. Im gleichen Jahr beginnt Bouvier auch im Radio Suisse Romande von seinen Reiseerlebnissen zu erzählen.

Von 1958–1961 arbeitet er intensiv am Manuskript von *L'Usage du monde,* wobei ihm, neben Reisenotizen, vor allem seine Briefe an die Eltern und Freunde als Erinnerungsstütze dienen. Der Schreibprozess wird nach einigen Monaten regelmässig unterbrochen durch eine administrative Tätigkeit bei der Weltgesundheitsorganisation (WHO) in Genf, die ihm den Lebensunterhalt sichert. Ein weiterer Grund für die langsame Entstehung des Textes ist Bouviers Perfektionismus; das Ziel des ständigen Umschreibens definiert er wie folgt: „Der Satz muss gebraucht daherkommen, wie ein altes Kleidungsstück, dessen Stoff so geschmeidig geworden ist, dass der Körper keine einzige Falte mehr spürt."[37] Einige Leute in seinem Umfeld halten ihm jedoch diese kompromisslose Haltung vor. Andere wiederum beurteilen Auszüge aus dem Manuskript, die Bouvier gelegentlich zu Hause im „chambre rouge"[38] vorliest, sehr positiv: „Man wird auf das Wesentliche im Leben zurückgeführt: die aufgehende Sonne segnen, seinen Hunger mit einem Stück Brot stillen und seinen Durst mit einem parfümierten Kaffee. Der Reiseschriftsteller nimmt dich mit, verändert dich auch."[39]

Nicolas Bouvier begibt sich 1961 nach Paris, wo er bei den dort lebenden Thierry und Floristella Vernet wohnt und das Manuskript abschliesst. Er bietet es drei verschiedenen französischen Verlagen an, darunter Gallimard und Ar-

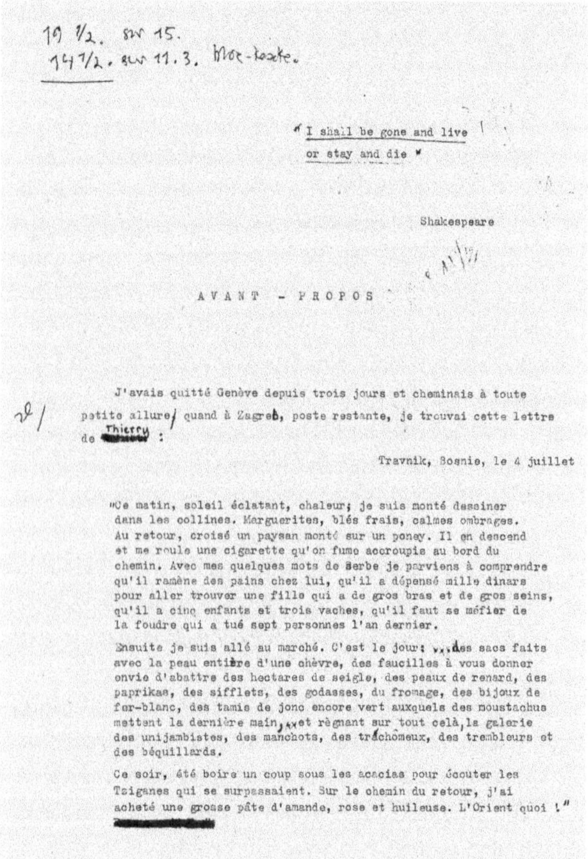

"I shall be gone and live
or stay and die"

Shakespeare

A V A N T - P R O P O S

J'avais quitté Genève depuis trois jours et cheminais à toute petite allure quand à Zagreb, poste restante, je trouvai cette lettre de Thierry :

Travnik, Bosnie, le 4 juillet

"Ce matin, soleil éclatant, chaleur; je suis monté dessiner dans les collines. Marguerites, blés frais, calmes ombrages. Au retour, croisé un paysan monté sur un poney. Il en descend et me roule une cigarette qu'on fume accroupis au bord du chemin. Avec mes quelques mots de serbe je parviens à comprendre qu'il ramène des pains chez lui, qu'il a dépensé mille dinars pour aller trouver une fille qui a de gros bras et de gros seins, qu'il a cinq enfants et trois vaches, qu'il faut se méfier de la foudre qui a tué sept personnes l'an dernier.

Ensuite je suis allé au marché. C'est le jour : des sacs faits avec la peau entière d'une chèvre, des faucilles à vous donner envie d'abattre des hectares de seigle, des peaux de renard, des paprikas, des sifflets, des godasses, du fromage, des bijoux de fer-blanc, des tamis de jonc encore vert auxquels des moustachus mettent la dernière main, et règnant sur tout celà, la galerie des unijambistes, des manchots, des trachômeux, des trembleurs et des béquillards.

Ce soir, été boire un coup sous les acacias pour écouter les Tziganes qui se surpassaient. Sur le chemin du retour, j'ai acheté une grosse pâte d'amande, rose et huileuse. L'Orient quoi !"

Erste Seite von *L'Usage du monde* in der ersten Typoskriptfassung, mit handschriftlichen Korrekturen von Nicolas Bouvier. (Eliane Bouvier, Cologny) thaud. Beide sind interessiert, wollen jedoch entweder keine Illustrationen oder den Text nur in einer gekürzten Fassung publizieren. Den von Arthaud vorgelegten Vertrag lehnt Bouvier deshalb ab und kehrt im Herbst 1961 enttäuscht und „gedemütigt" nach Hause zurück. Er will im Moment nichts mehr mit Schreiben zu tun haben und bewirbt sich wieder bei der Weltgesundheitsorganisation. Seine frühere Stelle erhält er nicht mehr, er wird aber als Dokumentarist und Ikonograf angestellt. Dieser Beruf, in dem er später auch für Verlage arbeitet, wird – neben der Tätigkeit als Schriftsteller, Journalist und Fotograf – eine wichtige Stellung in seinem Leben einnehmen.

Er reicht das Manuskript von *L'Usage du monde* beim „Prix des écrivains genevois" ein. Am 2. April 1963 erhält er diesen Preis in der Höhe von Fr. 3000.–. Mitglieder der Jury sind unter anderem Jean Starobinski und François Bouchardy, Bouviers früherer Lehrer für französische Literatur an der Mittelschule. In seiner Laudatio sagt Bouchardy, Nicolas Bouviers Stil sei anmutig und elegant, stets sicher und geschmeidig.[40] Der Geehrte äussert – in Anspielung auf die schwierige Verlagssuche für seinen Text – zu einem Journalisten: Er sei glücklich, dass sein Manuskript schon von fünf Leuten gelesen worden sei: den Mitgliedern der Jury.

Bald sind es jedoch mehr Leser: Anfang 1963 übernehmen der mit Bouvier befreundete Alain Dufour und sein Partner die Librairie Droz in Genf, einen auf die Herausgabe von wissenschaftlichen Publikationen spezialisierten Verlag. Überzeugt von der Qualität des Manuskriptes und trotz Bedenken wegen des Unterschiedes zu den anderen im Verlag publizierten Büchern, bieten sie dem Autor die Veröffentlichung an: „Es ist ein Meisterwerk, und wir werden es nie bereuen, dass wir ein solches veröffentlicht haben, auch wenn es sich nicht um ein wissenschaftliches Werk handelt."[41] Das Buch, versehen mit 48 Zeichnungen von Thierry Vernet, erscheint am 19. Oktober in einer Auflage von 2000 Exemplaren, wobei die Druckkosten mit dem Preisgeld finanziert werden. Im Subskriptionsprospekt schreibt Jean Starobinski über das Werk des Freundes: „Warum soll einer die weite Welt durchstreifen, wenn er weder Techniker ist noch Soziologe, weder Journalist noch professioneller Globetrotter? Nicolas Bouvier lehrt es uns: um einzudringen in eine fremde Sphäre, um ihr anzugehören, sie sich anzueignen und um dort, wo die Menschen ganz anders sind als wir, seinesgleichen zu begegnen."[42]

Im Frühling 1964 ist fast die ganze Auflage abgesetzt, allerdings ausschliesslich in der Westschweiz. Auf der Suche nach einem Vertrieb in Frankreich wird Droz mit dem Verlag Julliard in Paris einig. Kaum ist jedoch im Herbst die zweite Auflage gedruckt, wird Julliard verkauft und der Verleger samt Personal ausgewechselt. Dies hat gravierende Konsequenzen: „Das neue Buch wurde weder lanciert noch ausgeliefert noch an die Medien verteilt. Nicolas Bouvier blieb nichts anderes übrig, als mit dem Auto nach Paris zu fahren, für wenig Geld die ganze Auflage zurückzukaufen, sie in sein Auto zu laden und wieder nach Genf zu bringen, in den Verlag Droz, der erneut mit dem Verkauf betraut war, diesmal aber in der ganzen Welt und obwohl als Verlag der Name Julliard auf dem Umschlag prangte."[43] 1970 publiziert Edito-Service in Genf eine Ausgabe, die sich von den ersten beiden und späteren Auflagen dieses Buches ziemlich unterscheidet. Sie enthält einige Fotos, die Nicolas Bouvier während der Reise gemacht hat, sowie Aufnahmen von Jean Mohr und anderen Fotografen. Von Thierry Vernets Illustrationen werden einige ausgewählte aufgenommen. Ab 1980 erscheinen Übersetzungen von *L'Usage du monde* ins Deutsche, Englische, Serbokroatische und Tschechische.

Nicolas Bouvier mit einem Exemplar der Erstausgabe von *L'Usage du monde,* um 1963. Foto: unbekannt. Abgebildet in: *24 heures,* 28.1.1982.

Nicolas Bouvier lebt mit der Familie von 1964–1966 in Japan, wobei er längere Zeit in Kioto und Tokio wohnt und auf verschiedenen Reisen das Land erkundet. Über diesen Aufenthalt berichtet er in Wort und Bild in seinem Buch *Japon,* das 1967 bei Editions Rencontres in Lausanne herauskommt und für das der Autor den „Prix Rambert" erhält. Eine überarbeitete Fassung mit nur noch einigen wenigen Fotografien erscheint 1975 unter dem Titel *Chronique japonaise* bei L'Age d'Homme in Lausanne. 1968 werden in Genf und in Brüssel einige der in Japan entstandenen Fotos ausgestellt, zusammen mit Aufnahmen des mit Nicolas Bouvier befreundeten Schweizer Fotografen Jean Mohr. Nach einem weiteren Aufenthalt in Japan im Jahr 1970 unternimmt Nicolas Bouvier in den folgenden Jahren immer wieder ausgedehnte Reisen in Europa (Aran-Inseln, Hebriden usw.) und nach Asien (Korea, China, Vietnam, Indonesien usw.), von denen er einige als Reiseleiter begleitet.

1970 ist er Mitbegründer der „Schweizer Autoren Gruppe Olten"; im Laufe der siebziger Jahre aktiv auch im Stiftungsrat der „Schweizerischen Stiftung für die Photographie". Seit den achtziger Jahren ist Bouvier öfter auf Vortragsreisen in den USA und in Mexiko. 1981 publiziert er die Erzählung *Le Poisson-Scorpion,* für die er mehrfach ausgezeichnet wird und die ihm internationale Anerkennung verschafft. Der Ruhm des Autors wächst durch weitere Veröffentlichungen, ihm gewidmete Filmporträts und Ausstellungen seiner Fotos. 1997 führt ihn seine letzte Reise mit seiner Frau Eliane nach Japan. Nicolas Bouvier stirbt am 17. Februar 1998 in Genf.

Zürich, Juni 2001 *Roger Perret*

Anmerkungen

1 Zit. nach Nicolas Bouvier (= N.B.): „Le Hibou et la baleine. Conception et choix des illustrations Patricia Plattner et Nicolas Bouvier". – Carouge-Genève: Editions Zoé 1993, S. 28.

2 N.B.: „Routes et déroutes. Entretiens avec Irène Lichtenstein-Fall". – Genève: Les Editions Metropolis 1992, S. 32.

3 N.B.: „Routes et déroutes", a.a.O., S. 17. Seit 2001 liegt zum erstenmal eine Aufnahme mit Werken von Pierre Maurice auf einem Tonträger vor: „Œuvres choisies" (Musikszene Schweiz/Musiques suisses, MGB CD 6172). Drei Lieder basieren übrigens auf Texten von Nicolas Bouviers Mutter, Antoinette Maurice.

4 N.B.: „Routes et déroutes", a.a.O., S. 67.

5 N.B.: „Routes et déroutes", a.a.O., S. 68.

6 N.B.: „Routes et déroutes", a.a.O., S. 25.

7 N.B.: „La Chambre rouge et autre texte". – Genève: Les Editions Metropolis 1998, S. 12.

8 N.B.: „Routes et déroutes", a.a.O., S. 37f.

9 Zit. nach Ella Maillart: „La Vie immédiate. Photographies". Textes de Nicolas Bouvier. Postface de Charles-Henri Favrod. – Lausanne: Editions 24 heures 1991, S. 126.

10 N.B.: „Routes et déroutes", a.a.O., S. 71.

11 Zit. nach N.B.: „L'Echappée belle. Eloge de quelques pérégrins". – Genève: Les Editions Metropolis 1996, S. 118.

12 N.B.: „Routes et déroutes", a.a.O., S. 71.

13 Brief von Thierry Vernet (= T.V.) an Robert und Simone Vernet, Belgrade, 31.7.[1953]. In: „Le Passe-Muraille", Octobre 2000, No. 49, S. 3. Die an seine in Genf wohnhaften Eltern adressierten Briefe T.V.s waren auch an seine spätere Frau, Floristella Stephani, gerichtet. Sie wurden ihr deshalb stets nach Paris, wo sie sich aufhielt, zur Lektüre weitergereicht. Die vielen, zum Teil umfangreichen Briefe enthielten Zeitungsausschnitte, Fotos von der Reise und von seinen Bildern usw. und dienten T.V. als eine Art Reisetagebuch.

14 Eine Auswahl dieser Aufnahmen liegt seit 1998 auf CD vor: „Poussières et musiques du monde. Nicolas Bouvier / Enregistrements de Zagreb à Tokyo" (Vertrieb: Editions Zoé, ISBN 2-88182-386-6).

15 Brief von T.V. an Robert und Simone Vernet, Maku, 16.10.1953. Nachlass T.V., Floristella Vernet, Paris.

16 Brief von T.V. an Robert und Simone Vernet, Täbris, 22.10.1953. Nachlass T.V., Floristella Vernet, Paris.

17 N.B.: „Die Erfahrung der Welt". Hg. von Roger Perret. Mit einem Nachwort von Gérald Froidevaux. – Basel: Lenos Verlag 2001, S. 133.
18 Siehe Abbildung in N.B.: „Die Erfahrung der Welt", a.a.O., S. 431.
19 Brief von T.V. an Robert und Simone Vernet, Täbris, 28.12.1953. Nachlass T.V., Floristella Vernet, Paris.
20 N.B.: „Die Erfahrung der Welt", a.a.O., S. 230.
21 Siehe Abbildungen in N.B.: „Die Erfahrung der Welt", a.a.O., S. 415.
22 Zit. nach „Arrivées à Tehran". Ungezeichneter Artikel in: „Journal de Tehran", 19.4.1954. Nachlass T.V., Floristella Vernet, Paris.
23 Siehe Abbildung in N.B.: „Die Erfahrung der Welt", a.a.O. S. 421.
24 N.B: „Die Erfahrung der Welt", a.a.O., S. 237.
25 N.B.: „Routes et déroutes", a.a.O., S. 78.
26 Brief von T.V. an Robert und Simone Vernet, Kabul, 9.9.1954. Nachlass T.V., Floristella Vernet, Paris.
27 Brief von T.V. an Robert und Simone Vernet, Kabul, 19.10.1954. Nachlass T.V., Floristella Vernet, Paris.
28 Brief von N.B. an T.V., Dehli, 13.[12.]1954. Bibliothèque publique et universitaire, Ville de Genève, fonds Nicolas Bouvier.
29 Siehe Abbildung in N.B.: „Die Erfahrung der Welt", a.a.O., S. 423.
30 Brief von T.V. an Robert und Simone Vernet, Galle, 14.3.1955. Nachlass T.V., Floristella Vernet, Paris.
31 N.B.: „Routes et déroutes", a.a.O., S. 96.
32 Zit. nach T.V. an Robert und Simone Vernet, Galle, 15.5.1955. Nachlass T.V., Floristella Vernet, Paris.
33 N.B.: „Routes et déroutes", a.a.O., S. 148.
34 N.B.: „Routes et déroutes", a.a.O., S. 108.
35 Brief von N.B. an T.V., Tokyo, 16.9.1956. Bibliothèque publique et universitaire, Ville de Genève, fonds Nicolas Bouvier.
36 Aus dem Gedicht „Il y a". Zit. nach Vladimir Holan: „Douleur". Traduit du tchèque par Dominique Grandmont. Préface de Nicolas Bouvier. – Genève: Les Editions Metropolis 1994, S. 18. (Erste französische Ausgabe 1967)
Bouvier kommentiert in seinem Vorwort die beiden Zeilen wie folgt: „Unnötig zu betonen, dass das Leben nur ein einziges Beben ist, vor Schreck oder vor Vergnügen; was nicht bebt, interessiert mich nicht im geringsten." (S. 7) Die Sammlung „Douleur" seines Lieblingsdichters Holan war für ihn „eine Lebensgefährtin, eine Seelenführerin für den jungen Aliboron, der ich war, die Unterrichtung im Irrationalen, dessen ich ständig bedarf, eine Moral des Misserfolgs." (Vorwort, S. 8)

37 Zit. nach Alain Dufour: „Nicolas Bouvier et la genèse de *L'Usage du monde*". In N.B.: „L'Usage du monde. Récit". Quarante-huit dessins de Thierry Vernet. Préface d'Alain Dufour. Choix de lettres de Nicolas Bouvier (1951–1963). – Genève: Librairie Droz 1999, S. XIII.

38 Vgl. N.B.: „La Chambre rouge et autre texte", a.a.O., S. 7–21.

39 Alain Dufour: „Nicolas Bouvier et la genèse de *L'Usage du monde*". In N.B.: „L'Usage du monde", a.a.O., S. XII.

40 Zit. nach F.: „Hier, M. Nicolas Bouvier a été proclamé lauréat du prix des Ecrivains genevois". In: „Journal de Genève", 3.4.1963.

41 Alain Dufour: „Nicolas Bouvier et la genèse de *L'Usage du monde*", a.a.O., S. XV.

42 Zit. nach Alain Dufour: „Nicolas Bouvier et la genèse de *L'Usage du monde*", a.a.O., S. XVI.

43 Alain Dufour: „Nicolas Bouvier et la genèse de *L'Usage du monde*", a.a.O., S. XVII.

Legenden Bildteil

1 Jugoslawien, Sommer 1953.
2 Belgrad/Jugoslawien, Sommer 1953.
3 Zwischen Belgrad und Prilep/Jugoslawien, August 1953.
4 Täbris/Iran, Winter 1953/1954.
5 Täbris/Iran, Winter 1953/1954.
6 Zwischen Isfahan und Jasd/Iran, Juli 1954.
7 Teheran/Iran, Frühling 1954.
8 Jasd/Iran, Juli 1954.
9 Zeichnungsunterricht, Rescht/Iran, Juni 1954.
10 Isfahan/Iran, Juli 1954.
11 Rescht/Iran, Juni 1954.
12 Basar in Rescht/Iran, Juni 1954.
13 Hutverkäufer im Basar in Rescht/Iran, Juni 1954.
14 Lahedschan/Iran, Juni 1954.
15 Quetta/Pakistan, August 1954.
16 Afghanistan, Herbst/Winter 1954.

Bibliographie*

Douze estampes de Thierry Vernet. Textes de Nicolas Bouvier. – Genève: Albert Kundig 1951

L'Usage du monde. Récit. Quarante-huit dessins de Thierry Vernet. – Genève: Librairie Droz 1963

Japon. Photographies de Nicolas Bouvier. – Lausanne: Editions Rencontre 1967 (= L'atlas des voyages 58)

Donner à voir. Photographies de Jean Mohr et Nicolas Bouvier. Préface de John Berger. – Genève: 1968 (= Catalogue Cabinet des Estampes du Musée de Genève/Exposition Rencontre Bruxelles)

Chronique japonaise. – Lausanne: L'Age d'Homme 1975 (= Mesure du monde)

Vingt-cinq ans ensemble. Télévision suisse romande 1954–1979. 3 volumes. – Lausanne: Société Suisse de Radiodiffusion et Télévision 1979

Le Poisson-Scorpion. Récit. – Vevey: Editions Bertil Galland 1981

Le Dehors et le dedans. Poèmes. – Vevey: Editions Bertil Galland 1982

Boissonnas. Une dynastie de photographes 1864–1983. – Lausanne: Editions Payot 1983

Journal d'Aran et d'autres lieux. Récits. Postface de Daniel Maggetti. – Lausanne: Editions 24 heures 1990

L'Art populaire. – Disentis: Desertina Verlag 1991 (= Ars Helvetica: Arts et culture visuels en Suisse 9)

Routes et déroutes. Entretiens avec Irène Lichtenstein-Fall. – Genève: Les Editions Metropolis 1992

Le Hibou et la baleine. Conception et choix des illustrations Patricia Plattner et Nicolas Bouvier. – Carouge-Genève: Editions Zoé 1993

Guerre et humanité. Un siècle de photographie. Les archives du Comité international de la Croix-Rouge. Mitverfasserin:

Michèle Mercier. – Genève: Editions d'Art Albert Skira 1995

L'Echappée belle. Eloge de quelques pérégrins. – Genéve: Les Editions Metropolis 1996

Comment va l'écriture ce matin. Pages de carnets. Avant-propos d'Ivan Farron. Variation de Vivette Perret. – Genève: Editions Slatkine 1996

La Chambre rouge et autre texte. – Genève: Les Editions Metropolis 1998

Une orchidée qu'on appela vanille. – Genève: Les Editions Metropolis 1998

Entre errance et éternité. Regards sur les montagnes du monde. Avant-propos de Pierre Starobinski. Postface de Bernard Crettaz. – Carouge-Genève: Editions Zoé 1998

Dans la vapeur blanche du soleil. Les photographies de Nicolas Bouvier. Avec un choix de textes de Nicolas Bouvier. Direction de la publication: Pierre Starobinski. – Carouge-Genève: Editions Zoé 1999

La Guerre à huit ans et autres textes. Postface de Sylviane Dupuis. – Carouge-Genève: Editions Zoé 1999 (= MiniZoé 39)

Le Corps, miroir du monde. Voyage dans le musée imaginaire de Nicolas Bouvier. Sous la direction de Pierre Starobinski. Introduction de Jean Starobinski. – Carouge-Genève: Editions Zoé 2000

* Die Bibliographie verzeichnet die Erstausgaben der Werke. Neuauflagen, Übersetzungen und Publikationen über den Autor wurden nicht berücksichtigt.

Zur Übersetzung

Die grosse Kunst in Nicolas Bouviers Stil ist seine Fähigkeit, durch bis in kleinste Details gehende Beschreibungen Menschen, Landschaften, Situationen der Reise genau so hinreissend schön, beklemmend bedrückend oder dramatisch darzustellen, wie er sie selbst empfunden haben mag, als ein Reisender, der sich mit offenem Herzen, neugierig, ohne Vorbehalte und mit allen Sinnesorganen fremden Kulturen und extremen Landschaften ausgesetzt hat. Wenn „Kamele durch den Strassenschlamm platschen" und der Kameltreiber „seine Stimme wie einen Schwamm auswringt", dann glaubt man, selbst in den Strassen von Mahabad zu stehen.

Neben dem reichen Vokabular sind solche Bilder und Vergleiche, mit denen er seine Eindrücke vertieft, ein Merkmal seines Stils. Oft sind sie gewagt, zum Beispiel wenn er den Trotz und die Fröhlichkeit der Kurden einen „himmlischen Sauerteig" nennt; sie leuchten aber immer unmittelbar ein, etwa wenn er schreibt, dass „der Herbst in den Harfensaiten der Pappeln vibriert" oder wenn er von drei todmüden kleinen Mädchen erzählt, die ihn mit Tee bedienten, „ohne die Fäuste aus den Augen zu nehmen". Die Leichtigkeit beim Lesen indessen täuscht über den Werdegang des Buches hinweg. Wir wissen, aber wir spüren beim Lesen auch, dass der Autor lange und intensiv an seinem Text gefeilt hat.

Eine sprachliche Überarbeitung der deutschen Übersetzung von Trude Fein aus dem Jahr 1980 drängte sich nach einem sorgfältigen Vergleich mit dem Original als unabdingbar auf. Während ganze Passagen richtig und in flüssigem Stil übersetzt waren, stimmten in anderen die Bilder nicht, der Stil war holperig, und in manchen Fällen waren Wörter oder Wendungen gänzlich falsch wiedergegeben. In selteneren Fällen mussten Ausdrücke ersetzt werden, die nicht mehr zeitgemäss sind.

Regula Renschler

Zur Edition

Der Text dieser Ausgabe basiert auf der ersten deutschen Edition von *L'Usage du monde* von Nicolas Bouvier. Sie ist 1980 unter dem Titel *Die Erfahrung der Welt* bei Benziger/Ex Libris in Zürich erschienen. Das Buch enthält weder die Zeichnungen von Thierry Vernet aus der Originalausgabe noch ein Vor- oder Nachwort.

Mehr als 20 Jahre später liegen von Bouviers Erstlingswerk verschiedene Nachauflagen vor, auch als Taschenbuch, sowie Übersetzungen. Der zur Zeit der deutschen Erstausgabe noch als Geheimtip gehandelte Autor gehört heute im frankophonen Raum zu den Klassikern der Reiseliteratur und geniesst in der Westschweiz fast schon Kultstatus.

Hauptziel dieser Neuedition war es, die seit längerem vergriffene deutsche Erstausgabe wieder zugänglich zu machen, in der Hoffnung, dass auch hier endlich die Bedeutung dieses Werkes und Autors erkannt wird. Einige erst in der letzten Zeit an die Öffentlichkeit gelangte Fotografien von Nicolas Bouvier, neue Dokumente und Informationen über die 1953/1954 unternommene Reise erlauben es, diese Fahrt in Wort und Bild wiederzugeben wie nie zuvor.

Fotografien aus dem Fonds Nicolas Bouvier im Musée de l'Elysée in Lausanne werden erstmals in einer Ausgabe von *L'Usage du monde* angemessen präsentiert. Sie weisen auf die Bedeutung des Fotografen Bouvier und den multimedialen Aspekt dieser Reise hin (einzig die vom Autor mit dem Tonband aufgenommene Volksmusik konnte nicht berücksichtigt werden). Fast alle dieser Bilder sind in Buchform unveröffentlicht wie auch die meisten im Anhang veröffentlichten Dokumente.

Aus Platz-, aber auch aus konzeptionellen Gründen wurde auf die Zeichnungen von Thierry Vernet verzichtet. In einzelnen Illustrationen wird ihnen jedoch Reverenz erwiesen. Die in der „Biographie von Nicolas Bouvier" verwendeten Informationen und Passagen aus Vernets unveröffentlichten Briefen an die Eltern und Freundin bereichern unser Wissen über diese Fahrt. Sie zeigen, dass der ein wenig in Vergessenheit geratene Maler schriftstellerisches Talent hat und auch in dieser Hinsicht ein ebenbürtiger Reisebegleiter Bouviers war.

Da die Übersetzung von Trude Fein heute nicht mehr in allen Belangen genügt, wurde sie von Regula Renschler überarbeitet (siehe „Zur Übersetzung“). Neben offensichtlichen Übersetzungsfehlern wurden auch andere Flüchtigkeiten aufgrund des Vergleichs mit den französischen Ausgaben berichtigt.

Der Herausgeber

Dank

Dieses Buch hätte ohne die grosszügige Unterstützung mit Informationen und Dokumenten von Eliane Bouvier, Cologny, und Floristella Vernet, Paris, nicht realisiert werden können. Ihnen sowie folgenden Institutionen danke ich herzlich für mannigfaltige Unterstützung: Bibliothèque publique et universitaire, Ville de Genève (Nathalie Progin, Barbara Prout), die den literarischen Nachlass von Nicolas Bouvier verwaltet; Maison des Arts, Richard Aeschlimann, Chexbres, das sich um den Nachlass der Bilder von Thierry Vernet kümmert; Musée de l'Elysée, Lausanne (Daniel Girardin, Pascale Pahud), wo der fotografische Nachlass von Nicolas Bouvier aufbewahrt ist.

Zu Dank verpflichtet bin ich auch: Thomas Bouvier, Genf; Librairie des auteurs suisses & ABC du livre d'occasion, Genf (Roland Tolmatchoff); Oskar Pfenninger, Zürich; Pierre Starobinski, Pully; Vingt-quatre heures, Lausanne.

Zum Schluss, aber nicht minder herzlich, danke ich Gérald Froidevaux und Regula Renschler: Ihre Ermunterung und wertvolle Arbeit haben wesentlich zum Erscheinen dieser Ausgabe beigetragen.

Roger Perret

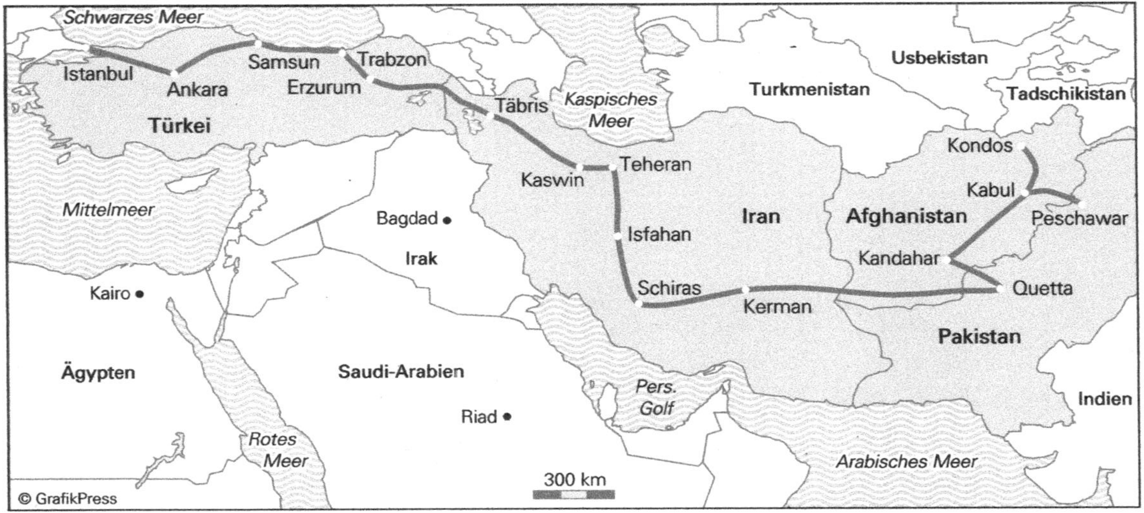
Schwarzes Meer
Istanbul
Ankara
Samsun
Trabzon
Erzurum
Türkei
Täbris
Kaspisches Meer
Usbekistan
Turkmenistan
Tadschikistan
Kondos
Kaswin
Teheran
Kabul
Peschawar
Mittelmeer
Bagdad
Iran
Afghanistan
Isfahan
Irak
Kandahar
Kairo
Schiras
Quetta
Kerman
Pakistan
Ägypten
Saudi-Arabien
Pers. Golf
Indien
Riad
Rotes Meer
Arabisches Meer
300 km
© GrafikPress

Nicolas Bouvier im Lenos Verlag

Es wird kein Bleiben geben
Herausgegeben von François Laut
Aus dem Französischen von Yla M. von Dach
208 Seiten, broschiert
ISBN 978 3 85787 783 4
LP 183

„Für erprobte Bouvier-Leser ein Muss, für Neulinge ein guter Einstieg in den poetischen Kosmos des sensiblen Weltenbummlers."
NZZ am Sonntag

Nicolas Bouvier im Lenos Verlag

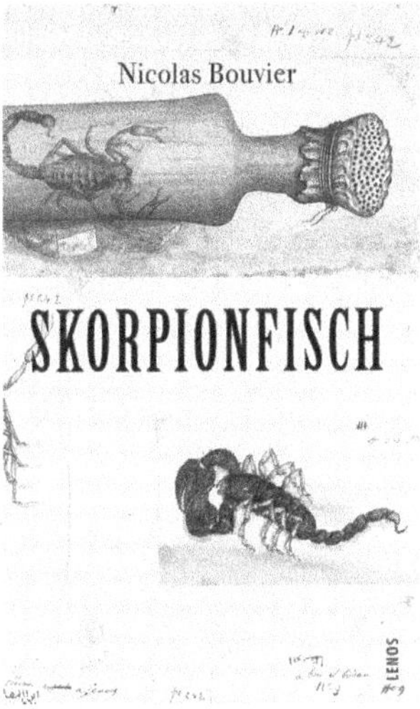

Skorpionfisch
Aus dem Französischen übersetzt
und mit einem Anhang versehen von Stefan Zweifel
232 Seiten, broschiert
ISBN 978 3 85787 847 3
LP 247

„Magisch, wie Bouvier sich der Fremde, auch in sich selbst, ausliefert. Er findet eine so klare und durchlässige, zugleich poetische Sprache, dass man denkt: Eindrücklicher wurde aus den Niederungen der Erfahrung von Fremde nie berichtet.“
Roger Willemsen

Nicolas Bouvier im Lenos Verlag

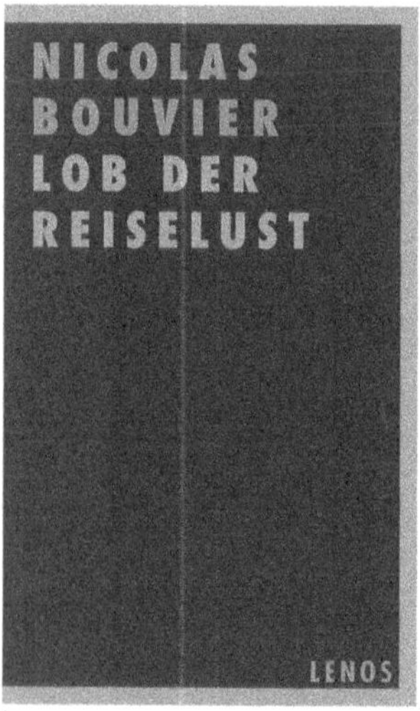

Lob der Reiselust
Aus dem Französischen von Giò Waeckerlin Induni
190 Seiten, Smartcover
ISBN 978 3 85787 440 6

„Bouvier wandert leichtfüssig durch die Zeiten und Kontinente, macht Türen ins Unbekannte auf, ohne sich mit erhobenem Zeigefinger aufzustellen und auf Highlights zu zeigen. Seine Essays sind keine klassischen Reisetexte, sondern wohltuend unprätentiöse, hintersinnige Exkursionen in den inneren Kosmos der Reiseschriftsteller."
Die Presse